Der Loyalitäts-Effekt

Frederick F. Reichheld ist Director bei der Unternehmensberatung Bain & Company in Boston. Er leitet dort den Bereich Loyalitätspraxis. Er schreibt für die *Harvard Business Review* und das *Wall Street Journal*.

Frederick F. Reichheld
Bain & Company

Der Loyalitäts-Effekt

Die verborgene Kraft hinter Wachstum,
Gewinnen und Unternehmenswert

Aus dem Englischen von Hartmut Rastalsky

Campus Verlag
Frankfurt/New York

Die Originalausgabe erschien 1996 unter dem Titel *The Loyalty Effect* bei Harvard Business School Press. Original work copyright © 1996 by Bain & Company, Inc. Published by arrangement with Harvard Business School Press.
All rights reserved. No part of this work may be reproduced or transmitted in any form or by any means, electronic or mechanical, including photocopying and recording, or by any information storage or retrieval system.

Die Deutsche Bibliothek – CIP-Einheitsaufnahme

Reichheld, Frederick F.:
Der Loyalitäts-Effekt : die verborgene Kraft hinter Wachstum, Gewinnen und Unternehmenswert / Frederick F. Reichheld. Aus dem Engl. von Hartmut Rastalsky. – Frankfurt/Main ; New York : Campus Verlag, 1997
  Einheitssacht.: The loyalty effect <dt.>
  ISBN 3-593-35665-1

Das Werk einschließlich aller seiner Teile ist urheberrechtlich geschützt. Jede Verwertung ist ohne Zustimmung des Verlags unzulässig. Das gilt insbesondere für Vervielfältigungen, Übersetzungen, Mikroverfilmungen und die Einspeicherung und Verarbeitung in elektronischen Systemen.
Copyright © 1997 Campus Verlag GmbH, Frankfurt/Main
Umschlaggestaltung: Atelier Warminski, Büdingen
Satz: Fotosatz L. Huhn, Maintal-Bischofsheim
Druck und Bindung: Druckhaus Thomas Müntzer, Bad Langensalza
Gedruckt auf säurefreiem und chlorfrei gebleichtem Papier.
Printed in Germany

Dieses Buch ist meiner Familie gewidmet,
die mich Wert und Tugend der Loyalität gelehrt hat.

Inhalt

Vorwort 9

1 Loyalität und Schaffung von Werten 11
2 Die wirtschaftlichen Effekte der Kundenloyalität 47
3 Die richtigen Kunden an das Unternehmen binden 81
4 Die richtigen Mitarbeiter an das Unternehmen binden 114
5 Einfluß der Loyalität auf die Produktivität 145
6 Die richtigen Investoren binden 187
7 Auf der Suche nach den Gründen für Mißerfolge 221
8 Die richtigen Meßgrößen 259
9 Das Produkt- und Dienstleistungsangebot neu gestalten 301
10 Partnerschaften für den Veränderungsprozeß 328
11 Der Startschuß zu »0-Defections« 353

Danksagungen 364

Anmerkungen 366

Vorwort

Die Grundidee dieses Buches entstand, als ein Team von Bain-Beratern Erfolgsfaktoren von Unternehmen analysierte. Die traditionellen Strategiemodelle stimmten häufig nicht mit den Marktrealitäten überein. Neben Faktoren wie Umsatzwachstum, Größenvorteilen und Kostenpositionen mußte es weitere wesentliche Stellhebel geben, die den Unternehmenserfolg beeinflussen.

Bei der Untersuchung des Zusammenhangs zwischen Kundenbindung und Gewinnerzielung machten wir eine interessante Beobachtung. Scheinbar unerhebliche Veränderungen der Kundenbindung führten bei vielen unserer Klienten zu enormen Gewinnsteigerungen. So können Veränderungen der Kundenbindungsrate um 5 Prozentpunkte die Unternehmensgewinne um 25 bis 100 Prozent beeinflussen. Diese erhebliche Hebelwirkung weist auf die mächtigen Kräfte hin, die hier im Spiel sind. Gleichzeitig ist Kundenloyalität untrennbar mit der Loyalität von Mitarbeitern und Investoren verbunden. Bedeutende Verbesserungen des einen Faktors erfordern häufig Verbesserungen der beiden anderen. Dies führt zu wachsenden Umsätzen und Marktanteilen durch wiederholte Verkäufe und Weiterempfehlungen, zu reduzierten Kosten durch niedrigere Ausgaben für die Neuakquisition von Kunden und zur Erhöhung der Produktivität durch sinkende Fluktuation der Mitarbeiter.

Diese Effekte verdeutlichen die wechselseitigen Abhängigkeiten im System von Kunden-, Mitarbeiter- und Investorenloyalität. Ertrags- und Marktanteilswachstum ermöglichen vorteilhafte Kapitalbeschaffung durch einen loyalen Investorenstamm. In den meisten Branchen, die wir bei Bain & Company untersucht haben, erzielten die Unternehmen mit der höchsten Kunden-, Mitarbeiter- und Investorenbindung auch die höchsten Gewinne.

Amerikanische Unternehmen verlieren durchschnittlich die Hälfte ihrer Kunden in fünf Jahren, die Hälfte der Mitarbeiter in vier und die Hälfte ihrer Investoren in weniger als einem Jahr. Solche Zahlen gelten für

Deutschland nicht – oder noch nicht? Gerade im Hinblick auf die strukturellen Entwicklungen am Industriestandort Deutschland lohnt es sich, auch bei uns intensiv über Loyalität nachzudenken. Angesichts stagnierender Märkte in den meisten klassischen deutschen Branchenschwerpunkten und dem daraus resultierenden Verteilungskampf, hat sich auch bei uns eine deutliche Akzentverschiebung von der eher technischen Produktsicht hin zur Ausrichtung am Kundennutzen ergeben. Das Stichwort »Kundenorientierung« hat Eingang in viele Unternehmensleitbilder und -strategien gefunden, ohne jedoch in den meisten Fällen bis heute operational meßbar und kontrollierbar geworden zu sein.

Diese Überlegungen münden in die Frage, wie die Gesetze der Loyalität praktisch implementiert werden können. In den letzten Jahren hat die Loyalitätspraxis von Bain & Company die in diesem Buch beschriebenen Ideen bei einer Vielzahl von Unternehmen – auch in Deutschland – erfolgreich umgesetzt. Loyalitätsbasiertes Management scheint intuitiv einleuchtend, beinhaltet jedoch eine radikale Abkehr von traditionellem Geschäftsdenken. Wir sehen Unternehmensstrategien heute in einem neuen Licht. Ihr Ziel ist es, eine gut aufeinander abgestimmte Gruppe von Kunden, Mitarbeitern und Investoren zusammenzubringen, die lange genug bestehen bleibt, damit alle Beteiligten lernen, im gemeinsamen Wechselspiel von Schaffen und Nutzen von Werten effektiv zu sein.

Das amerikanische Original *The Loyalty Effect* wurde in den USA innerhalb kürzester Zeit zum Bestseller. Dieser Erfolg ist ein Verdienst meines Kollegen Fred Reichheld und ein deutliches Zeichen für die Aussagekraft der Loyalitätsthematik. Ich möchte an dieser Stelle dem deutschen Übersetzer und meinen Münchner Kollegen danken, die ihn dabei unterstützt haben.

Fritz Seikowsky
Managing Director, Bain & Company, Deutschland
München, im Februar 1997

1 Loyalität und Schaffung von Werten

LOYALITÄT IST OUT, behaupten die Experten, und die Statistik scheint ihnen recht zu geben. US-amerikanische Aktiengesellschaften verlieren im Durchschnitt die Hälfte ihrer Kunden innerhalb von fünf Jahren, die Hälfte ihrer Mitarbeiter in vier und die Hälfte ihrer Investoren in weniger als einem Jahr. Wir scheinen einer Zukunft entgegenzusehen, in der die einzigen Geschäftsbeziehungen Gelegenheits-Transaktionen zwischen praktisch Fremden sind.

Aber haben die Experten recht? Ist es wirklich an der Zeit, die Hoffnung aufzugeben und in eine Welt von Spekulanten auf schnelles Geld, von Job zu Job springenden Karrieremachern, »Wegwerfmitarbeitern« und wankelmütigen Kunden einzutreten? Wichtiger noch: Können Unternehmen Erfolg haben, indem sie Opportunismus als Lebensart annehmen? Die Antwort ist nein, jedenfalls nicht, wenn sie auf langfristiges Wachstum und langfristigen Gewinn aus sind. Die Erfahrung hat uns gezeigt, daß Illoyalität im gegenwärtigen Umfang die Unternehmensleistung um 25 bis 50 Prozent beschneidet, manchmal noch mehr. Im Gegensatz dazu erzielen Unternehmen, die sich darauf konzentrieren, gute Kunden, produktive Mitarbeiter und unterstützende Investoren zu finden und zu behalten, weiterhin bessere Resultate. Loyalität ist keineswegs out. Sie bleibt einer der großen Motoren des Geschäftserfolgs. Tatsächlich sind die Prinzipien der Loyalität – und die Geschäftsstrategie, die wir loyalitätsbasiertes Management nennen – äußerst lebendig und stehen im Zentrum jedes Unternehmens, das eine lange Geschichte hoher Produktivität, stabiler Gewinne und stetiger Expansion aufzuweisen hat.

Von Einzelfällen abgesehen haben Chief Executive Officers (CEOs) genug Erfahrung und gesunden Menschenverstand, um zu verstehen, was für ein Unsinn es ist, vom Abschied von der Loyalität zu sprechen. Sie wissen zum Beispiel, daß ein enges Verhältnis zu den Kunden für geschäftlichen Erfolg entscheidend ist und daß Geschäfte mit Leuten, denen man vertraut und die man versteht, zuverlässiger und effizienter und damit profitabler zu tätigen sind als Geschäfte mit desinteressierten Fremden. Wenn aber die CEOs klug genug sind, um den Wert der Loyalität zu sehen, warum sind dann die Fluktuationsraten so hoch? Wie bringen sie es fertig, alle fünf Jahre die Hälfte ihrer Kunden zu verlieren? Die Antwort lautet: Die meisten von ihnen messen die Fluktuation nicht und haben keine Ahnung, daß sie so viele Kunden verlieren. Vermuten dann einige die Wahrheit, so sehen sie dies als ein Problem der Marketing-Abteilung an.

Sich mit Kundenloyalität auseinanderzusetzen ist viel zu wichtig, um delegiert zu werden. Sie hat einen entscheidenden Einfluß auf jeden Bestandteil und jeden Aspekt eines Unternehmenssystems; sie ist der Antrieb des geschäftlichen Erfolgs und damit der Karrieren der Chief Executive Officers. Die Verantwortung für die Fluktuation von Kunden gehört unmittelbar zu den Aufgaben des CEOs, der diesem Bereich die gleiche Aufmerksamkeit widmen sollte wie den Aktienkursen und dem Cashflow. Stetige starke Kundenbindung kann einen enormen Wettbewerbsvorteil schaffen, die Moral der Belegschaft stärken, unerwartete Steigerungen von Produktivität und Wachstum auslösen und sogar die Kapitalkosten senken. Umgekehrt bedeuten anhaltende Abwanderungen, daß frühere Kunden – Leute, die davon überzeugt sind, daß die Firma schlechtere Waren und Dienstleistungen anbietet – schließlich die loyalen Befürworter des Unternehmens zahlenmäßig übertreffen und damit die Meinungsführerschaft auf dem Markt übernehmen. Wenn dieser Zeitpunkt gekommen ist, wird keine noch so umfangreiche Werbung, keine noch so gute Öffentlichkeitsarbeit und kein noch so einfallsreiches Marketing imstande sein, dafür zu sorgen, daß die Preise gehalten und neue Kunden gewonnen werden können und der Ruf des Unternehmens keinen Schaden nimmt.

Mitte der 80er Jahre, als eine Gruppe von Bain-Beratern begann, Klienten bei der Verbesserung der Kundenbindung zu helfen, glaubten wir, daß dies ein praktikabler Weg zur Steigerung von Wachstum und Gewinnen war und als positive Nebenwirkung im Verlauf auch Motivation und Stolz der Belegschaft anheben würde. Die Wahrheit war erheblich komplexer. Wir stellten fest, daß wir über eine oberflächliche Behandlung der Kundenloyalität nicht hinauskamen, solange wir nicht tief in die Beschäftigung mit der Loyalität der Mitarbeiter einstiegen. Wir stellten fest, daß es eine Ursache-Wirkung-Beziehung zwischen den beiden Loyalitäten gab; daß es unmöglich war, eine loyale Kundenbasis ohne eine loyale Mitarbeiterbasis zu halten, und daß die besten Mitarbeiter es vorziehen, für solche Unternehmen zu arbeiten, die jene Art von überragender Wertschöpfung praktizieren, die Kundenloyalität aufbaut. Schließlich stellten wir fest, daß unser Bemühen um Mitarbeiterloyalität uns zu dem Thema der Investorenloyalität führte, denn es ist sehr schwer, die Loyalität von Mitarbeitern zu gewinnen, wenn die Eigentümer des Unternehmens kurzsichtig und unzuverlässig sind. Wie vorauszusehen war, stellten wir fest, daß die Loyalität von Investoren stark von Kunden- und Mitarbeiterloyalität abhängig ist, und wir verstanden, daß wir es nicht mit taktischen Fragen zu tun hatten, sondern mit einem strategischen System.

Kundenbindung ist ein Thema, das einfach nicht in engen Grenzen gehalten werden kann. Wir gelangten zu der Einsicht, daß Loyalität im Geschäftsleben drei Dimensionen hat – *Kundenloyalität, Mitarbeiterloyalität und Investorenloyalität* – und daß alle drei viel mächtiger, weitreichender und enger miteinander verflochten sind, als wir es vermutet oder uns vorgestellt hatten. Loyalität hat Auswirkungen auf jeden Bereich des Geschäftssystems, das von den Vorteilen möglichst vieler *Langzeitkunden* profitieren möchte. So groß die Versuchung auch sein mag, der Marketing-Abteilung die Aufgabe der Kundenbindung zu überlassen – was kann die Marketing-Abteilung gegen den Verlust von Mitarbeitern und Investoren ausrichten? Es ist unrealistisch, zu erwarten, daß dadurch eine grundlegende Verbesserung erreicht werden kann. Die Fluktuationsrate ist nicht einfach eine weitere betriebliche Kennziffer, sie ist das zentrale Meßinstrument, das alle Dimensionen eines Unternehmens integriert und mißt, wie gut die Firma Mehrwert für ihre Kunden bietet.

Hier stoßen wir auf die Fundamente, denn der Kundennutzen ist die Grundlage jedes erfolgreichen Geschäftssystems. Kundennutzen erzeugt Loyalität, und Loyalität wiederum bringt Wachstum, Gewinn und noch mehr Wertschöpfung hervor. Gewinne sind kein Primärziel, auch wenn sie stets im Zentrum des konventionellen Denkens über Geschäftssysteme gestanden haben. Gewinn ist natürlich unerläßlich, aber er ist dennoch eine *Konsequenz* der Wertschöpfung, die gemeinsam mit der Loyalität das wirkliche Herzstück jedes erfolgreichen, lange währenden Geschäftssystems ausmacht. Je mehr wir über die Jahre hinweg beratend tätig waren, desto klarer haben wir gesehen: Der einzige Weg, *dauerhafte* Leistungsverbesserungen zu erzielen ist der, *dauerhafte* Verbesserungen bei Wertschöpfung und Loyalität aufzubauen.

Dem Kundenverlust entgegenzutreten ist nicht einfach Sache des Marketings – es erfordert ein neues Durchdenken der Kernstrategie und der Managementprinzipien. Loyalität bietet den vereinigenden Rahmen, der ein Managementteam dazu befähigt, Unternehmensstrategie und Managementpraxis in einer Weise zu modifizieren und zu integrieren, die den langfristigen Interessen von Kunden, Mitarbeitern und Investoren besser dient. Vielleicht noch wichtiger ist, daß der Loyalitätsansatz eine Reihe von praktischen Maßnahmen erlaubt, die Manager benutzen können, um den Wertschöpfungsprozeß als vorgelagerte Quelle aller Gewinne und allen Wachstums des Unternehmens zu managen.

Rechnungswesen – Feind Nummer eins der Loyalität

Das heutige Rechnungswesen verschleiert häufig die Tatsache, daß die Kunden, Mitarbeiter und Investoren die wertvollsten Aktiva eines Unternehmens sind. Ihr gesammeltes Wissen und ihre gesammelte Erfahrung enthalten das gesamte intellektuelle Kapital einer Firma. Dennoch verschwinden diese unschätzbaren Aktiva in alarmierendem Ausmaß aus den Bilanzen von Unternehmen, und dadurch werden Wachstums- und Gewinnpotentiale dezimiert. Ein typisches amerikanisches Unternehmen verliert heute jährlich 10 bis 30 Prozent der Kunden, bei den Belegschaften sind Fluktuationsraten von 15 bis 25 Prozent im Jahr üblich, und der jährliche Verlust an Investoren geht über 50 Prozent hinaus. Wie kann von einem Manager erwartet werden, ein rentables Unternehmen aufzubauen, wenn jedes Jahr 20 bis 50 Prozent seiner wertvollsten Aktiva spurlos verschwinden? Das ist eine nahezu unmögliche Herausforderung.

Einige wenige Unternehmen – wir nennen sie Loyalitätsführer – haben sich dazu entschlossen, diese Herausforderung anzunehmen und die undichten Stellen in ihren Bilanzen zu schließen. Diese Unternehmen haben herausgefunden, wie sie die langfristige Loyalität von Kunden, Mitarbeitern und Investoren gewinnen können, und haben so ihre Wirtschaftlichkeit grundlegend verändert. Während ihre Konkurrenten sich abmühen, Wachstum und Cash-flow zu erzeugen, gedeihen diese Loyalitätsführer.

Wie machen sie das? Zunächst vermeiden sie Momentaufnahmen und analysieren dafür Langzeitaufnahmen. Zweitens sehen sie Menschen als

Aktiva und nicht als Passiva an, und sie erwarten von diesen Aktiva über viele Jahre hinweg positive Ergebnisse. Loyalitätsführer wählen Humankapital sorgfältig aus und finden Wege zur Verlängerung seiner produktiven Lebensdauer und zur Steigerung seines Wertes. Loyalitätsführer gestalten ihre Geschäftsysteme so, daß ihr Humankapital dauerhaft wird. Sie betrachten Abwanderungen solcher Aktiva als inakzeptable wertzerstörende Mißerfolge und arbeiten beständig daran, der Abwanderung entgegenzuwirken.

Durch gewissenhafte Verbesserungen des Wertschöpfungsprozesses und Verminderung von Aktivaabwanderungen haben Loyalitätsführer ihre Bestandsverluste auf ein Minimum reduziert, und ihre daraus resultierende Leistung ist erstaunlich. Durch Verringerung der Abwanderungsquoten in allen drei Gruppen – Kunden, Mitarbeiter und Investoren – haben sie ein beeindruckendes Wachstum bei Gewinnen und Liquidität erreicht. Sie haben entdeckt, daß sich Humankapital im Gegensatz zu anderen Aktiva nicht mit der Zeit abnutzt. Wie guter Rotwein wird es mit der Zeit immer wertvoller.

Es ist nicht leicht, Verluste bei den Aktiva zu verringern, doch es gibt dafür ein Erfolgsgeheimnis. Man kann Menschen nicht *kontrollieren*, da sie ihren eigenen Kopf haben, also muß man sich ihre Loyalität *verdienen*. Menschen werden ihre Zeit und ihr Geld nur loyal investieren, wenn sie überzeugt sind, daß ihre Beiträge zum Unternehmen im Zeitverlauf ansehnliche Gewinne abwerfen. Das Erfolgsgeheimnis ist daher, sie sorgfältig auszuwählen und ihnen dann zu zeigen, wie sie einen Wert zum Geschäftssystem beitragen und einen Wert von ihm empfangen können. Noch besser ist es, das Anreizsystem entsprechend zu gestalten. Der Schlüssel zur Verringerung von Bestandsverlusten und zur Steigerung von Gewinnen ist die Errichtung eines Tugendkreislaufs aus Loyalität, Lernen und Wertschöpfung. Wie Sie in diesem Buch noch detailliert sehen werden, ist jedes dieser drei Elemente untrennbar mit den beiden anderen verbunden.

Die meisten Manager erkennen nicht, wieviel Wert die Loyalität von Kunden, Mitarbeitern und Investoren schafft. Sie sind an die Pflege traditioneller Bestandstypen gewöhnt. Was würde zum Beispiel ein Autohändler tun, wenn er entdeckt, daß in seinem Zubehörlager eine nagelneue Stereoanlage fehlt? Er würde vermutlich seine gesamte Niederlassung von oben bis unten durchstöbern. Und was würde er tun, wenn er einen treuen Kunden verliert? Die meisten würden mit den Achseln zucken – und dies, obwohl der aufs Jahr umgerechnete Gewinn aus den

Käufen dieses Kunden den Wert der Stereoanlage um das Zehnfache übertrifft.

Wenige Geschäftsleute betrachten Kunden unter Gewinnaspekten. Noch weniger verbinden Mitarbeiter und Investoren mit Gewinn. Doch genau dies macht den Unterschied zwischen einer Momentaufnahme und einer Langzeitaufnahme aus, zwischen einem Werbeplakat und einem abendfüllenden Film. Wenn Manager anfangen, die langfristigen wirtschaftlichen Konsequenzen von Loyalität zu verstehen, werden sie anfangen, ihre Unternehmen mit dem Ziel zu managen, die Fluktuation auf Null zu bringen.

Loyalität – Der richtige Maßstab für die Unternehmensperformance

Eines steht fest: Die Zielsetzung, die Fluktuation auf Null herunterzufahren, setzt eine geänderte Managementtheorie voraus. Der gegenwärtige Ansatz könnte als Gewinntheorie bezeichnet werden. Demnach stehen und fallen alle geschäftlichen Fähigkeiten und Kompetenzen mit der Fähigkeit, zum Gewinn beizutragen. Die neue Theorie sieht als fundamentale Aufgabe eines Unternehmens nicht die Gewinnerzeugung, sondern die Wertschöpfung. Sie betrachtet den Gewinn als wesentliche Konsequenz der Wertschöpfung – eher als Mittel denn als Ziel, als Ergebnis statt als Zweck. Außerdem verhilft die Wertschöpfungstheorie dazu, die unterschiedlichen Perspektiven von Investoren, Controllern, Marketing-Experten und Personalmanagern zu vereinen.

Die neue Theorie macht Loyalität auch zu einer verläßlicheren Testvariablen für Unternehmensleistung, als es Gewinne jemals waren oder sein könnten. Gewinne allein sind ein unzuverlässiger Maßstab, denn es ist möglich, die kurzfristig ausgewiesenen Gewinne zu steigern, indem Humankapital »freigesetzt« wird. Mit Lohnsenkungen und Preissteigerungen können die Gewinne zwar in die Höhe getrieben werden, diese Maßnahmen haben jedoch einen negativen Effekt auf die Mitarbeiter- und Kundenloyalität und vermindern damit Lebensdauer und Wert dieser Aktiva. Da der einzige Weg zur Wahrung von Kunden- und Mitarbeiterloyalität die Erbringung überragenden Wertes ist, ist hohe Loyalität ein sicheres Zeichen für stabile Wertschöpfung.

Das mag sich so anhören, als stünden Loyalität und Gewinn im Widerspruch zueinander. Wenn das Geschäftsleben ein Nullsummenspiel wäre, würde das zutreffen – jede Lohn- und Gehaltssteigerung und jede Preissenkung ginge dann auf Kosten der Gewinne. Investoren könnten nur auf Kosten von Kunden und Mitarbeitern Gewinne erzielen (und umgekehrt). Aber das Geschäftsleben ist kein Nullsummenspiel und der vermeintliche Konflikt ein Mißverständnis. Um es zu beseitigen, müssen wir aus der Momentaufnahmenmentalität ausbrechen und anerkennen, daß es zwei Arten von Gewinnen gibt. Die erste Art von Gewinnen nennen wir *konstruktiv*; sie ist das Resultat von Wertschöpfung und -teilung und dem Aufbau der Aktiva des Unternehmens. Die andere Art von Gewinnen ist *destruktiv*; sie beruht nicht auf Wertschöpfung und -teilung, sondern auf der Ausbeutung der Aktiva, auf dem Ausverkauf der wahren Bilanz eines Unternehmens. Das ist die Art von Gewinnen, die Ausdrücke wie *Profitgier* rechtfertigt, das Geschäft in ein zweifelhaftes Licht setzt und die Lebenserwartung solcher Unternehmen verkürzt, die nach dieser Art von Gewinn streben.

Wenn Gewinn Ziel und Zweck eines Unternehmens ist, scheinen wertvolle wie destruktive Gewinne gleich nützlich zu sein. Sowie man aber Gewinne als Mittel zur Wertschöpfung und als deren Konsequenz ansieht, kommt nur noch konstruktiver Gewinn in Frage. Leider ist es nicht immer leicht, zwischen beiden Gewinnarten zu unterscheiden, denn in der Gewinn-und-Verlust-Rechnung sehen beide Gewinnarten gleich aus. Die vollständige Antwort darauf, wie die Unterscheidung zu treffen ist, wird eines der Themen dieses Buches sein. Doch soviel sei vorweggenommen: Die beste Methode, zwischen guten und schlechten Gewinnen zu unterscheiden, ist die Messung der Loyalität Ihrer wertvollsten Aktiva: Ihrer Kunden, Mitarbeiter und Investoren. Wenn die Fluktuationsraten niedrig sind und fallen, sind die Gewinne wertvoll. Wenn nicht, sind Sie wahrscheinlich dabei, Ihre Bilanz auszuhöhlen und langfristige Werte zu zerstören.

Wundersamer Cash-flow

Dieses Buch ist nicht theoretisch – es geht um ein praktisches Verfahren, das Managern hilft, so viel Wert für Kunden zu schaffen, daß viel davon für Mitarbeiter und Investoren übrigbleibt. Es kann Ihnen helfen, herausragende Gewinne und hohen Cash-flow zu erzeugen, indem es Ihnen zeigt, wie Sie auf optimale Weise die richtigen Kunden gewinnen können, wie Sie bessere Mitarbeiter einstellen und sie effektiver entlohnen, wie Sie ihre Produktivität steigern, ihnen beibringen, aus Fehlern zu lernen, wie Sie sie dazu motivieren, den Kunden überragenden Nutzen zu bieten; und schließlich, indem es Ihnen zeigt, wie Sie bessere Investitions- und Eigentumsstrukturen aufbauen. Wir nennen dies den integrierten Ansatz zum loyalitätsbasierten Management.

Die Grundprinzipien von Loyalität sind nicht von uns erfunden worden. Sie sind schon jahrhundertealt. Loyalitätsbasiertes Management ist nur unsere Wortschöpfung für ein Phänomen, das wir im Verlauf einer mehr als zehnjährigen Arbeit beobachtet und analysiert haben, indem wir die Probleme und Erfolge einer Vielfalt von Unternehmen und ihrer Wettbewerber untersuchten. Beim Nachdenken über Zahlen, Gewinne, Strategien und Taktiken verschiedener Unternehmen und Branchen stießen wir immer wieder auf Firmen, die in geradezu verblüffendem Umfang Cash-flow erzeugten. Die Lösung lag auf der Hand, doch nur schrittweise gelangten wir zu einem Verständnis ihrer wahren Bedeutung.

Was diese ungewöhnlich erfolgreichen Unternehmen von ihren Konkurrenten unterschied, war ein meßbarer Vorsprung an Kunden- und Mitarbeiterloyalität. Jedesmal, wenn die Performance eines Unternehmens nicht so war, wie sie es nach den traditionellen Lehren der Business Schools hätte sein müssen, handelte es sich um ein Unternehmen, das sich herausragender Loyalität erfreute. Und jedesmal, wenn wir ein Unternehmen mit herausragender Loyalität fanden, war es ein Unternehmen, das seinen Kunden und Mitarbeitern hervorragende Wertschöpfung bot und gleichzeitig unerklärlich hohen Cash-flow zur Finanzierung internen Wachstums erzeugte.

Wir analysierten zum Beispiel die Werbeagentur Leo Burnett und stellten fest, daß sie einen überraschend hohen Cash-flow schuf. Tatsächlich ist Leo Burnett zur größten unabhängigen Agentur der Welt herangewachsen – mit weltweit 63 Niederlassungen und Erträgen von jährlich 600 Millionen Dollar –, ohne jemals Kapital durch Ausgabe von Aktien aufbringen zu müssen und ohne nennenswerte Verschuldung bei Banken. Zudem gehören die Gehälter des Unternehmens zu den höchsten der Branche (was gewöhnlich den Cash-flow mindern würde), und die Preise werden auf konkurrenzfähigem Niveau gehalten. Dennoch erreicht es den höchsten Cash-flow in der gesamten Branche. Die Erklärung dieses scheinbaren Wunders: Leo Burnett schafft so viel Wert für seine Klienten, daß sie dem Unternehmen Jahr für Jahr die Treue halten. In den späten 80er Jahren verlor Leo Burnett zum Beispiel pro Jahr nur 2 Prozent seiner Einnahmen an konkurrierende Agenturen.

Chick-fil-A in Atlanta, Georgia, ist ein weiteres gutes Beispiel. In den letzten fünf Jahrzehnten ist durch überragende Loyalität aus einem einzelnen Imbißwagen eine Kette von mehr als 600 Fast-food-Restaurants geworden. Wir wurden auf das Unternehmen aufmerksam, als wir feststellten, daß die Fluktuationsrate seiner Filialleiter bei jährlich 4 bis 6 Prozent lag – gegenüber sonst in der Branche üblichen 40 bis 50 Prozent. Dann stellten wir fest, daß diese Filialleiter durchschnittlich 50 Prozent mehr verdienten als die Geschäftsführer anderer Fast-food-Ketten. Die Preisgestaltung in der Fast-food- Branche unterliegt beträchtlichem Wettbewerb, so daß wir erwarteten, daß der Cash-flow unter der generösen Entlohnung leiden würde. Ganz im Gegenteil jedoch hat Chick-fil-A seine gewaltige Expansion überwiegend aus internem Cash-flow finanziert. Hinzu kam eine minimale, durch Immobilien abgedeckte Verschuldung. Als privates Unternehmen hat es nie Aktien ausgegeben, und jeder Geschäftsführer muß nur 5 000 Dollar Eigenkapital aufbringen. Wo kommt die Liquidität also her?

In den folgenden Kapiteln werden wir uns mehr als ein Dutzend Unternehmen ansehen, die wie Chick-fil-A und Leo Burnett in ihren jeweiligen Branchen höchste Loyalität errungen haben. Diese Loyalitätsführer haben nicht nur einen Loyalitätsvorsprung vor ihren Konkurrenten; bis auf ein oder zwei Ausnahmen erfreuen sie sich auch eines schnelleren Wachstums. Wir verwenden eine überproportionale Anzahl von Beispielen aus Versicherungsunternehmen, denn diese Branche ist eine der wenigen, die die Kundenbindung einigermaßen konsequent jahrzehntelang gemessen hat, so daß sie eine einzigartige Gelegenheit bietet, die Entwicklung von Loyalität im Zeitverlauf zu untersuchen. Wir betrachten jedoch auch Beispiele aus so unterschiedlichen Branchen wie Automobilindustrie, Werbung, Telekommunikation, Traktoren, Lkw-Reifen, Banken, Schnellimbißketten, Computersoftware, Einzelhandel und Lokalfernsehen. Dem Leser werden manche der von uns herausgestellten Loyalitätsführer nicht bekannt sein, und zwar vor allem deshalb, weil diese Firmen keine börsennotierten Unternehmen sind und sie in den Medien und bei Wertpapieranalysten wenig Aufmerksamkeit erhalten. Da stark auf Loyalität basierende Unternehmen schwer aufzuspüren sind, mußten wir die Beispiele verwenden, die wir finden konnten – darunter sind sowohl kleine als auch sehr große Unternehmen, relativ junge Firmen und Unternehmen, die das Loyalitätskonzept bereits seit mehr als einem Jahrhundert verfolgen.

Bei der eingehenden Analyse der Betriebsabläufe dieser Loyalitätsführer haben wir Geschäftssysteme aufgedeckt, die außerordentlich gut dafür geeignet waren, für Kunden, Mitarbeiter und Investoren überragenden Wert zu erbringen. Vielleicht hätten wir genau diese Entdeckung erwarten sollen. Stets haben die Gründer dauerhaft erfolgreicher Unternehmen danach gestrebt, an erster Stelle den Kunden und danach den Mitarbeitern überragenden Wert zu liefern, damit die Investoren langfristig profitieren konnten. Wir waren aber wirklich überrascht von dem Ausmaß des Wachstums und des Cash-flows, das wir vorfanden. Um deren geheimnisvolle Ursache zu begreifen, lassen Sie uns einen raschen Blick auf eines der wahren Wunder des loyalitätsbasierten Managements werfen: State Farm Insurance.

Loyalität rechnet sich

State Farm Insurance ist ein Versicherungsunternehmen auf Gegenseitigkeit. 20 Prozent der US-Haushalte sind bei diesem Unternehmen versichert, und State Farm Insurance kann seine Marktführerschaft weiter ausbauen. State Farms Konzentration auf den Kundenservice hat zu einem schnelleren Wachstum geführt, als es die meisten anderen in mehreren Sparten tätigen Versicherungen erreichten, doch während Wachstum die Erträge einiger Konkurrenten aufbraucht und sie mit Schulden belastet, vermehrte sich das Kapital von State Farm auf über 20 Milliarden Dollar – und dies nur aus selbst erwirtschafteten Überschüssen. Das ist mehr Kapital, als AT&T oder General Motors zur Verfügung steht. Tatsächlich ist es die größte Kapitalbasis eines Unternehmens für Finanzdienstleistungen in Nordamerika und versetzt State Farm weltweit in einen unternehmerischen Spitzenrang. State Farm hat die niedrigsten Vertriebs- und Marketingkosten aller vergleichbaren Versicherungsunternehmen, und dennoch verdienen seine Agenten durchschnittlich viel mehr als ihre Kollegen bei der Konkurrenz. Durch sorgfältige Auswahl und Bindung von Kunden und Mitarbeitern kann State Farm die Prämien oft niedriger halten als die Konkurrenten und dennoch das Kapital ansammeln, das zum Schutz der Versicherten in Jahren wie 1992 notwendig ist, als die Versicherung katastrophale Verluste in Höhe von 4,7 Milliarden Dollar machte.

Alle diese eindrucksvollen Ergebnisse können auf State Farms hervorragend gestaltetes, loyalitätsbasiertes System zurückgeführt werden, das Maßnahmen, Prämien, Agentenauswahl, Aus- und Fortbildung, Karriere,

Kundengewinnung, Spartenauswahl, Werbung, Preisbildung, Kundendienst und alle anderen Funktionen in den Dienst von Wertschöpfung und Loyalität stellt. Als Resultat davon bleiben Agenten bei State Farm doppelt so lange wie bei der Konkurrenz und erreichen eine gegenüber dem Branchenstandard um 40 Prozent höhere Produktivität. Die Versicherungsnehmer erhalten eine so überzeugende Kombination von Service und niedrigen Preisen, daß ihre Bindungsrate 95 Prozent übertrifft – die beste Quote, die von einer landesweiten, auf Agentenbasis arbeitenden Versicherung in den USA erreicht wird. Und trotz des großzügigen Anteils an der Wertschöpfung, den sie Kunden und Agenten zuteilt, hat die Versicherung genug Cash-flow behalten, um die zuvor erwähnten 20 Milliarden Dollar anzusammeln. Alles in allem war State Farms Leistung dauerhaft so herausragend, daß die Zeitschrift *Fortune* das Unternehmen als das erfolgreichste der US-Finanzdienstleistungsbranche bezeichnete – »wahrlich eines der großartigen Unternehmen der Nation«.[1]

Wir werden State Farm an späterer Stelle in diesem Buch wiederbegegnen, doch die Frage, die sich stellt ist: Warum sind nicht mehr Unternehmen diesem Beispiel gefolgt? Es gibt in der Versicherungswirtschaft kaum Geheimnisse. Die Verträge der einzelnen Gesellschaften sind weithin bekannt, die Prämien müssen bei der Regierung jedes US-Bundesstaates registriert werden, und die Aufsichtsbehörden veröffentlichen und verbreiten Finanzdaten und statistische Informationen über jedes Unternehmen. State Farm hat auch keinen Hehl aus seiner Geschäftsphilosophie und -strategie gemacht. Schon der Gründer George Mecherle nannte Kundenbindung und das Festhalten an Agenten den Schlüssel zum Erfolg von State Farm.

Mecherles Erklärung war sehr klar, doch wenige Unternehmen haben versucht, dem Rat zu folgen, der zu 20 Milliarden Dollar selbst erwirtschafteten Überschüssen führte. Es ist schwer zu verstehen, warum. Eine mögliche Antwort: Die meisten Unternehmen haben unbewußt ein gänzlich anderes Bild von der Ursache-Wirkung-Beziehung entwickelt, die Geschäftssysteme bestimmt. Wir alle verwenden die Wahrnehmungsfilter, um relevante Informationen von bloßem Datenballast zu unterscheiden, und organisieren diese Informationen dann zu verwertbaren Mustern. Wenn diese Filter Controllingparadigmen sind, können Manager einfach nicht die Wirtschaftlichkeit des Lernens und der Loyalität begreifen, die den Erfolg von State Farm sichert. Sie mögen zwar die Worte von Mecherle hören, aber die Botschaft kommt bei ihnen nicht an.

Ein gutes Beispiel für die unterschiedlichen Paradigmen entstand im Gefolge des Wirbelsturms Andrew, der in den Jahren 1992/93 zu außergewöhnlich hohen Versicherungsschäden führte. Der Zwang, ihre Verluste unter Kontrolle zu halten, veranlaßte viele Versicherungsgesellschaften dazu, die Ansprüche aus ihren Verträgen in Südflorida zwar abzudecken, dann aber die Erneuerung der Policen zu verweigern, um künftigen Verlusten vorzubeugen. State Farm nahm einen radikal anderen Standpunkt ein. Das Unternehmen hatte nicht die geringste Absicht, Kunden fallenzulassen, für deren Gewinnung und Bindung es soviel Energie und Kosten aufgewendet hatte – bei den meisten viele Jahre lang. Nach Ansicht von State Farm wäre es in der Tat wirtschaftlich irrational, den Wert seiner Investitionen in eine große Gruppe wertvoller Kunden zu zerstören. Vor allem wäre Illoyalität gegenüber diesen Kunden von der Grundphilosophie her inakzeptabel. Loyalität ist keine Einbahnstraße. Wie kann State Farm bleibende Loyalität von seinen Kunden und seinen Agenten erwarten, wenn das Unternehmen selbst keine Loyalität beweist, wenn es darauf ankommt?

Als der Hurrikan Andrew Dächer von Häusern riß, weil Baufirmen sie nicht ordnungsgemäß im Dachstuhl verankert hatten, zahlte State Farm seinen Kunden *mehr*, als in ihren Policen festgeschrieben war, damit die Häuser auf hohem Niveau instand gesetzt werden konnten. Auf die Frage eines Reporters des *Wall Street Journal*, warum das Unternehmen zur Überzahlung bereit war, antwortete C. A. Ingham, damals Syndikus von State Farm: »Wir wollen die Häuser auch künftig versichern, und wir wollen nicht, daß sie in Zukunft beschädigt werden.«[2] State Farm erwartet, daß die Kunden auf Jahre hinaus bei dem Unternehmen versichert bleiben; daher wird diese Einstellung auf lange Sicht für alle Seiten vorteilhaft sein.

Es gibt Manager, die diese Geschichte lesen und nur denken: »Was für ein Trick! Welch clevere Öffentlichkeitsarbeit!« State Farms Verhalten beruht aber auf einer vernünftigen strategischen und wirtschaftlichen Logik, die konventionellem Managementdenken einfach entgeht. Die treibende Kraft, die hinter State Farms niedrigen Kosten steht, ist nicht Knauserei oder Öffentlichkeitsarbeit, sondern Loyalität, ein systematisches Vorgehen, um während des sehr langen Zeitraums, den der Kundenlebenszyklus umfaßt, die Einnahmen hoch und die Kosten niedrig zu halten.

State Farm ist nicht das einzige Unternehmen, das gedeiht, indem es sein Humankapital nach den Grundsätzen der Loyalität managt. Kehren wir kurz zu Leo Burnett zurück. Die Chicagoer Werbeagentur, die den Marlboro-Mann geschaffen hat, hat seit ihrer Gründung 1935 Kunden und Mitarbeiter als ihr wertvollstes Kapital behandelt. Werbeagenturen sind in aller Regel für starke Personalfluktuation bekannt. Ein beträchtlicher Kundenverschleiß geht mit dieser Beschäftigungspolitik einher, die zwischen Entlassungen und hektischen Neueinstellungen schwankt. Bei Leo Burnett jedoch kommen Entlassungen selten vor, genau wie Kundenverluste. Das Unternehmen investiert große Summen in die Personalauswahl und in die Aus- und Fortbildung der Mitarbeiter. Es bezahlt neuen Mitarbeitern deutlich mehr als den Branchendurchschnitt, und seit 1943 ist es nur dreimal nicht gelungen, das gesetzliche steuerabzugsfähige Maximum auf das Gewinnbeteiligungskonto jedes Arbeitnehmers zu überweisen.

Leo Burnett ist so organisiert, daß ranghohe Account Manager den größten Teil ihrer Zeit mit einem einzigen Kunden verbringen. Dadurch lernen sie ihre Kunden und deren Geschäfte gründlich kennen. (Durch dieses Arrangement wird auch sehr deutlich, wer für den Erfolg der Werbung jedes Kunden verantwortlich ist.) Die Produktivität von Leo Burnett ist die höchste der Branche; sie liegt um 15 bis 20 Prozent über jener der Hauptkonkurrenten.

Leo Burnett geht die Bindung seiner Klienten über alles andere. In den vier Jahren von 1986 bis 1989 flossen 98 Prozent der jährlichen Einnahmen aus Wiederholungsaufträgen – die höchste Bindungsrate der Branche. Als 1993 die Überprüfung des Accounts von Oldsmobile anstand, schloß Leo Burnett eine Niederlassung und versetzte Dutzende von Mitarbeitern nach Chicago, um seine mit Oldsmobile befaßten Mitarbeiter an einem einzigen Standort zusammenzuführen. Als krönenden Abschluß gab der CEO seine leitende Position auf, um sich ganz auf seine Rolle als Kreativdirektor konzentrieren zu können, was unter anderem bedeutete, mehr Zeit und Energie für Oldsmobile aufzuwenden. Wenn das Ganze ein berechnetes Schauspiel war, so hat es auf jeden Fall gewirkt. Aber es ist unwahrscheinlich, daß es sich nur um Effekthascherei handelte. Für Leo Burnett sind Wandlungsfähigkeit und hoher Aufwand, um herausragenden Wert zu liefern – und um einen Kunden zu behalten – das Wesen des Geschäfts. Der CEO setzte damit die Tradition fort, die Leo Burnett selbst schuf. Als sich Burnett, der das Unternehmen gegründet hatte, zur Ruhe setzte, hielt er eine Rede, die noch heute eine wichtige Rolle im Ausbildungsprogramm des Unternehmens spielt. Darin sagte er seinen Mitarbeitern, er werde verlangen, daß sein Name von der Firmentür entfernt werde, sollte einmal der Tag kommen, an dem sie »mehr Zeit darauf verwenden würden, Geld zu machen, und weniger Zeit darauf, Werbung zu machen – unsere Art von Werbung«.

Die neue Rechenlogik der Loyalität

Unternehmen wie Leo Burnett scheinen einen anderen Weg zu beschreiten. Sie leben in einer anderen Welt, als die der heutigen Business Schools, wo Gewinne und der Wert der Aktien nahezu unter Ausschluß aller anderen übergeordneten Ziele herausgestellt werden. Werfen wir einen Blick auf die Wirtschaftlichkeit der Werbebranche, um festzustellen, wer recht hat. Abbildung 1.1 zeigt auf der vertikalen Achse die relative Produktivität der bedeutenden US-amerikanischen Werbeagenturen 1989 und auf der horizontalen Achse die durchschnittliche Kundenbindungsrate für die Jahre 1986 bis 1989.

Leo Burnett, in der Abbildung ganz allein in der Ecke oben rechts, erfreut sich der höchsten Kundenbindungsrate (98 Prozent) und der höchsten Produktivität – sie liegt um etwa 20 Prozent über dem Branchendurchschnitt. Die anderen Unternehmen liegen recht dicht an einer Dia-

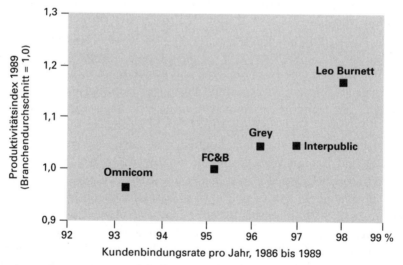

Abbildung 1.1: Die Beziehung zwischen Kundenbindung und Produktivität in der Werbebranche 1986-1989
Quellen: Für die Produktivität: *Advertising Age;* für die Kundenbindung: Bain-Analyse

gonalen von links nach rechts, wobei die Agentur mit der schlechtesten Bindungsrate auch die niedrigste Produktivität aufweist.

Das Bemerkenswerte an dieser grafischen Darstellung ist, daß die Kundenbindungsrate nahezu deckungsgleich zur Produktivität verläuft und diese vielleicht sogar erklärt. Wir haben schon festgestellt, wie gut Loyalität als Testvariable für Wertschöpfung funktioniert. Abb. 1.1 legt nun den Schluß nahe, daß eine ebenso enge Verbindung zwischen Loyalität und Gewinnen besteht. Eine Erhöhung der Bindungsrate um nur 5 Prozentpunkte – sagen wir, von 93 auf 98 Prozent – scheint zu einer Steigerung der Produktivität um mehr als 20 Prozent zu führen. Da Burnett als Personengesellschaft nicht publizitätspflichtig ist, können wir nur vermuten, wie sich dieser Produktivitätsvorteil auf die Gewinne auswirkt. Doch in einer Branche wie der Werbung sollte ein solcher Vorteil das Gewinnpotential um 50 bis 100 Prozent erhöhen. Die neue Geschäftsphilosophie von Leo Burnett, State Farm und anderen Loyalitätsführern demonstriert eine völlig neue betriebswirtschaftliche Logik.

In anderen Branchen finden wir die gleichen Muster. Abb. 1.2 zeigt Vorsteuergewinn und Kundenbindungsraten der größten US-Versicherungsmakler. Wiederum hat die Firma mit der höchsten Bindungsrate,

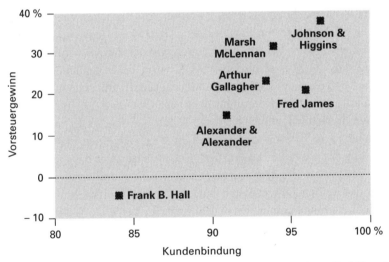

Abbildung 1.2: Die Beziehung zwischen Kundenbindung und Profitabilität in der Versicherungsmaklerbranche 1983-1988
Quellen: Jahresberichte, Bain-Schätzungen
Anmerkung: Betrifft nur die Geschäftstätigkeit innerhalb der USA

Johnson & Higgins, auch den höchsten Vorsteuergewinn, während Frank B. Hall mit der niedrigsten Kundenbindungsrate bei den Gewinnen am weitesten hinterherhinkt.

Die Beziehung zwischen Leistung und Kundenbindung ist also weitestgehend die gleiche wie in der Werbebranche. Eine Verbesserung der Bindungsrate um 5 Prozentpunkte verdoppelt den Vorsteuergewinn. Es überrascht uns nicht, daß Johnson & Higgins großen Wert auf Kundenloyalität legt. Einer der wichtigsten Manager befragt jeden bedeutenden Kunden, der dem Unternehmen den Rücken kehrt, nach seinen Motiven, um so aus Mißerfolgen Lehren zu ziehen und die Leistungen zu verbessern.

Unter den Börsenmaklern ist A. G. Edwards das Unternehmen mit der höchsten Bindungsrate, und auch hier führt der Loyalitätsführer in puncto Rentabilität die Branche an. Bei der Wertschöpfung für die Kunden steht dieses Unternehmen in jedermanns Gunst vorne an, es ist Branchenführer bei der Kundenbindung, und es behält genug Geld übrig, um seine Anleger zu begeistern. In dieser notorisch konjunkturabhängigen Branche, in der die meisten Unternehmen sich glücklich schätzen, wenn sie in einem Geschäftsjahr eine durchschnittliche Eigenkapitalrendite von 10 Prozent erzielen, hat es A. G. Edwards in den letzten zehn Jahren auf einen Durchschnitt von über 18 Prozent gebracht.

Wir haben diese Analyse für eine Vielfalt von Branchen wiederholt, mit durchweg gleichgelagerten Ergebnissen. Trotz der offensichtlichen Tatsache, daß auch andere Faktoren Unterschiede bei den Gewinnen verursachen und daß die Muster in den Abb. 1.1 und 1.2 in manchen Branchen deutlicher zu erkennen sind als in anderen, schafft überragende Kundenbindung zumindest das Potential für höhere Gewinne.

Wie wir in den folgenden Kapiteln sehen werden, ist Lexus U. S., die Luxusmarke von Toyota, auf dem besten Weg, sich einen Platz unter den Champions der Loyalität zu erarbeiten. Lexus ist zwar das einzige Automodell, das jemals alle drei Auszeichnungen für Kundenzufriedenheit in ein und demselben Jahr erhalten hat, doch dem Unternehmen ist bloße Zufriedenheit nicht genug. Dave Illingworth, der erste Generaldirektor von Lexus U.S., stellte nachdrücklich fest: »Der einzige sinnvolle Maßstab für Zufriedenheit in dieser Branche ist Loyalität hinsichtlich Wiederkauf!«[3] Entsprechend hat Lexus ein neues Geschäftssystem aufgebaut, das von Grund auf nach den Prinzipien des loyalitätsbasierten Managements ausgestaltet wurde, und ist jetzt im Begriff, Rekorde an Kundenloyalität in der Autobranche aufzustellen. Zwar veröffentlicht Toyota die Lexus-

Geschäftsergebnisse nicht, doch Branchenexperten schätzen, daß Lexus U.S. nur 2 Prozent zum Umsatz von Toyota beiträgt, aber ein Drittel zum Gewinn.

Ein anderes Unternehmen, das loyalitätsbasiertes Management praktiziert, ist MBNA, das 1982 als Kreditkartenabteilung der Maryland National Bank begann. Statt dem Eigenkonten-Jagdfieber zu verfallen, das die Branche in ihren Gründerjahren prägte, entschloß sich MBNA zur Vermarktung von Kreditkarten über Organisationen wie die National Education Association. Schrittweise gelang es dem Unternehmen, sein gesamtes Geschäftssystem auf die Gewinnung der Loyalität solcher Gruppen und ihrer Mitglieder maßzuschneidern. MBNA war eines der ersten Kreditkartenunternehmen, das die Kundenbindung gemessen hat. Es untersuchte, welche Organisationen Mitglieder mit tiefverwurzelter Loyalität hatten, um seine Anstrengungen auf diese potentiellen Kunden zu konzentrieren. Es schnitt seine Hintergrundarbeit auf die individuellen Bedürfnisse jeder Gruppe zu und richtete die Bonuszahlungen an seine Mitarbeiter nicht an den Gewinnen, sondern an solchen Faktoren aus, welche die Kundenloyalität fördern. In der gesamten Geschichte von MBNA sind nur eine Handvoll seiner etwa 3 700 Kundengruppen abgesprungen, und 1994 war seine Kundenbasis auf über 14 Millionen Karteninhaber angewachsen.

Wie in anderen Fällen hat Kundenloyalität auch für die Investoren Wunder gewirkt. Seit MBNA 1990 ein unabhängiges Unternehmen wurde, hat sich seine Eigenkapitalrentabilität nach Steuern 30 Prozent angenähert, und die Aktienrenditen sind um jährlich 18 Prozent gestiegen. Seit 1982 ist MBNA von Rang 38 auf den 2. Platz unter den US-Kreditkartenausgebern gestiegen, und die Gewinne haben sich mehr als verzwanzigfacht. Worauf führt Charlie Cawley, der Gründer von MBNA, diese außerordentliche Leistung zurück? Die Antwort steht in großen Buchstaben auf dem Umschlag seines Jahresberichts gedruckt: »Erfolg ist, die richtigen Kunden zu bekommen ... und sie zu behalten.«

Gefahren des stichtagsbezogenen Rechnungswesens

Auf der Umschlagseite von Cawleys Jahresbericht steht also eines der großen Geheimnisse seines Geschäftserfolgs. Tatsächlich dürfte die Umschlagseite von bleibenderem Wert sein als die Finanzstatistiken im Innern. Das Merkwürdige ist, daß die meisten Manager das wissen, es bei ihnen aber nicht funktioniert. Kundenbindung ist zu einem vieldiskutierten Thema auf Branchenveranstaltungen geworden, und MBNA hat einen weitverbreiteten Ruf als Unternehmen, das die Kunst und Wissenschaft des loyalitätsbasierten Managements gemeistert hat, doch die meisten Manager sehen sich das Motto von MBNA an, ohne seine volle Bedeutung zu erfassen. Statt ihre gesamte Tätigkeit systematisch auf die Erringung von Kundenloyalität umzustellen, greifen die meisten Manager zu Ad-hoc-Programmen. Sie versuchen, ein oder zwei Praktiken von MBNA zu kopieren. Sie richten Rückgewinnungsabteilungen ein, um abwandernde Kunden bei der Stange zu halten, die diese Mühe wert sein mögen oder auch nicht. Oder sie lassen wie MBNA den Mitarbeitern ihre Gehaltsschecks in Umschlägen mit dem Aufdruck »Von unseren Kunden für Sie« aushändigen, versäumen aber, ihre Bonuszahlungen an der Wertsteigerung für die Kunden und deren Loyalität zu orientieren. Es überrascht nicht, daß die gewünschten Wirkungen verfehlt werden.

Der Aufbau von Kundenloyalität kann nicht als ein Zusatzgeschäft betrieben werden. Er muß ein Bestandteil der grundlegenden Geschäftsstrategie des Unternehmens sein. Loyalitätsführer wie MBNA, Chick-fil-A, State Farm und Leo Burnett sind erfolgreich, weil sie ihre gesamte Geschäftätigkeit rund um die Kundenloyalität angeordnet haben, weil sie erkennen, daß ein Unternehmen Kundenloyalität durch dauerhaften Kundennutzen gewinnt, weil sie die finanziellen Auswirkungen von Kunden- und Mitarbeiterbindungen auf Umsatz und Kosten begreifen und daher ihren Cash-flow auf kluge Weise reinvestieren können, um die wertvollsten Kunden und Mitarbeiter zu gewinnen und zu behalten.

Das eigentliche Dilemma ist, daß viele, vielleicht die meisten heutigen Manager, sich ein Paradigma angeeignet haben, das in seinem Kern dem loyalitätsbasierten Management widerspricht. Bei nachdrücklichen Nachfragen wird sich herausstellen, daß nur für wenige von ihnen die wichtigste Mission ihrer Unternehmen die Schaffung von hervorragendem Wert für Kunden und Mitarbeiter ist, so daß sich die Investoren einer hohen Rendite erfreuen können. Sie sehen vielmehr ihre wichtigste Aufgabe in der Maximierung von Gewinnen und Aktienrenditen. Und wenn ihnen jemals Zweifel daran kamen, so wurden diese durch die feindlichen Übernahmen in den 80er Jahren verdrängt.

Tatsächlich ist der Zug zum aktionärsorientierten Management aber schon viel früher abgefahren – um die Jahrhundertwende, als die Eigentümer ihre Geschäftsführungsverantwortung an professionelle Manager delegierten. Eine der ersten existentiellen Aufgaben dieser Manager wurde die Entwicklung eines Finanzbuchhaltungssystems, das die abwesenden Kapitalisten über den Wert ihrer Investitionen auf dem laufenden hielt. Die Geschäftsleute perfektionierten Meßsysteme, die den Bedürfnissen der Kapitalmärkte dienten, und durch staatliche Regulationen wurde deren Zuverlässigkeit und Einheitlichkeit erzwungen.

Die Gründer der großen Industrieunternehmen verstanden sehr wohl, daß ein Unternehmen, um zu prosperieren, Kunden und Mitarbeitern ebenso Mehrwert zu liefern hatte wie den Investoren. Um Henry Ford zu zitieren: »Jedes Geschäft muß auf Profit abzielen (...), sonst würde es zugrunde gehen. Falls aber jemand versucht, ein Geschäft lediglich des Profits wegen zu führen (...), muß das betreffende Unternehmen ebenfalls dahinsiechen, fehlt ihm doch dann die Existenzberechtigung.«[4] Starke, intuitive Manager wie Ford wußten, wann sie die an den Investoren orientierten Zahlen zu ignorieren hatten, die von ihren Systemen zur Rentabilitätsmessung bereitgestellt wurden. Sie waren dicht am Geschehen und konnten die Bedürfnisse der Investoren, Arbeitnehmer und Kunden intelligent ausgleichen und ausloten. Erfolgreiche Eigentümer kleiner Unternehmen können das immer noch. Sie gehen selbst Tag für Tag unmittelbar mit ihrem eigentlichen Kapital um und sind fortwährend intensiv darum bemüht, den Wertestrom zu und von ihren Kunden und Mitarbeitern zu verbessern. Ihr Verständnis der Prinzipien loyalitätsbasierten Managements beruht auf Erfahrung und Intuition. Sie verwenden keine Controllingzahlen, um ihre Firmen zu leiten, sondern brauchen diese nur für die Berechnung der Steuern und für die Verhandlungen mit den Banken.

Als aber bedeutende Industrieunternehmen immer größer und komplexer wurden, nahmen neue Regeln und Realitäten überhand. Zum einen vermehrten sich die Managementebenen – General Motors hatte schließlich 28. Zum anderen blieben mehr und mehr Manager ohne direkten Zugang zu Kunden oder Spitzenmanagern, so daß sie begannen, sich stärker auf die Finanzdaten als Orientierung für ihre täglichen Entscheidungen zu verlassen. Das Problem dabei ist, daß solche Maßnahmen bei nur geringer oder gar keiner Rückkoppelung mit den Kunden eine immense Bedeutung annehmen; durch sie wird dargelegt, was das Topmanagement für wichtig hält und wofür das Unternehmen steht. Und wenn alle Maßnahmen finanzieller Natur sind, beruht die Architektur der gemeinsamen Unternehmensrealität ausschließlich auf Gewinn, ja auf kurzfristigem Gewinn. Beförderungen und Bonuszahlungen am Jahresende sind an den jährlichen Gewinnplan gekoppelt, so daß sich die Manager jedes Jahr aufs neue nur noch auf das Management dieser Zahlen konzentrieren. Für mehrere Managergenerationen ist die Verbindung zwischen dem langfristigen Geschick eines Unternehmens und der Loyalität seiner Kunden, Mitarbeiter und Investoren aus dem Blickfeld geraten. Das daraus entstandene Mißmanagement des Humankapitals hat den Fortschritt in vielen großen Unternehmen gebremst oder vereitelt und ist zumindest zum Teil für die Rückschläge und Mißerfolge verantwortlich, von denen so viele moderne Unternehmen geplagt werden.

Neue Annahmen

Es gibt zahlreiche Anzeichen dafür, daß mit dem gegenwärtigen Geschäftsparadigma – »Gewinn geht vor Wert« – etwas nicht stimmt. Zum Beispiel garantieren hohe Marktanteile, Kostenführerschaft und Servicequalität nicht mehr wie früher den Erfolg. Statt die süßen Früchte des höchsten Marktanteils zu ernten, kämpft General Motors darum, sich aus einer Abwärtsspirale herauszuziehen. Ein Hersteller mit niedrigen Produktionskosten wie Caterpillar sieht sich plötzlich in Schlüsselmärkten Kostennachteilen gegenüber. Delta Airlines mit seiner hohen Servicequalität und dem einstigen Spitzenstatus seiner Aktien sieht sich plötzlich zum Junk-Bond-Projekt degradiert. Keine unserer überkommenen Geschäftsweisheiten scheint so verläßlich zu sein wie früher. Unternehmen wie Wang und IBM gelten heute als Paradebeispiele für Spitzenleistung und morgen als Beispiele für das Versagen des Managements. Auf den Titelseiten der US-Zeitungen wird der *Baldrige Award* als wichtigster Indikator zur Rückgewinnung der amerikanischen Führung im Qualitätswettkampf hochgejubelt, dann muß ein Baldrige-Preisgewinner Konkurs anmelden, und die Preisträger des laufenden Jahres werden im *Wall Street Journal* auf der fünften Seite versteckt.

Und wie wundersam sich die Lösungsangebote vermehren! Einst galt Total Quality Management als Wunderwaffe – jetzt sollen wir alle Energie auf das Reengineering unserer Geschäftsprozesse verlagern. Ein Professor verkündet, daß »lernende Organisationen« der Schlüssel zum Erfolg sind; Wochen später findet ein anderer Professor heraus, daß starke Führung das ist, was wirklich zählt. Am Montag sind Marktanteil und

Kernkompetenz entscheidend, am Freitag müssen sie hinter dem Maß aller Dinge, der Zeit, zurücktreten. Die Wirtschaftsdenker springen von einer Leitschiene zur anderen. Ist das Wirtschaftsleben wirklich so kompliziert? *Muß* der Geschäftserfolg so zerbrechlich und flüchtig sein?

Oder steckt die Managementwissenschaft einfach noch in den Kinderschuhen, und wir verstehen die Grundmechanismen noch nicht, von denen die Geschäftsabläufe regiert werden? Vor Kopernikus und Kepler glaubten die Menschen, daß sich die Sonne um die Erde dreht. Heute finden wir uns im Geschäftsleben damit ab, daß sich Erfolg und Überleben um den Gewinn drehen. Vielleicht ist unsere auf Gewinne ausgerichtete Welt so falsch und kontraproduktiv wie das Konzept eines Universums mit der Erde als Mittelpunkt. Das heißt nicht, daß Gewinn keine Rolle spielt. Die Erde in die tatsächliche Beziehung zur Sonne zu versetzen hat unseren Planeten nicht unwichtiger und die Sonne nicht wichtiger gemacht. Es hat nur der Mechanik ihren richtigen Sinn gegeben. Gewinn muß nicht im Zentrum des geschäftlichen Sonnensystems stehen, um unerläßlich zu sein.

Es wäre auch erstaunlich, wenn es nicht einige grundlegende Mängel in unseren geistigen Modellen gäbe, denn all unser Denken über das Thema ist noch recht jung. Wirtschaftshochschulen sind eine Erfindung des 20. Jahrhunderts. Die Universität von Harvard war zum Beispiel schon 272 Jahre alt, bevor sie 1908 eine Business School gründete. Großunternehmen selbst sind ein relativ neues Phänomen, und im Unterschied zu zahllosen kulturellen, politischen und religiösen Institutionen in aller Welt, die Jahrhunderte überdauert haben, erlischt das durchschnittliche Unternehmen der *Fortune*-500-Liste in vierzig Jahren. Die meisten Unternehmen werden also von ihren Angestellten überlebt! Da nimmt es nicht wunder, daß die Wissenschaft vom wirtschaftlichen Überleben chaotisch ist. Es gibt so wenige Daten und so wenige Langzeit-Überlebende, mit denen wir arbeiten können, daß oft auf Rhetorik und Kniffe zurückgegriffen wird, weil wissenschaftliche Beobachtungen und Analysen nicht zur Verfügung stehen. Und natürlich ist die kurze Lebensspanne unserer Großunternehmen selbst ein Hinweis darauf, daß etwas mit unserem gegenwärtigen Gewinn-vor-Wert-Paradigma nicht stimmt. Die heutigen Entlassungen, Umgestaltungen und Umstrukturierungen sind vielleicht unsere Version des ptolemäischen Weltbilds. Bis wir zu einem besseren Verständnis von Ursache und Wirkung im Geschäftsleben kommen, scheinen wir Spekulation, Verwirrung und inneren Widersprüchen ausgeliefert zu sein.

Eines der wichtigeren, gewöhnlich stillschweigend mitgedachten, jedoch stets präsenten Argumente in diesem Buch wird sein, daß die Praxis, Kunden, Mitarbeiter und Investoren sorgfältig auszuwählen und dann hart daran zu arbeiten, sie zu behalten, mit einem Wort, daß loyalitätsbasiertes Management genau die Art von objektiver, wissenschaftlicher Einsicht in die fundamentalen Wirtschaftsgesetze darstellt, die uns bisher gefehlt hat. Der Erfolg, den Loyalitätsführer erreicht und in manchen Fällen über Jahrzehnte aufrechterhalten haben, stützt gewiß diese Hypothese. Die Kräfte, die hier am Werk sind, sind mächtig und bisher kaum verstanden worden. Zum Beispiel sind die enormen Cash-flow-Zuwächse, die sich aus einer relativ kleinen Erhöhung der Kundenbindungsrate ergeben, mit der wirtschaftswissenschaftlichen Theorie schwer zu erklären. Wie bewirkt die Kundenbindung so große Gewinnsteigerungen? Können die Effekte der Kundenbindung quantifiziert und gemessen werden? Wir haben damit begonnen, diese Fragen zu beantworten, und das Ergebnis ist, daß wir die Natur des Geschäftslebens jetzt aus einer neuen Perspektive betrachten.

Das neue Modell

Das stillschweigend akzeptierte Modell, das hinter den meisten gegenwärtigen Strategie- und Budgetplanungen steht, setzt beim Gewinnziel an und geht von dort aus rückwärts zu den erforderlichen Umsatzsteigerungen und Kostensenkungen. Wir haben etwa zehn Jahre lang Loyalitätsführer und deren Geschäftssysteme untersucht. Was wir dabei gelernt haben, hat unsere Sichtweise der Wirtschaftlichkeit von Unternehmen radikal verändert und uns zur Entwicklung eines gänzlich anderen Modells geführt, das grafisch in Abb. 1.3 dargestellt ist.

Die Antriebskraft in diesem Modell ist nicht der Gewinn, sondern die Schaffung von Wert für den Kunden, ein Prozeß, der den Kern aller erfolgreichen Unternehmen ausmacht. Wertschöpfung erzeugt die Energie, die diese Unternehmen zusammenhält, und ihre Existenz hängt davon ab. Die Physik, welche die gegenseitigen Beziehungen und Energiezustände der Elementarteile eines Geschäftssystems – seiner Kunden, Mitarbeiter und Investoren – regiert, nennen wir die *Kräfte der Loyalität*. Aufgrund der Verbindungen zwischen Loyalität, Wert und Gewinn sind diese Kräfte anhand des Cash-flows meßbar. Loyalität ist unlösbar sowohl als Ursache als auch als Wirkung mit Wertschöpfung verbunden.

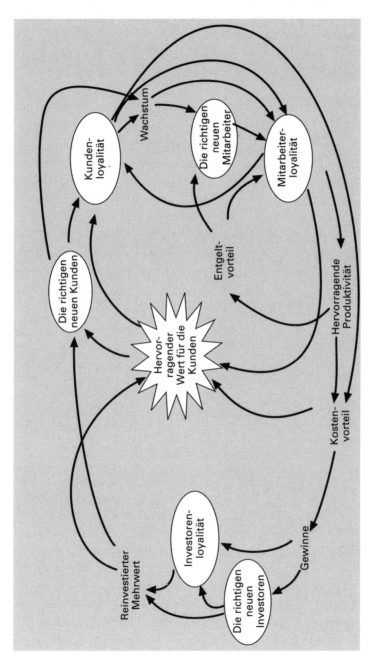

Abbildung 1.3: Der auf Loyalität basierende Wachstumskreislauf

Als Wirkung mißt Loyalität zuverlässig, ob ein Unternehmen Kundennutzen geliefert hat oder nicht: Die Kunden kommen entweder wieder, um mehr zu kaufen, oder sie gehen das nächste Mal woanders hin. Als Ursache veranlaßt Loyalität eine Reihe wirtschaftlicher Wirkungen, die sich kaskadenartig wie folgt durch das Geschäftssystem ziehen:

- Erträge und Marktanteile wachsen, während die besten Kunden dem Geschäft des Unternehmens zugeführt werden und es zu Wiederholungskäufen und Weiterempfehlungen kommt. Da der vom Unternehmen gebotene Wert es in eine starke Position versetzt, kann es bei der Gewinnung von Neukunden wählerischer sein und seine Anstrengungen auf die profitabelsten und potentiell loyalsten Kandidaten konzentrieren, wodurch beständiges Wachstum noch weiter gefördert wird.
- Beständiges Wachstum befähigt eine Firma, die besten Mitarbeiter zu gewinnen und zu halten. Beständige Lieferung hervorragenden Wertes an die Kunden steigert die Loyalität der Mitarbeiter, indem es sie stolz und zufrieden mit ihrer Arbeit macht. Zudem lernen langjährige Angestellte ihre langjährigen Kunden so gut kennen, daß sie auch lernen, immer mehr Wert zu liefern, was sowohl die Kunden- als auch die Mitarbeiterloyalität noch weiter verstärkt.
- Langjährige loyale Mitarbeiter lernen am Arbeitsplatz, wie man Kosten senkt und die Qualität verbessert, wodurch die Wertschöpfung für den Kunden weiter erhöht und überlegene Produktivität erzeugt wird. Das Unternehmen kann dann diese Produktivität dazu benutzen, höhere Mitarbeiterentgelte, bessere Aus- und Fortbildung und bessere Werkzeuge zu finanzieren, was Mitarbeiterproduktivität, Entgelte und Loyalität noch weiter steigert.
- Produktivität, die sich spiralförmig aufwärts bewegt, erzeugt in Verbindung mit zunehmender Effizienz im Umgang mit loyalen Kunden jene Art von Kostenvorteilen, mit der Konkurrenten schwerlich gleichziehen können. Beständige Kostenvorteile in Verbindung mit stetiger Zunahme der Anzahl loyaler Kunden bringt jene Art von Gewinnen hervor, die für Investoren verlockend ist, was es erleichtert, die richtigen Investoren zu gewinnen und zu behalten.
- Loyale Investoren verhalten sich wie Partner. Sie stabilisieren das System, verringern die Kapitalbeschaffungskosten und stellen sicher, daß genug Geld in das Unternehmen reinvestiert wird, um Investitionen zu finanzieren, die das Wertschöpfungspotential der Firma weiter steigern.

Gewinne stehen in diesem neuen Modell nicht im Zentrum, sind aber von entscheidender Bedeutung, nicht nur um ihrer selbst willen, sondern auch weil sie es dem Unternehmen ermöglichen, seinen Wertschöpfungsprozeß zu verbessern, und weil sie für Mitarbeiter, Kunden und Investoren einen Anreiz bieten, loyal zu bleiben. Dennoch ist die Quelle allen Cashflows einschließlich der Gewinne der wachsende Wertefonds, der durch die Schaffung von hervorragendem Wert für die Kunden entsteht.

Zulieferer und virtuelle Unternehmen

Das soeben beschriebene Modell scheint ein stark vereinfachendes Element zu enthalten. Es konzentriert sich auf Kunden, Mitarbeiter und Investoren und ignoriert die Zulieferer, Vertriebsfirmen, kommunale Körperschaften und alle anderen offensichtlich am Geschäftsleben Beteiligten. Die Zulieferer scheinen besonders wichtig zu sein, verlagern doch so viele Unternehmen mehr und mehr Eigenleistungen nach außen. Zudem hat die EDV-Revolution es möglich gemacht, daß mehr und mehr Mitarbeiter (und Mitarbeiter von Zulieferern) an entfernten Standorten arbeiten, untereinander und mit dem Unternehmen nur über Computer verbunden. Diese beiden Entwicklungen haben viele Menschen davon überzeugt, daß wir einer Zukunft von virtuellen Unternehmen entgegengehen – Unternehmen, die sich in erster Linie auf ein Geflecht von Zulieferern stützen und selbst nur wenige Mitarbeiter beschäftigen.

Wir glauben, daß diese Zukunftsvision wahrscheinlich berechtigt ist. Wir glauben auch, daß loyalitätsbasiertes Management für die Entwicklung solcher Unternehmen von großer Bedeutung ist. Wir gehen jedoch an das Thema in der Weise heran, daß wir zuerst die elementarsten Bausteine der Unternehmensphysik betrachten. Wenn wir Unternehmen als Atome und die Kunden, Mitarbeiter und Investoren als deren Elementarteilchen auffassen, so untersuchen wir zuerst die Art und Weise der wechselseitigen Beziehungen dieser Elementarteilchen zur Erzeugung höherer Grade von Stabilität und Wertschöpfung. Danach können wir das gleiche beschreibende Gerüst auf die Ketten von Atomen anwenden, die zusammenarbeiten, um wertschöpfende Moleküle zu bilden. Unser Brennpunkt hier ist aber die interne Physik der Atome. Es überrascht, daß viel über die Verbindungen auf der Ebene der Moleküle geschrieben worden ist, über die Verbindungen *zwischen* Atomen, während die fundamentaleren Verbindungen *innerhalb* der Atome weitgehend ignoriert worden sind.

Wie viele Bücher und Artikel über strategische Allianzen mit Zulieferern haben Sie bisher gesehen? Und wie viele über die grundlegendste strategische Allianz überhaupt, die Partnerschaft von Kunden, Mitarbeitern und Investoren?

Und doch ist die Beziehung zu den Zulieferern nur ein künstlich isoliertes Beispiel für unser grundlegendes subatomares Modell, das gleichermaßen auf Zulieferer wie auf Kreditgeber (eine spezielle Form von Lieferanten) und alle anderen Unternehmen anwendbar ist, also auf jene entscheidenden Glieder in der Wertschöpfungskette von den Rohstoffquellen bis zu den Wohnungen der Verbraucher oder den Fabriken. In der Tat sollte jede Lieferantenbeziehung als Kundenbeziehung gesehen werden, denn es ist die Verantwortung des Lieferanten, Wert für seine Kunden zu schaffen, nicht umgekehrt. Unter Verwendung unseres Grundmodells werden wir die Bedeutung der Loyalität entlang der gesamten Kette von wechselseitig abhängigen Firmen aufzeigen. Wir werden Lexus und seine Beziehungen zu seinen Zulieferern und Endverbrauchern beschreiben. Wir werden die Geschichte von Accuride erzählen, dem größten Lkw-Reifenhersteller (und -zulieferer), der noch größer wurde, indem er seine loyalen Partnerschaften mit seinen Kunden neu definierte. Wir werden zeigen, wie Leo Burnett effektive Lieferantenpartnerschaften mit Kunden bzw., vom eigenen Standpunkt aus, Kundenpartnerschaften bildet.

Die gleiche Logik gilt für die Mitarbeiter, die im Grunde Lieferanten sind, die ihre Zeit an das Unternehmen verkaufen. Es liegt in der Verantwortung jedes Mitarbeiters, hervorragenden Wert für den Kunden zu schaffen. Doch viele Mitarbeiter mißverstehen den Sozialvertrag zwischen Arbeitgeber und Arbeitnehmer und glauben, die Firma werde ihre »Loyalität« immer weiter mit lebenslanger Beschäftigung belohnen, wenn sie nur regelmäßig pünktlich am Arbeitsplatz auftauchen. Sie sind zutiefst schockiert, wenn das Unternehmen sie entläßt. Tatsache ist, daß sich kein Unternehmen die Weiterbeschäftigung von Arbeitnehmern leisten kann, die nicht mehr Wert für die Kunden schaffen, als sie selbst als Entlohnung empfangen. Loyalitätsführer haben versucht, solche Schockerlebnisse zu mindern, indem sie ihre Mitarbeiter mehr als Partner behandelten. Ob sie nun eigenständige Mitarbeiterteams verwenden oder die nächste logische Stufe, Lieferantenbeziehungen – es sind die gleichen Prinzipien von Partnerschaft anwendbar. Der Schlüssel liegt darin, die Partner-Mitarbeiter zu belohnen, indem man den Wert, den sie für die Kunden zu schaffen helfen, mit ihnen teilt.

Die Prinzipien der Loyalität werden beim Beziehungsmanagement in den virtuellen Unternehmen, in denen sich die Grenzen zwischen Mitarbeitern und Lieferanten immer mehr verwischen, noch wichtiger werden. Die meisten Manager werden feststellen, daß sie wirkliche Lieferantenpartnerschaften nur mit solchen Unternehmen aufbauen können, mit denen sie bereits seit Jahren zusammenarbeiten. In jedem Unternehmen wird man jene Art von Wissen über die andere Firma, deren Kunden, Geschäfts- und Entscheidungsprozesse benötigen, die nur langjährige Zusammenarbeit erzeugen kann. In ähnlicher Weise sind auch langjährige Mitarbeiter in der Lage, virtuelle Arbeitnehmer zu werden, also Mitarbeiter, die ihren Job von einem Büro in ihrer Wohnung aus tun.

Kurz, langfristige partnerschaftliche Beziehungen werden in der Zukunft noch wichtiger sein als in der Vergangenheit. Beim loyalitätsbasierten Management geht es darum, sämtliche Beziehungen aufzubauen und zu managen, die ein Geschäftssystem ausmachen. Es geht um Partnerschaften, bei denen sich die Partner den Wert teilen, an dessen Schaffung sie beteiligt sind. Dies sind die Prinzipien, die Unternehmen helfen, heute wirksame Beziehungen aufzubauen und die virtuellen Realitäten von morgen zu schaffen.

Chaos, Friktion und Veränderung

Das loyalitätsbasierte Modell erklärt Erfolg und Mißerfolg in der Geschäftswelt auf effektive Weise. In den meisten Branchen, die wir untersucht haben, erzielen die Unternehmen mit den höchsten Bindungsraten auch die höchsten Gewinne. Mit der relativen Bindung lassen sich Gewinne besser erklären als mit dem Marktanteil, der Größe, der Kostenposition oder anderen Kennzahlen, die gewöhnlich mit Wettbewerbsvorteilen in Verbindung gebracht werden. Sie erklärt auch, warum traditionelle Managementtechniken oft in chaotischer Weise fehlschlagen.

Bedenken Sie, wie ein traditionelles Unternehmen gewöhnlich auf eine Verlangsamung des Ertragswachstums reagiert. Es könnte mehr Vertriebspersonal einstellen, die Provisionen erhöhen, um zu aggressiverem Verkaufen zu ermutigen, die Preise für neue Kunden senken oder neue Produkte in sein Angebot aufnehmen. Und die Folgen davon? In derselben Reihenfolge: Es hat nun mehr unerfahrene Verkäuferinnen und Verkäufer (geringere Produktivität zu höheren Kosten), mehr unzufriedene Kunden (die unter Druck gekauft haben und später den Kauf bereuen), mehr

Kunden der falschen Sorte (Niedrigpreisjäger und Kunden ohne Engagement für Produkt, Dienstleistung oder das Unternehmen) und schließlich die sprunghaft steigenden Kosten einer komplexeren Produktpalette.

Bei der Kostenreduzierung besteht die traditionelle Vorgehensweise in der Neugestaltung von Prozessen oder der Entlassung von Mitarbeitern. Doch beides demoralisiert wahrscheinlich die Belegschaft und verschlechtert den Kundendienst, was die Kundenbindung vermindert und die Kosten explodieren läßt. Die überwältigende Mehrzahl der Kostenreduzierungen erfolgt nur zum Wohle der Investoren und zerstört gewöhnlich Wert. Dagegen können Kostensenkungen, die durch niedrigere Preise an Kunden weitergegeben oder mit den Mitarbeitern geteilt werden, um deren Motivation zu erhöhen, wert*steigernd* sein.

Die Techniken des loyalitätsbasierten Managements mögen intuitiv erscheinen, sie stellen jedoch eine radikale Abkehr vom traditionellen Geschäftsdenken dar. Durch immer mehr Einsicht in die Kräfte der Loyalität und deren Verflechtungen sind wir dazu gelangt, die Geschäftsstrategie in einem neuen Licht zu sehen. Ihr Ziel, so schlossen wir, ist es, eine gut aufeinander abgestimmte Auswahl von Kunden, Mitarbeitern und Investoren zusammenzubringen und sie zumindest so lange beieinander zu halten, bis sie lernen, wie sie zu ihrem gegenseitigen Nutzen Wert schöpfen und konsumieren können. So einfach dies in der Konzeption klingen mag – es stellt einen so fundamentalen Wandel im Geschäftsdenken dar, wie es der Übergang zum kopernikanischen heliozentrischen Weltbild für die Astronomen war. Der Wert für die Kunden nimmt die Position der Sonne ein, Gewinn und Shareholder-Value gelangen in eine Umlaufbahn um diesen Wert. Alle drei profitieren von der größeren Klarheit über ihre Beziehungen zueinander.

Es gibt sowohl eine Mechanik als auch eine Astronomie von Loyalitätssystemen. So wie Reibungsverluste einem mechanischen System Energie entziehen, rauben Abwanderungen Energie und Wissen aus einem Geschäftssystem. Ohne es zu wissen, haben Manager im Namen der Maximierung des Werts für die Investoren enorme Reibungsverluste für ihre Unternehmen heraufbeschworen. Diese Reibung zerstört Wert für alle Beteiligten, auch für die Investoren.

Die Möglichkeiten zur Reduzierung von Reibungsverlusten sind in den meisten Unternehmen enorm. Wie wir schon festgestellt haben, sehen Investoren ihren Aktienbesitz als kurzfristige spekulative Anlage und wechseln diese Jahr für Jahr zu über 50 Prozent. Die Arbeitnehmer wechseln mit zunehmender Häufigkeit den Arbeitsplatz; eine Fluktuationsrate von 15 bis 25 Prozent ist die Regel. Und die Kunden wenden sich zu alarmierenden 10 bis 30 Prozent jährlich von Unternehmen ab. So sieht es heute in amerikanischen Unternehmen aus. Bei so vielen Reibungsverlusten ist es kein Wunder, daß Produktivität und Wirtschaftswachstum erlahmen. Geschäfte werden zwischen Fremden abgewickelt, das Vertrauen ist gering, und Energie verflüchtigt sich rasch.

Damit das neue Modell funktioniert, müssen die meisten Unternehmen grundlegende Änderungen in ihren Geschäftspraktiken vornehmen, die von einer gezielten Kundenauswahl über verbesserte Strategien zur Einstellung von Mitarbeitern bis zu neuen Eigentumsstrukturen reichen. Sie werden neue Meßsysteme und Anreize brauchen. Und sie werden neue Kriterien zur Aufteilung des geschaffenen Wertes unter den Beteiligten benötigen, um den Wertschöpfungsprozeß zu fokussieren und aufrechtzuerhalten. Diese Veränderungen mögen Geld kosten, aber es gibt eindeutige Beweise für die enormen finanziellen und systemischen Vorteile, die in ihrem Gefolge entstehen. Zum einen erlaubt das neue Modell den Beteiligten, den Sinn von Erfolg und Mißerfolg um sie herum zu erkennen und praktische Lektionen zur Wertsteigerung für sie selbst und andere zu lernen. Dies ist kein Nullsummenspiel. Zum anderen können die Mitspieler einander kennenlernen, und sie lernen, einander zu vertrauen, was einen wirklichen und endgültigen Sieg über Chaos, Spekulation und Unsicherheit erlauben würde.

Der Tod der Unternehmensloyalität

Zur Zeit scheint das Chaos die besten Chancen zu haben. Die Welt scheint derzeit zu sehr von Konkurrenz beherrscht zu werden, als daß noch Platz für Loyalität bliebe. Der Begriff der Loyalität hat einen sehr ansprechenden Klang, doch dieser Klang ist nostalgisch. Das *Wall Street Journal* vermerkte kürzlich: »Der Sozialvertrag zwischen Arbeitgebern und Arbeitnehmern, in dem Unternehmen versprechen, die Beschäftigung zu sichern und die Karrieren ihrer loyalen Mannschaft zu lenken, ist tot, tot, tot.«[5] Als ein Freund von meinem Plan hörte, ein Buch über Geschäftsloyalität zu schreiben, nahm er an, es müsse sich um einen Roman handeln. Selbst für die Redakteure der *Harvard Business Review* lief meine Dokumentation der positiven Effekte der Loyalität so konträr zu den konventionellen Weisheiten, daß sie aus diesem Artikel einen Aufmacher machten. Und als sie auf Ideensuche für die Umschlagseite waren, war das einzige Symbol, das sie für Loyalität finden konnten, ein Mann, der mit seinem Finger vor einem Hund herumwedelt. Loyalität kommt den meisten von uns wie ein Attribut vergangener Tage vor, das heute so schwer ernst zu nehmen ist wie Ehre oder Tapferkeit oder Ritterlichkeit.

Und dennoch ist der Zweck dieses Buches, das Thema in der Tat sehr ernst zu nehmen und Sie als Leser davon zu überzeugen, es ebenfalls ernst zu nehmen. Wie zu Anfang dieses Kapitels erwähnt, begannen wir unsere Untersuchung der Loyalität mit einer Analyse der Kundenbindung, und wir hätten ein ganzes Buch nur darüber schreiben können, wie man die richtigen Kunden bekommt und sie behält. Kundenbindung ist aber ein zu enges und vielleicht zu geistloses Thema. Schlimmer noch: Obwohl Kundenbindung das wichtigste Einzelelement der im weiteren Sinne verstandenen Geschäftsloyalität ist, führt sie allein nicht mit größerer Wahrscheinlichkeit zum Erfolg als Marketing oder Vertrieb oder Herstellung allein. Darum ist dies ein Buch über Geschäftssysteme, die Kunden, Mitarbeiter und Investoren in einer Konstellation gemeinsamen Interesses und gemeinsamen Nutzens zusammenführen. Das Wort, das dieses Universum von Zielen, Strategien, Taktiken und Einstellungen abdeckt, ist *Loyalität* – so altmodisch es auch klingen mag.

Mein Rat ist, den altmodischen Klang zu vergessen. Wenn Sie weiterlesen, finden Sie ein Buch über praktische geschäftliche Wege zu Geschäftserfolgen, das heißt zu Cash-flow, Gewinn, Wachstum und langfristigem Überleben. Konzentrieren Sie sich auf die ausdrückliche geschäftliche Botschaft, die, wenn wir recht haben, keiner neuen oder alten Mode unterliegt.

Gleichzeitig enthält dieses Buch drei zugrundeliegende Themen mit dazu implizierten Annahmen auf einer etwas höheren sozialen, philosophischen und wissenschaftlichen Ebene. Sie helfen dabei, den tieferen Sinn der praktischen Ratschläge und der Unternehmensbeschreibungen sowie die Einheit des Ganzen zu erkennen. Diese drei Themen müssen hier kurz erwähnt werden.

Punkt eins: Loyalität zu Prinzipien

Obwohl dem Wort Loyalität ein tugendhafter und schlichter Klang innewohnt, kann Loyalität ein komplexes Thema sein. So gibt es zum Beispiel eindeutig gute und schlechte Loyalitäten. Zur guten Art könnte es gehören, an einem Mitarbeiter festzuhalten, der einen Arbeitsunfall erlitten hat, auch wenn die Produktivität darunter leidet. Schlechte Loyalität ist sicher der unbedingte Gehorsam eines Untergebenen auch gegenüber noch so fragwürdigen Anordnungen seines Vorgesetzten. Ebenso klar dürfte sein, daß Loyalität relativ ist. Tatsächlich erleben wir alle einander widersprechende Loyalitäten gegenüber Verwandten, Freunden, der eigenen Person, der Karriere und dem Land oder der Gesellschaft, und wir wägen regelmäßig auf verschiedenen Stufen die eine Loyalität gegen die andere ab.

Den intellektuellen Meilenstein für das Thema der Loyalität errichtete Josiah Royce, Professor an der Harvard Universität, 1908 mit seinem Buch *The Philosophy of Loyalty*. Für Royce arrangierten sich Loyalitäten in einer Hierarchie. Auf der untersten Ebene rangierte die Loyalität gegenüber Individuen. Als nächstes kamen Gruppen. Auf die höchste Ebene setzte er die praktische Hingabe an eine Reihe von Werten und Prinzipien. Nach Royce kann Loyalität per se weder als gut noch als schlecht eingestuft werden, es sind die Prinzipien, denen man treu ist und die beurteilt werden sollten. Und es ist die Hingabe an diese Prinzipien, die uns sagt, wann und ob die Zeit gekommen ist, unsere Loyalität gegenüber einem einzelnen oder einer Gruppe aufzukündigen.

In der Regel leugnen die Menschen, daß Loyalität im Geschäftsleben von Bedeutung ist. Sie bringen Loyalität in Verbindung mit den persönlichen Lebensumständen – Familie, Kirche, Schule, Gemeinde –, und da es im Geschäftsleben um vorübergehende, konkurrierende und eigennützige Verbindungen gehe, sei es der Loyalität unwürdig. Aber die Loyalität, die Royce definiert und charakterisiert, ist für die Geschäftstätigkeit mindestens ebenso bedeutsam wie für jede andere Aktivität – vielleicht sogar noch bedeutsamer. Geschäft ist immer eine Sache der Ausbalancierung miteinander in Konflikt stehender Loyalitäten gegenüber Kunden, Investoren, Mitarbeitern, dem Gemeinwesen und einem selbst. Und im Geschäft geht es immer darum, das Wechselspiel zwischen Kooperation und Wettbewerb zu managen. Die Tatsache, daß sich einige Unternehmen und Geschäftsleute nur ihren kurzfristigen (und, wie wir sehen werden, kurzsichtigen) Vorteilen gegenüber loyal erweisen und daß einige Manager schlechte oder unmoralische Urteile fällen, ändert nichts daran, daß Loyalität bedeutsam für nahezu alles ist, was sie tun.

Das wahre Thema loyalitätsbasierten Managements ist eben die Setzung von Prioritäten in Übereinstimmung mit der Hierarchie von Royce. Loyalitätsbasiertes Management umfaßt nicht nur Loyalität gegenüber Personen und Gruppen, sondern vor allem Loyalität gegenüber einer

Reihe von Prinzipien, die das Geschäftssystem befähigen, seinen Mitgliedern über alle Zeit hinweg gut zu dienen. Das leitende Geschäftprinzip der Loyalitätsführer scheint eine Selbstverpflichtung zu sein, so viel Wert für Kunden zu schaffen, daß reichlich Wert für die Mitarbeiter und Investoren übrigbleibt. Loyalitätsführer sehen Gewinne nicht als das primäre Ziel an, sondern als wesentliches Element für das Wohlergehen und Überleben der drei Hauptpartner in jedem Geschäftssystem: Kunde, Mitarbeiter, Investor. Die Spitzenmanager dieser Firmen werden selbstverständlich sehr gut bezahlt, doch im Vergleich zu Managementteams bei anderen Unternehmen tendieren sie dazu, persönlichem Reichtum eine etwas niedrigere Priorität einzuräumen und der langfristigen Gesundheit sowie dem langfristigen Erfolg des Unternehmens eine etwas höhere.

Loyalitätsführer bevorzugen *langfristige* Partnerschaften und suchen sich solche Kunden, Mitarbeiter und Investoren, die diese Vorliebe teilen. Da sie erwarten, für lange Zeit zusammenzubleiben, wählen sie ihre Partner sehr sorgfältig aus. Sie versuchen, Charakter und Integrität in ihrem Pool von Partnerkandidaten zu maximieren, während sie eine vernünftige Schwelle für sachdienliches Talent festsetzen – was sich sehr von der verbreiteteren Praxis unterscheidet, sachdienliches Talent zu maximieren und eine vernünftige Schwelle für den Charakter festzusetzen. Das bedeutet in der Praxis, Partner mit einem gesunden Respekt für Menschenwürde auszuwählen, welche die flüchtige Balance zwischen Eigen- und Teaminteresse suchen und finden werden, Partner, die gewinnen wollen, aber nicht auf Kosten des Teams.

In ihrem Umgang mit Menschen tendieren Loyalitätsführer dazu, moderne Managementtheorien zugunsten eines Verhaltenskodexes zu ignorieren, welcher der »Goldenen Regel« nahekommt – oder die »Goldene Regel« selbst ist, wie wir bei etlichen sehr erfolgreichen Unternehmen sehen werden. Diese Unternehmen demonstrieren, daß Loyalität gegenüber Prinzipien selbst in unserer heutigen Welt übermäßiger Konkurrenz ein wesentliches Element des Erfolgs ist.

Punkt zwei – Loyalität und Menschen

In den folgenden Kapiteln werden wir wiederholt darlegen, daß loyalitätsbasiertes Management eine rationale, lebensfähige Strategie zur Erzeugung von Cash-flow, Gewinnen und Wachstum ist. Doch bei allem Reden über Kundenbestände, Humankapital, Loyalitätskoeffizienten und Liquiditätserzeugung dürfen wir nicht die Tatsache aus den Augen verlieren, daß es beim loyalitätsbasierten Management um Menschen geht. An erster Stelle geht es um Menschen im eigentlichen Sinne des Wortes. Es geht um Motivation und Verhalten, nicht um Marketing, Finanzen oder Produktentwicklung. Und wie wir stets wiederholen, geht es um Kunden, Mitarbeiter und Investoren, also um Menschen, Menschen, Menschen.

An zweiter Stelle geht es beim loyalitätsbasierten Management um Menschen in einem abstrakteren Sinn. Es geht um humanistische Werte und Prinzipien, denen Menschen ihr Leben widmen, außerhalb der Firma und manchmal auch am Arbeitsplatz. Menschen sind immer sehr viel motivierter gewesen, wenn es darum ging, ihre Energie solchen Organisationen zu widmen, die einen Dienst an anderen leisten, als solchen Organisationen, die nur dazu da sind, Geld zu scheffeln. Das liegt auf der Hand, denn in Kirchen und Wohltätigkeitsorganisationen arbeiten die meisten ohne Entgelt. Es gibt aber keinen Grund für die Annahme, Unternehmen könnten anderen Menschen nicht dienen, im Gegenteil gibt es die besten Gründe, genau das zu tun. Dennoch verlieren Manager diese Tatsache aus den Augen. Sie können nicht verstehen, warum sich ihre Truppen nicht unter der Fahne der Maximierung des Shareholder-Values als oberstem Unternehmens- und ethischen Ziel zum Marsch formieren wollen.

Noch überraschender ist die Tatsache, daß so viele Menschen die zutiefst persönlichen Möglichkeiten aus den Augen verlieren, die ihnen ein gutgeführtes Unternehmen bieten kann. Die Wahl, für wen und mit wem wir arbeiten, ist eine der wichtigsten Entscheidungen, die die meisten von uns treffen. Die Wahl des Arbeitsplatzes mit dessen menschlicher Gemeinschaft bestimmt unser Leben und unsere Identität stärker als unsere Wahl der Wohnung, des Wohnumfelds, der Urlaubsziele oder der Parlamentsabgeordneten. Trotzdem sehen viele ihre Arbeit nur als notwendiges Übel an, als das unvermeidliche Mittel zur Erzielung eines erstrebten Lebensstandards. Sie erwarten kein von Prinzipien geleitetes Management, nur ein großzügiges Gehalt. Sie erwarten nicht, aus ihrer beruflichen Aufgabe Sinn oder geistige Nahrung ziehen zu können, sondern nur, damit den größten Teil ihrer wachen Stunden zu verbringen.

Wenn Sie aber mit Mitarbeitern in einem der Unternehmen sprechen, die wir Loyalitätsführer nennen, erhalten Sie ein ganz anderes Bild. Diese Arbeitnehmer sind stolz darauf, daß sie und ihre Kollegen ihre Kunden und sich untereinander so behandeln, wie sie selbst gern behandelt werden. Ihr Arbeitsleben ist mehr als nur ein egoistisches Konkurrenzspiel.

Die Verfolgung ihrer Eigeninteressen ist mit dem Dienst des Unternehmens an anderen ausbalanciert. Partnerschaften sind so strukturiert, daß sie den ethischen Grundsatz stärken, daß wir uns selbst nur dann gut dienen können, wenn wir anderen gut dienen.

Arbeit, die mit persönlichen Prinzipien übereinstimmt, ist eine Quelle von Energie. Arbeit, die das Opfer persönlicher Prinzipien mit sich bringt, entzieht persönliche Energie. Loyalitätsführer bieten ihren Mitarbeitern ein erfüllendes Arbeitserlebnis und Stolz auf ihre Loyalitäten, die auf Werten beruhen statt auf Söldnermentalität. Dieser Stolz ist eine mächtige Quelle von Motivation und Energie und verdoppelt die einem loyalitätsbasierten System innewohnenden wirtschaftlichen Vorteile.

Punkt drei: Loyalität als Wissenschaft

Nachdem wir die Tugend und den Idealismus loyalitätsbasierten Managements zum wichtigsten Punkt erklärt haben, werden wir nun den Kreis schließen und unsere Diskussion wieder auf den Boden zurückbringen. Die Leistungen, die Unternehmen wie State Farm, Leo Burnett, A. G. Edwards, Chick-fil-A, MBNA, Lexus und die anderen Loyalitätsführer im Laufe der Jahre vollbracht haben, zeigen, daß Loyalität gegenüber praktischen humanistischen Prinzipien *nicht* ein Ersatz für Gewinne ist. Im Gegenteil, sie ist eine vitale Komponente von Strategien, die diese Unternehmen zur Erreichung ihres außerordentlichen Ausmaßes von Wachstum und Rentabilität verwendet haben.

Loyalität ist weder ein Ersatz für Gewinn noch ein Trick zum leichten Geldverdienen. Wer diese zwei Punkte nicht akzeptiert, wenigstens im Hinblick auf die damit zusammenhängende Argumentation, für den macht es wenig Sinn weiterzulesen. Doch die Spitzenleistungen der gerade genannten Unternehmen und eines Dutzends weiterer Firmen sollten Grund genug zum Weiterlesen sein. Angesichts der Geschäftsergebnisse und der dem loyalitätsbasierten Ansatz innewohnenden Attraktivität, drängt sich die Frage auf, warum nicht mehr Manager dem Beispiel der Loyalitätsführer gefolgt sind. Zumindest ein Teil der Antwort ist die: Die Betriebswirtschaftslehre, wie sie gegenwärtig praktiziert wird, versäumt nicht nur, die Kräfte der Loyalität zu behandeln, ihre kurzfristig ausgerichtete Mentalität scheint auch Loyalität in einen Gegensatz zu Gewinnen zu setzen. Tatsächlich haben sogar die Manager unserer Loyalitätsführer die Verbindungen mit Wirtschaftlichkeit und Motivation meistens auf einem intuitiven Niveau verstanden. Ihre klügsten Entscheidungen wurden mehr von starker Führung und kultureller Tradition gelenkt als von Analyse. Sehr wenige selbst der besten Unternehmen haben loyalitätsbasiertes Management zu der Art von objektivem, wissenschaftlichem System erhoben, dem die weniger intuitiv und weniger gut geführten Unternehmen folgen könnten. Verschiedene Unternehmen haben verschiedene Teile zum System beigetragen, doch niemand hat alle Stücke zu einer Wissenschaft zusammengefügt.

Das Unternehmen, das dem am nächsten gekommen ist, ist USAA, die Versicherungs- und Investmentfirma in San Antonio, die aktiven und pensionierten Offizieren der Streitkräfte und deren Familienangehörigen dient. Unter der Führung von General Robert F. McDermott – kürzlich nach 23 Jahren als CEO von USAA pensioniert – der stets darauf bestand, daß, wie er es nannte »Kunden und Mitarbeiter beide kostbare Ressourcen sind«[6], wuchs USAA von 207 Millionen Dollar Bilanzvolumen 1970 auf 34 Milliarden Dollar 1996 an. Doch bei diesem Anstieg des Bilanzvolumens auf mehr als das 165fache vermehrte sich die Belegschaft nur auf das Fünffache. Die Mitarbeiterverlustrate pro Jahr sank von 43 auf nur noch etwas über 5 Prozent, und die Kundenbindungsrate ist die beste, auf die wir jemals gestoßen sind – sie ist nur einen Prozentpunkt von null Verlusten entfernt!

McDermotts beruflicher Hintergrund als gelernter Ausbilder mag ihn dazu veranlaßt haben, die Prinzipien loyalitätsbasierten Managements in eine angewandte Wissenschaft zu verwandeln. Mitarbeiter und Kunden als kostbare Ressourcen zu behandeln war eine gute Basis dafür, bessere Entscheidungen zu treffen, doch das Unternehmen brauchte loyalitätsbasierte *Werkzeuge* ebenso wie eine loyalitätsbasierte Philosophie. Als ersten Schritt investierte USAA 130 Millionen Dollar in Technologien zur Steigerung von Service und Loyalität und zur Schaffung einer ganzen Reihe von Maßstäben zur Überprüfung des Fortschritts. Das Unternehmen arbeitete hart daran, die wirtschaftlichen Mechanismen zu verstehen, die loyalitätsbasiertem Management zugrunde liegen, und baute dieses Verständnis in das Verfahren seiner Entscheidungsfindungen ein. Es entwickelte seine Fähigkeit, aus Mißerfolgen (Verlusten von Kunden und Mitarbeitern) zu lernen und kontinuierliche Verbesserungen bei der Schaffung und Verteilung von Wert zu erreichen.

Leider sind die Lösungen von USAA nur auf das Unternehmen selbst anwendbar. Loyalitätsbasiertes Management ist eine Wissenschaft in dem Sinne, daß sie entlang klarer Linien von Ursache und Wirkung verläuft, doch Unternehmen sind so komplex, daß die Lösung für jedes Unternehmen anders ist. Es gibt keine einfachen Rezepte wie aus dem Kochbuch. Die Loyalitätsführer sind alle verschiedene Wege gegangen und haben verschiedene Geschäftssysteme aufgebaut. Dennoch kann man aus ihren verschiedenen Ansätzen einige allgemeingültige Lektionen lernen. Ihrem Unternehmen obliegt es, diese allgemeinen Lektionen auf Ihr spezielles Geschäft, Ihre Strategie, Ihre Wettbewerbssituation und Ihre Bestrebungen zuzuschneiden.

Das Gesamtziel ist, eine Methode zu finden, um die Lücken für Humankapital in Ihren Unternehmensbilanzen zu schließen, um Produktivität, Cash-flow, Wachstum und Gewinne zu steigern. Sie müssen es aber in einer wirtschaftlichen Weise tun. Es kostet Geld, die Loyalität zu erhöhen, und einige der notwendigen Investitionen sind enorm. Selbst wenn Sie sicher sind, daß die Prinzipien für Ihr Geschäft sinnvoll und mit Ihrer Mission vereinbar sind, müssen Sie daher in der Lage sein, eine wichtige Frage zu beantworten: Wieviel genau ist es Ihrem Unternehmen wert, Wachstum, Produktivität und Gewinne zu steigern? Um diese Frage in den konkreten Cash-flow-Begriffen zu beantworten, die Ihr Finanzchef zur Bewertung jeder anderen Investitionsentscheidung verwenden würde, brauchen Sie Analysetechniken, die Sie höchstwahrscheinlich noch nicht haben. Kapitel 2 bietet Ihnen den betriebswirtschaftlichen Rahmen, den Sie benötigen werden, um solche Techniken für Ihr Unternehmen zu entwickeln.

2 Die wirtschaftlichen Effekte der Kundenloyalität

Loyalitätsbasiertes Management ist ein Wirklichkeit gewordener Traum eines Religions- oder Ethiklehrers – eine moralische Einstellung zum Geschäftsleben, die sich so gut auszahlt, daß sie die Ergebnisse skrupelloser Einstellungen weit in den Schatten stellt. Es verlangt von Unternehmen, außerordentlichen Wert für ihre Kunden zu schaffen, Wert weitestgehend zu teilen, indem Managern und Mitarbeitern ein partnerschaftliches Interesse an ihrer Arbeit ermöglicht wird und indem Investoren, die das Unternehmen erst möglich machten, ein außergewöhnlicher Wert in Form von Gewinnen erbracht wird. Doch woher kommt all dieser Wert? Kann ein Unternehmen die Mittel dazu erwerben, jedem mehr zu liefern, indem es jedem mehr liefert? Die Antwort des Religionslehrers wäre, daß loyalitätsbasierte Geschäftssysteme eine Art von Wunder vollbringen, vergleichbar mit dem biblischen Wunder von der Vermehrung der Brote und Fische. Je mehr Sie geben, desto mehr haben Sie zu geben. In einer Hinsicht ist das, wie Sie sehen werden, keine schlechte Antwort. Wert teilen schafft tatsächlich Wert. In einer anderen Hinsicht ist es natürlich eine sehr schlechte Antwort, weil es Ihnen nicht hilft zu verstehen, wie das System funktioniert und wie das Wunder stattfindet.

Wir entdeckten zum Beispiel vor einigen Jahren, daß eine Steigerung der Kundenbindungsraten um 5 Prozentpunkte den Wert eines durchschnittlichen Kunden um 25 bis 100 Prozent erhöhen kann. Wir veröffentlichten unsere Untersuchung 1989 in einem Artikel in der *Harvard Business Review*, und unsere Zahlen hinterließen einen tiefen Eindruck bei vielen Managern, die den Artikel lasen. Heute verstehen aber bemerkenswert wenige dieser Manager wirklich die Mathematik hinter dieser Studie oder deren wahre Konsequenzen für das Management von Unternehmen über die atemberaubend offensichtliche Tatsache hinaus, daß es im allgemeinen eine gute Sache ist, Kunden zu behalten – was, wie es sich so trifft, nicht unweigerlich stimmt. (Bestimmte Kunden zu behalten kann Gewinne *senken* und Wert *zerstören*. In anderen Fällen kann die

Steigerung der Wertschöpfung sogar noch weit über 100 Prozent hinausgehen.)

Das Ziel dieses Kapitels ist die Entmystifizierung der Wertschöpfung, die mit Loyalität verbunden ist. Loyalitätsbasiertes Management, so ethisch es auch ist, funktioniert nicht durch Wunder. Es funktioniert nach den Gesetzen der Wirtschaft und des menschlichen Verhaltens. Das bedeutet, daß es praktische, objektive, mathematische Antworten auf Fragen wie die folgenden gibt: Wieviel Wert genau schafft Loyalität (und umgekehrt)? Wie quantifizieren wir die Verbindung zwischen Loyalität und Gewinnen? Wie hoch ist der Vorteil in DM, an einem guten Kunden ein zusätzliches Jahr festzuhalten oder fünf oder zehn Jahre?

Es zeigt sich, daß die Wirtschaftlichkeit dieser ethischen Geschäftsphilosophie sehr attraktiv ist. Doch nur wenige Unternehmen werden loyalitätsbasiertes Management zu ihrer angewandten Geschäftsphilosophie machen – zu ihrer Basis für die täglichen Entscheidungsfindungen –, bevor sie nicht die Ursache-Wirkung-Beziehungen sehen können, die Wert, Loyalität und langfristige Gewinne verknüpfen. In diesem Kapitel werden wir versuchen, diese wirtschaftlichen Beziehungen in einer konkreten Sprache zu erklären und so den Übergang vom Ethikunterricht zum Grundkursus in Loyalitätswirtschaft zu vollziehen.

Leider werden manche Leser dieses Material schwierig finden. Wir werden Controllingmethoden behandeln, Cash-flow, Kapitalwert und Wahrscheinlichkeitsrechnung, dazu ein wenig Systemdynamik, und Sie könnten stark in Versuchung geraten, einige Abschnitte zu ignorieren oder direkt zu Kapitel 3 überzugehen. Wenn Sie dies tun, entgeht Ihnen das begriffliche Rahmenwerk, das loyalitätsbasiertes Management in eine Wissenschaft verwandelt. Wir haben erwogen, dieses Kapitel weiter hinten im Buch zu plazieren, um niemanden durch eine frühe Dosis Mathematik abzuschrecken, so milde sie auch sein mag. Tatsache ist aber, daß die meisten folgenden Kapitel auf den hier entwickelten Ideen und wirtschaftlichen Prinzipien aufbauen. Auf jeden Fall sind die *Grund*konzepte intuitiv und einfach.

Um Kunden als Vermögen zu managen, müssen Sie in der Lage sein, sie als Vermögen zu bewerten. Das heißt, Sie müssen in der Lage sein, die Dauer der Kundenbeziehung und den Cash-flow des Kundenlebenszyklus zu quantifizieren und zu prognostizieren. Der Zweck der folgenden Ausführungen ist, das analytische Verfahren mit dem Finanzsystem kompatibel zu machen, das Sie gegenwärtig zur Zuteilung von Ressourcen und zum Betrieb Ihres Geschäfts benutzen, und Ihnen bei den Entscheidungen zu helfen, welche Investitionen Sie tätigen sollten, um langfristige Gewinne und Kundenloyalität zu steigern – und welche Sie unterlassen sollten. Zwar beschäftigt sich dieses Kapitel ausschließlich mit Kunden, doch Sie werden später sehen, daß der Ansatz bei Mitarbeitern und Investoren nahezu parallel dazu verläuft.

Die Sprache der Loyalität

Daß loyale Kunden etwas Gutes sind, ist eine Binsenweisheit für jeden Geschäftsmann. Dennoch kennt die überwältigende Mehrheit der Unternehmen den Barwert von Kundenloyalität nicht, und die meisten wissen nicht einmal, daß sie es nicht wissen. Sie sehen sich die Umsätze und die durchschnittliche Dauer der Kundenbeziehung an, und sie ziehen daraus eine Reihe unangemessener oder ungenauer Schlußfolgerungen.

Der Fehler liegt in der Basissprache des Geschäftslebens, dem Rechnungswesen, das gegenwärtig nur ein begrenztes Vokabular für Loyalität hat. Die Buchhalter haben eine ausgeklügelte Technik zur Bewertung des Anlagevermögens und seiner Wertminderungen entwickelt, sie haben gelernt, wie der sich ständig verändernde Wert der Halbfabrikate während der Verarbeitung zu verfolgen ist, aber sie haben noch keinen Weg gefunden, den Wert des Kundenbestands eines Unternehmens in Worte zu fassen. Sie unterscheiden nicht zwischen Umsatzerlösen von ganz neuen und von langjährigen, treuen Kunden, weil sie nicht wissen oder weil es ihnen gleichgültig ist, daß es viel mehr kostet, einen neuen Kunden zu bedienen als einen alten. Schlimmer noch: In den meisten Unternehmen behandelt die Buchführung Investitionen in Kundengewinnung nur als eine weitere laufende Ausgabe, statt sie spezifischen Kundenkonten zuzuordnen und sie über die gesamte Laufzeit der Kundenbeziehung abzuschreiben.

Das Ergebnis ist, daß allgemein anerkannte Grundsätze der Buchführung den Wert eines loyalen Kunden tatsächlich *verbergen* - ein fatales Meisterstück der buchhalterischen Verschleierungstechnik, wenn man bedenkt, was Loyalität für die große Mehrheit von Unternehmen bewirken kann. Wenn Sie die Gewinne in den meisten Branchen in einer Tabelle miteinander vergleichen, wird die Wirkung von Loyalität überall sichtbar. Wir sahen zum Beispiel in Kapitel 1, daß Kundenbindung die meisten Unterschiede in der Produktivität der führenden Werbeagenturen erklärt. Wir sahen auch, daß eine Verbesserung der Kundenbindungsrate um 5

Prozentpunkte bei Versicherungsmaklern zu einer Verdoppelung der Gewinnspanne führt. Diese Art von Unterschieden ist normalerweise schwer zu verbergen. In der Regel erfährt eine Verdoppelung der Gewinne eine Menge Aufmerksamkeit, doch die Wirtschaftlichkeit von *Loyalität* geht noch immer irgendwie im Schatten traditioneller Buchführungsmethoden verloren.

Natürlich könnte es sein, daß die Wirkungen von Loyalität fast unbemerkt geblieben sind, weil sie sich nur in einigen wenigen Branchen wie Werbung und Versicherungen bemerkbar machen. Wir untersuchten aber eine breit gestreute Reihe von Branchen, um diese Möglichkeit zu testen, und fanden, daß die Kräfte der Loyalität spektakuläre Resultate in so verschiedenen Branchen wie Banken, Verlagen und Industriewäschereien hervorbringen. Abb. 2.1 zeigt die Zunahme des Kapitalwerts eines durchschnittlichen Kunden in verschiedenen Branchen, falls die Kundenbin-

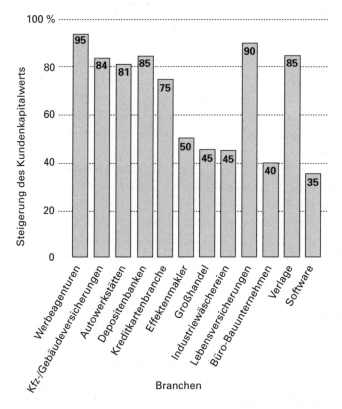

Abbildung 2.1: Auswirkung einer 5prozentigen Steigerung der Bindungsrate auf den Kunden-Kapitalwert

dungsrate um 5 Prozentpunkte steigt. Wenn ein Kreditkartenunternehmen, um ein Beispiel zu nehmen, jedes Jahr zusätzliche 5 Prozent seiner Kunden bei der Stange halten kann (seine Bindungsrate, sagen wir, von 90 auf 95 % erhöht), dann steigen die Gewinne von einem typischen Kunden während der Zeit, die er Kunde ist, um durchschnittlich 75 Prozent.

Es überrascht – um es zurückhaltend auszudrücken –, daß früher nicht erkannte Kräfte eine solche Wirkung haben können. Tatsächlich haben die hier wirkenden wirtschaftlichen Kräfte zwei unterschiedliche Dimensionen, die wir separat betrachten müssen, damit wir das neue Loyalitätsmodell gut genug verstehen, um seine Komponenten messen und seine neue Gewinnberechnung entwickeln zu können. Die erste Dimension beschäftigt sich mit der Wirkung der Loyalität auf das Wachstum des Kundenbestandes eines Unternehmens. Das ist der Kundenvolumeneffekt. Er könnte kaum direkter sein, dennoch ist er über die Zeit hinweg erstaunlich mächtig. Nehmen wir an, Sie fügen Ihrem Bestand ständig neue Kunden hinzu, doch alte Kunden verschwinden stetig von der Basis. Wenn Sie die Verlustrate vermindern könnten, würden die neuen Kunden, die Sie gewonnen haben, den Gesamtbestand viel schneller erhöhen. Es ist wie bei einem kaputten Eimer: Je größer das Leck in Ihrem Eimer von Kunden, desto schwerer müssen Sie arbeiten, um ihn zu füllen und voll zu halten.

Stellen Sie sich zwei Unternehmen vor, eines mit einer Kundenbindungsrate von 95 Prozent und das andere mit einer Rate von 90 Prozent. Das Leck im Kundeneimer der ersten Firma ist 5 Prozent pro Jahr, das Leck der zweiten Firma ist mit jährlich 10 Prozent doppelt so groß. Wenn beide Firmen jährlich 10 Prozent neue Kunden gewinnen, hat das erste Unternehmen einen jährlichen Nettozuwachs von 5 Prozent des Kundenbestandes, während der Kundenbestand der zweiten Firma stagniert. In 14 Jahren wird das erste Unternehmen auf die doppelte Größe angewachsen sein, das zweite Unternehmen wird dagegen überhaupt kein reales Wachstum erzielt haben. Wenn alles andere gleich ist, wird ein Vorteil von 5 Prozentpunkten bei der Kundenbindung zu einem Wachstumsvorteil, mit dem der Kundenbestand alle 14 Jahre verdoppelt wird. Ein Vorteil von 10 Prozentpunkten halbiert den Verdoppelungszyklus auf sieben Jahre.

Das ist nicht schlecht in einer Zeit, in der die meisten Firmen Wachstum so schwierig finden. Dennoch ist der Kundenvolumeneffekt eine Kleinigkeit verglichen mit der zweiten Dimension des Loyalitätsmodells, der Gewinn-je-Kunde-Wirkung. Diese ist schwerer zu sehen als der Kundenvoluneneffekt, wirkt sich aber oft noch stärker auf die Gewinne aus.

In den meisten Unternehmen steigt der Gewinn von jedem individuellen Kunden mit der Dauer seiner Treue zum Unternehmen. Abb. 2.2 zeigt, wie die Gewinnentwicklung von einem Kunden in den ersten fünf Jahren in verschiedenen repräsentativen Branchen verläuft. Die wirtschaftlichen Konsequenzen des Verlustes alter Kunden und des Gewinns neuer Kunden gleichen sich also keinesfalls aus. In Branchen wie Kfz-Versicherungen, Lebensversicherungen oder im Kreditkartengewerbe machen die Unternehmen beim Geschäft mit den Neukunden im ersten Jahr sogar Verluste, so daß keine noch so große Zahl neuer Kunden die Lücke ausfüllen kann, die der Verlust eines einzigen langjährigen Kunden reißt. In den meisten anderen Branchen tragen neue Kunden sofort zum Gewinn bei, dennoch bedarf es mehrerer neuer Kunden, um den Verlust eines »Veteranen« auszugleichen.

Außerdem multiplizieren sich die Wirkungen der Kundenbindung über die Jahre – und dies auf manchmal überraschende und nichtintuitive Weise. Eine Veränderung bei den Verlustraten mag auf die *diesjährigen* Gewinne nur geringe Auswirkungen haben, doch selbst eine winzige Veränderung bei der Kundenbindung kann sich nachhaltig auf das ganze Geschäftssystem auswirken und sich im Laufe der Zeit vervielfachen. Der daraus resultierende Effekt auf langfristige Gewinne und Wachstum kann enorm sein.

Die Ertragsstellhebel der Loyalität

Der erste Schritt, um das wirtschaftliche Funktionieren der Kundenbindung in Ihrem speziellen Geschäft zu verstehen, ist die Quantifizierung und Darstellung des gesamten Lebenszyklus der Gewinne, die Sie von Ihren Kunden ernten. Die heutigen, kurzfristig orientierten Buchführungssysteme geben diese Muster überhaupt nicht wieder. Zum Glück können Sie lernen, die Berechnungen selbst durchzuführen. Dazu gehören einige Erfahrung und ein bestimmtes Quantum an exakter Analyse, vielleicht auch ein wenig Hilfe, Sie können sich aber die einzigen Werkzeuge, die Sie brauchen werden, von der Kostenrechnung und der Finanzanalyse ausleihen. Der Trick besteht in der Identifizierung aller bedeutenden Unterschiede zwischen neuen und langjährigen Kunden, die den Cash-flow Ihres Unternehmens beeinflussen. Natürlich ist jede Firma in ihrer Art einmalig. Wir haben aber festgestellt, daß das allgemeine Modell in Abb. 2.3 die meisten wichtigen wirtschaftlichen Ef-

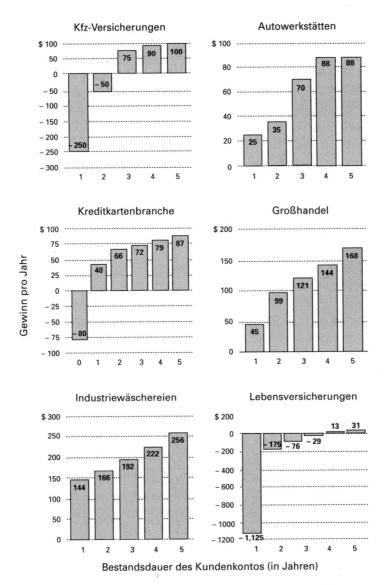

Abbildung 2.2: Gewinnmuster im Verlauf des Kundenlebenszyklus in ausgewählten Branchen

fekte der Kundenloyalität berücksichtigt: Akquisitionskosten, Basisgewinn, Umsatzwachstum, Kosteneinsparungen, Weiterempfehlungen und Preisprämien. Wir werden diese Effekte kurz einen nach dem anderen erörtern.

53

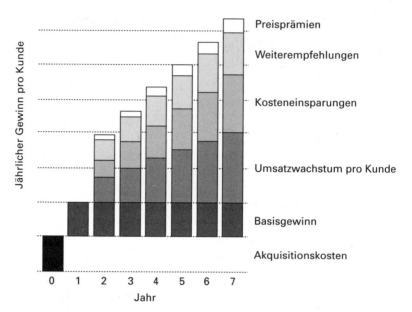

Abbildung 2.3: Warum loyale Kunden gewinnträchtiger sind

Lassen Sie mich Ihnen aber zuerst berichten, wie wir diese Effekte entdeckten und lernten, sie zu quantifizieren.

Unsere erste Begegnung mit dem Kundenlebenszyklus hatten wir bei der Untersuchung der Versicherungsbranche. Wir waren beauftragt worden, die Wurzeln der großen Rentabilitätsunterschiede bei verschiedenen führenden Wettbewerbern aufzuspüren. In der Versicherungsbranche unterscheiden sich die Preise zwischen Konkurrenten kaum. Die Makler erhalten eine Standardprovision für jede Versicherung, die sie abschließen, gewöhnlich 10 Prozent der gesamten Rechnungssumme. Dennoch variieren die Gewinnspannen von Firma zu Firma gewaltig: von 35 Prozent bei Johnson & Higgins bis zu einem Verlust bei Frank B. Hall.

Wir begannen, indem wir Punkte wie relative Marktanteile und Marktsegmentierung untersuchten, und stellten fest, daß diese traditionellen Einflußfaktoren für Gewinne die großen Unterschiede nur zu einem Teil, wenn überhaupt, erklärten. Da einheitliche Provisionen bedeuten, daß Unternehmen mit höheren Gewinnen weniger Geld pro Abschluß aufwenden müssen, konzentrierten wir uns auf die Kosten. Der wichtigste Kostenfaktor eines Versicherungsmaklers sind die Gehälter, doch wir stellten fest, daß die Firmen mit den höchsten Gewinnspannen auch die höchsten Gehälter zahlten. Das schien keinen Sinn zu ergeben.

Nachdem wir eine Reihe von falschen Fährten verfolgt hatten, befragte einer unserer Berater Kunden, um herauszufinden, was sie dazu veranlaßt hatte, den Makler zu wechseln. Er sollte mindestens 25 abtrünnig gewordene Kunden jedes Maklers interviewen. Zu seinem anfänglichen Verdruß fand er aber heraus, daß der Makler mit den höchsten Gewinnspannen, Johnson & Higgins, fast nie einen Kunden verlor. Bei 100 Anrufen stieß er auf nur drei »Abwanderer«. Bei dieser Rate hätte er 733 weitere Anrufe gebraucht, um seine Quote von 25 zu erreichen. Da sich die niedrige Verlustrate als konstant erwies – 100 weitere Anrufe ergaben wiederum nur drei Exkunden –, hielt der Berater inne, um seine Aufgabe neu zu überdenken.

Die hohe Kundenbindungsrate von Johnson & Higgins war zwar ein deutliches Problem für jemanden, der nach Kundenverlusten suchte, doch für Johnson & Higgins selbst könnte sie genau der große Vorteil sein, nach dem wir gesucht hatten: der Wettbewerbsvorteil gegenüber den Konkurrenten, der die höheren Gewinne der Firma erklärte. Unser Beraterteam konzentrierte sich nun darauf, herauszufinden und zu quantifizieren, welche wirtschaftlichen Vorteile sich aus dieser hohen Kundenbindungsrate ergeben könnten. Wir sahen uns die Provisionen bei Erstverkäufen näher an. Wir untersuchten die Methodik der Verkäufe an neue Kunden und der Einrichtung der Geschäftsbeziehungen zu ihnen. Wir verglichen die Verwaltungskosten für alte und neue Kunden. Wir durchleuchteten die Kostenstrukturen der Makler. Wir führten neue Interviews und überprüften alte. Wir versuchten, jede wichtige Beziehung zwischen Dauer der Kundenbeziehung und Cash-flow zu messen. Am Ende waren wir in der Lage, den Zustrom neuer Kunden für jede Maklerfirma und das tatsächliche Muster des von der Dauer der Kundenbeziehung abhängigen Gewinnverlaufs für die Branche aufzuzeigen – etwas, was unseres Wissens zuvor noch niemand getan hatte. Nach seinem Abschluß erklärte unser Modell die meisten der vorher verblüffenden Unterschiede bei den ausgewiesenen Gewinnen.

In den nächsten fünf Jahren analysierten wir Muster der von den Kunden anfallenden Gewinne aus vielfältigen Branchen und mit Dutzenden von Klienten. In Europa übernahm eines unserer Teams die Aufgabe, einer Industriewäscherei zu helfen, den Investitionsbetrag zu bestimmen, den sie in ein Programm zur Verbesserung der Servicequalität investieren könnte, das höhere Kundenbindung zum Ziel hatte. Unter anderem fanden wir heraus, daß es unerwartet hohe Differenzen bei Kosten und Effizienz gab zwischen solchen Lieferrouten, die vor allem der Bedienung stabiler, langjähriger Kunden galten, und solchen Routen, auf denen überproportional viele neue und nur sporadische Kunden bedient wurden. Wir entdeckten, daß die Fahrer kostensparende Abkürzungen fanden, wenn ihre Auftragsbücher eine gewisse Konstanz aufwiesen.

Im Mittleren Westen der USA fand ein Team, das untersuchte, welche Muster die mit Kunden erzielten Gewinne bei einem Unternehmen im industriellen Großhandel ergaben, daß neue Kunden nicht nur weniger kauften als alte, sondern daß es auch doppelt so lange dauerte, Aufträge von neuen Kunden abzuwickeln. Neue Kunden bestellten auch viel mehr Waren, die nicht zu den Standardprodukten gehörten und daher höhere Abwicklungskosten verursachten und nur geringere Gewinnspannen zuließen. Zudem gab es bei den neuen Kunden auch mehr Probleme beim Inkasso sowie uneinbringliche Außenstände.

An der Ostküste versuchten die Berater eines Wohnungsbauunternehmens festzustellen, warum der Prozentsatz von potentiellen Kunden, die tatsächlich ein Haus kauften, zwischen den regionalen Filialen so stark schwankte. Sie fanden heraus, daß der Prozentsatz der Verkaufsabschlüsse von Weiterempfehlungen abhing, indirekt also von der Kundenzufriedenheit. Zwar ist es relativ selten, daß ein Käufer ein zweites Haus kauft, aber zufriedene Käufer empfehlen das Bauunternehmen Verwandten und Freunden, und die Abschlußquoten bei potentiellen Käufern, die auf Empfehlung kommen, sind bedeutend höher als bei anderen. Der Unterschied in den Empfehlungsraten von Region zu Region war die Erklärung für die größere Effektivität – und deshalb für höhere Gewinne – einiger Verkaufsniederlassungen. Was aber führte zu den Unterschieden in den Empfehlungsraten? Sie schienen großenteils davon abzuhängen, ob Verkäufer und Beschwerdenmanager in den ersten 90 Tagen nach dem Einzug der Käufer in das neue Haus prompt und effektiv auf Beschwerden reagierten.

Weiterempfehlungen erwiesen sich auch bei Kfz-Reparaturwerkstätten als entscheidende Einflußfaktoren für Gewinne und Wachstum. Daher nahmen wir den Weiterempfehlungseffekt in unsere Analysen der Kundenlebenszyklen als Erklärungshilfe für die unterschiedlichen Wachstumsraten und die unterschiedliche Rentabilität verschiedener Niederlassungen landesweit tätiger Unternehmen auf. Wir stellten fest, daß die Agenten bei Northwestern Mutual, dem Loyalitätsführer unter den Lebensversicherungen, dazu ausgebildet wurden, nur auf Weiterempfehlung zu verkaufen. Sie erzielen einen Abschluß pro zehn Empfehlungen. Bei nicht auf Empfehlungen zurückgehenden Verkaufsbemühungen ist die Erfolgsquote so viel niedriger, daß sie unwirtschaftlich sind.

Als unsere Beraterteams immer wieder solche unterschiedlichen wirtschaftlichen Effekte entdeckten, entwickelten wir nach und nach das Modell in Abb. 2.3 und begannen, es als Checkliste und Anleitung für Teams zu verwenden, welche die Auswirkungen von Kundenlebenszyklen in Unternehmen aller Arten untersuchten. Am Anfang brauchten wir sechs bis neun Monate für solche Studien, manchmal noch länger. Erfahrung und Verfeinerungen haben seither diese Zeit um mehr als die Hälfte verkürzt, wir stellen aber fest, daß es keine einfache, allgemeingültige Formel gibt. Um ein genaues Bild von den wirtschaftlichen Auswirkungen von Kundenlebenszyklen zu entwickeln – und Kosten- und Preisanalysen, die exakt genug sind, um bedeutende Investitionen zu rechtfertigen –, mußten Analysten vollständig neue Datenbasen aufbauen und die bestehenden kreativ nutzen. Zur Zeit haben sehr wenige Unternehmen die nötigen Daten oder die erforderlichen analytischen Systeme, und es ist nicht billig, an sie heranzukommen. Doch ohne ein Mittel zur Quantifizierung des wirtschaftlichen Werts der Loyalität fällt sie unweigerlich in jene Investitionskategorie zurück, die »nett, aber unnötig« genannt wird.

Lassen Sie uns die Komponenten aus Abb. 2.3 im einzelnen erörtern.

Akquisitionskosten

Fast jedes Unternehmen muß vorab Geld investieren, um neue Kunden zu gewinnen. Die meisten dieser Kosten sind leicht zu identifizieren: auf Neukunden ausgerichtete Werbung, Provisionen für Verkäufe an neue Kunden, Overheadkosten des Vertriebspersonals und so weiter. Um ein konkretes Beispiel zu nehmen: Die ersten größeren Ausgaben im Kreditkartengeschäft sind die für Direktwerbung. Bei einer Responsequote von 2 bis 3 Prozent muß ein Unternehmen 30 000 bis 50 000 Angebote verschicken, um 1 000 Anträge zu bekommen. Hinzu kommen Kreditwürdigkeitsprüfung, Kartenausgabe und die Kosten der Eingabe eines neuen Kontos in das Datenverarbeitungssystem der Bank. Damit kostet jeder neue Kunde 50 bis 100 Dollar.

Nicht alle Kosten der Kundenakquisition sind gleichermaßen offensichtlich. In Branchen wie Werbung und Unternehmensberatung machen Spitzenmanager die Verkaufsvorschläge – ihre Zeit ist also eine Investition in die Kundenakquisition. Das gilt auch für die Bewirtung von zukünftigen Kunden, ob sie nun Aufträge erteilen oder nicht. Im Einzelhandel gehören die Kosten für die Eröffnung neuer Geschäfte (einschließlich der Anfangsverluste bis zur Erreichung der Gewinnzone) und die Verluste bei Lockvogelangeboten zu den Akquisitionskosten.

Ganz gleich, in welcher Branche Sie arbeiten, Sie müssen *sämtliche* Akquisitionskosten aufaddieren – die leicht sichtbaren wie auch die verborgenen –, um die wahren Vorabkosten der Akquisition neuer Geschäfte festzustellen. Bei den meisten Unternehmen, mit denen wir arbeiteten, kamen wir zu höheren Ergebnissen, als das Management erwartet hatte.

Basisgewinn

Alle Kunden kaufen irgendwelche Produkte oder Dienstleistungen, sonst würden wir sie nicht Kunden nennen. Die Preise, die sie zahlen, sind mit wenigen Ausnahmen höher als die Kosten des Unternehmens. Diesen Gewinn, unbeeinflußt von Zeit, Loyalität, Effizienz oder irgendeiner anderen Erwägung, nennen wir Basisgewinn. Offensichtlich verdienen Sie diesen Basisgewinn um so länger, je länger Sie den Kunden behalten, so daß sich Ihre Investitionen zur Kundengewinnung immer besser rentieren.

Umsatzwachstum pro Kunde

Ein Vorteil des Festhaltens an Ihren Kunden ist, daß sich in den meisten Branchen die Ausgaben der Kunden mit der Zeit beschleunigen. Im Einzelhandel zum Beispiel werden die Kunden immer vertrauter mit dem gesamten Angebot im Geschäft. Ein Mann, der wiederholt Hemden kauft, entdeckt nach und nach auch das übrige Sortiment, z.B. Schuhe. In Kfz-Werkstätten kommen neue Kunden vielleicht zunächst nur zum Räderauswuchten oder zum Ölwechsel, wenn ihnen aber der gebotene Service und Wert zusagen, werden sie wahrscheinlich auch zu teureren Angeboten wie neuen Reifen oder Generalüberholungen übergehen. Die durchschnittlichen jährlichen Umsätze pro Kunde in den Kfz-Werkstätten verdreifachen sich zwischen dem ersten und dem fünften Jahr.

Bei Schadensversicherungen erhöhen sich die durchschnittlichen Prämienzahlungen loyaler Kunden jährlich um 8 Prozent. Die typische Zunahme des Wohlstands einer Familie erklärt einen Teil dieser Zunahme. Die Versicherung für den neuen Lexus ist teurer als die für den alten Toyota. Wertzunahmen bei der Haushaltsausstattung machen Erhöhungen der Hausratversicherungssummen erforderlich, und bei manchen Kunden kommt später noch eine Ferienwohnung dazu. Ein Teil der Steigerung um 8 Prozent beruht darauf, daß langjährige Kunden dazu neigen, ihre Versicherungen zusammenzulegen, so daß ein langjährig tätiger Agent oder eine Versicherungsgesellschaft zum Schluß Kfz-, Hausrat-, Haftpflicht- und Lebensversicherung auf sich vereinigt. Bei Northwestern Mutual kommen 55 Prozent des Neuabschlußvolumens von Inhabern anderer Policen bei Mutual.

Natürlich gibt es auch Branchen, in denen die Unternehmen von ihren Stammkunden kein Umsatzwachstum erwarten können. Schneeräumdienste haben selbst bei ihren treuesten Kunden selten das Glück, daß diese sich eine zweite Einfahrt zulegen. Wäschereikunden verschmutzen ihre Kleidung stets im gleichen Ausmaß, ganz gleich, wie lange sie die Dienste der Wäscherei in Anspruch nehmen. Mobiltelefongesellschaften erleben ein ungewöhnliches Muster im Kundenverhalten. Die Einnahmen von neuen Kunden steigen in den ersten dreißig Tagen rapide an, bis der Reiz des Neuen vergeht und die ersten Rechnungen eintreffen. Doch auf lange Sicht tendieren die Kunden dazu, Telefone in weiteren Autos ihres Haushalts zu installieren. Daher steigen die Einnahmen der Telefongesellschaften am Anfang rapide, sinken dann wieder drastisch und steigen danach ganz langsam an, so daß letztlich doch ein Umsatzwachstum von loyalen Kunden zu verzeichnen ist.

Allerdings ist das Umsatzwachstum pro Kunde zwar leicht zu verstehen, aber schwer zu messen. Um genaue Werte ablesen zu können, müssen Sie die jährliche Einnahmenentwicklung jeder Eintrittsklasse von Kunden separat verfolgen. Wenige Unternehmen sind heute so ausgerüstet, daß sie dies tun können. Statt dessen machen sie eine Momentaufnahme von ihrer gegenwärtigen Kundenbasis, gliedern sie nach der Anzahl von Jahren der Geschäftsverbindung zum Unternehmen und messen die jährlichen Umsätze von jedem Kundenjahrgang. Das resultierende Säulendiagramm – eine lange Reihe von zunehmend höheren Säulen, die die Umsätze von jeder Jahresgruppe von der jüngsten bis zur ältesten anzeigen – kann trügerisch sein. Die Statistiker nennen dieses Verfahren eine Zeitreihe mit Querschnittsdaten, und sie warnen davor.

Das Säulendiagramm scheint einen Wachstumsverlauf für die Eintrittsklasse anzuzeigen, jede Säule steht aber für eine andere Eintrittsklasse. Diese Tatsache kann in dreifacher Hinsicht in die Irre führen. Erstens haben verschiedene Kundenklassen oft leicht unterschiedliche Merkmale. Es kann Altersunterschiede, demographische Unterschiede und Unterschiede in den Verkaufsförderungsmaßnahmen geben, die sie angelockt haben, um einige der vielen Möglichkeiten zu nennen. Zweitens ist die

Klasse um so kleiner, je länger sie bereits zu den Kunden des Unternehmens gehört. Das kann ungeheuer irreführend werden, wenn man versucht, die künftigen Umsätze aus dem Geschäft mit 1000 Neukunden zu prognostizieren, ohne zu berücksichtigen, wie wenige von ihnen in zehn oder zwölf Jahren noch Kunde sein werden.

Drittens besteht immer die Gefahr, daß die Abwanderer aus einer Klasse von den verbleibenden Kunden grundverschieden sind. Wenn zum Beispiel die Kunden, die weniger kaufen, gerade auch die weniger loyalen sind, dann suggeriert die Momentaufnahme – die nur die verbleibenden Kunden berücksichtigt – ein Umsatzwachstum, das viel zu optimistisch ist, und führt die Manager in die Irre, die versuchen, die Konsequenzen höherer Kundenbindung zu prognostizieren. In dieser Situation würde jeder bei der Stange gehaltene potentielle Abwanderer das durchschnittliche Umsatzwachstum je Kunde verringern.

Es genügt nicht, die Dauer der Kundenbeziehung mit den Käufen pro Jahr in Beziehung zu setzen und die sich daraus ergebenden Wachstumsmuster auf alle zu übertragen. Besser ist es, das Verhalten der verlorenen ebenso zu analysieren wie das der loyalen Kunden und dann das Wachstum für jedes Kundensegment abzuschätzen, welches ein unterschiedliches Verhaltensmuster an den Tag legt. Wenn Sie Kundenquerschnittsdaten verwenden, gilt diese Warnung auch für alle anderen wirtschaftlichen Komponenten, welche die Lebenszyklusgewinne beeinflussen.

Der wichtigste Ratschlag, den wir zur Umsatzsteigerung während des Kundenlebenszyklus geben können, ist vielleicht der, daß Sie mehr tun können, als das Wachstum nur zu prognostizieren – Sie können es managen. Ein führendes Kreditkartenunternehmen hat zum Beispiel entdeckt, daß es den Lebenszyklus seiner treuen Kunden positiv beeinflussen kann – und damit auch die Gewinne aus der Loyalität. Es verwendete Preisanreize und andere Belohnungen, um Karteninhaber dazu zu ermutigen, ihre Verwendung von Plastikgeld schneller zu vereinheitlichen – also keine anderen Karten mehr zu benutzen –, und stellte fest, daß es seine Kunden bereits wenige Jahre nach ihrer Gewinnung zu bemerkenswerten Größenordnungen von Umsatz und Gewinn bringen konnten. Die Banken haben ebenfalls erkannt, daß sie das Wachstum von Kundensalden über die bisherigen Muster hinaus beschleunigen können, wenn sie neue Kunden automatisch für Giro-, Spar- und Kreditkartenkonten registrieren, alles in einem einzigen Kontoauszug gebündelt.

Kosteneinsparungen

Wenn Kunden eine Firma kennenlernen, lernen sie, sehr effizient zu werden. Sie verschwenden keine Zeit mit Bitten um Dienste, die das Unternehmen nicht zu bieten hat. Vertrautheit mit den Produkten der Firma macht die Kunden weniger abhängig von Informationen und Ratschlägen der Mitarbeiter des Unternehmens. In manchen Branchen treten die daraus resultierenden Kostenvorteile deutlich zutage. In der Finanzplanung verbringen die Kundenberater zum Beispiel fünfmal soviel Zeit mit einem neuen Kunden wie mit einem langjährig betreuten Kunden. Viel davon entfällt auf die Zeit, die benötigt wird, um Bilanz, Steuerstatus, Einkommensprofil und Risikopräferenzen eines neuen Kunden kennenzulernen. Nach und nach lernt der Kunde, effizient mit seinem Berater und der Firma zu kommunizieren. Mit der Zeit kann dieses kooperative Lernen von Kunde und Planer enorme Produktivitätsvorteile und damit niedrigere Kosten schaffen.

Die Kostenvorteile sind in dieser einfachen Situation offensichtlich, ebenso die Folgekosten, die der Weggang von Mitarbeitern nach sich zieht. Jedesmal, wenn ein Mitarbeiter kündigt, muß ein Nachfolger sich all das Wissen über den Kunden neu aneignen. Während also der Kundenloyalität ein mächtiges Potential zur Kostensenkung innewohnt, kann die Mitarbeiterloyalität ebenso lebenswichtig sein, wenn die Einsparungen von Dauer sein sollen.

Bei den Kfz-Reparaturwerkstätten, um ein weiteres Beispiel zu nehmen, stammt der Vorteil der Kundenbindung aus der Kenntnis sowohl des Kunden als auch seines Autos und dessen Reparaturgeschichte sowie bei einem hartnäckig wiederkehrenden Problem aus der Kenntnis der Lösungen, die bereits versucht worden sind. Es ist auch kostengünstiger, Wiederholungskunden zu bedienen, weil sie Termine rechtzeitig telefonisch vereinbaren und bei der Terminplanung flexibler sind. Neue Kunden kommen dagegen von der Straße hereingeschneit, gewöhnlich zur Mittagszeit oder während der morgendlichen oder abendlichen Hauptverkehrszeiten, wenn in der Werkstatt schon auf Hochtouren gearbeitet wird. Die Reparaturrampen vollbeschäftigt zu halten ist einer der Schlüssel zum erfolgreichen Betrieb einer Kfz-Werkstatt. Loyale Stammkunden erleichtern diese Aufgabe erheblich.

In manchen Branchen schlagen sich Produktivitätssteigerungen nie in Kostensenkungen nieder, weil die Arbeitnehmer die Früchte selbst ernten. So arbeiten Techniker der Telefongesellschaften in ihren ersten Berufsjahren wie verrückt, um die Produktivitätsnormen zu erfüllen, doch mit zunehmender Erfahrung lernen sie, ein Arbeitsprogramm, für das sie anfangs acht Stunden benötigten, in sechs Stunden zu erledigen. Wenn die Mitglieder der Arbeitsgruppen keine greifbaren Vorteile daraus ziehen können, eine überragende Produktivität zu erreichen, werden sie die anderen zwei Stunden mit Kaffeepausen, langen Mittagessen und Einkaufsbummeln ausfüllen.

Selbst wenn die Anreize und Vergünstigungen klar sind, wie bei Versicherungsagenten, Brokern und anderen, die für Provisionen arbeiten, besteht die Tendenz, daß die Produktivitätssteigerung nach den ersten fünf oder zehn Jahren abflacht, und zwar dann, wenn die Mitarbeiter anfangen, mehr Freizeit weiteren Einkommenssteigerungen vorzuziehen. Doch selbst dabei gewinnt auch das Unternehmen. Erfahrene Agenten akquirieren für das Unternehmen bedeutend weniger unprofitable Versicherungen als unerfahrene, und erfahrene Makler bringen ihren Filialleitern weniger Probleme ins Haus.

In den meisten Branchen leiten sich die Kostenvorteile der Loyalität direkt aus der Art und Weise ab, in der langjährige Kunden und altgediente Mitarbeiter miteinander umgehen und voneinander lernen. Kunden, die wiederkommen, sind gewöhnlich zufrieden mit dem Wert, den sie erhalten, und ihre Zufriedenheit ist eine Quelle des Stolzes und der Energie für die Mitarbeiter. Motivierte Mitarbeiter bleiben länger bei einem Unternehmen und lernen die Kunden noch besser kennen, was zu noch besserem Service führt, die Zufriedenheit der Kunden weiter steigert, die Beziehungen des Unternehmens zum Kunden verbessert und ebenso die Resultate, die das Unternehmen erzielt. Dieser menschliche Faktor, die persönliche Loyalität, ist sehr wichtig. Loyalität gegenüber Marken verblaßt im Vergleich dazu oft, denn der Kunde kann zwar einen Markenartikel kennenlernen, nicht aber der Markenartikel den Menschen. Daher überrascht es nicht, daß Kunden einzelnen Mitarbeitern gegenüber viel loyaler sind als gegenüber den Logos auf ihren Mützen oder Visitenkarten. Mehr noch: Kunden werden ihnen bekannten Mitarbeitern eine zweite Chance zur Beseitigung eines Problems geben, was einen weiteren Nutzen für Kundenbindung und Produktivität hat.

Die zwingende Logik eines auf Loyalität beruhenden Kostenvorteils reicht nicht aus, um die Cash-flow-Wirkungen zu verstehen. Um den Nutzen der Loyalität zu *messen*, müssen Sie die Produktivitäts- und Ausgabeneffizienz messen, die Sie direkt auf erfahrene Kunden zurückführen können. Lassen Sie uns einige Beispiele dafür betrachten, wie das möglich ist. In einem Softwarehaus bemerkten die Manager, daß die meisten Anrufe beim Kundendienstzentrum von neuen Kunden kamen. Daher begannen sie, die Anrufhäufigkeit nach der Dauer der Kundenbeziehung zu verfolgen. Als sie feststellten, daß zwei Drittel aller Anrufe von neuen Kunden kamen, gingen sie dazu über, zwei Drittel der Kosten des Telefonzentrums den neuen Kundenkonten zuzurechnen. Die alte Praxis, die gesamten Kosten des Servicezentrums proportional auf die von den Kunden erzielten Umsätze aufzuteilen, schrieb die Hauptbelastungen den älteren Kunden zu, da sie zahlreicher waren und im Durchschnitt mehr kauften. So erhielt das Management einen ungenauen Eindruck davon, wie die Aufwendungen für das Servicezentrum entstanden.

Eine noch gründlichere Untersuchung ergab, daß manche Altkunden viel häufiger anriefen als andere. Es stellte sich heraus, daß regelmäßige Nutzer, die ihre Software täglich laufen ließen, sehr wenig Unterstützung brauchten, während Kunden, die ihre Software nur selten benutzten, oft um Rat baten, wenn sie Befehlsketten vergessen hatten, weil ihre Anwendungen lange auseinander lagen. Durch diese Entdeckung konnte das Unternehmen sein Verständnis der wirtschaftlichen Funktionsweise von Kundenlebenszyklen um einige Grade verfeinern und sich bei der Entwicklung neuer Produkte auf Daueranwender konzentrieren, deren Unterstützung und Bedienung billiger war.

Nehmen wir ein anderes Beispiel: Ein Versandhaus hat Zeit und Kosten sowie die Erträge der Bearbeitung von mehreren hundert Bestellungen neuer Kunden mit den Daten für die Abwicklung einer ähnlichen Zahl von Aufträgen aus der Stammkundschaft verglichen. Zur Verblüffung der Manager stellte sich heraus, daß die Bearbeitung der Aufträge von Kunden, die seit weniger als zwei Jahren bei der Firma einkauften, doppelt soviel kostete wie die Auftragsabwicklung für ältere Kunden. Es gab drei entscheidende Unterschiede. Erstens wußten neue Kunden nicht, welche Waren stets auf Lager waren, und bestellten daher mit viel größerer Wahrscheinlichkeit Erzeugnisse außerhalb des Standardsortiments. Zweitens steigerten Kreditwürdigkeitsprüfungen und Zahlungsausfälle die Kosten der Bedienung neuer Kunden. Drittens bestellten neue Kunden häufiger zu den täglichen Stoßzeiten, was zur Überlastung des Systems beitrug und zu mehr Fehlern führte.

Die Betriebskostenvorteile der Kundenloyalität sind im Einzelhandel und im Vertrieb besonders ausgeprägt. Ein Geschäft, das an eine ständig wechselnde Kundschaft verkauft, braucht viel mehr Vorräte als ein Geschäft, das Jahr für Jahr die gleichen Kunden bedient. Das erstere muß mehr oder weniger raten, welche Mode, Farben und Größen wohl einer Gruppe von gänzlich Fremden gefallen werden, das letztere kennt seine Kunden und daher deren Bedarf und Geschmack, ja sogar ihre Konfektionsgrößen. Eine stabile Stammkundschaft kann die Notwendigkeit von Preisnachlässen minimieren, die Prognose des notwendigen Bestands vereinfachen und helfen, die Lagerhaltung schlank und effizient zu gestalten. Selbst in der Produktion, so entfernt vom Endverbraucher sie durch Groß- und Einzelhandel auch sein mag, kann eine stabile Stammkundschaft die Kosten verringern, indem sie die Unsicherheiten bei neuer Produktentwicklung, Kapazitätsprognosen, Zusammensetzung der Produktpalette und Logistik reduziert.

Weiterempfehlungen

Ein dritter wichtiger Nutzen langjähriger Kundenbindung ist, daß zufriedene Kunden das Unternehmen anderen weiterempfehlen. Lexus gewinnt viel mehr neue Kunden durch Empfehlungen als aus jeder anderen Quelle. Gute Versicherungsagenten gewinnen die große Mehrheit ihrer neuen Kunden durch Empfehlungen. (Wirklich gute Agenten machen sich die Mühe herauszufinden, wer sie empfohlen hat, und versuchen dann zu erkunden und zu wiederholen, was sie gemacht haben, um sich die Empfehlung zu verdienen.) Empfehlungen sind auch im Wohnungsbau eine wesentliche Quelle neuer Kunden, und die besten Bauunternehmer haben gelernt, wie sie den Quellen und Ursachen der Kundenempfehlungen nachgehen können.

In manchen Branchen sind Weiterempfehlungen relativ unwichtig, vor allem in denen, deren Produkte ohne Risiken oder Kosten getestet werden können. Im Kreditkartengewerbe zum Beispiel kann ein betriebswirtschaftliches Modell des Kundenlebenszyklus den Empfehlungseffekt ignorieren. Für andere Branchen – zum Beispiel für Kfz-Werkstätten – sind Weiterempfehlungen die Hauptquelle neuer Kunden. Die Empfehlungen müssen daher bis zu ihren Ursprüngen verfolgt werden, um ein genaues Bild der Wirkungsweise des Lebenszyklus zu gewinnen. Eine einfache Methode dafür ist, eine Gruppe neuer Kunden nach Empfehlungen zu befragen, die Namen der alten Kunden herauszufinden, die Empfehlungen ausgesprochen haben, und dann festzustellen, wie lange die Geschäftsbeziehungen zu diesen alten Kunden jeweils bestanden haben – wenn notwendig, indem sie angerufen und gefragt werden.

Schließlich sollte man daran denken, daß Kunden, die auf Empfehlung kommen, gewöhnlich von höherer Qualität sind – daß sie nämlich mehr Gewinn versprechen und dem Unternehmen aller Voraussicht nach länger verbunden sein werden als Kunden, die auf Anzeigen, Veranstaltungen zur Verkaufsförderung oder Preiszugeständnisse reagieren. Eine Versicherungsgesellschaft ging einmal den Kunden nach, die in den »Gelben Seiten« auf das Unternehmen gestoßen waren, und fand heraus, daß deren Bindungsrate und Nutzen so miserabel waren, daß das Management die Agenten dazu ermutigte, die Anzeigen nicht mehr erscheinen zu lassen. Dagegen haben Kunden, die auf Empfehlung kommen, wahrscheinlich die richtigen Gründe zur Aufnahme der Geschäftsbeziehung. Langjährige Kunden zeichnen ein zutreffenderes Bild von den Stärken und Schwächen eines Unternehmens als Anzeigen oder provisionsabhängige Agenten. Zudem gilt häufig das Sprichwort: »Gleich und gleich gesellt sich gern«, so daß Kunden, denen das Unternehmen empfohlen wurde, mit großer Wahrscheinlichkeit zu den Produkten und Dienstleistungen passen, welche die Firma zu bieten hat. Oft führen Unternehmen gute Wachstumsdaten vorschnell auf attraktive Werbung, brillantes Marketing oder geschickte Verkäufer zurück. Wahrscheinlicher ist, daß in erster Linie Empfehlungen dahinterstecken.

Intuit ist ein Hersteller von Software, dessen Flaggschiffprodukt *Quicken* Konsumenten und kleine Firmen auf einem PC Schecks ausstellen und ihre Finanzen verwalten läßt. Die Zeitschrift *Inc.* schrieb darüber: »Quicken ist wahrscheinlich das erfolgreichste Programm zum persönlichen Finanzmanagement, das jemals geschrieben worden ist; es hält einen geschätzten Marktanteil von 60 Prozent.«[1] Obwohl Intuit mit großen Unternehmen konkurriert, die Hunderte von Agenten beschäftigen, hat das Unternehmen jährlich mehr als eine Million Programme über Einzelhändler überall in den USA verkauft – mit nur zwei Agenten. Wie hat Intuit das gemacht? Der Gründer und CEO Scott Cook verrät es: »In Wirklichkeit haben wir Hunderttausende von Verkäufern – unsere Kunden.« Und nach einer Pause: »Und wenn Sie Ihre gegenwärtigen Kunden nicht zufriedenstellen können, verdienen Sie keine neuen.«[2]

Preisprämien

In den meisten Branchen zahlen alte Kunden effektiv höhere Preise als neue. Manchmal liegt das an Einführungsrabatten, die nur nagelneue Kunden erhalten. Einzelhändler, Zeitungs- und Zeitschriftenverlage, Rasenmähdienste, Maßschneider – alle verwenden besondere Einführungsangebote dieser Art (manchmal zum Ärger der Altkunden, die der Meinung sind, sie verdienten, so belohnt zu werden). Häufiger sind die Stammkunden am Preisunterschied aber selbst schuld. Eine Bank wirbt von Zeit zu Zeit mit besonderen Zinssätzen für Festgelder, stellt dabei aber fest, daß langjährige Kunden davon selten Gebrauch machen. Ein Einzelhändler bietet allen Kunden bei Einkäufen einen Gutschein und erlebt, daß die Stammkunden die Kupons seltener einlösen als die Laufkundschaft. Die sogenannten Lockvogelangebote werden im Einzelhandel in der Erwartung unterbreitet, daß Kunden, die ins Geschäft kommen, um ein solches Angebot zu erwerben, auch andere Artikel mit lohnenden Gewinnspannen kaufen. Untersuchungen haben jedoch ergeben, daß Lockvogelangebote weniger Gewinn erbringen als volle Einkaufswagen bei den Stammkunden.

Wer lange genug Kunde bei einer Firma war, um deren Verfahren kennengelernt und sich mit der gesamten Produktpalette vertraut gemacht zu haben, zieht nahezu unweigerlich mehr Wert aus einer Geschäftsbeziehung. Daher überrascht es nicht, daß langjährige Kunden nicht so sensibel auf die Preise einzelner Produkte reagieren wie neue Kunden. Leider registrieren nur wenige Controllingsysteme diesen Mehrpreiseffekt. Selbst Unternehmen, die Kundenprofitabilitätssysteme verwenden, entgeht normalerweise das volle Ausmaß dieser Wirkung, weil die meisten dieser Systeme nur Informationen umgruppieren, die ursprünglich zur Messung der Rentabilität der verschiedenen Einzelposten des Warenangebotes gesammelt wurden. Das heißt, man summiert die Gewinne Produkt für Produkt und berechnet dann den Gewinn von einem Kunden oder einer Kundengruppe auf der Basis der gekauften Erzeugnisse. Das läuft aber darauf hinaus, daß den Kunden nur Durchschnittsgewinne zugerechnet werden, die das Unternehmen je Erzeugnis erzielt, ohne Rücksicht darauf, ob der Kunde Gutschriften oder sonstige Preisnachlässe in Anspruch genommen hat. Das Ergebnis ist, daß die Unternehmen einzelne Transaktionen überbewerten und Kundenbeziehungen unterbewerten.

Dieses mangelhafte Verfahren hat noch einen weiteren schwerwiegenden Nachteil, wenn festgestellt werden soll, wieviel von dem überragenden Wert, den langjährige Kunden erzeugen, mit diesen in Form von verbessertem Service oder Preisnachlässen geteilt werden sollte. Viele Firmen überfordern ihre besten Kunden, weil ihnen nicht klar ist, welch hohe Gewinnspannen sie an ihnen verdienen.

Zusammenfassung der Effekte

Das Sammeln und Analysieren Ihrer eigenen Daten über alle Effekte – Kosten für die Gewinnung neuer Kunden, Basisgewinn, Umsatzwachstum, Kosteneinsparungen, Weiterempfehlungen und Preisprämien – wird Ihnen ein recht genaues Bild von den Lebenszyklusgewinnmustern Ihrer Kunden verschaffen. Aber wie wenden Sie diese Informationen nutzbringend an? Ein Lebenszyklusgewinnmuster ist nur so nützlich wie die Entscheidungen, zu denen es Sie befähigt, und wir müssen noch etliche kritische Fragen beantworten. Was ist zum Beispiel der tatsächliche Wert eines neuen Kunden, in Mark und Pfennig ausgedrückt? Und wie hoch darf eine Investition zur Steigerung der Kundenloyalität sein, um sich auszuzahlen?

Es ist etwas schwieriger, diese Fragen genau zu beantworten, als man denken könnte. Lassen Sie uns das Verfahren also Schritt für Schritt durchgehen. Um den Wert neuer Kunden festzustellen, müssen Sie zuerst das jährliche Gewinnmuster (oder, falls der Cash-flow wesentlich von den Gewinnen abweicht, das jährliche Cash-flow-Muster) kennen, das Kunden gewöhnlich im Laufe der Jahre erzeugen. Zudem müssen Sie wissen, wie viele Jahre sie wahrscheinlich Kunden Ihres Unternehmens bleiben.

Abb. 2.4 zeigt die Kundengewinne für ein typisches Kreditkartenunternehmen auf der Grundlage aller gerade beschriebenen Faktoren – Akquisitionskosten, Basisgewinn, Umsatzwachstum, Kosteneinsparungen, Weiterempfehlungen und Preisprämien. Offensichtlich steigt der Wert einer Kundin oder eines Kunden, je länger sie oder er die Kreditkarte behält und nutzt. Ein Kunde, der seine Karte zwei Jahre benutzt, wird für das Unternehmen einen Nettogewinn von 26 Dollar erzeugen (die 80 Dollar Akquisitionskosten werden von den Gewinnen von 40 und 66 Dollar in den ersten beiden Jahren um 26 Dollar übertroffen). Ein Kunde, der fünf Jahre beim Unternehmen bleibt, wird 264 Dollar kumulierten Nettogewinn einbringen (-80 \$ + 40 \$ + 66 \$ + 72 \$ + 79 \$ + 87 \$), ein zehn oder zwanzig Jahre lang treuer Kunde 760 oder 2 104 Dollar.

Diese Unterschiede im Kundenwert sind enorm, sie sind aber nicht gänzlich vergleichbar. Es wäre zum Beispiel ein Fehler, 760 Dollar in einen Kunden zu investieren, der zehn Jahre lang Kunde bleibt, denn die Gewinne fließen erst in künftigen Jahren, und Geld ist in der Zukunft weniger wert als heute. Man muß diese künftigen Gewinne abzinsen, um sie auf den Gegenwartswert zu reduzieren. Unter Verwendung einer weithin

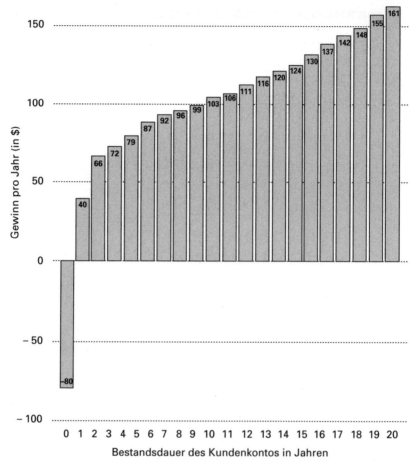

Abbildung 2.4: Gewinnmuster im Verlauf des Kundenlebenszyklus in der Kreditkartenbranche

üblichen Abzinsung von jährlich 15 Prozent sind die 760 Dollar kumulierter Gewinn heute 304 Dollar wert. (In diesem Beispiel nehmen wir an, daß die Gewinne jährlich am 31. Dezember anfallen. Um den gegenwärtigen Wert des Gewinns im ersten Jahr zu ermitteln, sind die 40 Dollar durch 1,15 zu teilen, die 66 Dollar Gewinn im zweiten Jahr durch $1,15^2$, also 1,3225 und so weiter.) Wenn Sie mit einer 15prozentigen jährlichen Rendite auf Ihre Investitionen zufrieden sind, können Sie bis zu 304 Dollar für einen Kunden aufwenden, der zehn Jahre Kunde bleibt.

Nachdem wir wissen, wie der Wert eines Kunden in Abhängigkeit von der Dauer der Geschäftsbeziehung zu ihm zu berechnen ist, taucht die nächste Frage auf: Wie lang ist die zu erwartende Dauer der Geschäftsbeziehung zu einem neuen Kunden? Der einzige Weg zur exakten Beantwortung dieser Frage ist die Errechnung von Bindungsraten, bei der zwischen Kunden nach Alter, Akquisitionsquelle, Beruf, Cluster und vielleicht noch einem Dutzend anderer Kriterien unterschieden wird. Einige Unternehmen – zum Beispiel Lebensversicherungsgesellschaften – genießen den Luxus, über Meßsysteme zu verfügen, die das alles bereits tun. Die meisten Unternehmen sind allerdings auf Schätzungen angewiesen.

Der einfachste Weg zur näherungsweisen Berechnung der durchschnittlichen Dauer der Kundenbeziehung ist es, Ihre gesamte Verlustrate zu berechnen und dann den Kehrwert dieses Bruchs zu nehmen. Das ist einfach. Zählen Sie die Kunden, die Sie in einem Zeitraum von mehreren Monaten verlieren, rechnen Sie diese Anzahl aufs Jahr um, und drücken Sie diese jährlichen Verluste als Bruchteil der Kunden aus, die Sie zu Jahresbeginn hatten. Wenn Sie von 1 000 Kunden im Jahr 200 verlieren, also ein Fünftel, so ist der Kehrwert dieses Bruches die durchschnittliche Kundenbindungsdauer: Ein Kunde bleibt Ihnen durchschnittlich fünf Jahre treu. (Gewöhnlich werden die Raten in Prozenten ausgedrückt. Wenn Sie jährlich ein Fünftel Ihrer Kunden verlieren, beläuft sich Ihre Verlustrate auf 20 Prozent und Ihre Bindungsrate auf 80 Prozent.)

Abb. 2.5 faßt die Relation zwischen Bindungsrate und durchschnittlicher Dauer der Kundenbeziehung zusammen. Die Abbildung zeigt, wie kleine Zunahmen der Bindungsrate zu immer größeren Steigerungen der durchschnittlichen Kundenbindungsdauer führen, vor allem bei Bindungsraten von 80 Prozent und mehr. So bedeutet zum Beispiel eine Bindungsrate von 90 Prozent eine durchschnittliche Dauer der Kundenbeziehung von zehn Jahren und durch eine Erhöhung um nur fünf Prozentpunkte auf 95 Prozent Bindung verdoppelt sich die durchschnittliche Dauer einer Kundenbeziehung auf 20 Jahre.

Die Schätzung der Bindungsraten auf diese Weise ist manchmal eine nützliche Abkürzung. Sie vermittelt einen allgemeinen Eindruck, wie gut der Leistungsstandard eines Unternehmens ist, und gibt die Relation zwischen Kundenbindung und Dauer der Kundenbeziehung grafisch wieder. Doch Schätzungen sind definitionsgemäß mehr oder weniger ungenau, und viele Unternehmen haben festgestellt, daß sie zu unpräzise sind, um für die Gewinnberechnungen verwendet werden zu können.

Um die Cash-flows von Kunden genau zu quantifizieren, müssen wir einige wichtige Verfeinerungen vornehmen. Erstens wird bei der beschriebenen Schätzungsmethode vorausgesetzt, daß die Verlustraten im

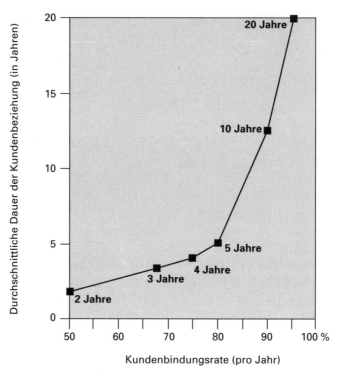

Abbildung 2.5: Die Beziehung zwischen Kundenbindungsrate und Dauer der Kundenbeziehung

Kundenlebenszyklus konstant sind. Das ist selten der Fall – die Verlustraten liegen in den Anfangsjahren weit über Durchschnitt und später viel niedriger. In den ersten beiden Jahren der Kundenbeziehung sind die Verlustraten nicht selten zwei- bis dreimal so hoch wie im Durchschnitt. Abb. 2.6 zeigt das Verlaufsmuster der Verluste bei einem Kreditkartenunternehmen, bei dem sich der gewogene Durchschnitt der Verlustrate auf 10 Prozent beläuft. Wie Sie sehen, sind die einzigen Kunden, die eine Verlustrate von genau 10 Prozent aufweisen, die Kunden im vierten Jahr ihrer Beziehungen zum Unternehmen.

Abb. 2.7 zeigt die Unterschiede bei den kumulierten Kundenverlusten zwischen dem tatsächlichen Verhaltensmuster mit seinen sinkenden Raten und dem unrealistischen Szenario der Gleichverteilung. Stellen wir uns eine Gruppe von 100 000 neuen Kunden vor, schauen wir uns an, wie lange es dauert, bis die Hälfte von ihnen keine Kunden des Unternehmens mehr sind. Das Muster der tatsächlichen Verluste zeigt, daß diese Halbwertzeit der Kundengruppe 4,1 Jahre beträgt, während das Muster mit

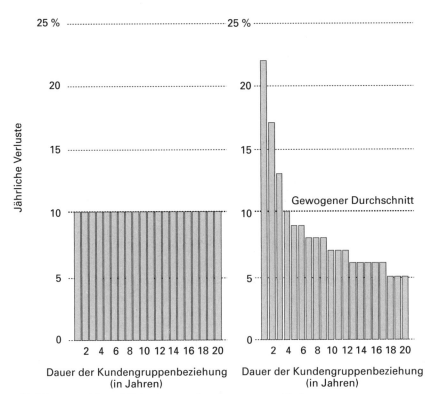

Abbildung 2.6: Tatsächliches gegenüber konstantem Verlustmuster

konstanten Abwanderungsraten 6,2 Jahre ausweist. Wenn wir diese Zahlen zur Berechnung der Kapitalwerte der Kunden benutzen, ist der Unterschied enorm. Wenden wir die tatsächlichen und konstanten Raten aus Abb. 2.7 auf das Kundengewinnmuster von Abb. 2.4 an, stellen wir fest, daß der reale Wert eines Kunden bei der Annahme konstanter Abwanderungsraten um 40 Prozent überschätzt wird! Da wir mit Durchschnittszahlen zu keiner genauen Berechnung kommen, müssen wir mit den tatsächlichen Raten für die einzelnen Cluster von Kunden arbeiten.

In den letzten beiden Absätzen haben wir noch eine weitere Verfeinerung vorgenommen, die notwendig ist, um den wahren Wert eines Kunden zu berechnen. Statt zu versuchen, den Wert eines einzelnen »statischen« Durchschnittskunden zu einem bestimmten Zeitpunkt zu berechnen, müssen wir in Jahresklassen von Kunden denken, die sich durch die

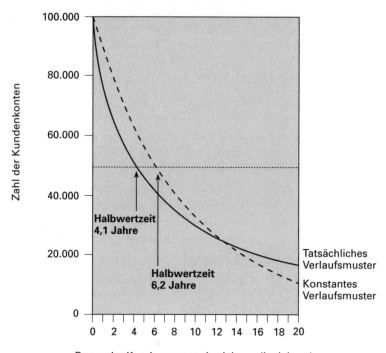

Abbildung 2.7: Kumulative Verluste: Tatsächliches gegenüber konstantem Verlaufsmuster

Zeit bewegen. In der wirklichen Welt gewinnt ein Unternehmen jedes Jahr einen neuen Pool von Kunden. Einige davon verschwinden sehr schnell wieder, andere bleiben jahrzehntelang Kunden. Doch Investitionen werden in den gesamten Kundenpool getätigt. Um also den Kapitalwert des Durchschnittskunden zu berechnen, müssen wir die ganze Gruppe im Zeitverlauf studieren.

Nehmen wir das Szenario in Abb. 2.7, in dem 100 000 neue Kunden zum Zeitpunkt Null zum Bestand hinzukommen. Der Kreditkartenaussteller hat 80 Dollar in jeden Kunden investiert, acht Millionen Dollar in den gesamten Cluster. Am Ende des ersten Jahres haben 22 Prozent das Unternehmen verlassen, so daß nur 78 000 Kunden verbleiben, um die Gewinne des ersten Jahres zu erzeugen und damit zu beginnen, die investierten acht Millionen zurückzuzahlen. Am Ende des fünften Jahres, wenn die Gewinne anfangen, wirklich attraktiv zu werden, werden nur noch weniger als die Hälfte der Kundengruppen übrig sein. Um den Gegenwartswert eines Kunden exakt zu berechnen, müssen wir die jährlichen Cash-flows abschätzen, die von der gesamten Gruppe erzeugt werden, während sie kleiner und kleiner wird, und die Summe durch 100 000 teilen.

Nehmen wir ein konkretes Beispiel. Auf Seite 68 haben wir etwas vereinfacht den Kapitalwert eines Kreditkarteninhabers für den Kartenaussteller auf 304 Dollar geschätzt. Unser Kreditkartenunternehmen mit seiner Bindungsrate von 90 Prozent (durchschnittlich zehnjährige Kundenbeziehung unter Annahme einer konstanten Verlustrate) könnte versucht sein, diese Schätzung seinen Entscheidungen zugrunde zu legen. Das wäre jedoch gefährlich ungenau, denn viele Kunden wenden sich lange vor dem zehnten Jahr von dem Kartenaussteller ab. Tatsächlich gehen viele verloren, noch bevor sie dem Unternehmen die Anfangsinvestition von 80 Dollar wieder eingebracht haben, und diese Verluste müssen von den verbleibenden Kunden getragen werden – sie können nicht unter den Teppich gekehrt werden. In diesem Fall kommen wir mit einer genauen Berechnung auf der Basis der tatsächlichen Verlustrate, die in Abb. 2.7 gezeigt wird, und des in Abb. 2.4 dargestellten Gewinnmusters auf einen Kapitalwert von 172 Dollar je Kunde. Unsere erste Schätzung von 304 Dollar war eine Überbewertung des Kundenwerts um fast 77 Prozent!

Das sind keine theoretischen Berechnungen. Unser Kreditkartenunternehmen könnte ein Angebot von einer außenstehenden Marketingagentur erhalten, ihm neue Kunden für eine Gebühr von 200 Dollar je Neuzugang zu beschaffen. Unter der Annahme, daß jeder Kunde 304 Dollar wert wäre, hätte der Kartenaussteller das Angebot annehmen und damit eine Menge Wert zerstören können. So müssen auch Autohändler wissen, wieviel sie sich die Akquisition eines neuen Kunden kosten lassen können, ebenso Lebensversicherungsgesellschaften, Telekommunikationsunternehmen, Banken und Hersteller von Büroausstattungen. Kurz, Unternehmen müssen wissen, was ein Kunde wirklich wert ist, und nur die tatsächlichen Verlustraten für die einzelnen Jahresgruppen ihrer Kunden werden ihnen das verraten.

Sobald Sie ein genaues Bild vom wahren Wert eines Kunden haben, sind Sie in der Lage auszurechnen, was es wert wäre, Ihre Kundenbindungsrate zu erhöhen – und das ist der einzig realistische Weg zur Bewertung von Investitionen in Neukundengewinnung und Kundenloyalität. Abb. 2.1 zeigt, daß in der Kreditkartenbranche eine Steigerung der Kundenbindungsrate um 5 Prozentpunkte den Wert eines Kunden um 74,4 Prozent erhöht. Wie haben wir das ausgerechnet? Erstens glichen wir die Kurve der kumulierten Verluste seinem gewogenen Durchschnitt von 5

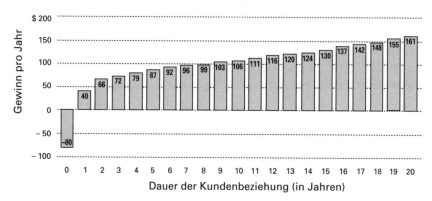

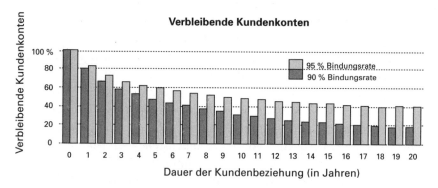

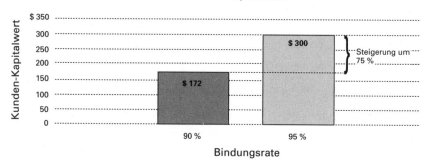

Abbildung 2.8: Berechnung des Kundenwerts

statt 10 Prozent an, wie in der Mitte von Abb. 2.8 dargestellt. Durch Kombination des Gewinnmusters von Abb. 2.4 (oben in Abb. 2.8 wiederholt) mit dieser Bindungsrate von 95 Prozent (Abb. 2.8 unten) erhalten wir einen Kapitalwert für jeden neuen Kunden von 300 Dollar – eine Steigerung um 74,4 Prozent gegenüber den 172 Dollar, die wir unter Annahme einer Bindungsrate von 90 Prozent erhielten.

Rationale Entscheidungen fällen

Nach meiner Erfahrung tendieren Firmen dazu, in eine Falle zu tappen, sobald sie den potentiellen Wert der Kundenbindung verstehen. In ihrem Eifer, rapide Verbesserungen zu bewirken, verkürzen sie ihre Analyse des Kunden-Cash-flows. Es ist verständlich, aber kurzsichtig, daß sie zu dem Schluß kommen, es sei eine Verschwendung von Zeit und Geld, sich in die Einzelheiten eines Sachverhalts zu versenken, den sie bereits als Tatsache akzeptieren – daß nämlich eine Steigerung der Kundenbindungsrate die Gewinne erhöht. Die Folgen dieser Unterlassung lassen gewöhnlich nicht lange auf sich warten. Der einzig richtige Weg, Loyalität ins Zentrum der täglichen Entscheidungen zu rücken, ist, die wirtschaftlichen Effekte der Loyalität ernst zu nehmen, sie genau zu messen und sie in feste Beziehung zu den ausgewiesenen Gewinnen zu setzen. Der beste Weg zur Reduzierung von Mißverständnissen zwischen verschiedenen Bereichen eines Unternehmens wie auch, wenn sie denn auftreten, zu deren Aufdeckung und Beseitigung ist, die Loyalitätsdaten so vertrauenswürdig zu machen, daß jeder sie als Grundlage für Investitions- und strategische Entscheidungen akzeptiert.

Nehmen wir den Fall einer großen Versicherungsgesellschaft. Nach dem Studium der Wirkungsweise der Loyalität auf breitester Basis und dem Vergleich der eigenen Bindungsraten mit denen der Konkurrenz führte der Vorstand ein halbes Dutzend neuer Programme zur Erhöhung der Kundenbindung ein, die von Verbesserungen der Servicequalität über Modifizierungen der Agentenprovisionen bis zur Einrichtung von Abteilungen zur Kundenrückgewinnung reichten. Nach einem Jahr stellte sich heraus, daß die Anweisungen nur wenig oder überhaupt nicht befolgt wurden. Das mittlere Management machte nicht mit. Nähere Überprüfung ergab, daß die Wurzel des Problems bei der versicherungsmathematischen Abteilung lag, einer bei den meisten Versicherungen mächtigen Abteilung. Die Versicherungsmathematiker hielten die von der Buchhaltung vorgelegte Einschätzung der finanziellen Konsequenzen erhöhter Loyalität für falsch. Sie glaubten, daß höhere Kundenbindung ein Festhalten an unrentablen, risikoreichen Kunden bedeuten müsse, die das

Unternehmen lieber verjagen sollte. Eine sorgfältige Analyse der Ansprüche und des Cash-flows einstiger Kunden war erforderlich, um die Versicherungsmathematiker davon zu überzeugen, daß die »Abwanderer« attraktive Kunden gewesen waren – viel attraktiver als durchschnittliche neue Kunden. Selbst dann waren einige noch nicht überzeugt, sondern ließen sich genau demonstrieren, wie die höheren Bindungsraten der stärksten Konkurrenten exakt deren überragende Gewinne erklärten.

Die Ökonomie der Kundenbindung führt Unternehmen zu rationalen, sich in Mark und Pfennig auszahlenden Entscheidungen über den Wert gesteigerter Kundenloyalität und verrät ihnen erstmals exakt, welche loyalitätsfördernden Investitionen die Hürde der Rentabilität nehmen. Wo diese Lehre ein Mauerblümchendasein fristet, vielleicht ein Glaubensartikel mancher Abteilungen, in anderen aber eine unbekannte Größe ist, wird Loyalität nie wirkliches Gewicht bei wesentlichen Investitionsentscheidungen erlangen. Wo die Lehre nie einer Feuerprobe ausgesetzt worden ist, werden selbst Firmen, die das Konzept angenommen haben, schnell zu den alten Meßsystemen zurückkehren, wenn die kurzfristigen Gewinne unter Druck geraten. Unternehmen, die die Steigerung der Kundenloyalität ernst nehmen, werden am Ende feststellen, daß sie in jene Systeme investieren *müssen*, welche die Kundenbindung und deren Konsequenzen messen. Je früher sie diese Investitionen vornehmen, desto besser.

Berichtigung der Gewinngrößen des Rechnungswesens

Bis jetzt haben wir die Sprache der Investitionen und des Kapitalwerts benutzt. Um aber die Ökonomie der Loyalität zu einer vertrauenswürdigen Komponente des Management-Handwerkzeugs zu machen, müssen wir einen letzten Schritt tun. Wir müssen diese Zahlen in die Art von ausgewiesenen Gewinnen zurückübersetzen, auf denen heute so viele der Entscheidungen beruhen. Außerhalb der Versicherungswirtschaft und der Direktmarketingbranchen haben sehr wenige Unternehmen diesen letzten Schritt getan. Indem wir ein Beispiel durchspielen, werden wir zeigen, wie es gemacht wird, und vielleicht erklären, warum es nicht früher gemacht wurde.

Lassen Sie uns beim Kreditkartenbeispiel bleiben und sehen, was mit den ausgewiesenen Gewinnen in einem Zeitraum von zehn Jahren geschieht, wenn ein Unternehmen 95 statt 90 Prozent seiner Kunden behält. Abb. 2.9 zeigt die ausgewiesenen Gewinne bei beiden Szenarien. Ein reales Unternehmen wird zunächst seinen gegenwärtigen Kundenbestand in Klassen oder Gruppen nach der bisherigen Dauer der Kartennutzung einteilen müssen. Es kann ein wenig peinlich sein, zu den Kunden zu gehen und sie zu fragen, wie lange sie schon in Geschäftsbeziehungen zu Ihnen stehen, aber es ist machbar. Von diesem Ausgangspunkt aus können die künftigen Gewinnströme auf der Grundlage langfristiger Gewinn-und-Verlust-Muster geschätzt werden, wie wir schon gesehen haben. Im hypothetischen Beispiel in Abb. 2.9 haben wir angenommen, daß die Firma eine Million Kunden hat, mit einer Bindungsrate von 90 Prozent operiert, jährlich konstant 100 000 neue Kunden dazugewinnt und das stabile Kundengewinnmuster aus Abb. 2.4 aufweist. Das Ergebnis ist ein Unternehmen mit einer durchschnittlichen Dauer der Kundenbeziehung von sieben Jahren und Erträgen von 80 Millionen Dollar zu Beginn dieser Periode.

Wie Sie sehen, wachsen die Gewinne im Szenario von 90 Prozent Bindung sehr langsam auf 96 Millionen Dollar am Ende der zehn Jahre. Blei-

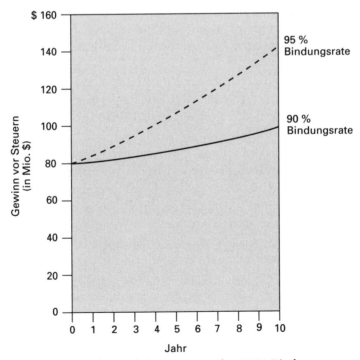

Abbildung 2.9: Gewinnwachstum bei 90 % gegenüber 95 % Bindungsrate

ben aber 95 Prozent der Kunden dem Unternehmen treu, erhöhen sich die Gewinne auf 141 Millionen Dollar am Ende der Zehn-Jahres-Periode. Wenn wir noch einige vernünftige Annahmen über den Endwert der Kunden machen – über den Gewinnstrom, den sie während der verbleibenden Jahre beim Unternehmen erzeugen –, wird die Steigerung im Gesamtwert bei 95 Prozent Bindungsrate sogar annähernd 75 Prozent betragen.

Diese Zahlen sind nicht nur eindrucksvoll, sie sind auch einfach und unmittelbar einleuchtend. Und die Art der Systeme zur Kundenanalyse, die wir behandeln, ist nicht komplizierter als viele der Controllingsysteme, die Unternehmen heute benutzen. Einige Unternehmen, sogar einige wenige ganze Branchen, haben Controllingsysteme aufgebaut, die auf den Einsparungen und Gewinnen durch Kundenbindung beruhen. Lebensversicherungsgesellschaften beobachten ihre Kunden schon jahrzehntelang auf diese Weise, ebenso Versandhandelshäuser wie L. L. Bean und Lands' End. USAA hat ein nahezu perfektes System zur Kundenanalyse, das andere Unternehmen als Modell verwenden könnten. Die Frage ist, warum nicht *mehr* Unternehmen solche Systeme aufgebaut haben. Ein Teil der Antwort lautet, daß Kontrolleure und Investoren sie nicht verlangen. Die Manager müssen ihre Aktionäre über die laufende Gewinnentwicklung informieren, doch niemand verlangt Rechenschaft über irgendwelche Faktoren, auf denen die wirtschaftliche Funktionsweise der Loyalität beruht.

Ein anderer Teil der Antwort hat zweifellos mit dem zeitlichen Rahmen zu tun, in dem die finanziellen Effekte der Kundenloyalität deutlich werden. Die Rendite der Kundenloyalität erstreckt sich über viele Jahre, die Bonuszahlungen für Manager werden jährlich festgesetzt. Allerdings kann die wirtschaftliche Funktionsweise der Loyalität in einem Unternehmen auch kurzfristig einige kräftige Gewinnsteigerungen bewirken, wie wir in Kapitel 10 sehen werden. Doch insgesamt ist die Versuchung groß, Investitionen in solche exakten Meßsysteme hinauszuschieben, die ein stetiges Lernen und kontinuierliche Verbesserungen über längere Zeiträume hinweg ermöglichen. Unternehmen, die ernsthaft die langfristigen Vorteile der Loyalität erschließen wollen, müssen dieser Versuchung widerstehen und verläßliche Meßsysteme einführen. So hat MBNA entdeckt, daß eine Steigerung der Kundenbindung um 5 Prozentpunkte den Gewinn pro Kunde um über 125 Prozent erhöht. Und State Farm hat festgestellt, daß eine Steigerung der Bindungsrate um einen einzigen Prozentpunkt seinen Gewinn mit der Zeit um über eine Milliarde Dollar erhöhen wird.

Wie man das bestehende Rechnungswesen anpassen kann

Wenn Sie wissen, wie verbesserte Kundenbindung die Gewinne von State Farm oder MBNA steigert, hilft Ihnen das auch nicht viel dabei, bessere Investitionsentscheidungen für Ihr eigenes Unternehmen zu treffen. Um herauszubekommen, wie Sie Ihre eigenen Ressourcen effektiver einsetzen können, müssen Sie ein Lebenszyklenmodell von Cash-flows, Verlusten und Gewinnen für Ihre eigenen Kunden erstellen.

Loyalitätsbasiertes Management heißt nicht, blind in Ihre Kunden in der Hoffnung zu investieren, daß die Gewinne dann irgendwie wachsen werden. Es heißt vielmehr, rationale geschäftliche Entscheidungen darüber zu fällen, welche Projekte zu finanzieren und welche aufzugeben sind. In der realen Welt beziehen Geschäftsentscheidungen Budgets und Prioritäten ein. Schlagworte wie: »Unsere Kunden sind unser wertvollstes Kapital« sind zur Budgetaufstellung nicht nur nutzlos, sondern oft auch falsch. Zwar kann die Entwicklung von Systemen zur Messung, Analyse und zum Management von loyalitätsbasiertem Cash-flow Unternehmen oft zu Investitionen veranlassen, die Wert sowohl für Kunden als auch für das Unternehmen schaffen. Doch manchmal offenbaren die gleichen Systeme, daß frühere Investitionen in Kundenzufriedenheit, die auf intuitiven Urteilen oder mangelhafter Logik beruhen, tatsächlich Wert zerstört haben. Oft ist der schnellste Weg zur Steigerung der Gewinne, Investitionen in solche Programme zu stoppen.

Ein Kreditkartenunternehmen entdeckte, daß ein vorgeschlagenes System zur Rechnungsstellung für viele Millionen Dollar hauptsächlich einem Kundensegment zugute kommen würde, dessen langfristiger Wert für das Unternehmen unbedeutend sein würde. Bei einem anderen Unternehmen zeigte eine Studie der Gewinne und Verluste von Kunden im Lebenszyklus, daß die größte Marketinginvestition des Unternehmens – nämlich in die Gewinnung junger Kunden, die gerade die High School abgeschlossen hatten –, in einen Verlust mündete. Wie wir in Kapitel 3 sehen werden, stellen etablierte Unternehmen oft fest, daß 20 bis 30 Prozent ihrer Investitionen in die Gewinnung von Neukunden eingestellt werden sollten.

Manager in manchen Branchen, zum Beispiel im Bankensektor, verdrehen die Augen angesichts der scheinbaren Komplexität eines loyalitätsbasierten Kundenmeßsystems. Sie ringen einfach um einen Konsens darüber, welche Kunden zu einem bestimmten Zeitpunkt profitabel oder unprofitabel sind. Wägen Sie aber die Alternativen gegeneinander ab, ergibt sich folgendes Bild: auf der einen Seite ein zugegebenermaßen komplexes System, das Berechnungen von Gewinnen über die gesamte Dauer der Kundenbeziehung hinweg, variable Verlustraten, den Kundenvolumeneffekt, den Gewinn-pro-Kunde-Effekt und – besonders wirkungsvoll im Bankwesen – Modelle der Wirtschaftlichkeit einzelner Kundensegmente einschließt, das aber am Ende ein genaues Bild von der Kundenrentabilität erzeugt; auf der anderen Seite ein einfaches statisches Modell, das leicht und kostengünstig zu haben ist – aber höchst ungenau. Ist das eine schwere Wahl? Und ist es eine schwere Wahl im Bankensektor, in dem 20 bis 50 Prozent der Investitionen in die Gewinnung von Neukunden zur Zeit auf Zielgruppen ausgerichtet werden, die einen negativen Kapitalwert haben?

Bankmanager würden nie auf den Gedanken verfallen, sich für ihre eigene Altersversorgung Rentenpapiere zu kaufen, deren voraussichtliche Gesamterträge und Cash-flow-Strukturen sie nicht verstehen. Warum also nicht den gleichen Fleiß beim Management von Kunden aufwenden? Zumindest potentiell *sind* Kunden wie Rentenpapiere: Sie erfordern eine Anfangsinvestition, und die langfristigen Ströme von Einkommen und Kosten, die sie erzeugen, sind die fundamentalen Bausteine des Cash-flows der Unternehmen.

Intuitiv haben wir alle schon immer gewußt, daß Kundenloyalität eine gute Sache ist. Doch nur wenige von uns haben ihre direkte Verbindung zu den Gewinnen erfaßt. Die Ökonomie der Loyalität ist eine exakte Methode zur Messung des Werts von Kundenbindung in den konkreten Begriffen von Cash-flow und zur Bereitstellung der Werkzeuge, die ein Unternehmen dazu befähigen, die wirklich treibenden Kräfte von Kosten, Wachstum und Gewinnen zu managen.

3 Die richtigen Kunden an das Unternehmen binden

Der erste Schritt zum Aufbau eines loyalitätsbasierten Geschäftssystems ist, die richtigen Kunden zu finden und zu gewinnen: Kunden, die auf Jahre hinaus stetigen Cash-flow und eine profitable Rendite auf die Investitionen des Unternehmens bieten werden; Kunden, deren Loyalität gewonnen und erhalten werden kann. Loyalitätsbasierte Unternehmen sollten drei Faustregeln beachten:

- Manche Kunden sind immer zuverlässig und loyal, ganz gleich, mit welchem Unternehmen sie Geschäfte abwickeln. Sie bevorzugen einfach stabile, langfristige Beziehungen.
- Manche Kunden sind profitabler als andere. Sie geben mehr Geld aus, bezahlen ihre Rechnungen pünktlich und erfordern weniger Service.
- Manche Kunden werden Ihre Produkte und Dienstleistungen wertvoller finden als die Ihrer Konkurrenten. Kein Unternehmen kann jedem alles bieten. Ihre besonderen Stärken werden einfach den Bedürfnissen und Erwartungen bestimmter Kunden besser gerecht.

Je mehr Kunden Sie für sich gewinnen können, die zu einer oder zwei dieser Gruppen oder sogar zu allen drei Gruppen gehören, desto größer sind Ihre Chancen, die Früchte zu ernten, die herausragende Kundenbindung mit sich bringt. In der Praxis neigen diese Früchte dazu, auf ihrem eigenen Erfolg aufbauend, spiralförmig anzuwachsen. Bessere Kunden schaffen einen Cash-flow-Überschuß, ein Teil dieses Überschusses wird in weitere Wertsteigerungen investiert, mehr und mehr Wert auf wichtigen Feldern macht loyale Kunden noch loyaler. Wir haben die Kalkulation dieser Spirale in Kapitel 2 gesehen. In diesem Kapitel werden wir nun Wege erörtern, alle drei Arten loyaler Kunden zu identifizieren und das Geschäft mit ihnen zu gewinnen, manchmal durch neue Vertriebskanäle. Wir werden auch das »adverse Selektion« genannte Phänomen betrachten, das eintritt, wenn ein Unternehmen törichter- oder unbeabsichtigterweise genau die illoyalen Kunden anlockt, die es am wenigsten haben möchte. Schließlich werden wir die schwierige Situation von ausgereiften Unternehmen in reifenden Branchen untersuchen, in denen der Zwang zu beständigem Wachstum durchdachte, behutsame Kundengewinnung zu einem unerschwinglichen Luxus zu machen scheint.

Der Loyalitätskoeffizient

Alle Unternehmen suchen nach profitablen Kunden. Viele von ihnen wenden viel Nachdenken und Mühe für die Erschließung jenes Marktsegments auf, das ihre Angebote unwiderstehlich finden wird. Aber wenige erkennen, daß manche Kunden von Natur aus loyaler sind als andere.

Um das echte langfristige Gewinnungspotential einer Kundengruppe zu verstehen, müssen Sie etwas über deren Neigung zur Loyalität wissen. Sie müssen verstehen, wieviel wirtschaftliche Kraft nötig ist, um diese Kunden von einem Lieferanten zu einem anderen zu ziehen. Das Ausmaß an Energie und dem Widerstand, die zu solchen Kundenbewegungen notwendig sind, ist ein relativ einfacher Gedanke, aber niemand hat ihn zu einer Wissenschaft gemacht.

Um einen Blick über den Tellerrand der Ökonomie zu werfen: Physiker haben eine Theorie zu der Tatsache entwickelt, daß manche Dinge schwerer zu bewegen sind als andere. Ein Ingenieur könnte unmöglich die richtigen Materialien für ein effizientes mechanisches System auswählen, ohne genau zu wissen, welche Kraft relativ zum Gewicht des Materials erforderlich ist (es ist viel leichter, einen Zentner Eis über den Boden zu schieben als einen Zentner Granit). Die Physiker haben zu diesem Zweck ein Maß entwickelt, den Reibungskoeffizienten. Der Reibungskoeffizient dient Wissenschaftlern und Ingenieuren zur Quantifizierung und Katalogisierung der Beweglichkeit oder Gleitfähigkeit verschiedener Materialien und zur Berechnung ihrer Eignung für verschiedene Anwendungen. Unter Verwendung von Reibungskoeffizienten haben Kfz-Ingenieure neue Metalle und Legierungen in wichtige Verschleißteile eingearbeitet, und Ingenieure der NASA haben spezielle Keramikoberflächen entwickelt, die der intensiven Reibung beim Wiedereintritt in die Erdatmosphäre standhalten.

Den Begriff des Reibungskoeffizienten kann man sich in der Geschäftswelt borgen, um Kunden zu beschreiben, von denen manche viel schwerer zu bewegen sind als andere. Manche werden schon für einen Rabatt von 2 Prozent zu einem Konkurrenten überwechseln, andere würden es auch für 20 Prozent nicht tun. Das Ausmaß wirtschaftlicher Kraft, das nötig ist, um verschiedene Arten von Kunden zu bewegen, nennen wir deren *Loyalitätskoeffizienten*. Er ist die entscheidende Information, die jeder braucht, der ein Hochleistungs-Geschäftssystem entwickeln will, denn ein solches System funktioniert nicht mit einem Bestand unzuverlässiger Kunden. Für manche Unternehmen ist die beste Art, diesen Loyalitätskoeffizienten zu messen, die Analyse des bisherigen Wechselverhaltens verschiedener Kundensegmente. Für andere Firmen, vor allem für solche, deren Zukunft wahrscheinlich von der Vergangenheit stark abweichen wird, ist die Aufgabenstellung die Feststellung der Höhe des Rabatts, der eingeräumt werden muß, um Wettbewerbern Kunden abspenstig zu machen.

Niemand hat dem Problem viel Nachdenken oder Aufmerksamkeit gewidmet, die Loyalitätskoeffizienten verschiedener Kundentypen zu messen und zu interpretieren. Die meisten Unternehmen bemühen sich, die laufende Rentabilität verschiedener Kundengruppen zu verstehen. Das ist aber ohne ein Studium von *Loyalitätsmustern* schwierig. Tatsächlich sind nur wenige Firmen der Kundenloyalität intensiv genug nachgegangen, um auch nur die Daten für eine solche Analyse zu haben.

Eine bemerkenswerte Ausnahme ist die Lebensversicherungsbranche mit ihren gewaltigen Mengen von Daten über die Persistenz von Policeninhabern, wie die Kundenbindung in der Branche genannt wird. Eine Lebensversicherungsgesellschaft, die hier Northern heißen soll, hat kürzlich eine solche verstaubte Datensammlung wiedererweckt, genau untersucht, was sie über Loyalität verriet, und einige signifikante demographische und soziale Abweichungen gefunden. Zum Beispiel waren Kunden im Mittleren Westen und in ländlichen Gegenden der USA sehr loyal, während Bewohner des Nordostens und von Städten rasch die Versicherungsgesellschaft wechselten. Ehepaare erwiesen sich als loyaler als Unverheiratete. Mieter waren nicht annähernd so loyal wie Wohnungseigentümer. Die Versicherer wußten bereits, daß junge Leute weniger loyal sind als Ältere und daß die Einkommenshöhe die Loyalität beeinflußt. Doch selbst unter Berücksichtigung von Alter und Einkommen fand Northern heraus, daß unterschiedliche Bevölkerungssegmente sehr stark abweichende Bindungsraten aufwiesen, die von 72 Prozent bis zu 94 Prozent reichten.

Da im Lebensversicherungsgeschäft eine Veränderung der Kundenbindungsrate um 5 Prozentpunkte den Kundenwert während der gesamten Versicherungsdauer um 90 Prozent steigern oder mindern kann, sind dies atemberaubende Unterschiede. Northerns konventionelle Methoden der Bewertung von Kundenbeständen und der Ausrichtung von Investitionen auf die Gewinnung neuer Kunden schienen plötzlich unzureichend zu sein.

Eine Zeitlang hatte die Geschäftsführung von Northern einen großen Konkurrenten – nennen wir ihn Western – bewundert und beneidet, dessen weitaus überlegenes Wachstum mit überragenden Gewinnen fast ausschließlich auf herausragende Kundenbindung zurückzuführen war. Auf der Suche nach den Ursachen seiner eigenen höheren Verlustraten hatte Northern Untersuchungen über Kundenzufriedenheit und andere Forschungsarbeiten in Auftrag gegeben, die zu einer Konzentration auf Servicequalität führten. Doch Northerns Fähigkeit zu Investitionen in hervorragenden Service wurde durch seine knapp über der Rentabilitätsgrenze liegende Profitabilität und hohe Kosten eingeschränkt. Wieder und wieder hatte geringer Cash-flow das Unternehmen gezwungen, Investitionen in seinen Agentenstab und Serviceverbesserungen aufzuschieben.

Northerns neue Sicht seiner alten Daten gab dem Unternehmen zu denken. Wenn verschiedene Kundensegmente ein unterschiedliches Ausmaß an natürlicher Loyalität zeigten – und das taten sie –, dann mußte sich Northern eine neue Frage stellen: Wieviel von Westerns Vorsprung war einfach darauf zurückzuführen, daß die von Western gesuchten und gewonnenen Kunden von Natur aus loyaler waren? Mit dieser Frage gewann Northern eine ganz neue Einstellung zu seinem Problem, wußte aber zu wenig über Loyalitätskoeffizienten, um sie zu beantworten. Alle Analysen des Unternehmens hatten sich bis jetzt nur mit den Loyalitäts- und Abwanderungsmustern der eigenen Kunden beschäftigt, und das ließ zuviel Raum für Verzerrungen. Zum Beispiel könnte durch eine schwächere Vertretung in einem Bundesstaat oder durch schärferen Wettbewerb in einem anderen fälschlich der Eindruck niedrigerer natürlicher Loyalität von Kunden entstehen. Um ein genaues Bild des Kundenverhaltens und Hinweise auf die Ursachen zu erhalten, mußte das Unternehmen die Kunden der Konkurrenz ebenso untersuchen wie die eigenen.

Northern entschloß sich zu dieser Investition und befragte Tausende von Versicherungsnehmern quer durch die Branche. Es gelang dem Unternehmen dabei, Verhaltensabweichungen festzustellen und sie von Unregelmäßigkeiten im Wettbewerbsumfeld oder der eigenen Geschäftstätigkeit in verschiedenen US-Bundesstaaten zu unterscheiden. Mit diesen neuen Daten konnte Northern seine eigene Mischung von Kundensegmenten mit der von Western vergleichen und die Unterschiede bei den

Bindungsraten quantifizieren, die allein auf die Kundenauswahl zurückzuführen waren und keine andere Ursache hatten. Northern entdeckte, daß mehr als die Hälfte seines Rückstands bei der Bindungsrate einfach verschwinden würde, wenn das Unternehmen die Kundenmischung von Western erreichte.

Vielleicht intuitiv, vielleicht durch glücklichen Zufall hatte Western seine Agenten in Regionen mit hoher natürlicher Kundenloyalität plaziert. Zudem sprach Westerns Leistungsangebot die Alters- und Einkommenssegmente an, die in diesen Gebieten die höchste Loyalität aufwiesen. Mehr Cash-flow von loyaleren Kunden stattete Western dann mit den Mitteln aus, um bessere Agenten anzuheuern und Millionen in Informationssysteme und andere Qualitätsverbesserungen zu investieren – Servicevorteile, die Western sogar innerhalb von sehr loyalen Kundensegmenten einen Wettbewerbsvorteil verschafften. Aber Westerns fundamentaler Vorteil beruhte darauf, von Anfang an die richtigen Kunden zu bekommen.

Northern modifizierte seine Strategie. Statt zu versuchen, auf der Grundlage von Serviceverbesserungen in Konkurrenz zu treten, mußte das Unternehmen seine Agenten zunächst in Regionen mit hoher eingewurzelter Kundenloyalität plazieren und seine Angebotspalette dem Bedarf der Kundensegmente mit hoher Loyalität anpassen. Als Northern erst einmal verstanden hatte, welch großer Teil seiner Kostenprobleme auf mangelnde Kundenbindung zurückzuführen war, führte das Unternehmen auch andere Veränderungen durch. Es nahm Abstand von geplanten Entlassungen, die Geld gespart, aber den Service sicher verschlechtert hätten; es veränderte auch das Entgeltsystem für die Agenten. Wie die meisten anderen Versicherer hatte Northern stets hohe Provisionen für das erste Jahr jeder von einem Agenten vermittelten neuen Versicherung gezahlt. Jetzt begann das Unternehmen einen Teil der Leistungsvergütung von dem Prozentsatz der neuen Versicherungen abhängig zu machen, die mindestens zwei Jahre beibehalten wurden. Um ihre eigenen Einkommen zu steigern, lernten die Agenten die Loyalitätskoeffizienten von Kandidaten für Versicherungsabschlüsse zu bewerten. Sie begannen auch zu erkennen, daß bestimmte Arten von Policen Kunden an Land zogen, die von Natur aus loyaler waren als andere, so daß sie für diese Versicherungsarten intensiveres Marketing und Werbung betrieben. Einige dieser Versicherungstypen waren so attraktiv, daß Agenten anfingen, sie als Lockvogelangebote zu verwenden, während andere, zum Beispiel Feuer- und Diebstahlversicherungen, die Tendenz hatten, Kunden mit so miserablen Loyalitätskoeffizienten anzulocken, daß Agenten zunehmend zögerten, sie neuen Kunden überhaupt anzubieten.

Northerns neue Einstellung zu den Loyalitätskoeffizienten brachte noch weitere Vorteile: Ein ganzer Werkzeugkasten voller neuer Managementinstrumente wurde dadurch geöffnet. Das Unternehmen vermochte jetzt, regionale Leistungen genauer zu analysieren und zu vergleichen, denn das Management konnte nun die Unterschiede zwischen hervorragender Kundenauswahl, hervorragendem Service und anderen Arten hervorragender Wertschöpfung erkennen. Wie die meisten Unternehmen legt Northern gleiche Richtlinien und Verfahren für alle Regionalniederlassungen fest. Das hindert aber die Filialleitungen nicht daran, nach und nach bedeutende Unterschiede bei Vorgehen und Ausführung zu entwickeln. Zuvor hatte die Geschäftsführung keinerlei Möglichkeit, diese Unterschiede genau zu erkennen, und konnte daher erst recht nicht feststellen, wieviel sie zur Kundenbindung beitrugen. Die Verwendung von Loyalitätskoeffizienten – einschließlich der Fähigkeit, Kundenbindungsraten innerhalb von Segmenten, aber getrennt nach Regionen zu messen – versetzte das Unternehmen in die Lage, die besten Praktiken im gesamten Unternehmen zu identifizieren und überall einzusetzen.

An allen Stellen nach Loyalität Ausschau halten

Northern Insurance verbesserte seine Loyalitätsdaten, indem es seinen Kundenbestand untersuchte und sich dann intensiv auf Segmente konzentrierte, die durch Kriterien wie geographische Region, Alter und Einkommen definiert werden. Andere Kriterien können ebenso ergiebig sein. In der Kreditkartenbranche gibt es das außergewöhnliche Unternehmen MBNA, das verstanden hat, wie wesentlich eine Segmentierung nach Berufen und übereinstimmenden Gruppen ist, um loyale Kunden zu gewinnen. Ob zum Beispiel Lehrer eine Kreditkarte von der Chase Manhattan Bank oder der Citibank oder der One-Horse First National haben – sie neigen dazu, an ihr festzuhalten. Buchhalter, Krankenschwestern, Ingenieure und Angehörige vieler anderer Berufe zeigen die gleiche angeborene Loyalität, und MBNA hat seine Strategie darauf aufgebaut, so viele wie möglich von ihnen als Kunden zu gewinnen. Schon in den 70er Jahren, als die Konkurrenten noch ein und dieselben Antragsformulare wahllos an Millionen ungleicher Haushalte verschickten, hat sich MBNA darauf konzentriert, sich an die *richtigen* Kunden zu wenden, nicht einfach so viele wie möglich zu gewinnen.

MBNA entdeckte, daß der effektivste Weg zur Erreichung der Kunden, die das Unternehmen haben wollte, im Marketing durch Organisationen wie die National Education Association oder Georgetown University bestand. Das Unternehmen baute eine spezialisierte Agentenmannschaft auf, schnitt seine Angebotspalette auf spezifischen Bedarf zu und entwickelte Karten, auf denen Name und Logo der jeweiligen Gruppe standen. Früher wie heute führt MBNA auch alle Expertisen selbst durch. Zwar würde es viel weniger kosten, die Expertisen nach außen an einen Großanbieter zu geben, doch MBNA kann so das Angebotspaket für jede Gruppe deren besonderen Erfordernissen entsprechend gestalten, Gebührenstruktur und Software nach dem jeweiligen Bedarf der mehr als 2 000 Bezugsgruppen maßschneidern, denen das Unternehmen dient, und damit seine Fähigkeit steigern, alte Kunden bei der Stange zu halten und neue effektiv zu umwerben.

Bei dem Erfolg der Bezugsgruppenstrategie von MBNA stellt sich offensichtlich die Frage, warum andere Kreditkartenaussteller diesem Beispiel nicht gefolgt sind. Tatsächlich haben viele es versucht, auch Branchengiganten wie Citicorp. Bezugsgruppenmarketing kam Ende der 80er Jahre so in Mode, daß *The American Banker* und andere Branchenzeitschriften es auf den Titelseiten als die nächste bedeutende Welle im Marketing herausstellten. Doch die meisten Unternehmen, die solche Kampagnen starteten, fanden die Ergebnisse enttäuschend und gaben daher auf. Wenige wußten, warum sie gescheitert waren, obwohl es eine Menge Gründe dafür gab.

Vor allem jagte MBNA nie nach Marktanteilen und bloßem Volumen, wie es die meisten Anfänger taten. Die Konkurrenten von MBNA sahen Bezugsgruppenmarketing nur als einen Bereich mehr an, bei dem nationales oder weltweites Volumen am Ende über den schließlichen Sieger entscheiden würde. So wiederholten sie bei den Gruppen die Fehler, die sie vorher bei Individuen gemacht hatten. MBNA ging nach einem anderen Kalkül vor. Mit großer Sorgfalt und beträchtlichen Kosten peilte das Unternehmen Gruppen von so großer natürlicher Loyalität an, daß der Cash-flow von den gewonnenen Kunden praktisch zu einem Perpetuum mobile wurde, das die höheren Anfangsinvestitionen schließlich bei weitem in den Schatten stellte.

Ein zweiter Grund dafür, daß die anderen keinen Erfolg hatten, war, daß die überlegenen Kundenauswahlstrategien von MBNA den Konkurrenten nur noch zweitklassige Potentiale übrigließen, um die sie sich balgen konnten. MBNA pickte sich nicht nur die besten Gruppen zuerst heraus; es entwickelte auch eine besondere Fähigkeit, diejenigen Einzelmitglieder jeder Gruppe anzusprechen, die mit größter Wahrscheinlichkeit hochprofitable Kunden werden würden – die Leute, die bei erheblichen ausstehenden Kreditsalden dennoch geringe Risiken darstellten.

Da die Verwaltungskosten pro Kunde in der Kreditkartenbranche nur sehr geringe Unterschiede aufweisen, sind die Gewinne vor allem Funktionen von zwei anderen Variablen. Die erste sind die Zinserträge, wobei MBNA mit seiner Fähigkeit im Vorteil war, Kunden zu finden, die es auf überdurchschnittlich hohe Kreditsalden brachten. Der andere wichtige Einflußfaktor für Gewinne im Kreditkartengeschäft ist der Anteil uneinbringlicher Forderungen. Auch hier brachte die Kundenauswahlstrategie von MBNA dem Unternehmen einen wirtschaftlichen Vorteil. Während MBNA eine präzise ausgerichtete Kundengewinnung und sorgfältige Durchleuchtung der Kandidaten betrieb, um Kundenqualität fest in sein System einzubauen, verwendeten die Konkurrenten komplexe Kreditwürdigkeitsprüfungen, um schlechte Kandidaten aus Tausenden von Anträgen auszuschließen. Die dennoch notwendigen Abschreibungen uneinbringlicher Forderungen belaufen sich bei MBNA auf etwa 3 Prozent; bei den führenden Konkurrenten sind sie nie nennenswert unter das herkömmliche Niveau von 5,5 bis 6 Prozent gefallen. Wichtiger noch: Da MBNA keinen kaputten Eimer füllt, muß es nicht so viele neue Kunden gewinnen, um ein bestimmtes Wachstum zu erreichen. Die geringsten Risiken sind mit den Kunden verbunden, die ein Unternehmen bereits kennt, und MBNA hat einen höheren Prozentsatz langjähriger Kunden als jeder seiner Hauptkonkurrenten.

Dem MBNA-Jahresbericht 1994 zufolge steht ein typischer Kunde bereits 14 Jahre in Geschäftsbeziehung zu MBNA, weist ein Familieneinkommen von 59 000 Dollar auf, ist Eigenheimbesitzer und – was am allerwichtigsten ist – ist seinen finanziellen Verpflichtungen bereits 14 Jahre lang prompt nachgekommen. Bei den meisten Kreditkartenfirmen würde diese Eigenschaftsliste einen hervorragenden Kunden beschreiben, bei MBNA ist das der *Durchschnitt*. Da die Gesamtzahl der Kunden begrenzt ist, ist der Wettbewerb um Kunden zudem ein Nullsummenspiel. Solange MBNA weiter hauptsächlich überdurchschnittliche Kunden aus dem gesamten Kundenpool herauszieht, ist der für die Konkurrenten verbleibende Rest unterdurchschnittlich. Je größer MBNA wird, desto geringer wird die Qualität des Kundenbestandes der Konkurrenten.

Während MBNA in den Anfangsjahren nur ein bescheidenes Wachstum zu verzeichnen hatte – das Unternehmen rangierte Anfang der 80er Jahre nach den insgesamt ausstehenden Krediten auf Platz 38 –, hat seine Kundengewinnungs- und -bindungsstrategie das Unternehmen seitdem mit gewährten Krediten von insgesamt über 19 Milliarden Dollar bis auf den zweiten Platz unter allen US-Kreditkartenunternehmen vorrücken lassen. Mehr als 3 800 Organisationen bieten die MBNA-Kreditkarte an, und zu den Kunden des Unternehmens gehören jetzt 827 000 Lehrer, 300 000 Ingenieure, 200 000 Rechtsanwälte, 325 000 Krankenschwestern, die Hälfte aller US-Zahnärzte, 43 Prozent der US-Ärzte und 75 Prozent der Medizinstudenten. Die ausstehenden Salden der Kunden sind im Schnitt 67 Prozent höher als der US-Durchschnitt, die Kunden nutzen ihre Karte im Durchschnitt um 12 Prozent mehr als im US-Durchschnitt und geben 4 Prozent mehr je Geschäftsvorgang aus.

Überragende Kundengewinnung hat die anfangs relativ bescheidene Größe und Profitabilität von MBNA in materielle und finanzielle Größe verwandelt. Ebenso wichtig ist, daß die Geschäftsführer von MBNA gelernt haben, diese Wertschöpfungsmaschine durch sorgsame Verteilung der Gewinne aus der Loyalität seiner Kunden in Gang zu halten. MBNA belohnt seine Mitarbeiter mit Spitzengehältern und Vergünstigungen wie Betriebskindergärten und Einkaufsmöglichkeiten an den freundlich ausgestatteten Arbeitsstätten. Die Anteilseigner von MBNA erfreuen sich einer Aktienrendite von fast 30 Prozent und sahen den Marktwert des Unternehmens in einem Jahrzehnt um drei Milliarden Dollar steigen.

Wechsel der Vertriebskanäle

Der bemerkenswerte Erfolg von MBNA erwuchs teilweise aus der besonderen Vorgehensweise des Unternehmens zur Kundensegmentierung, aber auch aus seiner Entscheidung, einen neuen Vertriebskanal zu schaffen. Während Konkurrenten wie Citicorp, Chase und Bank-America mit marginalen Verfeinerungen des Standardvertriebskanals (Werbung mit Direkt-Marketing) experimentierten, baute MBNA nach und nach einen neuen Kanal auf: sein eigenes speziell ausgebildetes Verkaufspersonal, um direkt mit den Bezugsgruppen zu verhandeln. Die Ausgaben dafür waren beachtlich, doch das neue Instrument verbesserte die Entscheidungsfindung des Unternehmens bei der Gewinnung neuer Kunden erheblich. Nach Ansicht des Unternehmens sind dies die wichtigsten Investitionsentscheidungen, die man treffen kann. Und in der Praxis machte sich der neue Vertriebsweg gut bezahlt.

Viele andere Unternehmen, die auf den Wert der Kundenbindung gut eingestimmt sind, haben ähnliche Schritte unternommen, indem sie neue Vertriebskanäle schufen, die einzig und allein auf den Bedarf loyaler Kunden zugeschnitten sind. State Farm hätte so wie die meisten anderen Versicherer Versicherungen durch selbständige Agenten verkaufen können. Statt dessen entschloß sich das Unternehmen zum Aufbau einer besonderen Partnerorganisation mit seinen eigenen Agenten. Zu Beginn setzte State Farm Teilzeitagenten ein, die überwiegend Farmer (Landwirte) waren, doch in den 50er Jahren ging das Unternehmen zur Zusammenarbeit mit Vollzeitagenten über, die ausschließlich State-Farm-Versicherungen verkauften. Heute betrachtet das Unternehmen diese Partnerschaft als Herz und Seele seines Erfolgs. Lexus hätte Autos über existierende Toyota-Händler verkaufen können, entschied sich aber für Millioneninvestitionen in den Aufbau eines neuen Netzes von Händlern, die sorgfältig dazu ausgebildet wurden, den Bedürfnissen von Kundenzielgruppen gerecht zu werden. Beim loyalitätsbasierten Management ist der Vertriebskanal nicht nur ein Mittel, um Massen von Kunden anzulocken, sondern eine Methode zur Anlockung von Massen *richtiger* Kunden.

Dieseltreibstoff für Dieselmotoren

Ein anderes Unternehmen, das die Wichtigkeit der Kundenauswahl begreift, USAA, hat ebenfalls seinen eigenen völlig neuen Vertriebskanal geschaffen. Anders als MBNA hat sich USAA nicht auf Kunden von höherer natürlicher Profitabilität oder offensichtlicher Loyalität konzentriert. USAA wurde gebildet, um Armeeoffizieren und deren Familien zu dienen, einer Kundengruppe, die für typische Kfz-Versicherer, die den traditionellen Vertriebskanal, also Regionalagenten, benutzten, eine kostspielige Plage war. Offiziere ziehen oft um, und bei jedem Umzug hatten sie ihre alte Versicherung zu kündigen und bei einem Agenten am neuen Wohnort eine neue Versicherung abzuschließen, für die dem Agenten eine Provision gezahlt werden mußte. Und die Offiziere hatten jedesmal die ganzen Abschlußprozeduren wieder neu durchzumachen. Diese Prozeduren – die Bewertung des tatsächlichen Risikogrades eines Autofahrers – sind teuer und zeitaufwendig, und die häufigen Provisionen und Prozeduren machten Offiziere zu einer äußerst unrentablen Kundengruppe. Tatsächlich funktionierte das System für beide Seiten nicht gut –

die Versicherungsgesellschaften verloren Geld, und für die Offiziere wurde es immer schwerer, guten Versicherungsschutz zu erhalten.

Die erste Neuerung bei USAA war, einen neuen landesweiten Vertriebsweg zu schaffen, der diese Kunden durch die Post (später telefonisch) bediente, so daß keine Agenten mehr nötig waren. Wenn Offiziere im Inland oder auch ins Ausland versetzt wurden, behielten sie dieselbe Police. Die zweite Innovation bestand darin, sich ein tiefgehendes Verständnis der Kunden anzueignen. Zum Beispiel wußte das Unternehmen – schon als noch niemand anderes das wußte –, daß sich Offiziere als ungewöhnlich loyale, zuverlässige und ehrliche Kunden erweisen würden, zum Teil durch den Selbstausleseprozeß, welcher der Entscheidung für die militärische Laufbahn zugrunde liegt, zum Teil, weil der militärische Verhaltenskodex Unehrlichkeit, Untreue und Nichtbezahlung von Rechnungen naturgemäß ausschließt. (Die Integrität seiner Kunden könnte auch den späteren Erfolg von USAA bei der Diversifikation in Finanzdienstleistungen wie Kreditkarten, Lebensversicherung und Investmentfonds erklären helfen.)

Durch Entwicklung eines besseren Systems konnte USAA die Versicherungsausgaben einer Gruppe von außergewöhnlich loyalen, aber auch außergewöhnlich flüchtigen Kunden auf sich lenken, deren häufige Umzüge offensichtlich waren, deren Loyalität aber im verborgenen geblieben war. Durch die Beobachtung aktiver und pensionierter Offiziere und deren Familien lernte USAA sehr viel über die besonderen Bedürfnisse und Chancen dieser Kunden und reinvestierte den wirtschaftlichen Mehrwert all des Gelernten und der Loyalität in überragenden Service und niedrigere Prämien. Das führt uns wieder zurück zu der bekannten Spirale, bei der die loyalen Kunden herausragenden Cash-flow erzeugen, der Prämiensenkungen und besseren Service ermöglicht – was wiederum die Loyalität noch steigert. Heute kehren pro Jahr weniger als 2 Prozent der Kfz-Versicherungsnehmer von USAA dem Unternehmen freiwillig den Rücken.

USAA heuert zur Besetzung der meisten seiner Managementpositionen frühere Offiziere an, was dem Unternehmen hilft, über den Lebensstil und die Probleme der Kunden auf dem laufenden zu bleiben. Da Leistungsangebote und Service von USAA von so hohem Wert sind, haben die Militärakademien das Unternehmen in ihre Liste der Vorteile aufgenommen, die alle genießen können, die eine militärische Laufbahn wählen. Viel von dem Cash-flow dieses wechselseitig vorteilhaften Geschäftssystems fließt auch den Mitarbeitern zu. In San Antonio, Texas, wo die Hauptverwaltung von USAA ihren Sitz hat, gilt das Unternehmen als einer der beliebtesten Arbeitgeber. Die Gehälter sind hervorragend, zusätzliche Vergünstigungen außergewöhnlich hoch. Die meisten Mitarbeiter haben eine Vier-Tage-Woche. Die Hauptverwaltung präsentiert sich ansprechend; die Erholungseinrichtungen, zu denen ein Golfplatz gehört, sind weitläufig, und dennoch behält das Unternehmen sehr viel Liquidität zur Finanzierung raschen Wachstums. USAA ist jetzt der größte private Arbeitgeber in San Antonio und das viertgrößte Unternehmen der USA, das sämtliche Geschäfte per Post und Telefon abwickelt.

Luxusautos

MBNA und USAA zeigen, daß die Auswahl von Kunden und Vertriebskanälen mächtige wirtschaftliche Einflußfaktoren bei Finanzdienstleistungen sind. Diese Strategien sind in anderen Branchen nicht weniger bedeutend. Nehmen Sie Automobile. Jeder Hersteller will, daß seine Kunden dieselbe Marke wieder kaufen, doch in der Praxis leben die meisten Kfz-Hersteller mit Wiederkaufraten von 30 bis 40 Prozent. Lexus setzt dabei mit durchschnittlichen Wiederkaufsraten von 63 Prozent 1993 und 1994 neue Maßstäbe. Der Unterschied zwischen Lexus und Infiniti ist besonders interessant, da beide in jüngster Zeit von Grund auf neu konzipiert wurden, um den Markt für Luxusautos zu bedienen, und beide auch neue Händlernetze aufgebaut haben und sehr gute Wiederkaufsquoten erzielten. Doch mit 42 Prozent ist die Quote von Infiniti in den beiden Jahren um 21 Prozentpunkte unter der von Lexus geblieben. Warum?

Die Antwort liegt in der Nutzung des Loyalitätskoeffizienten bei der Kundenauswahl. Beharrlich angewandt, bringt er ein nahezu grundverschiedenes Wettbewerbskonzept hervor. Infinitis Muttergesellschaft, Nissan, hörte von Toyotas Lexus-Programm mehr als ein Jahr nach dessen Einführung und nahm sich vor, Toyota entscheidend zu schlagen. Obwohl beide die Käufer mit höheren Einkommen anpeilten, entschied Infiniti, sich auf Mode und Hochleistung zu konzentrieren statt auf klassisches gutes Aussehen und bleibenden Wert. Nissan setzte sein ganzes Geschick für Design und rasche Markteinführung ein, stellte ein Fahrzeug mit einem frischen und luxuriösen Aussehen sowie verblüffenden Leistungsmerkmalen her und brachte es fertig, es fast gleichzeitig mit Lexus auf den Markt zu bringen.

Während Infiniti auf BMW- und Jaguar-Fahrer aus war, entwickelte Lexus sein Produkt so, daß es Mercedes- und Cadillac-Fahrern gefallen sollte, die älter und weniger interessiert an Mode und Hochleistung sind, sondern von Servicequalität, Zuverlässigkeit und dauerhaftem Wert angezogen werden. Ein Hauptgrund dafür, daß Lexus diesen Markt wählte, war, daß sich Mercedes- und Cadillac-Fahrer als die loyalsten Kunden in der gesamten Branche erwiesen hatten. Sie ihren gegenwärtigen Marken abspenstig zu machen mochte eine äußerst schwere Aufgabe sein, doch bei einem Erfolg würde Lexus eine solide Grundlage für ein loyalitätsbasiertes Geschäft errichten. Zudem glaubte Lexus, daß Mercedes und Cadillac die Tür für Kundenverluste geöffnet hatten, indem sie versäumten, die Früchte der Loyalität zu reinvestieren, um ständig steigenden Wert für die Kunden zu schaffen.

Sowohl Lexus als auch Infiniti gelang die Lieferung hervorragenden Werts und die Gewinnung einer bedeutenden Anzahl der angepeilten Kunden. Doch Infinitis Erfolg könnte sich als weniger dauerhaft erweisen, denn unter seinen Kunden gibt es viele junge Leute, die hinter modischer Formgebung und Höchstleistung her sind – und es ist sehr schwer, bei beidem ständig an der Spitze zu bleiben. Der Vorsprung von 21 Prozentpunkten, den Lexus teilweise durch gezieltes Werben um Kunden mit überragenden Loyalitätskoeffizienten erreicht hat, ist enorm.

Traktoren

Bei einem parallelen, jedoch ergänzenden Beispiel geht es um ein viel weniger glanzvolles Produkt, um Traktoren. Wiederum hat ein Unternehmen ein wirklich verblüffendes Niveau an Loyalität seiner Kundschaft erreicht, zum Teil durch eine vorsichtige und ungewöhnlich intelligente Vertriebspolitik. Die Lexus-Geschichte ist eindrucksvoll, aber das Unternehmen ist noch jung und noch kein Marktführer. John Deere & Company, 1837 gegründet, verkauft seit 1918 Traktoren, und sein bewundernswerter Erfolg überdauert nicht nur seit langer Zeit, sondern hat auch ruinöser Konkurrenz standgehalten. Während der weltweiten Agrarrezession im vergangenen Jahrzehnt fochten Traktorenhersteller in Europa und Japan eine intensive Schlacht um Marktanteile aus – eine Schlacht, bei der unter anderen International Harvester auf der Strecke blieb. John Deere überlebte nicht nur, sondern bleibt auch weiterhin Marktführer der Branche, teils durch bemerkenswerte Verbesserungen in der Herstellung und im Design, teils durch sein Verständnis der Art und Weise, in der Vertriebskanäle eine Hebelwirkung zur Steigerung der Kundenloyalität ausüben können.

Der vielleicht schärfste Wettbewerb entbrannte um den kleinsten Abschnitt der Produktpalette, die verbraucherorientierten Rasen- und Gartentraktoren, die über Rasenmäherfachhandlungen und Gartencenter vermarktet werden. Obwohl Deere seine Traktoren konsequent für qualitätsbewußte Kunden entwickelt und konstruiert hat, kann das Unternehmen die Kundengewinnung nicht kontrollieren. Seine Produkte werden von unabhängigen Händlern vertrieben, die auch konkurrierende Erzeugnisse wie von Toro, Cub Cadet und Kubota führen.

Als sich der Wettbewerb verschärfte, reagierten viele Hersteller darauf, indem sie so viele Händler wie möglich unter Vertrag nahmen, um den Marktzutritt zu maximieren. Selbst Deere driftete in diese Richtung, als Wachstum in den 80er Jahren zu einer Herausforderung wurde. Doch Deere entdeckte, daß planlose Händleranhäufung zwar mehr Kunden bringen kann, aber nicht die richtige Art von Kunden – solche, die vor allem Zuverlässigkeit und Service zu schätzen wissen. Deere überprüfte die Wirtschaftlichkeit seiner Vertriebsstrategie und kam zu dem Schluß, daß das Unternehmen und seine Kernkundschaft besser abschnitten, wenn Händler ausgewählt wurden, die erstklassigen Service und Unterstützung nach dem Verkauf bieten konnten – und die mit hoher Wahrscheinlichkeit überleben würden. Die Wiederkaufszyklen für Deere-Erzeugnisse sind sehr lang, weil sie eine extrem lange Lebensdauer haben. Wenn der Kunde schließlich zur Ersatzbeschaffung kommt, sollte der Händler noch im Geschäft sein. Als Deere berechnete, welche Kosten zweitklassige Händler verursachten – Kreditbedarf, höheren logistischen Aufwand, geringere Kundenloyalität –, stellte das Unternehmen fest, daß diese mit ihren oft nur wenigen Kunden einfach nicht rentabel waren. Seine Strategie, die richtigen Kunden anzupeilen, indem man die richtigen Händler unter Vertrag nahm und unterstützte, hat Deere eine Wiederkaufsloyalität von 77 Prozent bei Rasenmähern eingebracht – eine ungeheure Leistung bei einem Produkt mit einer durchschnittlichen Lebensdauer von elf Jahren!

Für ein Unternehmen wie John Deere jedoch sind elf Jahre nur ein Augenzwinkern im Vergleich zu der Zeitspanne, die es im Blick hat. Deere zollt jährlichen Bindungsraten nur wenig Aufmerksamkeit, – *Generationen* von Familien sollen seine Traktoren kaufen. Hohen Wert über Generationen hinweg zu liefern, erfordert mehr als ein überragendes Händlernetzwerk, es erfordert eine komplette Geschäftsphilosophie. Nehmen Sie die Art und Weise, in der Deere Ersatzteile managt. Die meisten Hersteller betrachten Ersatzteile – vor allem für alte Geräte – als eine Gelegenheit für außergewöhnliche Gewinnspannen. Die Kunden haben so wenig

Auswahl bei der Instandhaltung alter Geräte, daß die Produzenten sie gewöhnlich Preise zahlen lassen, die ein Mehrfaches der Kosten betragen. Deere geht ganz anders vor: Es hält Ersatzteile jahrzehntelang lieferbereit und hält die Margen für alle Teile auf dem gleichen, nicht überhöhten Niveau. Aus einer gewinnorientierten Perspektive mag das irrational erscheinen – fast so irrational, wie Hausbesitzern mehr zu zahlen, als deren Versicherungspolicen es erfordern, nur damit sie in der Lage sind, ihre Häuser so wieder aufzubauen, daß diese extremen Umwelteinflüssen besser standhalten.

Sollten sich alle Hersteller mit Kundenloyalität auseinandersetzen?

Manche Unternehmen mögen vollständig isoliert von den Reibungsverlusten sein, die illoyale Kunden verursachen. In solchen Fällen hat das Aussieben von Kunden keinerlei Sinn. Aber nur wenige Unternehmen leben tatsächlich auf einer Insel, und manche wahrscheinlich viel weniger, als sie denken. Nehmen wir Hersteller von Haushaltsgeräten wie General Electric, Whirlpool und Maytag. Ihre herkömmliche Wettbewerbsstrategie war, so hohe Marktanteile wie möglich zu erobern, um Kostendegression durch optimale Betriebsvergrößerung zu erreichen, und über unabhängige Einzelhändler zu verkaufen, von denen die meisten alle bedeutenden Marken führen. Oberflächlich betrachtet unterscheiden sich diese beiden Strategien nicht sonderlich von der Vorgehensweise eines Unternehmens wie John Deere, doch gibt es Unterschiede unter der Oberfläche, die zu ganz verschiedenen Ergebnissen führen. Anders als Deere haben die Hausgerätehersteller alles getan, um ihre Erzeugnisse in so vielen Geschäften wie möglich zu plazieren und die Einzelhändler zur Lagerhaltung zu überreden, damit sie einen Anreiz haben, energische Verkaufsanstrengungen für die Marke zu unternehmen. (Wenn in dieser Branche eine Vorstellung von unrentablen Kunden existiert, so kann das nur auf der Einzelhandelsebene der Fall sein, denn die hohen Fixkosten bei der Herstellung lassen jeden zusätzlichen Verkauf in den Augen des Produzenten gut aussehen.)

Natürlich werden die Gewinnspannen der Einzelhändler durch die Bemühungen der Hersteller, das System mit zusätzlichen Verkaufsstellen und Lagerbeständen zu belasten, verringert. Das erschwert Einzelhändlern mit hoher Servicequalität die Wettbewerbsfähigkeit, denn auch große Warenhäuser mit Niedrigpreisen führen die gleichen Marken. Anscheinend begrüßen die Hersteller das, da niedrigere Einzelhandelsspannen niedrigere Endverkaufspreise bedeuten, was gewöhnlich die mengenmäßige Nachfrage erhöht.

Die entgegengesetzte Perspektive – die wir die John-Deere-Perspektive nennen könnten – ist, daß auch die Produzenten zumindest indirekt leiden, wenn Einzelhändler leiden. Geringe Einzelhandelsspannen führen zu mäßiger Verkaufsunterstützung und weniger Service. Produkte werden zu Massenware, die Einzelhändler unternehmen Verkaufsanstrengungen nur für Marken, für die gerade mittels Werbepreisen besondere Absatzkampagnen laufen (was die Kunden noch stärker dazu veranlaßt, vor allem auf die Preise zu schauen). Und wenn jede Marke in jedem Einzelhandelsgeschäft geführt wird, steigert das die logistischen Kosten aller Beteiligten. Der Wert vermindert sich für *alle* Teilnehmer am System.

Insbesondere für die Hersteller mündet das Ergebnis in eine miserable Wiederkaufsquote (zum Beispiel durchschnittlich 40 Prozent bei Waschmaschinen) und in den Verdruß, daß die Gewinnspannen so viel niedriger sind als bei anderen Markenkonsumgütern. Die Hersteller täten gut daran, sich zu fragen, ob es nicht an der Zeit ist, eine wählerischere Absatzstrategie zu betreiben, wie sie von John Deere mit so viel Erfolg angewendet wird. Um diese Alternative und andere Möglichkeiten zu bewerten, um zu wissen, was es wert sein könnte, die Bindungsraten auf 77 Prozent zu erhöhen, werden sie kreativ über die Ökonomie der Loyalität nachdenken und die Paradigmen des Kapitels 2 auf ihre eigene Situation anwenden müssen.

Die falschen Kunden aussieben

Bis jetzt haben wir über Strategien gesprochen, die richtigen Kunden anzulocken. Manchmal ist es aber noch wichtiger, sich darauf zu konzentrieren, die falschen Kunden auszusieben. Die Käufer haben ihre eigenen Interessen recht gut zu schützen gewußt. Natürlich gehen sie bei jedem Kauf ein gewisses Risiko ein, doch insgesamt lernen sie aus ihren Fehlern, und wenn sie einen schlechten Kauf gemacht haben, kommen sie nicht ein zweites Mal zum Verkäufer zurück.

Unternehmen, vor allem Großunternehmen, können dagegen sehr nachlässig bei ihren Entscheidungen sein, welche Kunden sie suchen und gewinnen. Verstand, Hand und Brieftasche sind nicht immer miteinander kurzgeschlossen. Das Ergebnis ist, daß das Gehirn oft die Lektion nicht lernt, die ein Kunde erteilt, der dem Unternehmen den Rücken gekehrt hat, bevor sein Kapitalwert den negativen Bereich verlassen hat. Manchmal liegt der Fehler in einer organisatorischen Struktur, welche die Vertriebsabteilung vom Wissen um Gut und Böse isoliert – das heißt vom Wissen, welche Kunden zu profitablen Investitionen werden und welche nicht.

Es ist einfach nicht möglich, ein gesundes Unternehmen aufzubauen oder zu erhalten, ohne zu lernen, wie man die richtigen Kunden gewinnt. Für viele Unternehmen sind die Kunden, die am wahrscheinlichsten zu ihm in Geschäftsverbindung treten, gerade die schlechtesten, die man finden kann. Wir nennen dieses Phänomen adverse Selektion. Am bekanntesten ist dieses Phänomen in der Versicherungswirtschaft, teils weil es so gewinnschädigend ist und teils weil die Versicherungsgesellschaften Controllingpraktiken haben, die es sichtbar machen. Die Versicherer haben eine exakte Methode – die Versicherungsmathematik – entwickelt, um sich mit den wahrscheinlichen Lebenszyklusmustern des Cash-flows an und von Kundengruppen zu beschäftigen. Versicherungsmathematiker müssen die Verlustmuster ihrer Kunden kennen, da sie diese in Modellen verwenden müssen, die sie zur Festsetzung der Prämien brauchen. Jahrzehntelange Analysen der Vertragslebenszyklen haben ihnen ein tiefes Verständnis der ungünstigen Konsequenzen vermittelt, die es hat, wenn gerade die falschen Kunden kommen.

Diese ungünstige Selektion findet statt, weil Kunden selbstverständlich nach den besten Geschäften suchen, die sie machen können, während der Versicherer, der das beste Angebot unterbreitet, die Risiken bewertet und die Prämien auf der Grundlage von Durchschnitten festsetzt – das heißt, er unterstellt die rosigsten möglichen Annahmen über die wahren Risiken und die Kosten der Bedienung eines bestimmten Kunden. Nehmen wir ein Beispiel. Stellen Sie sich eine Gruppe von 1 000 Kunden vor, die zu einer Klasse mit vergleichbaren Risiken zu gehören scheinen. Eine Versicherung kann die wirklichen Verluste genau abschätzen, die diese 1 000 Kunden im nächsten Jahr verursachen werden, und danach eine vernünftige Prämie festsetzen, um diese erwarteten Verluste abzudecken. Bedauerlicherweise kann ein Kunde, sobald die Prämie festgesetzt worden ist, das Angebot entweder annehmen oder sich eine andere Versicherungsgesellschaft aussuchen. Diejenigen unter den 1 000, die ein etwas geringeres als das durchschnittliche Risiko darstellen, haben gute Aussichten, von einer anderen Versicherungsgesellschaft ein besseres Angebot zu bekommen, und sie werden dieses wahrscheinlich akzeptieren. Daher werden diejenigen Kunden, die das erste Angebot annehmen, wahrscheinlich mit überdurchschnittlichen Risiken behaftet sein. Da die Kunden ihre eigene Situation besser kennen als die Versicherungsgesellschaft (Sie selbst wissen, ob Sie Ihr Auto öfters in Gegenden mit größerer Diebstahlrate parken oder nicht, die Versicherungsgesellschaft kann darüber nur Vermutungen anstellen), und da die Kunden eine Palette von Angeboten einholen können, werden sie dazu tendieren, den Versicherer zu wählen, der die Risiken fälschlich am niedrigsten einschätzt. Neuzugänge unter den Versicherten verursachen fast immer größere Verluste, als die Versicherer prognostizieren.

Kreatives Filtern

Versicherungsgesellschaften haben sich einiges einfallen lassen, damit unerwünschte Kunden erst gar nicht zum Unternehmen kommen. Zum Beispiel akzeptiert Amica Mutual – ein kleines Unternehmen im US-Staat Rhode Island, das jährlich Preise für Spitzenservicequalität gewinnt – neue Kunden auf der Grundlage von Empfehlungen gegenwärtiger Kunden. Mit anderen Worten, Amica benutzt seine eigene hochqualifizierte Kundenbasis, um Risikokundschaft auszuschalten und die eigenen Verluste niedrig zu halten. Um die Spirale in Bewegung zu halten, gibt es dann hervorragenden Wert an die Versicherten weiter.

Progressive Insurance, in einem Vorort von Chicago ansässig und auf risikoreiche Nischen wie Motorradversicherung spezialisiert, hat festgestellt, daß nicht alle Motorradfahrer Kunden mit hohen Risiken sind. Da junge Motorradfahrer aber im Durchschnitt schadenträchtig sind, berechnet Progressive ihnen höhere Prämien als konkurrierende Versicherungen. Andererseits wirbt es um bestimmte ältere Motorradfahrer, indem es solche mit einem Lebensstilprofil, das unterdurchschnittliche Risiken vermuten läßt, direkt anschreibt. Progressive entdeckte auch, daß viele der schlechtesten Fahrer dazu neigen, direkt von der Straße in Agentenbüros zu marschieren. Offensichtlich schließen sie ihre Versicherungen so impulsiv ab, wie sie fahren. Um diesen Kunden aus dem Weg zu gehen, hält das Unternehmen Agenten dazu an, ihre Büros in abseits gelegenen Bürogebäuden zu unterhalten, nie in Einkaufsstraßen mit großem Publikumsverkehr.

Eine Kfz-Versicherungsgesellschaft fand heraus, daß seine risikoreichsten und auch illoyalsten Neukunden ihre Agenten oft in den Gelben Seiten gefunden hatten. Natürlich rät das Unternehmen jetzt seinen Agenten, solche Anzeigen nicht mehr zu plazieren. Ein anderes Unternehmen entdeckte, daß Zugezogene an einem Ort gewöhnlich ein überdurchschnittliches Risikoniveau aufwiesen, und ebenso hohe Verlustraten. Als das Unternehmen damit anfing, Agenten zum Teil auf Basis der Gesamtprofitabilität der von ihnen gewonnenen Kunden zu entlohnen, begannen die Agenten, Zugezogene zu meiden. Ein potentieller Kunde erzählt, daß er ein Agentenbüro betrat und die Empfangsdame ihn fragte, wie lange er schon in der Stadt wohne. Als er ihr berichtete, er sei gerade am Vortag angekommen, sagte sie ihm, der Agent sei sehr beschäftigt, und es würde eine Woche dauern, bis er ihn empfangen könne. Durch eine teilweise geöffnete Tür konnte er den Agenten aber einsam an seinem Schreibtisch sitzen sehen.

War das ein Fall von Vorurteil? In gewisser Weise ja, aber nicht aus den üblichen Gründen. Unser Mann besaß einen guten Leumund und bekleidete eine ausgezeichnete Stellung – sein einziges Manko: Er war neu am Ort. In der Praxis hat das Aussieben von Kunden geringer Loyalität selten etwas mit Ausgrenzen und Diskriminieren zu tun, das in manchen Branchen vor sich geht. Es ist keine Frage von Reich gegen Arm. Loyale und illoyale Segmente existieren quer durch das ganze Spektrum von Einkommen, Berufen und sozialem Hintergrund. Eine Bank war erstaunt, als sie feststellen mußte, daß wohlhabende Kunden mit hohen Guthaben, die sie so sehr schätzte, tatsächlich weniger loyal und viel weniger profitabel waren, als sie geglaubt hatte. Wohlhabende Kunden sind auf raffinierte Weise treulos. Sie machten den stärksten Gebrauch von Zinsveränderungen, zahlten häufiger als andere Hypotheken zu für die Bank ungünstigsten Zeitpunkten vorzeitig zurück und machten größtmöglichen Gebrauch von den stillschweigend geltenden Gratisoptionen, welche die meisten festverzinslichen Kredit- und Einlagenarten bieten. Welche Kunden werden wohl die Konditionen für ihre Termineinlagen am aggressivsten neu ausgehandelt haben, als die Zinsen in den 80er Jahren in die Höhe gingen?

Der Gedanke, daß ein Schlüssel zum Erfolg die Vermeidung bestimmter Kundengruppen ist, wird manchen Geschäftsleuten als der Intuition entgegengesetzt oder einfach absurd erscheinen. Aber sehen Sie sich noch einmal MBNA an. Durch den vorwiegenden Vertrieb über Bezugsgruppen kommt MBNA nicht nur auf eine wertvollere Mischung bester Kunden, sondern hat auch viel weniger schlechte Kunden, die versuchen, mit der Tür ins Haus zu fallen. Kreditkartenunternehmen, die mit Massen-Mailings um Kunden werben oder Kästen mit Antragsformularen neben den Kassen in Kaufhäusern plazieren, haben viel mehr uneinbringliche

Schulden abzuschreiben und verlieren viel mehr Kunden vorzeitig. Jedes Unternehmen, das beträchtlich in Kundengewinnung investiert, legt Annahmen über die Zeitspanne zugrunde, die ein durchschnittlicher Kunde dem Unternehmen treu bleibt, und über den Zeitraum, der erforderlich ist, um die Gewinnungskosten wieder aufzufangen und danach eine angemessene Rendite auf diese Investitionen zu erzielen. Das Verfahren von MBNA neigt dazu, die unkalkulierbaren Risiken und mangelnde Loyalität zum richtigen Zeitpunkt zu verabschieden – noch bevor sie in Gestalt von angehenden Kunden zur Tür hereinkommen.

Illoyale Kunden

Hypothekenbanken sind ein gutes Beispiel, um zu verdeutlichen, welche Auswirkungen es hat, wenn die falschen Kunden akquiriert werden. Das Kreditrisiko bei einem Hypothekendarlehen ist minimal, weil der Kredit durch Grundbesitz gesichert ist. Dennoch können die Kreditgeber »bis aufs Hemd« ausgezogen werden. Verkaufsprovisionen, Kreditwürdigkeitsprüfung und andere Vorabausgaben machen die Kreditvergabe oft zu einem Verlustgeschäft für die Banken, die mehrere Jahre brauchen, um die Gewinnschwelle zu erreichen und anzufangen, eine angemessene Rendite auf ihre Investition zu erhalten. Die Investoren, die Hypothekenkredite finanzieren, und die Spezialinstitute, bei denen sich die Hypothekenbanken refinanzieren, setzen darauf, daß nur ein kleiner Prozentsatz der Kreditnehmer ihre Kredite rasch zurückzahlen wird (meistens durch Verkauf der Immobilie oder deren Refinanzierung). Wenn sie sich irren, kann sie das teuer zu stehen kommen. Geplatzte Kredite, Illoyalität und vorzeitige Rückzahlung nehmen im Hypothekengeschäft überhand. Statt aus diesen Fakten zu lernen, scheint die Branche aber neue Wege zu suchen, um sich selbst zu schaden.

Zum Beispiel verließ sich die Branche auf die bisherigen Rückzahlungsmuster als Grundlage für ihr kürzliches Experiment mit Hypothekenkreditarten ohne Prozentabzüge von der Auszahlungssumme (ähnlich Disagio) und ohne Abschlußgebühren. Für diese Kredite lagen die Zinsen dann leicht über den marktüblichen – ein Arrangement, das für Kreditnehmer wertvoll sein konnte, weil Zinsen unmittelbar steuerabzugsfähig sind, wohingegen Prozente und Abschlußgebühren es nicht sind. Und der Kreditgeber schnitt nicht schlechter ab, vorausgesetzt, der Kredit stand erwartungsgemäß lange aus, so daß die höheren Zinseinnahmen die höheren Kosten der Kreditvergabe ausgleichen konnten. Das

Problem war, daß die Kunden, die auf diesen Köder anbissen, genau die waren, die ihre Immobilie höchstwahrscheinlich sofort neu finanzierten, wenn die Zinsen heruntergingen. Oder es waren diejenigen, die im nächsten Jahr umziehen oder verkaufen würden. Obwohl die Kredite besonders lange Rückzahlungszeiten brauchten, um rentabel zu sein, *ermutigten* die Konditionen tatsächlich zur vorzeitigen Rückzahlung, indem sie die ganze Transaktion für den Kunden kostenfrei gestalteten.

Als ob das nicht genug wäre, verstärkten zusätzliche Faktoren dieses Phänomen noch. Zunächst einmal erhielten Makler und Verkaufspersonal wie üblich Provisionen, die mit der langfristigen Wirtschaftlichkeit der Kredite nichts zu tun hatten. Vorzeitige Rückzahlungen schaden den Maklern überhaupt nicht. Im Gegenteil: Sie verdienten eine *zweite* Provision, wenn sie eine Refinanzierung vermittelten. Zu alldem kam noch, daß die Zinsen allgemein ihre Abwärtsbewegung fortsetzten. Als die Kreditverleiher das Programm einführten, beliefen sich die Hypothekenzinsen auf 7 Prozent. Dann fielen sie auf 6,5 Prozent. Einige Makler rieten den Kunden, deren Kreditanträge bereits in Bearbeitung waren, den Kreditvertrag ruhig zu den höheren Zinsen abzuschließen – was sie ja nichts kostete außer einer Stunde Zeit am Verhandlungstisch – und sich dann an einen anderen Verleiher mit einem neuen Antrag auf ein Darlehen zu 6,5 Prozent zu wenden. Zusätzlich rieten die Makler ihren Kunden, Antrags- und Abschlußgebühren für den *zweiten* Kredit zu zahlen, um etwas niedrigere Zinsen herausschlagen zu können. Die Abschlußkosten fielen ohnehin gering aus, da die wesentliche Arbeit – Einschätzung, Kreditwürdigkeitsprüfung, Verifizierung – schon beim ersten Unternehmen geleistet worden und noch gültig war und kostenfrei wiederverwendet werden konnte. Hypothekenmakler wurden Experten dafür, ihren Kunden zu den bestmöglichen Geschäften zu verhelfen.

Die vorzeitigen Rückzahlungen erreichten daraufhin katastrophale Höhen – in vielen Fällen war die erste Monatsrechnung für Hypothek Nummer eins noch nicht eingetroffen, als der Abschluß für Hypothek Nummer zwei erfolgte –, und die Hypothekenbanken mußten enorme Summen von nicht mehr einbringlichen Kreditvergabekosten verkraften. Rasch modifizierten sie die neuen abzugs- und kostenfreien Hypothekenangebote oder zogen sie ganz zurück.

Anreize contra Loyalität

Daß man die falschen Kunden in diesem irrsinnigen Ausmaß akquiriert, kann eintreten, wenn vorzeitige Kundenverluste keine Auswirkungen auf die Vergütung der Vertriebskräfte haben. Es besteht immer ein Spannungsverhältnis zwischen Verkäufen auf Provision und Kundenloyalität, denn eine auf Provisionsbasis bezahlte Vertriebsmannschaft, die deshalb Kundenakquisitionen maximiert, stellt gewöhnlich fest, daß die am leichtesten zu gewinnenden Kunden die mit geringer Loyalität sind. Definitionsgemäß sind ja Kunden mit einem hohen Loyalitätskoeffizienten schwer dazu zu bewegen, sich von ihren gegenwärtigen Partnern abzuwenden.

State Farm nimmt diese Hürde, indem es gleiche Provisionen für Neuabschlüsse und Verlängerungen von Gebäude-, Hausrat- und Unfallversicherungen zahlt und damit die Interessen des Unternehmens und seiner Agenten vereinbar macht. Die meisten Unternehmen belohnen aber ihre Verkäufer für Eroberungen, nicht für Kontinuität. Selbst wenn ein Unternehmen die Vertriebskräfte für Wiederholungsgeschäfte belohnt, planen die meisten Verkäufer nicht, so lange beim Unternehmen zu bleiben, bis sie die Früchte davon ernten.

Mobiltelefongesellschaften und Paging-Dienstleistungen sind klassische Beispiele für die eingefleischte Spannung zwischen Provisionen und Loyalität. Die Verkäufer der tragbaren Beeper arbeiten auf Provisionsbasis für neue Abschlüsse, so daß die Gewinnung von mehr und mehr Kunden stets der Weg zur Einkommenssteigerung war. Mit der Zeit wurde es aber schwerer und schwerer, noch Ärzte zu finden, die nicht schon einen Beeper am Gürtel trugen. So sahen sie sich anderweitig um. Ihre größten Entdeckungen waren Rasenmäherdienste und Landschaftspfleger. Das waren ideale Kunden für sie, denn sie kündigten jeden Herbst und meldeten sich jedes Frühjahr wieder neu an, so daß die Agenten eine Provision pro Kunde *pro Jahr* erhielten. Ein wunderbares Arrangement für die Agenten, aber ein schlechtes für die Telefongesellschaften, welche die Geräteanschaffung in der Erwartung einer möglichst langen Serie dieser Monatsrechnungen subventionierten.

Das Ergebnis ist, daß viele Unternehmen keine Provisionen mehr für neue Kundenkonten zahlen, die weniger als zwölf Monate unterhalten werden. Es überrascht nicht, daß ihr Verkaufspersonal nun viel weniger Zeit für die Gewinnung saisonaler Kunden aufwendet. Einige Unternehmen haben begonnen, Bindungsraten je Vertriebskraft zu berechnen, und die besten Firmen zahlen nun Entgelte auf dieser Basis. Vertriebskräften einen Anreiz zu geben, Kunden mit hoher natürlicher Loyalität zu finden und diejenigen auszusieben, die mit größter Wahrscheinlichkeit dem Unternehmen wieder den Rücken kehren werden, kann bemerkenswerte Resultate nach sich ziehen, selbst wenn keine genauen Richtlinien ausgegeben werden, wie die Unterschiede zu erkennen sind. Das ist besonders wichtig für Unternehmen, die Ausrüstungen wie Kopiergeräte, Telefonschalttafeln oder sogar elektrische Generatoren mit sehr geringen Gewinnspannen in der Erwartung verkaufen, daß im Anschluß ein nicht abreißender Strom von Serviceleistungen, Ersatzteilen, Ergänzungen und Erweiterungen bezogen wird.

Die Agenten, die für MBNA in den Anfangsjahren die Bezugsgruppen als Kunden gewannen, arbeiteten für ein außenstehendes Unternehmen, doch die Vereinbarungen mit dieser unabhängigen Vertriebsmannschaft brachten deren Interessen mit denen von MBNA in Einklang. Das Geschäft war einfach. Das Unternehmen zahlte seinen Agenten alle Auslagen und übernahm den Versand aller Werbepost. Dafür erhielt es von MBNA fortlaufend einen Anteil von den Gewinnen, die jede Bezugsgruppe einbrachte, und beteiligte seine Agenten daran. Dieses Arrangement gab den Agenten den richtigen Anreiz, nicht nur Gruppen zu finden, die leicht zu gewinnen waren, sondern Gruppen, die einen kontinuierlichen Strom profitabler Kunden hervorbringen würden. Die Mitglieder der Vertriebsmannschaft entwickelten ein feines Verständnis von Loyalitätskoeffizienten und pro Kunde erreichbaren Gewinnen quer durch sämtliche Bezugsgruppen und verdienten viel Geld für sich selbst und für MBNA. Ihr endgültiger Erfolgsbeweis sind die überragenden Bindungsraten von MBNA, die deutlich zeigen, daß die Kunden mit diesem Geschäftssystem ebenso zufrieden wie die anderen Teilnehmer sind.

Gutscheine und Rabatte

Die Akquisition von falschen Kunden nimmt zahllose Formen an – und erstaunlich viele davon kommen unter aktiver Mitwirkung des Unternehmens, das den Schaden davonträgt, zustande. Wenn ein Unternehmen zum Beispiel beschlossen hat, genau das Gegenteil von MBNA zu tun, nämlich den Markt gründlich nach Kunden mit möglichst niedrigen Loyalitätskoeffizienten zu durchforsten, so ist die sicherste Methode die, die Kunden mit Einführungsrabatten oder massenhafter Verteilung von

Kupons zu umwerben. Weiter oben in diesem Kapitel haben wir Reibungsverluste, Loyalität und die Problematik erörtert, einen Kunden von einem Partner zu einem anderen zu bewegen. Eines unserer Argumente war, daß Kunden, die Ihnen schon für einen minimalen Rabatt in die Arme fallen, die gleichen sind, die bei der kleinsten Verlockung mit einem anderen »durchbrennen«.

Rabatte und Sonderpreise finden diese Kunden so sicher, wie Raketen zu ihren Zielen finden. Warum sollten Sie Kunden überhaupt wollen, die ihre Loyalität aufkündigen, um eine Mark oder sogar nur einen Groschen zu sparen? Einzelhändler haben von jeher viel Mühe und Geld aufgewendet, um solche Leute anzulocken, weitgehend mit negativen oder höchstens neutralen Resultaten. Doch selbst die Einzelhändler versuchen es jetzt mit anderen Strategien, etwa der Werbung, die »täglich Niedrigpreise« (für alle Waren) anpreist. Außerdem haben einige amerikanische Einzelhändler und Konsumgüterfirmen begonnen, Gutscheine in einer neuen Weise zu verwenden. Statt sie en masse zu verteilen, um Hunderte oder Tausende von neuen und wahrscheinlich illoyalen Kunden ins Geschäft zu bringen, lassen sie die Gutscheine bereits bekannten Kunden zukommen, damit sie mehr als bisher kaufen. Staples, die Supermarktkette für Bürowaren, hat ein einzigartiges eigenes System entwickelt. Dieses junge Unternehmen investierte fünf Millionen Dollar teuren Geldes – Risikokapital, wofür bis zu 35 Prozent Zinsen zu zahlen sind –, um aus Informationen, die in die Kassen eingegeben werden, eine Datenbasis zu erstellen, aus der das längerfristige Verkaufsverhalten von Kunden hervorgeht. Das Geschäft gibt dann an Kunden, die in kleineren Mengen oder geringerer Streuung einkaufen als vergleichbare Kunden, besondere Gutscheine aus. Wenn Staples zum Beispiel weiß, daß der durchschnittliche Immobilienmakler pro liniertem Block auch hundert Blatt Kopierpapier verbraucht, ist es leicht, den Kunden zu entdecken, der sein Kopierpapier woanders kauft. Statt einen Gutschein in einer Zeitungsanzeige zu veröffentlichen und eine Rabattgewährung bei jedem Verkauf schlucken zu müssen, schickt Staples einigen sorgfältig ausgewählten Kunden einen Gutschein – denen, die ihn zu brauchen scheinen.

In den meisten Unternehmen außerhalb des Einzelhandels sind die Kosten für die Gewinnung eines Kunden, die Kontoeinrichtung und die Kreditwürdigkeitsprüfung so hoch, daß sich der Aufwand nicht auszahlt, wenn der Kunde nicht loyal bleibt. Doch Gutscheine und Einführungsrabatte haben gewöhnlich die gegenteilige Wirkung: Sie locken die falschen Kunden an, tun wenig oder nichts, um den Kunden zur

Loyalität zu inspirieren, und beeinträchtigen auch noch die Loyalität alter Kunden.

Nehmen Sie als Beispiel Termineinlagen mit Vorzugsverzinsung. Wenn Banken die Interbankenzinssätze für zu hoch halten, entschließen sie sich manchmal, Geld zu beschaffen, indem sie eine Vorzugsverzinsung für bestimmte Termineinlagen anbieten. Um neue Kunden zu gewinnen, starten sie Werbekampagnen, in denen sie Zinssätze für Termineinlagen offerieren, die einen viertel bis halben Prozentpunkt über den üblichen Sätzen, aber immer noch unter den Sätzen am Kreditmarkt liegen. Das Problem dabei ist, daß diese Gelder selten über den vereinbarten Zeitraum hinaus bei der Bank bleiben, und zwar zum Teil deshalb, weil die Bank die Zinssätze wieder senkt, wenn sich die Zinssätze am Interbankenmarkt verbessern. Banker, die die vorübergehenden Vorzugszinsen für wirtschaftlich sinnvoll halten, ignorieren gewöhnlich den Schaden, der dadurch angerichtet wird, daß Bankangestellte Stunden damit verbringen, Konten für wenig rentable fremde Kunden zu eröffnen und zu schließen, statt sich um den Bedarf loyaler Kunden zu kümmern. Und das ist noch nicht der einzige Schaden des An- und Ausknipsens von Lockzinsen, den die Bank übersieht. Sie ignoriert zusätzlich die Tatsache, daß dieses Anlocken heißer Gelder auch ihre anderen Kunden in Spekulationsfieber versetzt. Die Bank bringt den Kunden auf diese Weise bei, auf attraktive Zinsen aus zu sein. Gleichzeitig büßt sie bei ihnen an Vertrauenswürdigkeit ein, die sich auf die stetige Lieferung gleichbleibenden Wertes gründet.

Oder nehmen Sie den Fall einer Großdruckerei, die Rabatte dazu benutzte, Mengensteigerungen zu erreichen, wenn der Umsatz gegen Ende des Geschäftsjahres unter bestimmte Bonusschwellen sank. Die Verkäufer wurden dann dazu ermutigt, Rabatte zu gewähren – aber nur neuen Kunden, weil angenommen wurde, daß Rabatte für alte Kunden der Preisgestaltung im kommenden Jahr schaden könnten. Natürlich nahmen die Stammkunden diese Praxis übel und stellten zudem fest, daß Service und Qualität gegen Jahresende schlechter wurden, da sich das überarbeitete Maschinenbedienungspersonal mit unvertrauten neuen Aufgaben abplagen mußte. Es bedarf wohl kaum der Erwähnung, daß die neuen »Schleuderpreiskunden« selten Wiederholungsaufträge erteilten, außer wenn ihnen wieder die gleichen destruktiven Rabatte angeboten wurden.

Einige Branchen, zum Beispiel Fast-food-Ketten, haben Gutscheine verwendet, um neue Kunden zum Testen ihres Angebots zu bewegen und um bisherige Kunden zu häufigeren Besuchen anzuregen. Chick-fil-A hatte Zweifel an dieser Praxis und entschloß sich daher, das Verhalten von

»Gutscheinkunden« detailliert zu untersuchen. Das Unternehmen stellte fest, daß Kunden mit Gutscheinen gewöhnlich weniger ausgeben, mit geringerer Wahrscheinlichkeit wiederkommen und mit großer Wahrscheinlichkeit zu den Stoßzeiten mit ihren Gutscheinen aufkreuzen, so daß sie lange Schlangen und entsprechend verlangsamte Abfertigung verursachen. Ferner fand Chick-fil-A heraus, daß sich loyale Kunden ohne Gutschein diskriminiert fühlen und bei häufigen Gutscheinaktionen das Gefühl bekommen, daß die Mahlzeiten nicht den gewöhnlichen Preis wert sind. Als Resultat seiner Analyse tat das Unternehmen den ungewöhnlichen und in seiner Branche mutigen Schritt, Gutscheine nahezu abzuschaffen. Es verwendet sie jetzt vor allem zur Einführung neuer Gerichte oder neuer Leistungspakete.

Nach meiner Kenntnis ist das einzige Unternehmen, das Absatzförderung über Preisabschläge zur Gewinnung neuer Kunden *und* zum Aussortieren unerwünschter Kunden angewendet hat, die Telefongesellschaft MCI. Ihr Programm »Freunde & Familie« bietet Kunden Rabatte für Anrufe bestimmter Telefonnummern, sofern die gesamte Gruppe zu MCI kommt. Wenn unter einer Gruppe von sechs Verwandten einer besonders preisbewußt ist, kann dieser die anderen fünf dazu überreden, sich dem MCI-Netz anzuschließen. Die fünf mögen weniger preissensibel sein, wechseln aber aus Loyalität zu Vetter Harry zu MCI über, was zeigt, daß sie genau die Art von Kunden sind, hinter denen MCI her ist: Leute, deren Gruppenloyalität ihre eingewurzelte persönliche Loyalität multipliziert. Wenn sie einmal bei MCI »an Bord« sind, wird es äußerst schwierig, irgendeinen von ihnen wieder von Bord zu bringen – und die ganze Gruppe einzufangen erfordert einen hohen Rabatt, den sich wahrscheinlich nicht einmal AT & T oder Sprint leisten könnten. Bis jetzt hat dieses brillante Programm MCI zehn Millionen neue Kunden eingebracht, und die Verlustrate liegt weit unter dem Durchschnitt neuer Kunden bei MCI.

Wachstum und Illoyalität

Es gibt viele Möglichkeiten, wie Unternehmen durch die Auswahl falscher Kunden ihre künftige Gesundheit und ihr Wohlergehen unterminieren können. So kann zum Beispiel die Notwendigkeit des Wachstums Unternehmen, die bereits ihre beste natürliche Kundenbasis ausgeschöpft haben, dazu veranlassen, mehr und mehr von den verbleibenden nicht wünschenswerten Kunden an sich zu ziehen. Das ist aber ein schlechtes

Geschäft. Mit sinkender Kundenqualität sinkt auch die Fähigkeit des Unternehmens zur Lieferung von Wert, was die guten Kunden vor den Kopf stößt, das Wachstum drosselt, die Mitarbeiter demotiviert, den Prozeß der Wertschöpfung schwächt und die Vertriebskräfte dazu bringt, nach Kunden zu jagen, die mit noch geringerer Wahrscheinlichkeit profitabel und beständig sind. Kurz, die ganze Spirale dreht sich um und läßt das Unternehmen in ein Loch fallen.

Banken bieten oft lehrreiche Beispiele für die Folgen falscher Kundenakquisition. Wir stießen auf einen Fall nach dem anderen, bei dem Kunden tatsächlich Wert für das übrige Geschäft der Bank zerstören. In einem der größten Filialsysteme der USA blieben 25 Prozent der neuen Kunden weniger als 18 Monate bei der Bank – die Zeit, die das Institut benötigt, um die Anfangskosten der Kontoeinrichtung aufzufangen. Hier war die Praxis daran schuld, Wachstum mit Verkaufsprovisionen anzutreiben, statt sich Wachstum zu *verdienen*, indem dem Kunden ausgezeichneter Wert geliefert wird. Diese Bank hatte ein Neukonten-Bonusprogramm für Filialleiter, und seltsamerweise schienen die Filialen, in denen die höchsten Bonuszahlungen verdient wurden, auch die niedrigsten Kundenbindungsraten zu haben. Bei näherem Hinsehen entdeckte das Management, daß viele Filialen mit hohen Bonusverdiensten und starkem Kundenverschleiß in der Nähe von Colleges oder Universitäten lagen und daß die Filialmanager, um die Prämien für neue Kunden zu maximieren, die Studentenkonten am Ende jedes Schuljahrs schlossen und jeden Herbst wieder neu eröffneten.

Wenn sie das Wachstum zu sehr antreiben, stoßen Banker bei der Kreditgewährung auf ähnliche Probleme. Kreditmanager, deren Leistung auf Volumenbasis bewertet wird, gewähren mehr Kredite als andere. Doch sosehr sich der Kreditausschuß auch bemüht, zu große Risiken auszusieben: Die falsche Akquisition von Kunden zeigt zwei oder drei Jahre später in Form eines starken Ansteigens der Kreditverluste ihre negativen Folgen. Wir sind auf Banken gestoßen, in denen auf Kreditkonten neuer Kunden 30 Prozent aller ausstehenden Kreditsalden entfielen – und 70 Prozent der geplatzten Kredite.

Versicherungsgesellschaften sind bei der Auswahl ihrer Kunden beträchtlich geschickter als Banker, doch trotz ihres Heeres von Versicherungsmathematikern können sogar ihnen Fehler unterlaufen. Eine große Versicherung führte jeden Herbst eine Verkaufsförderungskampagne durch und belohnte die Sieger mit Luxuskreuzfahrten. Diese Wettbewerbe waren bei den Agenten sehr populär und führten jedesmal zu einem großen Anstieg im Volumen der Abschlüsse. Doch als sich das Unternehmen seine im Herbst gewonnenen Kunden einmal genau ansah, fand es bei ihnen ein Abwanderungsverhalten, das viel schlechter war als bei allen anderen Kunden. Tatsächlich waren die Verluste so hoch, daß die Resultate der Herbstkampagnen sich als negativ herausstellten. Um die Kosten zu decken, mußte das Unternehmen einen Durchschnittskunden sechs Jahre lang behalten – der durchschnittliche »Herbstkampagnen-Kunde« blieb aber nur viereinhalb Jahre.

Wie kann eine Versicherungsgesellschaft so danebenliegen? In diesem Fall waren die Durchschnitte die Sünder, obwohl Versicherungsmathematiker wissen, daß Durchschnitte gefährlich in die Irre führen können. Ein gutes Beispiel für den Humor von Versicherungsmathematikern ist der Witz von dem Burschen, der in einem Fluß ertrinkt, der nur 60 Zentimeter tief ist – im Durchschnitt. Die Versicherer haben auch ein besseres Verständnis der wirtschaftlichen Wirkungsweise von Kundenlebenszyklen als jede andere Branche, und sie haben gelernt, die Welt durch das Loyalitäts-Fernglas zu sehen. Was sie bisher versäumt haben, ist, die Vergrößerung so hoch einzustellen, daß sie getrennte Kundensegmente auch getrennt wahrnehmen. Um es anders auszudrücken: Die Berechnung der Durchschnitte, mit denen sie arbeiten, fußt immer noch auf zu breiten Versichertengruppen. Die Versicherungsmathematiker erkennen, daß Versicherungsauslaufzeiten mit dem Alter des Kunden variieren, doch sie ignorieren die meisten anderen Variablen, die entscheidende Unterschiede bewirken können. Trotz all ihrer Einsicht sind es Durchschnitte zu großer Gruppen, die sie verwenden.

Nehmen wir zum Beispiel die gegenwärtige Praxis der Prämienberechnung für Lehrer. Versicherungsmathematiker verwenden vergangenheitsbezogene Daten zur Schätzung der spezifischen Einnahmen und Kosten im Lebenszyklus, doch wenn es um die Dauer geht, wird in der Branche angenommen, daß Lehrer Versicherungen im gleichen Ausmaß den Rücken kehren wie die anderen Versicherten. Tatsächlich sind Lehrer aber besonders loyal, so daß die Bindungsrate bei ihnen viel höher ist. Da die Branche versäumt, besondere Durchschnitte für Lehrer als eine Gruppe zu berechnen, tendiert sie zur Unterbewertung der Lehrer. Eine exakte Analyse, wie wir sie in Kapitel 2 beschrieben haben, würde zeigen, daß Lehrer drei- bis viermal soviel wert sind wie ein Durchschnittskunde. Diese Art von Diskrepanz gibt solchen Versicherungsgesellschaften, die die Bedeutung von Loyalitätskoeffizienten verstehen, einen enormen Wettbewerbsvorteil.

Da es selbst in der Versicherungswirtschaft solche unerkannten reichen Kundensegmente gibt wie dieses, kann man darauf wetten, daß für Branchen, die noch nicht mit der Erschließung von Loyalitätskoeffizienten begonnen haben, sogar noch bessere Gelegenheiten unerschlossen im verborgenen liegen. Dennoch ist es schwer, sich auf Kunden*qualität* zu konzentrieren, wenn die Gewinnung von Kunden*mengen* so viel einfacher ist. Sehen wir uns den Markt für Mobiltelefonkommunikation an. Jeder in der Branche mißt Kundenbindungsraten, weil er weiß, daß sie für Wachstum und Gewinne bedeutsam sind; dennoch lebt die Branche mit Verlustraten von bis zu 40 Prozent! Die Mobiltelefongesellschaften haben massiv in ihre Netze investiert; jetzt können sie nur noch an Wachstum denken. Und solange es noch Massen von Menschen ohne Mobiltelefon gibt, warum sollte man dann der Versuchung widerstehen, nach immer mehr neuen Kunden zu jagen? Außerdem wissen Marketingexperten, wie man Verkaufsförderungskampagnen durchführt, sind aber viel weniger mit den Werkzeugen loyalitätsbasierten Managements vertraut.

Loyalität in Monopolen

Das gleiche Phänomen sehen wir beim Kabelfernsehen. Gezielte Kundenauswahl scheint für ein Monopol absurd zu sein. Da Unternehmen viel Geld in Lizenzen und Verkabelung investieren, geht es in der Folgezeit darum, soviel Cash-flow wie möglich mit Werbekampagnen und Rabatten zu erzeugen und dabei die Preise so schnell zu erhöhen, wie es die Gesetze erlauben. Dennoch ist es eine Tatsache, daß Monopole nicht ewig Monopole bleiben. Die Kabelfernsehgesellschaften werden bald Konkurrenz von neuen Spielern und Technologien bekommen, und die heutigen unkonzentrierten, opportunistischen Wachstumsstrategien tun nichts dafür, ein starkes Heer von loyalen Kunden zu schaffen, die vom Ausmaß des Werts, den sie erhalten, beeindruckt sind. Zudem fangen die Aufsichtsbehörden bereits an, wieder in die Arena zu treten und die Gewinne der Branche zu beschneiden.

Um die Effekte loyalitätsbasierten Managements auf ein Geschäft wie Pay-TV zu erkennen, sehen wir uns Canal Plus an, ein französisches Unternehmen, das mit einem Jahresumsatz von 1,9 Milliarden Dollar und Gewinnen von 125 Millionen Dollar zum führenden Pay-TV-Unternehmen der Welt herangewachsen ist. Die Kundenbindungsrate von Canal Plus liegt bei 97 Prozent gegenüber einem Durchschnitt von 80 Prozent im gesamten französischen Kabelfernsehen. (Eine andere Vergleichszahl: HBO in den USA kommt nur auf eine Kundenbindungsrate von weniger als 50 Prozent.) Das Unternehmen bedient jetzt sechs Millionen Abonnenten in Frankreich, Spanien und Deutschland und ist um jährlich 30 Prozent gewachsen. Es gibt zwei Schlüssel zu seinem Erfolg: Erstens kennt Canal Plus seine Kunden gründlich und bietet jedem seiner Kernkundensegmente eine einzigartige Wertpalette; zweitens bietet das Unternehmen durch den Aufbau eines loyalen Mitarbeiterstamms (die jährliche Fluktuation beläuft sich auf weniger als 5 Prozent) überragenden Kundendienst. Kabelfernsehunternehmen, die so hervorragende Statistiken vorzuweisen haben, werden die Welt nach der Deregulierung viel gewinnträchtiger finden als ihre Konkurrenten.

Das Monopol für Ferngespräche wurde in den USA vor über zehn Jahren abgeschafft. MCI und Sprint haben unter der Kundenbasis des alten Monopolisten AT & T »gewildert«, und die Preise sind um 35 Prozent gefallen. Glücklicherweise ist die Nutzung durch die Kunden mehr als hinreichend gestiegen, um gesunden Cash-flow zu erhalten. Doch alle drei Unternehmen und ein Dutzend andere haben gelernt, daß Kundenloyalität den Unterschied zwischen Erfolg und Niedergang ausmachen kann.

Den Telefongesellschaften für Ortsgespräche steht die Deregulierung in den USA noch bevor. Die am meisten vorausschauenden örtlichen Telefongesellschaften versuchen zu handeln, bevor die Krise zuschlägt. Durch Segmentierung ihrer Kunden haben sie herausgefunden, daß die wertvollsten 10 Prozent ihrer Kunden zehnmal soviel wert sind wie die 10 Prozent der am wenigsten wertvollen. Unter Verwendung von Anregungen dieser besten Kunden entwickeln sie besondere Programme, um diese Kundenklasse anzuziehen und bei der Stange zu halten. Zum Beispiel sind Kleinbetriebe immer sehr daran interessiert, ihre alte Telefonnummer zu behalten, wenn sie umziehen. Das macht es Kunden leichter, mit ihnen in Kontakt zu bleiben, und verlängert die Nutzbarkeit schon vorhandenen Werbematerials. Um sich die andauernde Loyalität dieses sehr attraktiven Kundensegments zu erhalten, entwickelt eine lokale Telefongesellschaft die Möglichkeit, die gleiche Telefonnummer unabhängig vom Standort eines Unternehmens anzubieten. Ein anderes lokales Unternehmen arbeitet daran, seinen besten Kunden eine ganze Palette zusätzlicher Dienstleistungen zu bieten, so z. B. Rufweiterleitung, Telefonkreditkarte, Mobiltelefon und Ferngespräche, wobei alles in einer einzigen Monatsabrechnung zusammengefaßt wird. Dieses Unternehmen glaubt, daß der Schlüssel zum Erfolg in einer deregulierten Zukunft darin liegt, sich die Loyalität seiner besten Kunden zu verdienen. Es weiß: Jetzt ist die Zeit, mit dem Aufbau solcher Fähigkeiten zu beginnen, bevor es von der vollen Kraft der Deregulierung getroffen wird.

Auch den Stromversorgungsunternehmen steht ein ähnlich ungestümer Wettbewerb bevor, wenn ihr Markt dereguliert wird. Dies geschieht in den USA bereits auf dem Großabnehmermarkt, auf dem Großkunden ihre eigenen Stromerzeugungskapazitäten aufbauen und Großhändler eine Fülle von Paketangeboten zu niedrigen Preisen anbieten. Versorgungsunternehmen, die es nicht schaffen, sich die Loyalität ihrer Wunschkunden zu verdienen (oder nicht einmal herausfinden, wer ihre Wunschkunden sein sollten), werden in die Bedeutungslosigkeit fallen. Tatsache ist, daß alle Monopole, die jetzt vor der Deregulierung stehen, die Grundlagen loyalitätsbasierten Managements erlernen müssen. Wenn sie das nicht tun, werden neue Konkurrenten, die klug genug sind, den attraktivsten Kundensegmenten konzentriert die hochwertigsten Angebote zu unterbreiten, sie ausmanövrieren.

Die Gefahren von reifen Märkten

Eine letzte und manchmal subtile Gefahr für reife Unternehmen ist einfach die Tatsache, daß sich die Zeiten geändert haben. In reifen Märkten sinken Preise und Gewinnspannen. Diese Regel gilt für nahezu alle Branchen, und ein Ergebnis davon ist, daß Investitionen in Kundengewinnung, die in früheren Zeiten sinnvoll gewesen sein mögen, jetzt überhaupt keinen Sinn mehr machen. Im Kreditkartengeschäft war ein Kundensegment mit einer Bindungsrate von 75 Prozent (und einer ungefähr vierjährigen Lebensspanne) 1982 eine gute Investition. Natürlich wären 90 Prozent noch besser gewesen, doch auch die 75-Prozent-Segmente übersprangen die übliche 15-Prozent-Renditenhürde. So war es sinnvoll, sie in Scharen an Bord zu bringen, sofern sie nicht die Kapazität des Unternehmens einschränkten, auch Kunden mit hoher Loyalität zu rekrutieren.

Diese Zeiten sind vorbei. Bei den gegenwärtigen Gewinnspannen sind Segmente mit 75prozentiger Bindungsrate keine gute Eroberung mehr. Es stimmt, daß die meisten Kreditkartenunternehmen noch nicht *merken*, daß sie in Kunden mit einem negativen Kapitalwert investieren, aber sie sehen, wie ihre Gewinnspannen sinken. Was noch gravierender ist: Sie sind jetzt in einer Zwickmühle mit drei Komponenten eingeklemmt. Zunächst einmal hat jedes kreditwürdige Individuum in den USA bereits fünf oder sechs Kreditkarten. Zweitens erwarten die Aktienanalysten, daß mehr und mehr Karten ausgegeben werden, um die etwas übertriebenen Kurs-Gewinn-Verhältnisse zu unterstützen, welche die Aktien vieler dieser »Wachstums«-Unternehmen aufweisen.

Drittens konkurrieren diese Kreditkartenanbieter mit Unternehmen wie MBNA. Sie entdecken also, daß die besten Kundensegmente nicht mehr zu haben sind. Die Kunden, die sie gezwungenermaßen an Bord nehmen, erzeugen dürftige Cash-flows und die Art von Abwärtsspirale, die wir schon beschrieben haben: geringere Gewinnspannen, höhere Preise, wachsende Kundenverluste, steigende Kosten, sich beschleunigende Einschränkungen und Entlassungen, sinkende Effizienz, schlechterer Service, noch mehr Kundenverluste, noch geringere Gewinne. Es ist eine Spirale, die schwer zu durchbrechen ist.

Jedes reife Unternehmen, das auf langsameres Wachstum und härtere Konkurrenz stößt, muß diese Lektionen lernen. Hüten Sie sich vor den Kundengewinnungsstrategien, die gestern sinnvoll erschienen. Achten Sie in einem Markt, wo die besten und loyalsten Kunden schon vergeben sind, genau auf den Wert von Neukunden. Sehen Sie sich den Kapitalwert der neuen Kunden sehr genau an, die Sie hereinnehmen, um alte zu ersetzen oder um Wachstum zu erwerben. Hüten Sie sich vor Quantität um ihrer selbst willen – mehr und mehr neue Kunden zu gewinnen kann Sie langsam um Ihr Geschäft bringen.

Der strategische Vorteil, den Unternehmen wie Northwestern Mutual, State Farm, MBNA und John Deere jetzt genießen, zeigt, warum es so entscheidend ist, die richtigen Kunden zu gewinnen. Mit fallendem Wertverhältnis schieben ihre um Atem ringenden Konkurrenten übriggebliebene Kunden hin und her, und zwar in der zunehmend vergeblichen Torschlußpanik, Wachstum in einem reifen Markt zu erzielen. Wenn Unternehmen auch mit zunehmendem Alter prosperieren wollen, müssen sie ein Fundament loyaler Kunden aufbauen. Das gilt sogar für neuere Branchen – vielleicht für sie ganz besonders –, in denen mehrere Wettbewerber eine Zeitlang respektable Gewinne erreichen können, in denen es aber früher oder später nicht mehr genügend gute Kunden geben wird, um ein Auskommen zu finden. Die klugen Wettbewerber werden Wege finden, die besten Kunden früh zu gewinnen. Und die Allerklügsten werden ihre Wachstumsstrategien dann von der Gewinnung neuer Kunden auf Ausbau und Erweiterung ihrer Beziehungen zu den guten Kunden verlagern, zu denen also, die sie schon gewonnen haben.

Wenn Branchen reifen, kann ein Anfangsvorsprung im Kundenbestand einem Unternehmen einen permanenten Wettbewerbsvorteil verleihen. Der Schlüssel zur Erreichung eines solchen Vorteils ist die Entwicklung einer Kundengewinnungsstrategie, mit der Kunden gewonnen werden, welche die zu Beginn dieses Kapitels beschriebenen Eigenschaften aufweisen: natürliche Loyalität, Profitabilität und Ansprechbarkeit für die Leistungen des Unternehmens. Gewinnen Sie die Kunden, die bei allen drei Eigenschaften an der Spitze stehen, dann sind Sie auf dem Weg zur Sicherung der Reifezeit und des Alters Ihres Unternehmens weit vorangekommen. Haltbare loyalitätsbasierte Systeme bestehen aus vielen Teilen, die ständig in Bewegung sind. Der erste Schritt zu dem Ziel, alle Teile dazu zu bringen, sich reibungslos und effizient zusammen zu bewegen, ist, sie mit dem Treibstoff bewährter Kunden zu versorgen.

Dennoch ist die Gewinnung der richtigen Kunden nur der erste Schritt. Sobald Sie die richtigen Kunden und den Cash-flow haben, den sie erzeugen können, müssen Sie einen Teil dieses Geldes in die Lieferung der Art von Wert reinvestieren, mit der Sie die anhaltende Loyalität der Kunden verdienen. Der nächste Schritt in diesem »Tugendkreislauf« ist also, den hervorragenden Cash-flow dazu zu nutzen, hervorragende Mitarbeiter anzuheuern und zu halten.

4 Die richtigen Mitarbeiter an das Unternehmen binden

Die richtigen Kunden zu gewinnen ist ein bedeutender Schritt beim Aufbau eines loyalitätsbasierten Managementsystems, es ist aber nur der erste bedeutende Schritt. Hat ein Unternehmen einmal eine loyale Kundenbasis und den hohen Cash-flow erreicht, den diese Kunden erzeugen, muß es einen erheblichen Teil dieses Geldes in das Einstellen und Halten hervorragender Mitarbeiter reinvestieren. Wenn Sie sich fragen, was die Gewinnung und Sicherung der richtigen Mitarbeiter mit der Gewinnung und Sicherung der richtigen Kunden zu tun hat, so lautet die Antwort: alles. Mitarbeiter, die nicht loyal sind, werden kaum in der Lage sein, einen Bestand an Kunden aufzubauen, die dies sind.

Es gibt einige praktische Gründe dafür, warum dies so ist. Zum einen erfordert es Zeit, eine stabile persönliche Beziehung zu Kunden aufzubauen; zum anderen haben loyale Mitarbeiter mehr Gelegenheit, zu lernen und ihre Effizienz zu steigern. Ein dritter Grund ist, daß die Gelder, die diese Mitarbeiter ihren Arbeitgebern an Rekrutierungs- und Ausbildungskosten für ständig neue Mitarbeiter ersparen, anderweitig investiert werden können – zum Beispiel in Maßnahmen, die die Kundenzufriedenheit erhöhen. Und viertens funktionieren die gleiche Geschäftsphilosophie und die gleichen Regelwerke, mit denen die Loyalität der Mitarbeiter gewonnen wurde, wahrscheinlich auch bei den Kunden. In diesem und dem nächsten Kapitel werden wir Beispiele für diese (und andere) Wirkungen sehen. Wir werden uns Loyalitätsführer in so unterschiedlichen Branchen wie Werbewirtschaft und Fast-food-Ketten ansehen, um zu erkennen, wie die besten Unternehmen Mitarbeiterloyalität aufbauen und sie dazu benutzen, die Kundenbindung zu erhöhen.

Mitarbeiterloyalität zerstören

Die meisten Manager würden es vorziehen, loyale Mitarbeiter zu haben, so wie sie es auch vorziehen würden, loyale Kunden zu haben – aber nur wenige sind bereit, das Geld auszugeben und sich die Mühe zu machen, die diese Loyalität verlangt. Im Gegenteil, viele Unternehmen verhalten sich so, daß sie Mitarbeiterloyalität beeinträchtigen oder sogar zerstören. Nicht wenige Beobachter fragen sich, ob wir nicht Zeugen des endgültigen Todes von Unternehmensloyalität überhaupt sind. Zyniker werden Ihnen sagen, daß sie nie existiert hat, doch wie Oscar Wilde festgestellt hat, ist ein Zyniker ein Mensch, »der den Preis von allem und den Wert von gar nichts kennt«. Zu wissen, was Ihre Mitarbeiter kosten, aber nicht, was sie wert sind, ist schlimmer als zutiefst zynisch – es ist zutiefst wettbewerbsschädlich. Peter Drucker beschreibt es folgendermaßen:

> *Alle Organisationen sagen jetzt routinemäßig: »Die Menschen sind unser wichtigstes Kapital.« Doch wenige praktizieren, was sie predigen, weil sie nicht wirklich daran glauben. Die meisten glauben noch immer, wenn auch vielleicht unbewußt, was die Arbeitgeber im 19. Jahrhundert glaubten: Die Leute brauchen uns mehr als wir sie. Tatsächlich müssen aber Organisationen die Mitgliedschaft ebenso vermarkten, wie sie Produkte und Dienstleistungen vermarkten – vielleicht sogar mehr. Sie müssen Leute an sich ziehen, Leute bei sich behalten, Leute anerkennen und belohnen, Leute motivieren und Leute bedienen und zufriedenstellen.*[1]

Die Manager von loyalitätsbasierten Unternehmen haben diesen letzten Satz verinnerlicht. Sobald sie durch Gewinnung einer loyalen Kundenbasis die Grundlage für einen Überschuß an Cash-flow aufgebaut haben, besteht ihre erste Investition darin, einiges vom Überschuß für die Rekrutierung und Bindung bestmöglicher Mitarbeiter zu verwenden. Und die besten Mitarbeiter sind wie die besten Kunden diejenigen, die von einer Art Wert- und Loyalitätsspirale aufwärtsgetrieben werden. Im besonderen sind die besten Mitarbeiter die mit dem Talent und der Motivation, ihre eigene Produktivität (und damit ihr eigenes Einkommen) rasch genug zu steigern, um ihre Motivierung noch mehr anzutreiben und damit noch größere Verbesserungen von Service und Produktivität und deshalb einen wachsenden Wertüberschuß für Unternehmen und Kunden zu erzeugen. Dennoch scheint der allgemeine Trend im Geschäftsleben heute keine

Suche nach Wegen zu implizieren, wie Mitarbeiter länger zu halten sind und wie man ihnen dabei helfen kann, mehr Geld zu verdienen. Oft scheint das Ziel das genaue Gegenteil zu sein: Wege zu finden, Mitarbeitern weniger zu bezahlen oder sie loszuwerden, vor allem die mit den größten Erfahrungen und der höchsten Bezahlung. Kein Tag vergeht ohne Zeitungsberichte über neue Frühpensionierungen und Entlassungen.

Den Opfern dieser Entlassungen kann eine schwere Zeit zur Wiedergewinnung ihres inneren Gleichgewichts bevorstehen. Sie nehmen auch eine wichtige Lektion mit: nie wieder einem Unternehmen diese Art blinder Hingabe und Loyalität zu widmen. Aber die Überlebenden haben es auch schwer. Das *Wall Street Journal* berichtet, die meisten der in der Zeitschrift *Fortune* jährlich veröffentlichten 500 Spitzenunternehmen litten unter dem »Entlassungsüberlebenssyndrom«, bei dem Mißtrauen und Angst Gefühle der Loyalität und Sicherheit ersetzen. Die Überlebenden müssen nicht nur mit ihrer natürlichen Furcht vor künftigen Einschnitten in die Entlohnung fertig werden, sondern auch die zusätzliche Arbeitslast der Entlassenen auf sich nehmen. Und für diese gesteigerte Arbeitslast sehen sie kaum Gegenleistung in Form gesteigerter Bezüge. Quer durch die USA sind die mittleren Wocheneinkommen ganztägig beschäftigter Arbeiter inflationsbereinigt seit den späten 70er Jahren nicht mehr gestiegen.

Die Ansicht, daß Loyalität eine vergangene Tugend ist, gewinnt an Boden, sogar bei Nichtzynikern. Mehr und mehr wird die Weisheit zum Gemeinplatz, daß Arbeitnehmer die volle Verantwortung für ihre eigenen Karrieren auf sich nehmen müssen und daß der Schlüssel zum Erfolg darin besteht, sich vor dem Chef zu hüten. Der *Boston Globe* veröffentlichte eine Artikelserie unter dem Titel »Gebrochene Versprechen: Arbeit in den 90er Jahren«, die zu dem Schluß kam, die Belegschaften setzten sich zusammen aus

> *Arbeitnehmern, die Angst haben und verbittert sind, die zunehmend nur noch für eine Sache arbeiten – einen Gehaltsscheck. Mehr und mehr, sagt Audrey Freedman, Betriebswirtin und Präsidentin von Manpower Plus in New York, wird die Beziehung zwischen Arbeitern und Arbeitgebern auf beiden Seiten ausbeuterisch. »Die Arbeitnehmer sagen: ›O.K., du nutzt mich aus, dann nutze ich dich auch aus.‹«*[2]

Einige Manager schließen daraus, daß das Großunternehmen der Zukunft – in der nachkapitalistischen Gesellschaft – wie eine Art Nomadenstamm sein muß, der seine Zelte auf Anhieb irgendwo aufstellt, und weniger arbeitet als ein sich abrackernder Landwirt, der an einem Ort mit einer Kernkompetenz verwurzelt ist. Das mag als vernünftige Antwort auf die wachsende Unordnung und Konfusion der Geschäftswelt erscheinen. Und das so entworfene Bild von dynamischer Flexibilität und abenteuerlicher Energie mag sehr attraktiv scheinen. Denken Sie aber daran, wie wenig Fortschritt Nomadenstämme im Vergleich zu großen Zivilisationen mit ihren dauerhaften Institutionen, Wissenschaften und Städten und ihrer Fähigkeit, mit dem Wandel von einer stabilen Basis aus umzugehen, vorzuweisen haben.

Viele Akademiker scheinen von einer Das-Recht-des-Stärkeren-Philosophie angezogen zu werden, vielleicht wegen ihrer eigenen Erfahrungen auf dem Weg zur Professur – Teamarbeit und Loyalität sind ja nicht gerade Hauptmerkmale der meisten Universitätsfakultäten. Einige akademische Zukunftsforscher bestehen darauf, daß sich die Arbeitnehmerschaft der Zukunft zum Gegenteil des von Robert White proklamierten Organisationsmenschen entwickeln wird. Kein Mensch wird einen Karriereweg bei einem einzigen Unternehmen haben. Flexibilität wird mehr zählen als Loyalität. Arbeitnehmer werden, unabhängig von Bindungen an Unternehmen, von einer Anstellung zur nächsten springen.

Nicht wenige der Besten und Intelligentesten von heute scheinen sich diesen beruflichen Ratschlag zu Herzen genommen zu haben. Im Durchschnitt wechseln Absolventen der Harvard Business School in den ersten zehn Jahren ihres Berufslebens drei- bis viermal den Arbeitgeber. Einige Karriereexperten geben den Rat, ein Arbeitsplatzwechsel alle drei bis vier Jahre sei absolut erforderlich für die Art Lebenslauf, die in den Augen eines modernen Großunternehmens attraktiv erscheint. Lange, ununterbrochene Beschäftigung bei einem einzigen Unternehmen sei ein Anzeichen für beschränkte Erfahrungen und Mangel an Ehrgeiz.

Unter diesen Umständen ist es wahrscheinlich sinnvoll für Arbeitnehmer auf jeder Ebene, einen Teil jedes Arbeitstages damit zu verbringen, sich auszurechnen, wie die eigene Karriere zu maximieren ist, und nach besseren Gelegenheiten anderswo Ausschau zu halten. Heutzutage wird ja ohnehin fast jede oder jeder einmal irgendwann im Laufe ihrer oder seiner Karriere entlassen. Während aber manche Unternehmen keine andere Wahl haben – sie müssen Entlassungen vornehmen, andernfalls gehen sie unter –, werden viele der heutigen Entlassungen von profitablen Unternehmen vorgenommen.

Vor nicht allzu langer Zeit veröffentlichte die *New York Times* zum Beispiel einen Artikel unter der Überschrift »Xerox plant trotz hohem Gewinn, die Belegschaft um 10 000 zu vermindern«. Warum unternahm Xerox diesen Schritt? Die Antwort ist nicht schwer vorauszusagen:

»Trotz durchweg hoher Gewinne hat die Xerox Corporation gestern ihre Absicht benannt, während der nächsten drei Jahre annähernd 10 Prozent ihrer Belegschaft zu entlassen, um die Produktivität zu verbessern. Xerox wird so zu einem weiteren Großunternehmen, das versucht, seine Effizienz durch Entlassung eines erheblichen Teils seiner Belegschaft zu verbessern.«[3] Es folgt eine lange Liste von Unternehmen, die in den drei Monaten vor Erscheinen des Artikels Belegschaftsreduzierungen von mehr als 5 Prozent angekündigt hatten: Philip Morris (8 %), Woolworth (9 %), Martin Marietta (12 %), US West (14 %), AT & T (15 %), RJR Nabisco (9 %), Eli Lilly (12 %), Warner Lambert (16 %), American Cyanamid (9 %), USAir (5 %), Computervision (40 %), Upjohn (8 %), Anheuser-Busch (10 %), Chemical Waste (23 %).

Worum geht es dabei? Produktivität ist immer wichtig, aber warum ist sie plötzlich noch so viel wichtiger als früher? Eine Möglichkeit besteht darin, daß das beunruhigende Ausmaß von Entlassungen von CEOs in jüngerer Zeit die Spitzenmanager dazu gezwungen hat, mannhafte Gesten in der Hoffnung zu vollführen, damit ihren Mut und ihre Entschlossenheit zu demonstrieren. Obwohl die meisten CEOs den Gedanken an Entlassungen hassen – sie wissen sehr genau, daß noch kein Wirtschaftsführer jemals durch Entlassungen von Mitarbeitern Größe erlangte –, glauben sie, in einer Falle zu sitzen. Die institutionellen Investoren, welche die treibende Kraft an den Aktienmärkten sind, zeigen immer weniger Geduld mit mittelmäßigen Gewinnen, und die Spitzenmanager müssen diese Investoren zufriedenstellen, wenn sie ihre Stellung behalten wollen. Der Kurs der Xerox-Aktie schnellte am Tag, als die Entlassungen angekündigt wurden, um 7 Prozent empor. Diese Art von Nachrichten begeistert kurzfristige Investoren, doch im Wirtschaftsteil ihrer nächsten Sonntagsausgabe stellte die *New York Times* Xerox die berechtigte Frage: »Werden in einem Unternehmen, das stolz auf die Harmonie innerhalb seiner Belegschaft ist, die Verbleibenden loyal bleiben?«[4]

Entlassungen sind kaum dazu angetan, Arbeitnehmer zu begeistern. Vielmehr beeinträchtigen sie die Kreativität und Risikobereitschaft und zerstören die Loyalität der verbleibenden Mitarbeiter. Die Furcht, die Entlassungen folgt, saugt Energie auf und lenkt die Aufmerksamkeit der Mitarbeiter auf ihre eigene Sicherheit und Karriere, lenkt also davon ab, sich bedingungslos für den Erfolg des Unternehmens einzusetzen. Die Beweise mehren sich, daß Unternehmen, welche auf häufige oder massive Entlassungen zurückgreifen, die vom Markt erwarteten Leistungen deutlich unterschreiten.

Der *Economist* berichtete kürzlich über eine Studie der American Management Association, die zu dem Schluß kam, daß weniger als die Hälfte der Unternehmen, die ihre Belegschaft in den letzten fünf Jahren verkleinert haben, anschließend ihre Gewinne steigerte und daß nur ein Drittel von einer erhöhten Produktivität berichtete. Eine andere Studie, die im *Wall Street Journal* vorgestellt wurde, stellte fest, daß die Kursentwicklungen sich verkleinernder Unternehmen während der ersten sechs Monate nach der Nachricht von der Restrukturierung jene der 500 Unternehmen des Standard-&-Poor's-Index nur leicht übertreffen, dann deutlich hinterherhinken und schließlich nach drei Jahren auf minus 24 Prozent kommen. Das sollte niemanden überraschen. Unternehmen, die sich gezwungen sehen, ihr Humankapital hinauszukatapultieren, *sollten* weniger wert sein – ebenso wie ein Schiff, das unterwegs einen Teil seiner Ladung über Bord wirft, weniger wert ist, wenn es im Zielhafen ankommt.

Gegen Ende 1993 schrieb John Case von der Zeitschrift *Inc.* einen Artikel für den *Boston Globe* unter der Überschrift: »Die Frage, über die wir alle nachdenken: ›Für wen arbeiten wir eigentlich?‹« und kam darin zu dem Schluß:

> *In der Wirtschaft von heute arbeiten wir für uns selbst ... denn die Unternehmen haben uns die Lektion erteilt, daß wir es uns nicht mehr leisten können, für sie zu arbeiten ... sie können nicht einmal garantieren, daß wir in ein, zwei oder fünf Jahren einen Arbeitsplatz haben. Früher waren Karrierebewegungen das Gebiet der Ehrgeizigen, der Mobilen. Heute lebt jeder, der nicht über die eigenen Karriereoptionen nachdenkt, ein Vogel-Strauß-Leben: den Kopf fest in den Sand gesteckt ... Und was die Loyalität anbelangt – nun, Loyalität bedeutet heutzutage, nicht während der Arbeitszeit nach der nächsten Stellung zu suchen. Wenn ich blind loyal gegenüber einer Organisation bin, die mir gegenüber nicht loyal sein wird – sein kann –, dann bin ich ein Narr.*[5]

Loyalität ist tatsächlich eine Straße mit Gegenverkehr, und Unternehmen, die Leute »abladen«, wenn die Gewinne gesunken sind (oder sogar dann, wenn die Gewinne *gestiegen* sind), säen die Saat ihres eigenen Verfalls. Jedes Unternehmen macht hin und wieder schwere Zeiten durch, und es ist die loyale Hingabe wichtiger Mitarbeiter, welche die meisten Unternehmen diese Zeiten überstehen läßt. Indem es den Mitarbeitern zeigt, daß es in schweren Zeiten nicht zu ihnen stehen wird, kann ein Unternehmen fast dafür garantieren, daß, wenn es das nächste Mal ins Schlingern gerät, seine talentiertesten Mitarbeiter das Schiff gerade dann verlassen werden, wenn sie am dringendsten gebraucht werden.

Mitarbeiterloyalität richtig bewerten

Der Grund, warum Manager zu wenig in Loyalität investieren, ist wahrscheinlich folgender: Wie die von Oscar Wilde beschriebenen Zyniker kennen sie die Kosten der Loyalität, aber nicht deren Wert. Leute entlassen spart Geld, das scheint klar zu sein. Aber die fortgesetzten Konsequenzen verminderter Loyalität für den Cash-flow sind weniger offensichtlich. In den Personalabteilungen wurde versucht, den Preis hoher Mitarbeiterfluktuation zu quantifizieren, indem man den Kosten von Rekrutierung und Ausbildung nachging, sogar den Kosten verlorener Produktivität, wenn neue und unerfahrene Arbeiter eingearbeitete Kräfte ersetzen. Kreativere Analytiker haben versucht, die Kosten von verschlechtertem Service hinzuzufügen, die sich aus hoher Personalfluktuation ergeben. Doch diese Daten haben die Manager nicht überzeugt, weil sie nicht mit Daten des Controlling oder Cash-flow-Zahlen verbunden sind.

Die tatsächlichen Konsequenzen hoher Fluktuationsraten für den Cash-flow übertreffen die intuitiven Schätzungen der Manager bei weitem. Tatsächlich sind die Belastungen der Gewinne durch Personalwechsel immens, auch wenn dies in den meisten Bilanzen nicht exakt nachzuvollziehen ist. Bei einem Lkw-Fuhrunternehmen quantifizierte eines unserer Beraterteams exakt die negativen wirtschaftlichen Folgen exzessiver Mitarbeiterfluktuation und fand heraus, daß der Klient seine Gewinne um 50 Prozent steigern konnte, indem er den Wechsel beim Fahrerpersonal um die Hälfte reduzierte. Bei einer Investmentfirma stellten wir fest, daß eine Verbesserung der Bindungsrate von Brokern um 10 Prozentpunkte den Wert eines Brokers um 155 Prozent steigern würde! Die Wirkungen der Agentenbindung in der Versicherungswirtschaft sind ähnlich. Der Schlüssel zur Quantifizierung der Cash-flow-Konsequenzen der Personalfluktuation ist in allen diesen Branchen im wesentlichen der gleiche: zu erkennen, daß Mitarbeiterbindung nicht nur ein kritischer Kostenfaktor, sondern auch ein wichtiger Faktor für das Umsatzwachstum ist, weil sie direkt mit der Kundengewinnung und -bindung verknüpft ist.

Den ersten deutlichen Beweis für diese Verknüpfung sahen wir in der Kfz-Servicebranche. Im Verlauf der Beratungsarbeit für eine führende landesweite Kette entdeckten wir, daß die Werkstätten mit der höchsten

Kundenbindung auch die höchste Mitarbeiterbindung aufwiesen. Wir untersuchten dann Konkurrenten nach Typen und fanden heraus, daß örtliche Werkstätten die besten Mitarbeiterbindungsraten hatten, gefolgt von regionalen Ketten, landesweiten Ketten und Autohändlern – in dieser Reihenfolge. Innerhalb dieser vier Kategorien von Konkurrenten verlief die Kundenbindung genau nach dem gleichen Muster.

Als wir Kunden befragten, um herauszufinden, warum sie besonders loyal gegenüber lokalen Werkstätten waren, stießen wir auf einen interessanten Widerspruch. Einerseits glauben die Befragten, daß die Autoschlosser bei den Filialen der großen Ketten und bei den Autohändlern besser ausgebildet sind und über anspruchsvollere Ausrüstungen verfügten. Andererseits vertrauten sie der Urteilsfähigkeit der lokalen Autoschlosser mehr und glaubten, von ihnen besseren Service zu erhalten. Mit anderen Worten: Die Kunden fühlten sich einfach wohler beim wiederholten Geschäft mit der gleichen Person, ungeachtet technischer Feinheiten. Sie blieben beim örtlichen Mechaniker, weil sie ihn kannten und weil er ihre Autos kannte. Bei den größeren Werkstätten sahen die Kunden selten denselben Autoschlosser zweimal. Obwohl Ketten und Autohändler stark in moderne Ausrüstungen, Computerdiagnostik und Markenwerbung investiert haben, sind sie nicht bereit gewesen, das zu tun, was notwendig ist, um die Loyalität ihrer Fachkräfte zu verdienen. Sie schienen sich mit hoher Personalfluktuation abzufinden.

Wir stellten fest, daß Mitarbeiterloyalität sowohl das Ausmaß an Neukunden als auch die Kundenbindung beeinflußte. Wir fragten nach den Gründen, aus denen Leute eine bestimmte Werkstatt gewählt hatten. Wie vorauszusehen, waren zufriedene Kunden die Quelle Nummer eins für Weiterempfehlungen. Auf die zweithäufigste gemeinsame Ursache waren wir aber nicht vorbereitet: Empfehlungen von Beschäftigten der Werkstatt, die als Insider wußten, wieviel Wert ihre Werkstätten liefern. Wenn ein Betrieb die Art von Wert bietet, welche die Mitarbeiter mit Stolz erfüllt, empfehlen diese die Werkstatt natürlich Bekannten und Verwandten. Die wirkliche Überraschung ist, daß ihre Mundpropaganda stärkere Auswirkungen auf die Anzahl von neuen Kunden hat als Werbung und sonstige Verkaufsförderung zusammen.

Die Bedeutung einer auf starker Loyalität aufbauenden Strategie wird noch zwingender, wenn wir die Produktivitätsvorteile untersuchen. Als eine Kette ihre Filialen sowohl nach Loyalität als auch nach Produktivität auflistete, stellte sie fest, daß das obere Drittel bei der Mitarbeiterloyalität auch das obere Drittel bei der Produktivität war – und dies mit 22 Prozent mehr Verkäufen je Mitarbeiter als beim unteren Drittel. Selbst im Fast-food-Geschäft mit seiner rasanten Mitarbeiterfluktuation zeigen sich die Effekte relativer Mitarbeiterloyalität. Als eine Kette die Mitarbeiterfluktuation Filiale für Filiale analysierte, fand sie bedeutende Unterschiede: von deutlich unter 100 Prozent pro Jahr bis über 300 Prozent. Und sie stellte noch etwas anderes fest: Betriebe mit »niedriger« Fluktuation (100 Prozent im Durchschnitt) wiesen Gewinnspannen aus, die um 50 Prozent höher lagen als bei Betrieben mit höherer Fluktuation (von durchschnittlich 150 Prozent).

Wir befragten deshalb Hunderte von abtrünnigen Kunden von Brokerfirmen und fanden heraus, daß mehr als die Hälfte die Firma gewechselt hatten, weil ihre Broker die Firma gewechselt hatten. Von den profitabelsten abgewanderten Kunden hatten mehr als 70 Prozent aus diesem Grund die Firma gewechselt. Mitarbeiterilloyalität ist in dieser Branche ein echtes Problem; die Firmen liefern sich regelmäßig Kämpfe unter dem Motto »Wer bietet mehr?«, um die besten Leute von der Konkurrenz abzuwerben. Eine Brokerfirma klagte im *Wall Street Journal*, daß 30 Prozent der Broker in der Branche die Firma mehr als dreimal gewechselt hätten. Eine andere Brokerfirma untersuchte die Bindungsraten von Kundengruppen bei verschiedenen Brokerfluktuationsraten. Sie fand heraus, daß die Bindungsrate für einen Zeitraum von vier Jahren zwischen 75 Prozent für Kunden, die immer den gleichen Broker hatten, und 61 Prozent für diejenigen schwankte, die mit zwei Brokern gearbeitet hatten – und nur noch 53 Prozent bei den Kunden, die es mit drei und mehr Brokern zu tun hatten.

Um herauszufinden, wie all das die Wirtschaftlichkeit der Branche beeinflußt, unternahmen wir einen genauen Vergleich von Kundenbindung, Brokerbindung und Profitabilität der bedeutenden Brokerfirmen der USA. Wie erwartet, hatte die profitabelste Firma, A. G. Edwards, auch die höchsten Bindungsraten. Sie bekam auch einen höheren Prozentsatz des gesamten Anlagevermögens, das jeder Kunde der Firma anvertraute, was ihren Wettbewerbsvorteil noch erhöhte und Produktivität und Einkommen ihrer Broker steigerte. Ein anderes Unternehmen untersuchte die Beziehung zwischen Brokerfluktuation und Vermögensanteil und stellte fest, daß Kunden, die einen unfreiwilligen Wechsel ihres Brokers erlitten hatten, einen geringeren Anteil ihres Vermögens über die Brokerfirma investierten – 20 bis 30 Prozent weniger – als diejenigen, die ihren Broker behalten hatten.

Natürlich geht es bei den Brokern wie in jeder anderen Branche nicht darum, an beliebigen Mitarbeitern festzuhalten, sondern an den *richtigen*. Die Gefahr von juristischen Auseinandersetzungen und Regulierungsproblemen bringt es mit sich, daß das Festhalten an einem unfähigen Broker sogar noch kostspieliger sein kann als der Verlust eines kompetenten Brokers. Bei unserer Untersuchung abgewanderter Kunden stellten wir fest, daß die zweithäufigste Ursache für einen Wechsel zu einer anderen Brokerfirma – gleich nach der Entscheidung, einem guten Broker zu einer anderen Firma zu folgen – der Wunsch war, von einem schlechten Broker wegzukommen.

Offensichtlich haben es die Brokerfirmen nötig, viel Energie darauf zu verwenden, die richtigen Leute einzustellen und sie zu behalten. Doch die aktuelle Praxis ist wenig eindrucksvoll. Jahr für Jahr verliert die typische Firma 15 bis 20 Prozent ihrer Broker.

Die »Abwanderer« kategorisieren

Manchmal ist es schwer festzustellen, ob ein scheidender Mitarbeiter wirklich illoyal ist. Fast-food-Restaurants heuern Teenager an, von denen erwartet werden muß, daß sie das Unternehmen verlassen, wenn sie von der Schule gehen. Beratungsfirmen stellen Universitätsabsolventen ein, die drei oder vier Jahre bleiben, um wertvolle Erfahrungen und branchenübergreifende Perspektiven zu gewinnen, bevor sie zu anderen Tätigkeiten übergehen. Viele von denen, die Unternehmensberatungen verlassen, haben positive Erfahrungen gemacht und empfehlen ihre früheren Unternehmen Bekannten und Verwandten als großartige Arbeitsstätten. Einige heuern sogar ihre früheren Arbeitgeber für Beratungstätigkeiten während ihres Aufstiegs auf der Karriereleiter an.

Diese Leute sind wohl nicht illoyal im strikten Sinne dieses Wortes. Wie steht es aber mit denen, die zu einem direkten Konkurrenten überwechseln oder die Branche verlassen, aber nichts Gutes über ihre früheren Arbeitgeber zu sagen haben? Oder nehmen wir ein verzwickteres Problem: Was ist mit Arbeitnehmern, die Jahrzehnte bleiben, deren sinkende Produktivität sie aber zu einer Belastung des Unternehmens werden läßt? Ist der Arbeitnehmer illoyal, der für 5 Prozent mehr Gehalt das Unternehmen verläßt? Wie steht es bei einer Erhöhung um 50 oder 200 Prozent? Wie ist es bei der 50prozentigen Erhöhung, wenn der Weggang des Mitarbeiters die Firma in den Ruin führt und die Karrieren von Hunderten anderer Mitarbeiter ruiniert?

Mitarbeiterloyalität kann nur im Zusammenhang mit spezifischen persönlichen Situationen und den verfügbaren realistischen Karrierewegen bewertet werden. Die besten Firmen gehen nicht nur den Verlustraten nach; sie kategorisieren die Verluste und stellen dann die Verluste für jede einzelne Kategorie fest. MBNA zum Beispiel gibt sich die größte Mühe, ein hervorragender Arbeitgeber zu sein. Wenn also ein Mitarbeiter, der gute Leistungen erbringt, kündigt, so führt das Unternehmen ein Gespräch durch, um herauszufinden, warum. Die Fragen hängen von den Umständen ab. Mitarbeiter etwa, die das in New York ansässige Unternehmen verlassen, weil es Ehepartnerin oder Ehepartner an die Westküste der USA verschlägt, werden nicht mit Leuten in einen Topf geworfen, die zum Konkurrenten in derselben Straße überwechseln. Nach Ansicht von MBNA muß der Wechsel zur Konkurrenz besonders ernst genommen werden, da der Mitarbeiter eindeutig die Branche und die Art seiner Tätigkeit mag. Es stellt aber auch ein ernstes Problem dar, wenn Arbeitnehmer zu einer völlig anderen Arbeit übergehen. Falls Leute ihren Arbeitsplatz nicht mögen, könnten Rekrutierung, Fortbildung und Karrieremanagement allesamt verbesserungsbedürftig sein.

Jede »Abwanderer«-Kategorie hat ihre eigenen Bedeutungen und lehrt ihre eigenen Lektionen. Manchmal kann die Personalabteilung aus einem Weggang lernen, manchmal die Fortbildungsabteilung. Manchmal sind die gefundenen Ursachen für einen Vorgesetzten bedeutsam, der bestimmte Managementfähigkeiten verbessern muß. Wenn gute, produktive Arbeitnehmer anfangen, das Unternehmen zu verlassen, weil ihnen ihre Karriereaussichten begrenzt erscheinen, muß das Spitzenmanagement dies wissen, um das System so zu modifizieren, daß vielversprechende Mitarbeiter lernen und wachsen können.

Die wirtschaftlichen Effekte

Beim Studium einer Reihe von Branchen über zehn Jahre hinweg hat Bain ein typologisches Modell der sieben wirtschaftlichen Wirkungen entwickelt, die mit Mitarbeiterloyalität verbunden sind. Sie werden in Abb. 4.1 dargestellt.

Nicht in allen Branchen werden alle sieben Effekte auftreten, und die relative Bedeutung der Effekte wird von Branche zu Branche verschieden sein. Eine schnelle Übersicht wird Ihnen helfen zu entscheiden, welche Effekte für Ihr Unternehmen am bedeutsamsten sind.

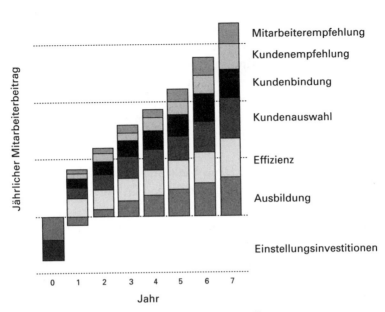

Abbildung 4.1: Warum langjährige Mitarbeiter Wert schaffen

- *Einstellungsinvestitionen.* Die meisten Kosten für die Rekrutierung sind offensichtlich: Kosten für Vorstellungsgespräche, Umzugskosten und so weiter. Vergessen Sie aber nicht, daß sich die wahren Investitionen je Mitarbeiter verdreifachen, wenn Sie drei Auszubildende anheuern müssen, von denen ein langfristig produktiver Mitarbeiter übrigbleibt – und dies ist bei Maklern, Lebensversicherungen und etlichen anderen Branchen die Regel.
- *Ausbildung.* Neu eingestellten Mitarbeitern eine Grundlage für produktive Arbeit zu geben erfordert häufig Ausbildung in Unterrichtsform wie auch am Arbeitsplatz. Die Vergütung während der Ausbildungszeit fließt nur zum kleinen Teil oder gar nicht in Form von Wertschöpfung in die Kasse der Firma zurück. Während gute Unternehmen fortgesetzt in die Fortbildung selbst ihrer erfahrensten Mitarbeiter investieren, werden die Ausgaben durch die kostenlose Ausbildung, die langjährige Mitarbeiter ihren jüngeren Kollegen zuteil werden lassen, mehr als ausgeglichen. Mit anderen Worten: Fortbildung für langjährige loyale Mitarbeiter gehört nicht zu den Kosten, sondern verwandelt sich in einen Nettonutzen.

- *Effizienz*. Auf der einfachsten Ebene lernen Arbeitnehmer mit den Erfahrungen, die sie am Arbeitsplatz gewinnen, effizienter zu arbeiten. Die steigende Effizienz bedeutet zudem, daß sie weniger Aufsicht benötigen, was zusätzlichen Nutzeffekt bringt. Hinzu kommt, daß Effizenz der Mitarbeiter das Produkt aus zwei Faktoren ist: Wie intelligent sie arbeiten, multipliziert mit der Intensität ihrer Arbeit. Dafür gilt die allgemeine Regel, daß Mitarbeiter, die stolz auf den Wert sind, den sie für die Kunden schaffen, und zufrieden mit dem Wert, den sie für sich selbst schaffen, motivierter sind und daher intensiver arbeiten.
- *Kundenauswahl*. Erfahrene Verkäufer und Marketingfachkräfte sind weitaus fähiger bei der Suche nach und Gewinnung der besten Kunden als andere. Im Verkauf von Lebensversicherungen zum Beispiel kommen erfahrene Agenten auf eine viel höhere Bindungsrate bei neuen Kunden als Anfänger. In vielen Fällen haben Neuverträge, die von neuen Agenten abgeschlossen werden, eine so geringe Lebensdauer, daß sie zu einem Verlustgeschäft für die Versicherungsgesellschaft werden.
- *Kundenbindung*. Wie wir bei Banken, Maklern und Autowerkstätten gesehen haben, bringen langjährige Mitarbeiter hohe Kundenloyalität hervor. Aber selbst in der industriellen Produktion, bei der die Arbeitnehmer selten Kunden zu sehen bekommen, können langjährige Mitarbeiter bessere Produkte, höheren Wert für den Kunden und bessere Kundenbindung erzeugen.
- *Kundenempfehlung*. Loyale Mitarbeiter sind mitunter eine Hauptquelle für Weiterempfehlungen von Kunden, wie wir im Fall der lokalen Kfz-Werkstätten gesehen haben.
- *Mitarbeiterempfehlung*. Langjährigen loyalen Mitarbeitern ist oft der Zufluß an hochqualifizierten Anstellungsbewerbern zu verdanken. Das erhöht nicht nur die durchschnittliche Qualität neu eingestellter Mitarbeiter, sondern verringert auch die Rekrutierungskosten. Unternehmen mit der höchsten Mitarbeiterbindung stellen durchweg den größten Teil ihrer neuen Kräfte auf Empfehlung von Mitarbeitern ein.

Dieses Modell der Mitarbeiterloyalität weist einige verblüffende Ähnlichkeiten zu dem in Kapitel 2 entwickelten Modell der Kundenloyalität auf. Da sich die zwei Wirkungsreihen oft gegenseitig verstärken, sind die wirtschaftlichen Auswirkungen der Loyalität oft mächtiger, als die Intuition vermuten läßt. Tatsächlich sind sie so eng miteinander verbunden, daß es oft schwierig ist, sie für analytische Zwecke auseinanderzuhalten. Dennoch müssen wir diese Unterscheidung vornehmen, wenn wir kluge Investitionsentscheidungen treffen und Kunden wie Mitarbeitern Werte in einer Weise zuteilen wollen, die das Geschäft in Gang hält und voranbringt. Der Schlüssel dazu ist die Entwicklung eines klaren Verständnisses für Ursache und Wirkung.

Ihre Mitarbeiter einfach dazu zu bewegen, länger beim Unternehmen zu bleiben, wird nicht unbedingt zu überragenden wirtschaftlichen Ergebnissen führen. Viele Unternehmen sind mit wenig produktiven Mitarbeitern überladen. Zum Beispiel schlagen sich viele Baby Bells (regionale Nachfolgegesellschaften der Bell Telephone Company) mit dem Problem von Mitarbeitern herum, deren Produktivität schon seit Jahren stagniert. Das alte Versprechen lebenslanger Beschäftigung zog Leute an, die im neuen, von Konkurrenz beherrschten Umfeld ihr Gehalt eigentlich nicht mehr wert sind. Die Abwanderungsquoten dieser Art von Mitarbeitern zu verringern ist nicht wertschöpfend. Das Problem beschränkt sich auch nicht auf Langgediente, denn in jedem Unternehmen lassen einige neu Eingestellte die Fähigkeit und die Motivation vermissen, die sie brauchen. An ihnen festzuhalten zerstört Wert.

Viele Unternehmen scheinen in einer Sackgasse gefangen zu sein. Die individuelle Produktivität ist zu niedrig, um das Unternehmen wettbewerbsfähig zu erhalten, doch die Manager können nicht sagen, welche Mitarbeiter unzureichende Leistungen erbringen, weil sie die individuelle Produktivität und den individuellen Beitrag zum Gewinn nicht aufspüren können. In anderen Fällen kann das Unternehmen die erstere feststellen, aber nicht die letztere, manchmal, weil ein Team, oft ein sehr großes, die Arbeitsleistung erbringt. Zum Beispiel kann eine Bank messen, wieviele Transaktionen ein Kassierer an einem Tag abwickelt, sogar, wieviele Irrtümer jeder Kassierer begeht, doch sie kann beispielsweise die Kundenbindung oder die Anzahl der Weiterempfehlungen nur für die gesamte Zweigstelle erfassen. Manche Banken sind nicht einmal dazu in der Lage, da wenige von ihnen zuverlässige Kundenmeßsysteme oder auch nur Filialenprofitabilitätssysteme haben. Solche Banken – und das sind die meisten – ignorieren einfach die wirtschaftlichen Auswirkungen von Kunden- und Mitarbeiterbindung, obwohl diese oft jene Erträge bei weitem übertreffen, die sich bei konventionell gemessener Produktivität ergeben.

Nehmen Sie den Kassierer, der die Kundenschlange ein wenig aufhält, um eine Kundin kennenzulernen, und dann die Kundin davon abhält, 90 Prozent ihres beträchtlichen Guthabens an eine Investmentgesellschaft zu überweisen. Der Kassierer bringt die Kundin dazu, sich mit dem Filialleiter zu unterhalten, der ihr die Vorteile der eigenen Fondsangebote der Bank erläutern kann. Vergleichen Sie diesen Kassierer mit einem, der, mag er auch noch so freundlich sein, rasch die Schlange abwickelt und dabei auch einfach den Überweisungsauftrag der wohlhabenden Kundin ausführt. Welcher von beiden weist die höhere Produktivität auf?

Die Banken sind nicht allein mit ihrer Unfähigkeit oder zumindest ihrem Versäumnis, die Beiträge einzelner Mitarbeiter zu den Erträgen zu messen. Aber einige Unternehmen haben Wege gefunden, Teams und einzelne Mitarbeiter in einer Weise zu beobachten, welche die wirtschaftlichen Effekte der Mitarbeiterloyalität sowohl sichtbar als auch verständlich macht. Vielleicht weil die Verkaufsleistung naturgemäß leicht zu messen ist, vielleicht weil Brokerfirmen mehr über ihre Systeme zur Profitabilitätsberechnung nachgedacht haben, können wir die Cash-flow-Konsequenzen von Brokerloyalität ziemlich detailliert messen. Da die einzelnen angestellten Makler individuelle Geschäftsbücher führen, können wir sechs der sieben wirtschaftlichen Auswirkungen unseres Sieben-Punkte-Modells individuell verfolgen. (Der Mitarbeiterempfehlungseffekt wird nur jeweils für eine Zweigstelle insgesamt sichtbar.)

Abb. 4.2 faßt die Beiträge des durchschnittlichen Maklers zum Gewinn im Verlauf der Jahre zusammen, in denen er Erfahrungen sammelt. Die Vorabkosten der Rekrutierung eines Auszubildenden übersteigen 50 000 Dollar. (Bei Einbeziehung der anteiligen Fix- und Kapitalkosten übersteigen die Gesamtaufwendungen dafür, einen neuen Makler oder eine neue Maklerin bis zum Punkt der Profitabilität für die Firma zu bringen, 100 000 Dollar.). In seinem zweiten Jahr verdient ein Makler etwa 25 000 Dollar als Beitrag zu seinen eigenen Fixkosten. Erst im dritten Jahr trägt er etwas zum Gewinn bei.

Abb. 4.2 zeigt deutlich, daß es einen bedeutenden positiven Effekt für eine Brokerfirma haben kann, gute Mitarbeiter längere Zeit zu halten. Durch Erfahrung lernen Makler, Kunden effektiver auszuwählen, so daß ihre Kundenbindungsraten und die Vermögensquote steigen. Da mehr und mehr neue Kunden durch Weiterempfehlung zu ihnen kommen, verbringen sie weniger Zeit mit der Suche nach potentiellen Kunden. Im fünften Jahr ist die Produktivität eines durchschnittlichen Maklers auf über 200 000 Dollar an Bruttoprovisionen gestiegen. Das ist sehr profitabel für das Unternehmen, das davon 52 000 Dollar als jährlichen Gewinnbeitrag verdient, und auch für den Makler, der 35 bis 40 Prozent der Bruttoprovisionen bekommt.

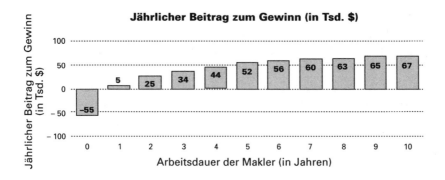

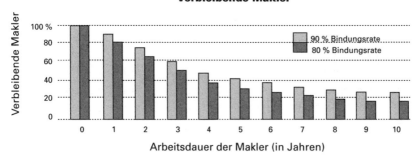

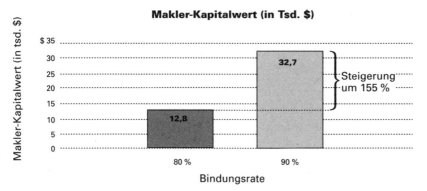

Abbildung 4.2: Berechnung des Maklerwerts

Wenn es noch irgendwelche Zweifel daran gibt, wie profitabel es ist, gute Broker lange zu behalten, so können wir sie mit einer letzten Zahl ausräumen. Um diese Zahl zu errechnen, brauchen wir mehr als die Gewinnbeiträge pro Broker im oberen Teil von Abb. 4.2. Wir brauchen auch das Maklerfluktuationsmuster im mittleren Teil von Abb. 4.2, das zeigt, daß bei einer Bindungsrate von 80 Prozent (für die meisten Firmen der Branche heute eine typische Quote) mehr als 50 Prozent der Neurekrutierungen bis zum Ende des dritten Jahres die Firma verlassen haben – gerade dann, wenn sie anfangen, Gewinne für das Unternehmen zu erwirtschaften. Das bedeutet, daß die wirkliche Investition zur Gewinnung eines profitablen Maklers höher liegt als die zuvor erwähnten 100 000 Dollar. Die Firma muß tatsächlich *drei* neue Makler anheuern und ausbilden, um einen zu bekommen, der lange genug bleibt, um akzeptable Beiträge zu den Gewinnen zu leisten. Daher liegt die wirkliche Investition in jeden langfristigen Makler eher bei 300 000 Dollar. Das hilft zu erklären, warum eine Erhöhung der Maklerbindungsrate von 80 auf 90 Prozent den Wert des durchschnittlichen neuen Maklers um 155 Prozent steigert, also auf mehr als das Zweieinhalbfache.

Den Wert der Mitarbeiterbindung in Ihrem Geschäft zu berechnen mag allerdings nicht so leicht sein, wie es scheint. Sie werden vermutlich neue Meßsysteme schaffen und dann lernen müssen, die Ergebnisse zu analysieren. Es gibt aber wenig Zweifel, was Sie finden werden: Die Beträge, die Sie jetzt in Rekrutierung und Ausbildung investieren, werden Sie beeindrucken, und erschrecken werden Sie über die Gewinne, die Ihnen durch unerfahrene Mitarbeiter entgehen – wegen ihrer unterdurchschnittlichen Produktivität, fehlerhaften Kundenauswahl, mageren Kundenbindungsrate und geringen Vermögensquote. Und der potentielle Effekt einer Steigerung der Mitarbeiterloyalität auf die Gewinne könnte Sie vielleicht so schockieren, daß Sie zum Handeln gezwungen sind.

Wer noch immer skeptisch ist, sollte sich die Beziehung zwischen Maklerbindung und Profitabilität bei den führenden Brokerhäusern der USA ansehen. Die Firma mit der höchsten Maklerbindungsrate, A. G. Edwards, führt auch die Profitabilitäts-Hitparade an. Die durchschnittliche Eigenkapitalrendite von Edwards beläuft sich für die letzten zehn Jahre auf 18 Prozent – mehr als das Doppelte des Branchendurchschnitts –, und die Maklerfluktuation ist mit 8 Prozent um etwa halb so groß wie im Branchendurchschnitt. Wieder einmal scheint die Makroökonomik des Wettbewerbs die Mikroökonomik der Loyalität zu bestätigen.

Aber wie genau macht A. G. Edwards das?

Loyalität verdienen

Mitarbeiterloyalität wirklich zu *verdienen*, sie nicht nur durch Glück oder Umstände zu erfahren, hängt nicht nur davon ab, die richtigen Loyalitätswerkzeuge zu haben. Die richtigen Werkzeuge – Meßmethoden, Praktiken und Richtlinien – sind alle sehr wichtig, wie der Fall von A. G. Edwards zeigt. A. G. Edwards zeigt aber auch, wie wichtig es ist, mit der richtigen geistigen Einstellung zu beginnen, in Begriffen von Loyalität und Wertschöpfung zu *denken*, bevor man Strategien und Taktiken entwickelt.

Zunächst sucht sich A. G. Edwards eine andere Art von Brokern aus als die Konkurrenten. Statt nach den Supermännern und -frauen des Verkaufs Ausschau zu halten, siebt die Firma Individuen aus, die ihre Philosophie teilen, daß es nämlich Aufgabe des Maklers ist, als Agent für den Kunden zu handeln. Der Chef des Unternehmens, Ben Edwards III, formuliert es so: »Wir wollen jemand mit Charakter, der unsere Wertvorstellungen teilt und in unsere Unternehmenskultur paßt. Wir streben eine langfristige, glückliche Ehe an.«[6]

Ein anderer Aspekt des Denkens von A. G. Edwards, der die Auswahl von Mitarbeitern verbessert, ist die Einstellung der Firma zum Wachstum. Das Unternehmen hat keine willkürlichen Ziele oder Budgets, die die Manager dazu drängen, tiefer in den Talent- oder Charakterpool einzutauchen, als es ihnen angenehm ist. Die meisten anderen Maklerfirmen setzen Einstellungsziele fest und bewerten die Rekrutierer danach, ob diese Ziele erreicht werden. Es überrascht nicht, daß die Anwerber ihre Qualitätsnormen strecken, die naturgemäß nicht leicht zu messen sind, um die Mengenziele zu erreichen, die leicht meßbar sind. A. G. Edwards heuert in relativ gleichmäßigem Rhythmus an und hat auf diese Weise unabhängig vom Auf und Ab der Marktentwicklung einen stabilen Stab von Maklern – ganz im Gegensatz zu den Konkurrenten, die in den Jahren des Booms viel mehr Auszubildende einstellen, als sie überhaupt ausbilden und übernehmen können, und dann in den Jahren des Niedergangs drastisch zurückstecken und fast niemanden einstellen.

Ben Edwards meidet auch die in der Branche übliche Praxis, Makler mit Vorabbonuszahlungen von der Konkurrenz abzuwerben. »Das würde die falsche Art von Leuten anlocken«, sagt der CEO, »und es wäre unfair gegenüber unseren loyalen Mitarbeitern. Die Botschaft wäre, daß der beste Weg, um eine Menge Geld zu verdienen, der ist, von Firma zu Firma zu springen.«[7]

Ein weiteres Bindeglied im System hoher Bindung von A. G. Edwards ist der Grundsatz, Filialleiter selten rotieren zu lassen. Wenn das Unternehmen auf Manager stößt, die besonders gut im Aufbau neuer Filialen sind, fördert es sie und bezahlt sie angesichts der gewöhnlich niedrigen Gewinne neuer Filialen nach einem modifizierten Entgeltsystem. Die überwältigende Mehrheit der Filialleiter bleibt, wo sie ist, und ihre Bezahlung hängt davon ab, wie erfolgreich der einzelne die Gewinne seiner eigenen Filiale nutzt, um diese aufzubauen. 90 bis 95 Prozent der höheren Positionen werden durch Beförderungen aus den eigenen Reihen besetzt, was die Loyalitätskultur weiter verstärkt. Die neun Mitglieder der Geschäftsführung sind im Durchschnitt über 25 Jahre beim Unternehmen und halten alle eine bedeutende finanzielle Beteiligung an der Firma.

Mitarbeiter fair zu behandeln ist ein Merkmal des Systems von A. G. Edwards. Nachdem er sich für die abgedroschene Formel entschuldigt hat, beschreibt Ben Edwards die Vorgehensweise des Managements als »der Goldenen Regel folgend – Leute so zu behandeln, wie man selbst gern behandelt würde.«[8] Die Fairneß erstreckt sich auch auf die Bezahlung der leitenden Angestellten. Wie andere Loyalitätsführer zahlt Edwards seinen Spitzenmanagern weniger als die meisten Konkurrenten. Ben Edwards selbst hat in den letzten Jahren im Durchschnitt weniger als eine Million Dollar pro Jahr verdient, was er auf ein Fünftel bis ein Drittel dessen schätzt, was seine Kollegen bei der Konkurrenz erhalten.

A. G. Edwards bemüht sich intensiv darum, die richtige Art von Trainees zu gewinnen, Leute, die den Charakter und die Integrität der Firma erhalten oder noch verbessern. Ebenso intensiv hilft das Unternehmen ihnen, das Ausmaß an Produktivität zu erreichen, mit dem sie ihre Einkommenswünsche erfüllen können und mit dem das Unternehmen ihre dauerhafte Loyalität »verdient«. Bei Kündigungen gibt sich das Management große Mühe zu verstehen, warum ein erfolgreicher, produktiver Makler weggehen möchte. Das Unternehmen führt dann Gespräche durch, um die Ursachen etwaiger Unzufriedenheit zu finden.

Natürlich sind Charakter und Loyalität nicht die einzigen Bedingungen, die ein Makler erfüllen muß. Trainees müssen auch die Fähigkeit mitbringen, wirtschaftlich produktiv zu werden. Edwards hat aber sein System so konstruiert, daß Makler nicht so viel verkaufen müssen wie bei anderen Firmen, um einen Gewinn für das Unternehmen zu erwirtschaften. Zum einen hat Edwards kleinere Filialen mit acht bis zehn Brokern gegenüber einem Branchendurchschnitt von 20 bis 30. Die Filialleiter agieren als Trainer und Mitspieler; sie bedienen manche Kunden selbst.

Zusätzlich sind die Flächenkosten je Mitarbeiter nicht so hoch wie bei den Konkurrenten. Mit seiner Hauptverwaltung in St. Louis ist A.G. Edwards der einzige bedeutende Makler, der die Fixkosten einer Hauptverwaltung in Manhattan vermeidet. Zudem hat sich das Unternehmen schon immer auf geografische Gegenden konzentriert, die den Loyalitätscharakter verstärken, besonders kleinere Märkte und Vorstadtstandorte. Ein repräsentativer Querschnitt durch neu eröffnete Filialen enthält South Hills in Pennsylvania; Lima, Ohio; Tifton, Georgia; Branson, Missouri; Boynton Beach, Florida und Morgantown, West Virginia.

A.G. Edwards betreibt keine landesweite Werbung. Das spart nicht nur Geld, sondern bekräftigt die Botschaft, daß die beste Wachstumsquelle Weiterempfehlungen sind. Das Unternehmen benutzt auch ein lineares Entgeltsystem, was den Druck auf Makler vermindert, die sich schwertun, zu größeren Umsätzen zu kommen. Die Konkurrenten zahlen geringere Provisionen an Makler mit geringen Umsätzen, doch diese Praxis verführt neue Makler dazu, zu großen Druck auf Kunden auszuüben, bestimmte Angebote in großem Umfang wahrzunehmen, und zwar manchmal in einer Art, die nicht im wohlverstandenen Kundeninteresse liegt.

Das Unternehmen leitet einen Teil der Früchte seiner Effizienz direkt an die Kunden weiter. *Smart Money*, das Magazin des *Wall Street Journal* für persönliche Finanzen, stufte kürzlich Brokerfirmen nach der Höhe ihrer Preise ein. Es überraschte niemanden, daß A. G. Edwards dabei mit den niedrigsten Preisen zu höchsten Ehren kam. »Wenn wir den Kunden ein wenig unterdurchschnittlich belasten und den Makler ein wenig überdurchschnittlich bezahlen«, sagt Ben Edwards, » können wir den Unterschied dadurch wettmachen, daß wir effizienter sind.«[9]

A.G. Edwards gewann auch den Preis von *Smart Money* für die beste fortlaufende Brokerausbildung. Die Firma räumt der Aus- und Fortbildung eine so hohe Priorität ein, daß Ben Edwards die Seminare oft selbst leitet. Während aber die Ausbildung bei vielen anderen Firmen die Unterweisung darin einschließt, wie diejenigen Kapitalanlagen an den Kunden zu bringen sind, die für das Unternehmen die höchste Rendite abwerfen, konzentriert sich Edwards darauf, wie die Kunden am besten zu bedienen sind.

Einzigartig in der Branche ist A.G. Edwards mit seiner Weigerung, eigene Investmentprodukte zu produzieren, weil es sonst zu Interessenkonflikten kommen könnte. Andere Brokerfirmen können den fetten Gewinnmargen nicht widerstehen, die sie mit hauseigenen Investmentfonds verdienen können; deshalb zahlen manche den Maklern höhere

Provisionen, um einen hauseigenen Fonds besonders zu fördern, selbst wenn ein außenstehender Fonds für den Kunden günstiger sein könnte. Schlimmer noch: Wenn die Investmentabteilung einer Bank auf Beständen sitzenbleibt (Schwierigkeiten bei der Anfangsplazierung, zweifelhafte geschlossene Fonds), ist die Versuchung groß, die Brokerprovisionen zu erhöhen, um die Broker dazu zu drängen, die Investitionen auf gutgläubige Kunden abzuladen. Wenn Makler sehen, daß ihre Firmen kurzfristige Gewinne für wichtiger halten als die Interessen der Kunden, können sie kaum zu einem anderen Schluß kommen, als daß es in Ordnung ist, ihre eigenen Interessen ebenfalls über die der Kunden zu stellen. Diese Art von Interessenkonflikt ist bei A.G. Edwards selten.

Wenn Ben Edwards am Schluß eines Jahresberichtes schreibt: »Wir sind darauf eingeschworen, die bestmögliche Arbeit für unsere treuen Kunden zu leisten«[10], so ist das mehr als ein Lippenbekenntnis. Sein Unternehmen kommt auf die wenigsten Schlichtungsentscheide in der Branche – weniger als halb soviel wie die Nummer zwei, Merrill Lynch. Worauf Edwards nicht hinweist, ist, daß die Kombination von guten, verläßlichen Einkommen, einem Verkaufsumfeld mit wenig Druck und dem Grundsatz, daß der Kunde an erster Stelle steht, auch glücklichere Makler hervorgebracht hat. Durch die Konstruktion eines loyalitätsbasierten Geschäftssystems, das 92 Prozent Maklerbindung in einer Branche erreicht, in der nur 80 bis 85 Prozent üblich sind, hat Edwards aus seinen Kunden und Mitarbeitern Gewinner gemacht – und aus seinen Investoren ebenfalls. Erinnern wir uns: Die Rendite des Eigenkapitals belief sich im letzten Jahrzehnt bei Edwards auf über 18 Prozent.

Chick-fil-A

Ein anderes Unternehmen, das sich in hervorragender Weise Mitarbeiterloyalität verdient hat, ist Chick-fil-A, die Fast-food-Kette in Einkaufszentren, die wir in Kapitel 1 vorstellten. Wie wir sehen werden, gibt es erstaunliche Ähnlichkeiten in den grundlegenden Geschäftsphilosophien zwischen Chick-fil-A und A. G. Edwards trotz den offensichtlichen sonstigen Unterschieden zwischen ihren Branchen. Beide Unternehmen gehen auf ihre Weise von der Goldenen Regel aus. Chick-fil-A hat sie in ein System übersetzt, das die Interessen der Filialleiter mit denen des Unternehmens synchronisiert und den Kunden die letzte Gewalt über beide verleiht.

Die Ergebnisse sind eindrucksvoll. In einer Branche, in der sich die jährliche Filialleiterfluktuation auf 30 bis 40 Prozent beläuft, verliert Chick-fil-A im Jahr nur 3 bis 4 Prozent seiner Filialleiter, darunter fast keinen aus den zwei Dritteln mit der höchsten Leistung. Der wirtschaftliche Nutzen dieser überragenden Loyalität hat es dem Unternehmen gestattet, in 49 Jahren 600 Betriebe ohne Fremdkapital zu eröffnen. Das loyalitätsbasierte System von Chick-fil-A hat nicht nur eindrucksvolles Wachstum finanziert, sondern auch eine überragende Bezahlung seiner Betriebsleiter. Manager von Fast-food-Restaurants verdienen in den USA gewöhnlich zwischen 30 000 und 35 000 Dollar jährlich. Der durchschnittliche Chick-fil-A-Manager bringt es auf etwa 45 000 Dollar, und die besten zehn Prozent kommen auf über 100 000 Dollar – ein Gehalt, von dem man im Rest der Branche nur träumen kann.

Offensichtlich spielt überragende Bezahlung eine Rolle bei der Gewinnung überragender Loyalität bei den Filialleitern. Wie kann es sich Chick-fil-A aber *leisten*, in der preissensiblen Welt der Fast-food-Branche 30 bis 40 Prozent mehr zu bezahlen als seine Konkurrenten? Im Herzen des Erfolgs von Chick-fil-A befindet sich das partnerschaftliche Geschäft, welches das Unternehmen mit seinen Managern abschließt. Leiter neuer Betriebe hinterlegen nur 5 000 Dollar Angeld (Pfand), ein sehr bescheidener Betrag, da ein neues Restaurant mindestens 250 000 Dollar kostet und das Unternehmen das Angeld erstattet, wenn der Filialleiter das Unternehmen verläßt. Den Betriebsleitern wird ein Grundeinkommen von 24 000 Dollar garantiert, und sie erhalten 50 Prozent der Filialgewinne nach Zahlung von 15 Prozent der Einnahmen für Dienstleistungen des Unternehmens. Das ist die Art und Weise, auf die Chick-fil-A die Interessen seiner Manager mit denen des Unternehmens synchronisiert. Sowohl die Filialleiter als auch die Hauptverwaltung haben einen großen Anreiz, sich gegenseitig zum Erfolg zu verhelfen. Anders als in konkurrierenden Ketten, bei denen jeder Dollar mehr für den Manager ein Dollar weniger für das Unternehmen ist, wird Chick-fil-A alles in seiner Macht Stehende tun, um den Filialleitern zu mehr Verdienst zu verhelfen.

Ein anderer auffallender Unterschied zu konkurrierenden Restaurantketten ist das Karrierekonzept von Chick-fil-A. Die meisten Ketten schicken Manager von einem Zweigbetrieb zum anderen, wobei sie deren Verantwortlichkeiten und Entlohnung schrittweise erhöhen. Manager schreiten von kleinen über mittlere zu großen Betrieben voran, dann zu Betrieben, die eine Sanierung nötig haben, oder zu neuen Märkten. Wer bei all diesen Herausforderungen erfolgreich ist, kann dann in eine regionale Managementposition aufsteigen, und alle Superstars werden schließlich in die Hauptverwaltung berufen. Chick-fil-A hält diese Vorgehensweise für rückständig. Das Unternehmen denkt nicht im Traum daran, Betriebsleiter zwischen verschiedenen Filialen rotieren zu lassen und damit immer wieder die Beziehungen zu zerstören, die sie zu Kunden und Mitarbeitern entwickelt haben. Das könnte jedermanns Gewinne beeinträchtigen.

Nur wenige Filialleiter scheinen die mangelnde Aussicht auf eine spätere Position in der Hauptverwaltung zu bedauern. Sie sind im Restaurantgeschäft, nicht im Verwaltungsgeschäft. Die meisten von ihnen wollen ohnehin nicht mit ihren Familien nach Atlanta umziehen, vor allem nicht, wenn sie jährlich mehr als 100 000 Dollar da verdienen können, wo sie sind. Statt dessen tut Chick-fil-A sein Bestes, um talentierten, ehrgeizigen Managern, die ihre Filialen gut managen, lokale Wachstumschancen zu bieten. Trotz des starken, im Laufe der Zeit verfestigten Glaubens an das Prinzip »Ein Betriebsleiter, ein Betrieb« gibt das Unternehmen jetzt seinen besten Filialleitern die Chance, zusätzliche Dienstleistungen anzubieten: Catering- und Partyservice, Imbißwagen und Schulspeisungsprogramme, die auf ihrer Kenntnis des lokalen Marktes aufbauen. Das Unternehmen hat auch begonnen, Filialleitern die Erlaubnis für Mensen oder sonstige Universitätsbelieferungen sowie zur Einrichtung von Kantinen in Krankenhäusern und anderen Institutionen zu erteilen und bezahlt die besten Filialleiter dafür, Manager zur Leitung dieser neuen Betriebe auszubilden.

Das Wachstum von Chick-fil-A wird von der Verfügbarkeit erstklassiger Managementkandidaten und von der Fähigkeit des Unternehmens bestimmt, Cash-flow zu schaffen, nicht von der Anzahl neuer Betriebe, die es haben müßte, um den gegenwärtigen Aktienkurs zu maximieren. Diese Strategie erlaubt es Chick-fil-A, bei der Auswahl der Personen zur Leitung seiner Betriebe sehr wählerisch zu sein. Bei der Rekrutierung von Filialleitern werden gesunder Menschenverstand, hohe Ideale und viel Zeit und Mühe kombiniert, um die Kandidaten kennenzulernen, von denen die meisten von derzeitigen Managern oder anderen Mitarbeitern empfohlen worden sind. Frühere Erfahrungen im Lebensmittelgeschäft sind nicht erforderlich, ja, sie spielen überhaupt keine Rolle für die Entscheidungen. Statt dessen hält das Unternehmen nach Bewerbern mit gutem Charakter, Ehrgeiz und Interesse an Menschen Ausschau. Truett Cathy, der Gründer des Unternehmens, drückt es so aus: »Wir wählen keinen Betriebsleiter aus oder ziehen ihn auch nur in Erwägung, wenn wir nicht wollen, daß diese Person so lange bei uns bleibt, bis einer von uns stirbt oder in Pension geht.« Die letzte Entscheidung über Anstellung oder Nichtanstellung einer Kandidatin oder eines Kandidaten hängt oft von der Antwort auf eine einzige Frage im Kopf des Interviewers ab: »Würde ich es gern sehen, daß mein Sohn oder meine Tochter für diese Person arbeitet?«

Die Mitarbeiterfluktuation ist mit 120 Prozent pro Jahr ebenfalls niedriger als die 200 bis 300 Prozent für die Branche insgesamt. Das liegt teilweise daran, daß sich das Unternehmen sehr darum bemüht, Manager zu finden, für die junge Leute gern arbeiten, und zum Teil daran, daß ein Filialleiter, der im Betrieb bleiben will, bei Einstellung und Management von Personal umsichtiger zu Werke geht. Doch auch die Richtlinien des Unternehmens helfen dabei: Jedes Belegschaftsmitglied, das mindestens zwei Jahre bleibt und durchschnittlich mindestens zwanzig Stunden pro Woche arbeitet, kann ein Stipendium von 1 000 Dollar erhalten. 1993 vergab das Unternehmen mehr als 1 000 Stipendien.

Das klingt nicht nur wie eine Einstellung zum Geschäftsleben nach der Goldenen Regel, es ist auch genau das. Truett Cathy ist ein so überzeugter Christ, daß alle Chick-fil-A-Filialen an Sonntagen geschlossen sind, was den finanziellen Erfolg des Unternehmens noch eindrucksvoller macht. Die Konkurrenten haben sieben Tage die Woche geöffnet. Zwar hat die Sechs-Tage-Strategie einen religiösen Hintergrund, sie hilft dem Unternehmen aber auch, talentierte Manager zu finden, die nicht sieben Tage die Woche arbeiten wollen. Der Kernwert im Zentrum der Partnerschaftsvereinbarung von Chick-fil-A mit seinen Managern und für die Behandlung der Mitarbeiter und Kunden ist aber jener alte Ausspruch, der dadurch nicht weniger wahr ist, daß er wie eine Platitüde wirkt. Ben Edwards zitiert ihn, und alle loyalitätsbasierten Systeme stützen sich auf ihn. Truett Cathy drückt es so aus: »Behandle den Mitmenschen so, wie du gern von ihm behandelt würdest.«

Loyalitätsbasierte Systeme zahlen sich auf vielerlei Weise aus. Ein verblüffender Vorteil der gut eingespielten Partnerschaftsbeziehungen von Chick-fil-A ist, daß das Unternehmen sehr wenig Overheadkosten für Management und Kontrolle seiner Filialen aufwenden muß. Der gesamte Außendienst besteht aus 25 Mitarbeitern. Und indem es seinen Filialleitern einen sinnvollen Lebensunterhalt und nicht nur eine Stufe auf dem Karriereweg bietet, hat Chick-fil-A eine Cash-flow-Maschine konstruiert, die seit 25 Jahren stetiges Wachstum finanziert. Die jährlichen Einnahmen belaufen sich jetzt auf 400 Millionen Dollar, die Wachstumsraten lagen in den letzten zehn Jahren zwischen 10 und 15 Prozent, und in der gesamten Firmengeschichte gab es nicht ein Jahr, das rückläufig war.

Ich fragte Truetts Sohn Dan, was das Schlüsselelement der Strategie von Chick-fil-A sei, und er sagte: »Es ist nicht das Rezept für das Sandwich oder die Qualität des Essens oder das Konzept der Standortwahl in Einkaufszentren oder die Ausbildung. All dies ist wichtig, doch der Schlüssel sind unsere Filialleiter, ihre Fähigkeiten und unsere Beziehungen zu ihnen. Mit der Zeit wird sich unser System verändern und entfalten, so daß es dem vollen Potential unserer besten Restaurantmanager entsprechen kann.«[11]

In jedem Chick-fil-A-Betrieb ist eine Plakette mit der Inschrift angebracht: »Pflegen Sie nur Umgang mit den Leuten, auf die Sie stolz sein können – ob sie nun für Sie arbeiten oder Sie für sie.«

State Farm

Im Durchschnitt bleiben nur 20 bis 40 Prozent der Versicherungsagenten, die neu für ein Unternehmen arbeiten, diesem wenigstens vier Jahre treu. Bei State Farm bleiben mehr als 80 Prozent vier Jahre oder länger. State Farms Geheimrezept für diese Art von Loyalität gleicht dem bei Chick-fil-A sehr trotz des Riesenunterschieds zwischen den angebotenen Produkten. Bei beiden Unternehmen hat das Loyalitätssystem vier Grundbestandteile: sorgfältige Personalauswahl; auf maximales Produktivitätswachstum ausgerichtete Karrierepfade; ein Partnerschaftskonzept, das die Interessen des Unternehmens mit denen der Mitarbeiter in Einklang bringt; und wiederum eine Hingabe an etwas, das der Goldenen Regel sehr ähnlich sieht.

So wie der erste Schritt zur Gewinnung hoher Kundenloyalität darin besteht, die richtige Art von Kunden aufzuspüren, so ist der erste Schritt zur Gewinnung der Loyalität von Agenten sorgfältige Rekrutierung. Wie *Fortune* es formuliert: »Neue Agenten von State Farm werden mit einer Sorgfalt angeheuert, die man auf die Wahl eines Ehepartners anwenden könnte – was in einem geschäftlichen Sinne nicht weit entfernt von dem ist, was geschieht.«[12] Anders als ein Mitarbeiter, dem ja jederzeit gekündigt werden kann, bleiben Agenten, wenn sie einmal ernannt worden sind, gewöhnlich auf Lebenszeit beim Unternehmen, wenn sie nicht aufgeben oder sich etwas Gravierendes zuschulden kommen lassen. Da der durchschnittliche Agent 15 bis 20 Jahre lang bei State Farm verweilt, könnte die Ehe-Analogie eher eine Unter- als eine Übertreibung der Realität sein.

Trotz State Farms hervorragender Leistungen in der Vergangenheit plant das Unternehmen, noch einen Schritt weiterzugehen. In der Zukunft werden angehende Agenten zwei bis drei Jahre in einer Angestelltenposition verbringen müssen, bevor sie Partner werden können. Neue Agenten werden dann ihr Geschäft schon besser kennen, und das Unternehmen wird seine Agenten besser kennen – das Verfahren wird dann eher der Auswahl von Partnern in einer Rechtsanwaltspraxis entsprechen als der gewöhnlichen Auswahl von Vertriebspersonal. Die Karrierepfade von Agenten bei State Farm sind anders als bei den meisten anderen großen Versicherern. Die meisten Agenten wollen ihren Job für den Rest ihres Lebens behalten – und die meisten wollen in ihrer ursprünglichen Region bleiben. Einige wenige entschließen sich am Ende, ins Management aufzurücken; das bedeutet aber gewöhnlich eine Gehaltseinbuße und eine bedeutende Reduzierung des künftigen Einkommenspotentials. Die Mitarbeiter, die ins Management überwechseln, sind also die, die Verwaltung wirklich mögen und vermutlich gute Administratoren werden. Was noch mehr überrascht: der Administrator, der schließlich zum Präsidenten des Unternehmens aufsteigt, wird nur einen Bruchteil dessen verdienen, was Spitzenagenten verdienen.

Während andere Versicherungsgesellschaften mit anderen Vertriebsformen als über Agenten experimentieren – Marketing per Telefon oder über Bankfilialen und Direktwerbung –, bleibt State Farm loyal gegenüber seinen Agenten. Da Direkt-Mailings der kostengünstigste Weg zur Geschäftsabwicklung mit manchen Kunden sind, hat State Farm dafür bei der Hauptverwaltung eine Kapazität geschaffen. Es bietet diesen Dienst aber auch seinen Agenten zur beliebigen Anwendung an: Die Hauptverwaltung schickt nie Direkt-Mailings an Kunden, sofern der Agent nicht darum bittet – und übrigens auch dafür bezahlt. Das Unternehmen hat auch bedeutend in Computersysteme investiert, um die Agentenproduktivität zu erhöhen, und hat 1 100 lokale Regulierungszentren eingerichtet, um besseren Kundendienst zu bieten und die Agenten ihrerseits zu besserem Kundendienst zu befähigen.

State Farm-Agenten sind unabhängige Vertragspartner, die Geld in ihr eigenes Geschäft investieren. Während die meisten Versicherungsgesellschaften für die Büros ihrer Agenten, deren Angestellte und die Sozialversicherung bezahlen und dann eine Pauschale von der Agentenprovision abziehen, zahlt State Farm seinen Agenten eine Provision und überläßt es ihnen zu entscheiden, wie sie das Geld ausgeben – für Büros, für Angestellte oder für sich selbst. Eine typische Vertretung beschäftigt zwei bis vier Personen, die alle vom Agenten entlohnt werden, und jede Vertretung kommt selbst für Mieten und alle anderen Unkosten auf. Mit anderen Worten: Die Provisionsstruktur von State Farm schafft Anreize, die weitgehend denen von Chick-fil-A gleichen, und unterstützt eine ähnliche Harmonisierung der Interessen, die Unternehmen und Agenten dazu anspornt, gegenseitig für beider Erfolg zu arbeiten. Da die Agenten von State Farm ihr eigenes lokales Geschäft betreiben, treffen sie Ausgaben- und Investitionsentscheidungen mit Bedacht, also so, wie es Partner für gewöhnlich tun. Im Gegenzug vertreibt State Farm seine Produkte ausschließlich (exklusiv) über seine Agenten und bezieht diese in alle Entscheidungsprozesse mit ein, die sie oder ihre Kunden betreffen. Diese partnerschaftliche Vorgehensweise ist das, was diese »Ehen« funktionieren läßt. Die 15 bis 20 Jahre, die der durchschnittliche Agent bei State Farm bleibt, heben sich sehr positiv vom Branchendurchschnitt ab.

Die lokale Zeitung in State Farms Heimatstadt veröffentlichte 1993 ein Interview mit dem neu ernannten Vizepräsidenten des Unternehmens, Chuck Wright, der für die Beziehungen zu den 18 000 Agenten des Unternehmens verantwortlich ist. Der Artikel faßt die Unternehmensphilosophie von State Farm wie folgt zusammen:

Kunden- und Mitarbeiterloyalität ist keine läppische Neuheit für State Farm Insurance Companies ... Sie gehörte seit 1922 zur Art des Unternehmens, seine Geschäftstätigkeit durchzuführen, sagte (Wright). »Wir prosperierten durch langfristige Bindung unserer Mitarbeiter, unserer Agenten, und wir haben versucht, loyal und fürsorglich zu unserer Kundenbasis zu sein.«[13]

George Mecherle, der Gründer des Unternehmens, äußerte sich schon vor langer Zeit, in den 30er Jahren, ähnlich, wenn auch poetischer:

Das kleine im Jahr 1922 gepflanzte Saatkorn, das vom Sonnenlicht der hingebungsvollen Arbeit der Vertretungen genährt worden und von den lebenspendenden Wassern der Beständigkeit der Policeninhaber aufrechterhalten worden ist, ist in Wurzeln und Zweigen gewachsen – wobei es einen Mantel von Service und Schutz über das ganze Land ausbreitete –, bis die gereiften Früchte seiner vielen Zweige heute als Wohltaten in die Leben, Heime und Herzen unserer Menschen fallen.[14]

Mecherles Formulierung mag blumig sein, aber sein Sinn für Service und moralische Verpflichtung ist so eindrucksvoll wie der von Truett Cathy. Ed Rust Sr., der später die Leitung von State Farm übernahm, sagte über die Grundwerte, auf denen der Unternehmensgründer Mecherle sein Werk aufbaute: »Nie habe ich erlebt, daß er hinsichtlich Unternehmensangelegenheiten eine Position bezog, ohne den Vorschlag vorher auf sich selbst anzuwenden, um sicherzustellen, daß er fair behandelt würde, wenn er selbst der Versicherte wäre.«[15]

Wo immer in den Vereinigten Staaten wir auch sein mögen – wenn der Name State Farm in einer Präsentation loyalitätsbasierter Managementsysteme fällt, spricht uns nachher fast jedesmal ein Kunde von State Farm an und erzählt uns eine Geschichte. Ein Mann in Minnesota hatte ein typisches Erlebnis. In seinem Haus war etliche Jahre zuvor mitten in der Nacht Feuer ausgebrochen, und sein State Farm-Agent erschien als einer der ersten an der Unglücksstätte. Der Feuerwehrchef hatte den Agenten benachrichtigt, als die Alarmmeldung eintraf, und er kam nur Minuten nach den Feuerwehrwagen an – noch vor den nächsten Nachbarn. »Wie ein guter Nachbar ist State Farm zur Stelle« – das ist mehr als nur ein Werbespruch. Es ist ein Ideal, für das die Agenten hart arbeiten, um ihm gerecht zu werden, eines, das die Kunden bemerken und in Erinnerung behalten. Es ist auch einer der Gründe dafür, daß Mitarbeiter und Agenten so loyal sind. Es gibt ihnen Stolz und Befriedigung, ihre Karrieren einem Unternehmen zu widmen, dessen fundamentaler Zweck es ist, ein guter Nachbar zu sein.

Jemand anderes erzählte uns, daß er einmal vor den Toren von Bloomington, Illinois, lebte, ein paar Häuser von State Farms CEO Ed Rust Jr. entfernt. Während seines ersten Bloomington-Schneesturms hörte er um fünf Uhr morgens plötzlich Lärm vor seinem Haus. Er warf sich einen Mantel über seinen Pyjama und rannte hinaus. Dort sah er Ed Rust auf einem Schaufelbagger sitzen und seine Einfahrt freiräumen. Es stellte sich heraus, daß Rust regelmäßig Schnee für *alle* seine Nachbarn kehrte.

Eine der wichtigsten Entscheidungen für das Funktionieren eines Systems hoher Loyalität ist die Auswahl der Spitzenmanager. Wie ein unitarischer Geistlicher einmal schrieb: »Wir alle predigen eine ungeschriebene Predigt dadurch, wie wir leben.« Die Art der Lebensführung von Unternehmensmanagern hat sehr viel mit dem Ausmaß an Loyalität zu tun, das sie von ihren Mitarbeitern erwarten können. State Farms im wesentlichen moralische Einstellung zum Geschäftsleben bringt dem Unternehmen hohe Kunden- und Mitarbeiterloyalität ein und erfüllt die Goldene Regel mit einer neuen Bedeutung. Agenten sehen ihren Job als Goldmine – und mit mehr als 20 Milliarden Dollar einbehaltenen Gewinnen erhielt das Unternehmen den Ehrennamen »Fort Knox der Versicherungswirtschaft«.[16]

Leo Burnett

Partnerschaft mit Mitarbeitern auf der Basis von Loyalität und der Goldenen Regel scheint sehr profitabel in der Investmentbranche, für Fastfood-Ketten und in der Versicherungswirtschaft zu sein. Aber kann sie auch in noch mehr von Konkurrenz und Chaos gekennzeichneten Branchen funktionieren, wie in der Werbewirtschaft, in der eine Krähe der anderen die Augen aushackt? Leo Burnett, die Agentur mit der niedrigsten Mitarbeiterfluktuation und der höchsten Mitarbeiterproduktivität in der Branche, scheint zu zeigen, daß es auch da funktioniert.

Phil Schaff hat Leo Burnett als Mitarbeiter 33 Jahre lang beobachtet, 15 davon als einer der Spitzenmanager. Er war einer der frühen Mitarbeiter des Unternehmens, als er kurz nach seiner Entlassung aus der Marine gegen Ende des Zweiten Weltkriegs in die Firma eintrat. Er folgte ihrem Gründer, Leo Burnett, im Amt des CEO. Nach Burnetts Strategie zur Gewinnung der besten Mitarbeiter befragt, begann Schaff seine Antwort mit der Erzählung, wie er selbst zur Firma stieß. Als er die Marine 1946 verließ, wußte er, daß er in die Werbung wollte. Er sprach mit jedem, den er finden konnte, besonders mit Kunden verschiedener Agenturen. Wieder und wieder hörte er: »Sie sollten sich Leo Burnett anschließen. Sie haben ein herausragendes Produkt, und sie sind Leute von herausragendem Charakter und herausragender Integrität.« Das war es, wonach er suchte. Also bat er um ein Vorstellungsgespräch.

Phil Schaff ging 1980 in Pension, doch Burnett zieht noch heute Mitarbeiter auf die gleiche Weise an – durch Lieferung von Produkten und Dienstleistungen höchster Qualität und durch sorgfältige Ausrichtung seiner Rekrutierungsbemühungen auf Leute mit Charakter, Integrität und Talent. Denn, wie Schaff sagt, »um herausragende Arbeit für den Kunden zu leisten, muß man die richtigen Leute an sich ziehen«.[17] Das Unternehmen läßt Bewerber vor deren etwaiger Einstellung mindestens fünfmal interviewen, und zwar durch die Werbefachleute, nicht durch die Mitarbeiter der Personalabteilung. Da es mehrere Jahre dauert, bis sich herausstellt, ob die Neueinstellungen gute Investitionen waren, bestand Schaff darauf, daß die Interviewer ihre Eindrücke schriftlich niederlegen, so daß er später rückschauend feststellen konnte, welche Mitarbeiter Talent und Charakter am besten beurteilen konnten. Schließlich ließ er die Bewährtesten die meisten Interviews durchführen.

Nach Schaff üben Charakter und Integrität der Spitzenmanager die größte Anziehungskraft auf die richtigen Bewerber aus. Was die Bewerber suchen, darauf besteht Schaff, ist Charakter – die Integrität, Ehrlichkeit und Vertrauenswürdigkeit des CEO und seiner engsten Mitarbeiter. Schaff glaubt, daß das Zweitwichtigste, was ein Unternehmen tun muß, um gute Leute anzuziehen, die Sicherung hoher Qualitätsnormen für seine Produkte und Dienstleistungen ist. Wenn ein Unternehmen konsequent im Interesse seiner Kunden handelt und nur Produkte von höchstem Kaliber liefert, werden neue Mitarbeiter erkennen, daß dies die Art von Arbeitsplatz ist, an dem sie gern arbeiten.

Andauernd die Interessen der Kunden an die erste Stelle zu setzen erweist sich auch als die klügste Methode, die besten Mitarbeiter zu *behalten*. Deshalb hatten sie sich ja schließlich dem Unternehmen angeschlossen. Wenn die Firma plötzlich den Kurs änderte und begänne, Kunden zur Steigerung der Quartalsgewinne übers Ohr zu hauen, würden diese sorgfältig ausgewählten Mitarbeiter *ihren* Kurs ändern und dem Unternehmen Lebewohl sagen. Als privates Unternehmen konnte Leo Burnett den Kunden stets konsequent an die erste Stelle setzen. Schaff nennt die private Eigentumsform des Unternehmens – es befindet sich im Besitz seiner Mitarbeiter – dessen Geheimwaffe, da sie für den großen Respekt verantwortlich ist, mit dem das Unternehmen seine Mitarbeiter behandelt. In der gesamten Unternehmensgeschichte mußte das Unternehmen nur einmal eine Verkleinerung erleiden: 1993 wurden 250 Mitarbeiter entlassen, etwa 4 Prozent der Gesamtbelegschaft.

Burnett bindet seine besten Leute auch mit exemplarischen Beförderungsmethoden, Entlohnungsweisen und Vergünstigungen an sich. Auch das geht auf die Verhaltensweisen seiner Spitzenmanager zurück. Erhöhen sie die Entgelte und befördern sie auf der Basis von Leistungen, oder umgeben sie sich mit Freunden und Vasallen? Spendieren sie sich selbst Spitzengehälter, während sie sich weigern, den Mitarbeitern in der Poststelle Beihilfen zur Gesundheitsvorsorge zu gewähren? Schaff sagt: »Ich hatte immer das Gefühl, wenn jemand die Gehaltslisten auf die Erde fallen ließe und ein anderer Kopien davon anfertigte und sie im Büro umlaufen ließe, würde nicht allen alles gefallen, was sie zu lesen bekämen, doch im Endeffekt würden sie wohl mit leichtem Groll zugeben, daß sie im Verhältnis zu anderen fair bezahlt werden.« Das Burnett-System strebt stets nach hervorragendem Entgelt für hervorragende Produktivität. Während Burnetts Topmanager weniger verdienen als viele ihrer Kollegen bei der Konkurrenz, liegen Bezahlung und zusätzliche Vergünstigungen für die übrigen Mitarbeiter deutlich über dem Branchendurchschnitt. Burnett teilt sich die Gewinne mit allen Mitarbeitern, und die Gewinnbeteiligungen betragen zwischen 15 Prozent der Gesamtbezüge für die Bezieher der geringsten Einkommen und über 100 Prozent für die Spitzenmanager.

Es gibt mehr als einen einzigen Grund dafür, daß Leo Burnett die höchste Mitarbeiterbindung in der Branche hat. Das Unternehmen hat ein ganzes System auf der Überzeugung aufgebaut, daß der einzige Weg zur Lieferung des besten Werts an die Kunden ist, die besten Mitarbeiter einzustellen und zu halten. Und der einzige Weg dazu, ein solches System funktionieren zu lassen, ist, Führungskräfte zu fördern, die das Unternehmen so leiten, daß die Mitarbeiter produktiv und stolz auf ihre Zugehörigkeit zur Firma sein können. Diese Unternehmensphilosophie hat Leo Burnett dazu befähigt, seine Einnahmen auf weltweit über 600 Millionen Dollar zu steigern, ohne jemals Fremdkapital aufnehmen zu müssen.

Obwohl Unternehmen wie Leo Burnett sehr viel tun können, um in ihren Mitarbeitern den Wunsch intensiv zu unterstützen, weiter für das Unternehmen zu arbeiten, kann kein Unternehmen Dauerbeschäftigung garantieren. Nur die Kunden können das – und Kunden werden nur weiter kaufen, solange sie überragenden Wert erhalten. Deshalb müssen Mitarbeiter wissen, wieviel Wert sie schaffen, wenn nicht einzeln, so doch als Mitglieder relativ kleiner Teams. Chick-fil-A hat einen Weg gefunden, sie das wissen zu lassen, ebenso State Farm, A. G. Edwards und Leo Burnett. In Kapitel 5 werden wir sehen, wie diese Unternehmen Partnerschaften mit ihren Mitarbeitern entwickeln und mit ihnen kontinuierliches Wachstum von Wert und Produktivität erzielen.

5 Einfluß der Loyalität auf die Produktivität

Produktivität ist ein blasses Wort für ein faszinierendes Thema. Obwohl das Wort reizlos und technisch klingt, ist das Phänomen der Produktivität zentral für unser Wohlergehen; die Rolle, die es für Erfolg im Geschäftsleben spielt, ist absolut erstrangig; und seine wörtliche Bedeutung, »Die Geschwindigkeit der Schöpfung«, klingt schon fast majestätisch.

In einem Unternehmen bezieht sich Produktivität normalerweise auf den Grad der Wertschöpfung der Mitarbeiter, und Produktivitäts*wachstum* ist zentral für ein gesundes Unternehmen und eine gesunde Gesellschaft. Produktivitätswachstum ist eine Hauptquelle nachhaltiger Kostenvorteile und die einzige Quelle nachhaltiger Gehaltssteigerungen für Mitarbeiter (und somit ein lebenswichtiger Faktor zur Erhöhung ihres Lebensstandards). In Anbetracht der entscheidenden Bedeutung der Produktivität haben amerikanische Unternehmen Milliarden von Dollar in produktivitätssteigernde Technologien investiert, von Großrechnern über PCs bis zu Informationsnetzwerken und von Kopiergeräten über Faxgeräte bis zu Mobiltelefonen. Sie haben auch Prozesse umgestaltet und Millionen von Arbeitskräften entlassen.

Und doch stimmt etwas nicht. Wenn die Logik hinter all diesen technischen Verbesserungen und dem Arbeitsplatzabbau stimmen würde, wäre die Produktivität nur so in die Höhe geschossen. Doch das Produktivitätswachstum in den USA hinkt hinter dem der anderen führenden Volkswirtschaften der Welt hinterher, wie Abb. 5.1 zeigt. Seit 1960 ist die Produktivität nur wenig schneller als im Schneckentempo vorangekommen, wobei der Dienstleistungssektor am schlechtesten abschnitt. Zugegeben: es gibt einige Zweifel an der Genauigkeit und Zuverlässigkeit der amtlichen Produktivitätsstatistik, ob aber die Produktivität nun aufwärts kriecht oder schleicht, ist nur eine akademische Frage. Die Höhe der Technologieinvestitionen in letzter Zeit hätte sie in die Höhe schnellen lassen müssen.

Es gibt einige Ausnahmen von dieser trostlosen Entwicklung. Im Ge-

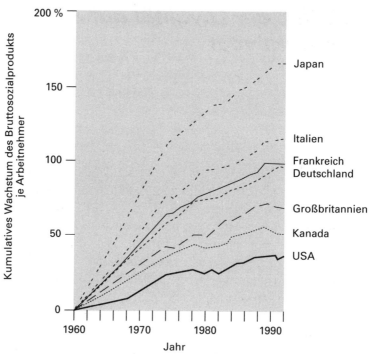

Abbildung 5.1: Kumulatives Wachstum des Bruttosozialprodukts je Arbeitnehmer 1960-1992
Quelle: Department of Labor, Bureau of Statistics, International Comparison of Manufacturing Productivity and Unit Labor Cost Trends, 1993 (Washington, D.C., 1993)

gensatz zur US-Gesamtwirtschaft haben Loyalitätsführer es geschafft, außerordentliche Produktivitätszuwächse zu erreichen, und überragende Produktivität hat ihre Fähigkeit erhalten, Mitarbeiterentlohnung, Wertschöpfung für die Kunden und Gewinne zu steigern. Es überrascht nicht, daß diese Unternehmen an Produktivitätsfragen unkonventionell herangehen. USAA zum Beispiel hat zwar sehr viel in Technologie investiert – gegenwärtig belaufen sich die Technologieinvestitionen auf 7 Prozent seiner Einnahmen. Statt aber Arbeitskräfte durch Maschinen zu ersetzen, war es das konsequent verfolgte Ziel des Unternehmens, jeden Arbeitsplatz zu bereichern und die Fähigkeit jedes Mitarbeiters zu steigern, die Kunden effektiv zu bedienen. USAA investiert auch zukunftsweisend in Aus- und Fortbildung: 1994 gab das Unternehmen fast 3 Prozent seiner Einnahmen für etwa eine Million Aus- und Fortbildungsstunden aus. (Der wahrscheinlich sprechendste Beweis für die Produktivitätssteigerungen von USAA ist die Tatsache, daß das Unternehmen sein Vermögen bei einer bloßen Verfünffachung der Belegschaft verhundertfacht hat.)

Natürlich würde sich keine dieser gewaltigen Investitionen in überragender Produktivität auszahlen, wenn USAA nicht noch eine weitere Investition tätigen würde. Das Unternehmen investiert in eine Beschäftigungs- und Gehaltspolitik, derentwegen die Mitarbeiter beim Unternehmen bleiben wollen, ihr Wissen anwenden und ihre Werkzeuge benutzen, um überragenden Wert für die Kunden zu schaffen. 1970 überstieg die Mitarbeiterfluktuation von USAA 40 Prozent – nicht ungewöhnlich für ein Telefonmarketingunternehmen –, wobei die Produktivität mittelmäßig war. Heute hat sich die jährliche Mitarbeiterfluktuation auf 6 Prozent reduziert, was bedeutet, daß sich die durchschnittliche Mitarbeiterbindungsdauer von etwas über zwei Jahren auf über 16 Jahre erhöht hat.

Insgesamt haben die Investitionen von USAA die praktische Folge, daß Kunden, die zum Service in einen Betrieb des Unternehmens kommen, auf einen erfahrenen Mitarbeiter stoßen, der das Geschäft und das Unternehmen kennt und weiß, wie er von der verfügbaren Technologie den optimalen Gebrauch macht. Sie haben die Folge, daß Verkaufs- und Servicemitarbeiter mit 90 Prozent der Kundenbitten und -probleme im ersten Anlauf fertig werden – ein Nachservice ist nicht erforderlich. Damit hat USAA eine der höchsten Produktivitätsstufen der Branche erreicht.

Konventionelle Schritte zur Verbesserung der Produktivität schlagen eine ganz andere Richtung ein. Oft gehören hohe Investitionen in Automation dazu, doch die Hauptwirkung dieser Investitionen ist die Vernichtung von Arbeitsplätzen, nicht die Steigerung der Fähigkeiten von Mitarbeitern. Diese Entlassungen, verbunden mit einer Gehaltspolitik zur Minimierung von Gehaltssteigerungen (und damit der Lohnkosten), führen oft zu verminderter Mitarbeiterloyalität und stark ansteigender Mitarbeiterfluktuation. Im Gegensatz dazu glauben Loyalitätsführer, daß der einzige Weg zur effektiven Kostensenkung der ist, die Mitarbeiter in die Lage zu versetzen, *mehr* zu verdienen. Das mag zwar der Intuition stark widersprechen, ist aber dennoch kein neues Argument. Vor etlichen Generationen hat Henry Ford es so ausgedrückt: »Eine Beschneidung der Löhne vermindert nicht die Unkosten, nein, sie werden dadurch sogar noch gesteigert. Der einzige Weg, um ein billiges Produkt zu erzielen, ist die Bezahlung eines hohen Lohnes für hochqualifizierte menschliche Arbeit...«[1]

Niedrige Kosten in einer Dienstleistungsgesellschaft

Was für Henry Ford richtig war, ist sogar noch richtiger in einer Dienstleistungsgesellschaft, in der die Fähigkeiten der Mitarbeiter eine viel direktere Rolle bei der Wertschöpfung für Kunden spielen. Kunden werden nur dann mehr und zu höheren Preisen kaufen, wenn sie sehen, daß Qualität und Service steigen. Um also die Umsätze je Mitarbeiter – in der Praxis die beste Definition der Produktivität im Geschäftsleben – zu steigern, sind die Unternehmen in wachsendem Ausmaß auf die Loyalität erstklassiger Mitarbeiter angewiesen. (Natürlich haben einige Unternehmen hohe Material- und/oder Kapitalkosten, und für diese ist die Gewinnspanne oder die Wertschöpfung je Arbeitnehmer ein besserer Parameter der Mitarbeiterproduktivität als der Umsatz je Mitarbeiter. Wir werden die Erörterung aber vereinfachen, indem wir uns auf die Umsätze je Mitarbeiter konzentrieren. Die Logik bleibt jedoch dieselbe, ganz gleich, welchen der beiden Parameter wir verwenden.)

Ein weitverbreitetes Hindernis für mehr Loyalität und höhere Produktivität ist die Tatsache, daß viele Manager und praktisch alle Controllingabteilungen Einnahmen und Ausgaben so behandeln, als ereigneten sie sich in verschiedenen Welten. In Wahrheit sind Umsätze und Kosten untrennbar miteinander verknüpft, und bei Entscheidungen, die sich auf die einen oder die anderen statt auf beide konzentrieren, kommt es oft zu Fehlschlägen. Was beide so eng verbindet, ist die Tatsache, daß heutzutage Mitarbeiter den Löwenanteil der Kosten entweder ausmachen oder kontrollieren und daß in einer Welt, in der sogar die industrielle Fertigung als eine Form der Dienstleistung angesehen werden kann, die Qualität der Zufriedenstellung der Kunden durch die Mitarbeiter direkt für den Löwenanteil der Umsätze verantwortlich ist. Kurz, Unternehmen müssen aufhören, Umsätze und Kosten als zwei verschiedene oder separierbare Geldströme zu betrachten. In der heutigen Dienstleistungsgesellschaft binden die Mitarbeiter die beiden Ströme zum erstenmal zusammen, indem sie den entscheidenden Einfluß auf beide ausüben.

In der alten industriellen Wirtschaftswelt war es möglich, die Produktion getrennt vom Absatz zu managen. In einer Fabrik war die Erzeugungsmenge pro Maschine die richtige Maßeinheit für die Produktivität, und die Hersteller konnten ihre Kosten senken, indem sie sich auf diese Relation konzentrierten. Heute ist nicht mehr die Maschine, sondern der

Mitarbeiter der Hauptfaktor für Kostensenkungen, und gearbeitet wird weniger mit den Maschinen als mit den Kunden. Bei dieser Arbeit müssen die Mitarbeiter zwei mögliche Strategien gegeneinander abwägen. Sie können die Zeit minimieren, die sie in jeden Kunden investieren, und damit die Kosten je Transaktion niedrig halten, oder sie können mehr Zeit aufwenden, um dem Kunden größeren Wert zu liefern, was zu höheren Umsätzen führen könnte. In dieser Situation die Produktivität zu steigern heißt, diese beiden Waagschalen intelligent auszubalancieren. Die Mitarbeiter müssen die wirtschaftliche Funktionsweise ihrer Tätigkeit verstehen und eine Menge über Kundenpräferenzen und -bedürfnisse wissen. Nur gemeinsam werden diese beiden Fähigkeiten die Mitarbeiter dazu befähigen, den Wert zu maximieren, den sie bei jeder Transaktion mit einer Kundin oder einem Kunden schaffen.

Nehmen wir ein einfaches Beispiel aus dem Bankenbereich. Die Kassierer haben die Wahl, Kundenschlangen schnell abzufertigen, oder sie können sich Zeit nehmen, wenn Kunden mit hohen Guthaben an der Reihe sind, die auch von der Konkurrenz umworben werden oder sogar selbst deren Angebote verlockend finden und jetzt individuelle Hilfe und Informationen benötigen. Die meisten Banken haben versucht, die Kosten zu senken, indem sie die Kassierer zu einer möglichst großen Anzahl von Transaktionen ermutigten. Das unvermeidliche Ergebnis war eine Verschlechterung der Servicequalität und vermindertes Einnahmenwachstum.

Das Transaktionsvolumen pro Person ist nur eine der vielen einzelnen Produktivitätskennziffern, die Unternehmen in dem Bemühen entwickelt haben, die Produktivität wirkungsvoller zu managen. Loyalitätsführer ignorieren diese Meßzahlen nicht, sie legen aber viel mehr Nachdruck auf das vollständige Produktivitätsmaß: Umsatz pro Mitarbeiter. Ein gutes Beispiel aus dem Einzelhandel, in dem sich viele Unternehmen auf den Umsatz pro Quadratmeter konzentrieren, ist Nordstrom's, dessen wichtigste Meßlatte die Einnahmen je Verkäuferin oder Verkäufer sind. Das Unternehmen druckt diese Kennziffer auf jeder Gehaltsabrechnung der Verkäuferinnen und Verkäufer aus, die sich alle nach der Rangfolge dieser Verkaufsleistungen auf dem schwarzen Brett aufgelistet finden. Deshalb bemühen sich die Mitarbeiter intensiv, die Kunden in einer Weise zu bedienen, die zu Wiederholungskäufen führt. Von übertriebenen Verkaufsanstrengungen wird effektiv abgeschreckt, indem Rückgaben gekaufter Waren von den erzielten Umsätzen der jeweiligen Verkaufskraft abgezogen werden.

Damit die Produktivitätsquote aussagefähig ist, muß der *Wert*, nicht einfach das Volumen der Transaktion gemessen werden. Deshalb sind die Umsätze der beste Zähler – denn wir wollen Produktivität und Wert aus der Sicht des Kunden, nicht des Ingenieurs erfassen. Wir wollen, daß die Mitarbeiter den Wert maximieren, den sie für Kunden schaffen, ob sie das nun durch Kostensenkungen oder durch Wertsteigerung des Unternehmensangebotes bewirken. Nur wenn die Erlöse je Mitarbeiter steigen, ist es möglich, die Mitarbeiterentgelte und/oder die Gewinne zu erhöhen. Nehmen wir das Beispiel einer Pizzakette, die ganz beglückt war, weil ihre Produktivität, gemessen an der Anzahl von Pizzen, die jeder Mitarbeiter servierte, um 2,5 Prozent gestiegen war. Leider hatte aber die Qualität der Pizzen nicht mit der der Konkurrenz Schritt gehalten, so daß die Kette ihren Preis pro Pizza um 28 Prozent senken mußte. Es ist sehr schwer, von dieser Art der Produktivitätssteigerung zu profitieren.

Natürlich ist es wichtig, die volumenmäßige Entwicklung des Pizzaabsatzes zu verfolgen, doch die Menge ist nur eine Komponente der Produktivitätsformel. Es wäre viel besser, die Mitarbeiter dazu zu bringen, sich auf die Umsätze zu konzentrieren, indem sie dazu ermutigt werden, über die Angebotsvielfalt auf der Speisekarte, über Qualität und Geschmack der Pizzen und die Effizienz des Service nachzudenken. Das richtige Ziel sind nicht geringere Kosten je Pizza, sondern geringere Kosten als Prozentsatz der Einnahmen.

Wie dieses Beispiel zeigt, veralten bei effektiver Kontrolle der Kosten und Einnahmen durch die Mitarbeiter die alten Definitionen von Produktivität nicht nur, sondern sie werden zu richtigen Hindernissen. Unternehmen, die versäumen, diese neuen Tatsachen des Lebens zur Kenntnis zu nehmen, werden auch die entscheidende Bedeutung ihrer Mitarbeiter für den Unternehmenserfolg nicht erkennen. Da die Mitarbeiter de facto sowohl Einnahmen als auch Kosten kontrollieren, ist es eine Tatsache, daß die Unternehmen ihre Personalpolitik ändern müssen, um zwei Effekte zu erzielen oder zu verstärken: das Lernen der Mitarbeiter und die Harmonisierung der Mitarbeiterinteressen mit den Interessen des Unternehmens.

Erfahrungskurven in einer Dienstleistungsgesellschaft

Eines der größten Probleme bei der alten Einstellung zu Produktivität, die sich hauptsächlich auf Kosten konzentrierte, ist, daß die Industriearbeiter, zumindest im 19. Jahrhundert, als leicht ersetzbar angesehen wurden. Erfahrung und Wissen waren zum größten Teil in der Konstruktion der Maschinen und dem Verfahrenssystem der Fabrik materialisiert. Bei den Dienstleistungen und bei den Servicefunktionen innerhalb der Industrie ist aber heute die Erfahrungskurve individuell, hat eine tiefgreifende Wirkung auf Einnahmen und Kosten und ist weitaus länger und steiler als im Industriezeitalter. Sie erwächst aus der kumulativen Erfahrung bei den Entscheidungen, die ein Arbeitnehmer mit der Zeit in seinen Beziehungen zu Kunden, Händlern und Kollegen trifft.

Das Konzept der Erfahrungskurven wurde im Verlauf dieses Jahrhunderts in Industriebranchen studiert und formalisiert, die von Militärflugzeugen bis zu Autos und Halbleitern reichen. Ingenieure stellten fest, daß Zeit und Geld, die benötigt wurden, um eine Einheit herzustellen, in voraussagbarer Höhe mit dem Wachstum der Produktionsmenge abnahmen. Tatsächlich fielen die Kosten je Einheit mit jeder Verdoppelung der produzierten Menge um 20 bis 30 Prozent. (Das heißt, die vierte Einheit kostete 20 bis 30 Prozent weniger als die zweite, die achte 20 bis 30 Prozent weniger als die vierte und so weiter.)

Diese Entdeckungen wurden Bestandteile des Handwerkszeugs der Industrie und spielten schließlich auch eine Rolle in der Unternehmensstrategie. Leider verlor das ganze Konzept von der Erfahrungskurve als grundlegendes Geschäftsprinzip viel von seinem Glanz – wahrscheinlich zu viel –, weil manche Unternehmen es zu oft oder falsch anwendeten, indem sie sich *gänzlich* auf Kosten und Marktanteile konzentrierten, und zwar unter Ausschluß des Lernens in anderen Formen.

Schließlich wurden diese Unternehmen wie aus einem Hinterhalt von Konkurrenten angegriffen, die die Wertschöpfung für die Kunden durch Leistungsmehrung und Qualitätsinnovationen statt durch Kosten- und Preissenkungen verbesserten. Das geschah mit Henry Fords Modell T, das zu wundersam niedrigen Kosten, aber nur in einer Ausführung und einer Farbe angeboten wurde. Als General Motors Kunden eine größere Vielfalt anbot, nahm das Unternehmen Ford die Marktführung ab. Mit einem Satz: Einseitige Konzentration auf Kostensenkung hat Unternehmen die Flexibilität geraubt und ihre Innovationsrate vermindert, indem Mitarbeiter durch Maschinen ersetzt wurden, obwohl doch Menschen die tatsächliche Quelle aller Kreativität sind.

Das Messen und Managen der Kosten unabhängig vom Wert hat auch in der Reifenindustrie schweren Schaden angerichtet. Etliche Hersteller entschieden sich zunächst gegen die Gürtel- oder Radialreifentechnik; sie blieben beim Diagonalreifen, weil dessen Herstellungskosten geringer waren. Sie schätzten die Vorteile nicht richtig ein, die der neue Reifen für die Kunden hatte – überlegene Haltbarkeit, Verringerung des Benzinverbrauchs und größere Sicherheit. Doch die Kunden erkannten die deutlichen Vorteile und bezahlten gern höhere Preise. Die frühen Produzenten der Radialreifen – Goodyear, Michelin und Bridgestone – sind heute Branchenführer, während die meisten anderen in den Hintergrund getreten sind. Die Lektion lautet wiederum, daß sinnvolle Produktivitätsmessungen den Wert des Produkts für den Kunden einschließen müssen, nicht nur Kosten oder Volumen.

Ein anderes Beispiel sind Personalcomputer. Sie haben die Benutzer dazu befähigt, sehr viel mehr Kalkulationen pro Stunde auszuführen, als sie es mit einem Taschenrechner jemals gekonnt hätten. Wenn aber viele dieser zusätzlichen Kalkulationen überflüssig oder nur von sehr geringem Wert sind, ergibt sich kein oder nur ein sehr geringer wirklicher Produktivitätsgewinn. Wenn Produktivitätskennziffern wenigstens den Minimalwert erfassen sollen, der an die Kunden geliefert wird, müssen sie stets auch die Umsätze enthalten. Die Kunden werden nie mehr für etwas bezahlen als den Wert, den es für sie schafft. (In der Praxis werden sie oft weniger bezahlen, manchmal erheblich weniger, als das Produkt oder die Dienstleistung letztlich für sie wert ist. Dieser Konsumentenmehrwert führt dazu, daß Produktivitätskennziffern, die auf Umsätzen basieren, den geschaffenen Wert eher untertreiben.)

In der Vergangenheit bestand die falsche Verwendung von Erfahrungskurven darin, auf Kosten statt auf Wert zu schauen; vorauszusetzen, daß das Lernpotential in Gänze eine Funktion produzierter Stückzahl sei; und auf die Steigerung des Marktanteils als einzigen Weg zur Kostensenkung fixiert zu sein. In vielen Unternehmen mit Service als Antriebskraft, wozu auch manche Industrieunternehmen gehören, wird das Lernpotential nicht vom weltweiten Marktanteil oder dem gesamten Produktionsvolumen des Unternehmens, sondern davon bestimmt, wie lange individuelle Mitarbeiter mit spezifischen Kunden, Händlern und Kollegen in ihrer spezifischen Nische des Geschäftssystems zusammen agiert haben. Unternehmen lernen nicht; Einzelpersonen lernen, und das braucht Zeit.

So ist es für service- oder wissensbasierte Unternehmen relevanter, das individuell Erlernte zu messen, als auf die sogenannte Unternehmenslernkurve zu schauen. Abb. 5.2 zeigt die durchschnittlichen Produktivitäts- (und Erfahrungs-)Kurven von Mitarbeitern in drei Branchen. (Wir haben den Umsatz pro Person zugrunde gelegt; 1,0 = Produktivität im ersten Jahr der Beschäftigung.)

Mit dem Erfahrungsgewinn der individuellen Mitarbeiter wächst in jeder der drei Branchen die Produktivität (jährliche Umsätze pro Mitarbeiter) erheblich. Das gilt für Broker, Versicherungsagenten, Lkw-Fahrer und viele, viele andere. Die Länge und Steigung der Kurve variiert mit der Art der Tätigkeit beträchtlich – und sogar noch mehr mit der Beteiligung des individuellen Mitarbeiters am Nutzen einer Produktivitätssteigerung –, doch für die weitaus größte Mehrheit der Tätigkeiten verläuft die Erfahrungskurve zumindest in den ersten Jahren steil.

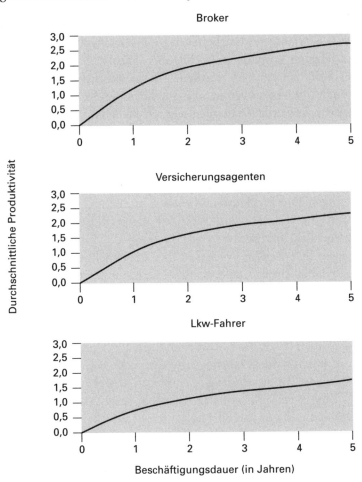

Abbildung 5.2: Produktivität nach Dauer der Mitarbeiterbindung
Quelle: Bain-Analyse
Anmerkung: Produktivität wird verstanden und gemessen als Umsatz je Person (Index: Umsatz im 1. Jahr = 1,0)

Vertikales und horizontales Lernen

Es gibt nur zwei Wege zur Verbesserung der Erfahrungskurve. Sie können die Kurve steiler machen oder den Anstieg durch Steigerung der Mitarbeiterloyalität verlängern. Die Kurve steiler zu machen ist hauptsächlich eine Sache »vertikaler« Interventionen wie Prozeß-Redesign oder Automatisierung. (Im Bankwesen zum Beispiel erlauben Geldautomaten den Mitarbeitern, viel mehr Arbeit abzuwickeln, so daß die Anzahl der Zweigstellenangestellten verringert werden kann.) Vertikale Interventionen sind wichtige Chancen, die Unternehmen ergreifen müssen. Solche Interventionen befähigen Mitarbeiter dazu, produktiver zu sein, als es ihre Berufserfahrung normalerweise erlauben würde, und schaffen damit »frühreife« Mitarbeiter. Aber vertikale Interventionen erreichen wenig, wenn sie nicht mit einer zweiten Strategie horizontaler Investitionen zur Erzeugung von Loyalität verbunden werden, so daß die Mitarbeiter beim Unternehmen bleiben und auf ihren Erfahrungskurven höher steigen.

Viele Unternehmen sind mehr auf die Erzeugung von »Frühreife« aus als auf die Erzeugung von Loyalität. Sie ignorieren oder vergessen dabei die Tatsache, daß sich ihre Investitionen in »Frühreife« ohne Loyalität nicht auszahlen. Die Produktivität eines Unternehmens ist einfach der Durchschnitt der individuellen Produktivitäten all seiner Mitarbeiter. Wenn Sie vertikale Investitionen zur Hebung der Produktivitätskurve tätigen, steigen Ihre Gewinne nicht, da Ihre Arbeitnehmer nicht lange genug bleiben, um zu lernen und dann das Erlernte anzuwenden. Die Loyalität muß konstant auf hohem Niveau bleiben oder zunehmen. Und doch wirken sich viele Arten vertikaler Intervention – zum Beispiel Automatisierung verbunden mit Entlassungen – negativ auf die Loyalität aus und verringern so die Dauer, die Mitarbeiter beim Unternehmen bleiben, so daß die Produktivität die Erfahrungskurve herunterfällt.

Die persönliche Produktivität der einzelnen Mitarbeiter in einem Unternehmen ist das Produkt aus der Intensität ihrer Arbeit multipliziert mit der Klugheit und Geschicklichkeit, mit der sie arbeiten. Bis zu einem gewissen Grad ist es möglich, durch Verbreitung von Furcht und Unsicherheit Menschen zu härterer Arbeit anzutreiben. Doch die reine Wahrheit ist, daß talentierte Leute härter arbeiten, wenn sie stolz sind auf das, was sie tun, wenn ihre Aufgaben interessant und sinnvoll sind und wenn sie und die Mitglieder ihres Teams Anerkennung ihrer Beiträge erfahren und an deren Nutzen teilhaben. Wie klug und geschickt jemand arbeitet, hängt auch sehr stark von der Ausbildung ab, und tatsächlich erfolgt der weitaus größte Teil der Ausbildung am Arbeitsplatz. Wenn Mitarbeiter ihrer Firma nicht lange genug treu sind, daß sie lernen und das Erlernte anwenden können, werden sie und ihr Unternehmen nie eine überragende Produktivität erreichen.

Einen Produktivitätsvorteil aufrechterhalten

Will Rogers sagte: »Selbst wenn Sie auf der richtigen Schiene sind, werden Sie trotzdem überfahren, wenn Sie nur darauf sitzen.« Sie haben vielleicht nicht das Gefühl stillzusitzen, vor allem wenn Sie daran denken, von wie weit weg Sie hergekommen sind. Doch im Geschäftsleben ist Bewegung relativ. Was im Rennen um überragende Produktivität wirklich zählt, ist nicht, Verbesserungen zu erzielen, sondern sie schneller zu erreichen als die Konkurrenz. Da der Zähler der Produktivitätsquote (Umsätze) die Preise enthält und da in den meisten Branchen die realen Preise fallen, wenn die Konkurrenten lernen, das Produkt oder die Dienstleistung effektiver zu liefern (das heißt, mit weniger Mitarbeitern), muß die Effektivität schneller steigen, als die Preise fallen, wenn die Produktivität steigen soll. Diese Herausforderung ist am augenscheinlichsten in Branchen mit hohem Wachstum wie der PC-Produktion, in denen die Erfahrung sich alle paar Jahre verdoppelt und die Preise im Laufe eines Jahres um 30 bis 40 Prozent fallen können. Zum Beispiel sank der Preis des Flaggschiffs unter den 386er-Computern von Dell von 4 965 Dollar Ende 1991 auf 2 394 Dollar Mitte 1993. (Das gleiche geschieht in reiferen Industrien, aber es ist weniger sichtbar, weil die Zunahme der Erfahrung langsamer vonstatten geht.)

Das ist einer der Gründe dafür, daß Investitionen, die einen steileren Anstieg der Erfahrungskurve bezwecken, allein die anvisierten Produktivitätsverbesserungen oft nicht erreichen. Die Konkurrenten können sie einfach zu leicht nachahmen. Eine Versicherungsgesellschaft gab Millionen für ein angeblich exklusives Softwaresystem auf dem jüngsten Stand der Technik aus, entdeckte aber dann, daß die Konkurrenten ähnliche Systeme aufgebaut haben – entweder weil Softwareingenieure von einem Unternehmen zum anderen driften oder weil die entscheidende Einsicht so unvermeidlich war, daß mehrere Ingenieure sie etwa zur gleichen Zeit hatten.

Selbst ein Prozeß-Redesign ist recht leicht zu kopieren. National Car Rental führte am St. Patrick´s Day 1987 seinen Expreßdienst *Emerald Isle* ein. Kunden konnten von ihren Flügen direkt zum Parkplatz von National am Flughafen gehen, sich ein Auto aussuchen, das ihnen gefiel, und nur gegen Vorlage von Personalausweis und Führerschein beim Parkwächter damit wegfahren. Das war vorbildliches Reengineering; es steigerte den Wert für den Kunden und ließ eine Reihe von Verfahrensschritten entfallen. Das Problem war nur, daß Hertz kaum ein Jahr später seinen Service #1 einführte, der mit den wesentlichen Elementen von Nationals Expreßdienst gleichzog.

Dagegen ist es viel schwieriger, mit Verbesserungen in Mitarbeiterloyalität und Beschäftigungsdauer von einem anderen Unternehmen gleichzuziehen, denn ein System menschlicher Ressourcen ist auf Unwägbarkeiten, subjektiven Anreizen und Umständen aufgebaut, die spezifisch für das Unternehmen sind: Einstellungsstrategien, Karrierepfade, Aus- und Fortbildung, Entgeltsystem und Leistungsmessung. Richtig koordiniert, können diese Unwägbarkeiten die Quelle eines dauerhaften Produktivitätsvorteils sein, den Konkurrenten vergeblich zu erreichen suchen. State Farm hat zum Beispiel seinen Vorsprung in der Agentenbindung jahrzehntelang aufrechterhalten.

Loyalitätsführer bauen ihre Wettbewerbsstrategien auf diesen dauerhaften Vorteilen auf. Sie erkennen, daß der einzige Weg zur Erreichung und Aufrechterhaltung hervorragender Produktivität die Teilung ihrer Vorsprünge mit Mitarbeitern ist, die dadurch ermutigt werden, nicht nur beim Unternehmen zu bleiben, sondern ihre Kenntnisse anzuwenden und die Produktivität noch weiter zu steigern. State Farm ist ein gutes Beispiel für diese Vorgehensweise. Abb. 5.3, die Erfahrungskurve für die Wohngebäude- und Unfallversicherungsbranche, zeigt, wie dramatisch die Ergebnisse sein können. Wir sehen, daß die durchschnittliche individuelle Produktivität bei jedem Unternehmen rapide wächst, wenn die Agenten an Erfahrung gewinnen, und daß die Agenten durchschnittlich sechs bis sieben Jahre bei einem Unternehmen bleiben. Wir sehen auch, daß die Agenten von State Farm mehr als doppelt so lange bei dem Unternehmen bleiben. Wenn State Farms Erfahrungskurve identisch mit der der Gesamtbranche wäre, könnten wir erwarten, daß die Produktivität des durchschnittlichen Agenten des Unternehmens etwa 25 Prozent höher läge als bei den meisten Konkurrenten. Die tatsächliche Produktivität ist aber noch höher – 40 Prozent über dem Branchendurchschnitt –, was bedeuten könnte, daß State Farm einen vertikalen Vorteil eingebaut hat. Der größte Teil des Produktivitätsvorteils von State Farm ist aber horizontal oder von der durchschnittlichen Bindungsdauer der Agenten bestimmt. Agenten, die bei anderen Unternehmen schon 18 Jahre lang tätig sind, sind fast ebenso produktiv wie die bei State Farm. Die Konkurrenten haben nur nicht so viele langgediente Agenten.

Der Schlüssel zum Vorsprung von State Farm wie auch zu seiner Agentenbindungsstrategie ist die dunkel schattierte Fläche in Abb. 5.3, die wir den Loyalitätsüberschuß nennen. Er besteht aus der überschüssigen Produktivität, die von den Agenten geschaffen wird, die länger beim Unternehmen bleiben als die Agenten bei den typischen Konkurrenten. State Farm teilt sich diesen Loyalitätsüberschuß mit seinen Agenten, tut dies aber mittels einer gleichförmigen Provisionsstruktur – Agenten, die ihre Auftragsbücher füllen, können die Gewinne nur realisieren, wenn sie eine Reihe von Jahren beim Unternehmen bleiben und die gewonnenen Kunden bedienen. Je höher das Umsatzniveau, das eine Agentin oder ein Agent erreicht, desto eher will sie oder er beim Unternehmen bleiben, um am Loyalitätsüberschuß teilzuhaben. Einen anderen Teil des Loyalitätsüberschusses teilt State Farm in Form von niedrigeren Prämien den Kunden zu. Das verbleibende Drittel geht in die Gewinn-und-Verlust-Rechnung ein und dient der Finanzierung von Wachstum und dem Schutz vor künftigen Katastrophen.

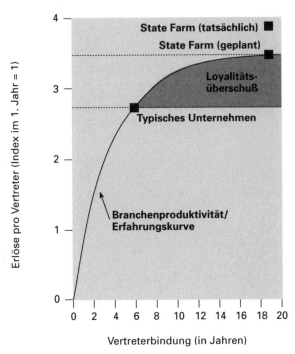

Abbildung 5.3: Der Loyalitätsüberschuß

Dieses Rezept ist im wesentlichen das gleiche, das auch Chick-fil-A, Leo Burnett, A. G. Edwards und andere Loyalitätsführer verwendet haben. Indem sie die Früchte der Loyalität mit ihren Mitarbeitern teilen, haben sie einen auf Bindung basierenden Produktivitätsvorteil geschaffen. In vielen Fällen liegt ihre durchschnittliche Mitarbeiterbindungsdauer um 50 bis 100 Prozent höher als die der Konkurrenz. In solchen Unternehmen setzt sich das Lernen fort – das Wissen wächst. In Unternehmen, die ständig Mitarbeiter verlieren, fällt der Wissensstand immer wieder auf Null zurück.

Kostensenkung kontra Produktivität von Mitarbeiter- und Kundenbindung

Wenige Branchen ringen noch angestrengter als die Lebensversicherungsgesellschaften um die Senkung der Kosten und die Steigerung der Gewinne. Die Versicherungsgesellschaften gehörten zu den enthusiastischsten Vertretern, als es darum ging, zum Evangelium des Reengineering zu konvertieren – ein Artikel oder ein Buch über das Thema ohne zumindest ein Beispiel aus der Versicherungswirtschaft ist selten. Experten sagen voraus, daß diese Branche ihre Mitarbeiterzahl in den nächsten Jahren um 15 Prozent oder mehr verringern wird. Das *Wall Street Journal* untersuchte 17 große Versicherungsgesellschaften und fand heraus, daß die meisten Entlassungen planten oder bereits durchführten. »Viele Versicherungsgesellschaften sagen, daß sie letztendlich eine schlankere, weniger kostspielige Personalausstattung anstreben, mit der auch die Kunden schneller und sicherer bedient werden«, berichtete die Zeitung. »Doch gegenwärtig ist das Hauptziel einfach eine Reduzierung der Kosten und damit eine Verbesserung der Profitabilität, da viele Unternehmen der Branche in großen finanziellen Schwierigkeiten stecken.«[2]

Wie das *Wall Street Journal* weiter berichtete, sind jedoch viele Beobachter von den ersten Ergebnissen wenig beeindruckt. »Die Versicherungskosten sinken nicht mit der Reduzierung der Mitarbeiterzahlen«, sagt eine Sprecherin von Citizens Action, einer Gruppe von 38 Organisationen in verschiedenen US-Bundesstaaten, die sich mit Versicherungsfragen beschäftigen. »Es ist eine Verlust-Verlust-Situation, in der sowohl die Versicherungsmitarbeiter als auch die Versicherten verlieren«, sagt sie.[3] Tatsächlich gibt »Verlust-Verlust« die Realität nicht vollständig wieder, Verlust-Verlust-Verlust kommt der Wahrheit näher. Denn wenn Kunden und Mitarbeiter zu kurz kommen, kann das Unternehmen nicht sehr lange von Verlusten verschont bleiben.

Dennoch müssen die Versicherer Kosten senken und Umsätze steigern. Die Frage ist also: Gibt es Lebensversicherungsgesellschaften, die hervorragende Produktivität erreicht haben, ohne an dem Ast zu sägen, auf dem sie sitzen? Wenn ja, wie haben sie das gemacht? Abb. 5.4, welche die Effizienz der Büro- und Raumkosten der Agenten von zehn Lebensversicherungsgesellschaften untersucht, zeigt, daß Northwestern Mutual die niedrigsten Kosten hat. Es ist kein Zufall, daß Northwestern Mutual auch niemanden entlassen hat. Im Gegenteil, Northwestern Mutual war der einzige Versicherer in der Übersicht des *Wall Street Journal*, der langsam, aber stetig mehr Arbeitsplätze geschaffen hat. (Zwar schafft auch State Farm Arbeitsplätze und befindet sich unter den sechs führenden Lebensversicherern nach der Anzahl neuer Policen, doch in Branchenübersichten wird das Unternehmen oft ignoriert, weil sein Schwerpunkt historisch bei Kfz- und Gebäudeversicherungen liegt.)

Northwestern Mutual hat nicht nur die höchste Produktivität, sondern auch die höchste Kundenbindungsrate unter den bedeutenden Versiche-

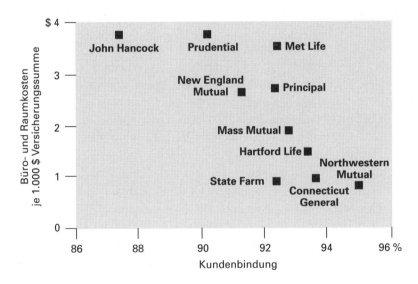

Abbildung 5.4: Die Beziehung zwischen Kosten und Kundenbindung in der Lebensversicherungsbranche
Quelle: A.M. Best, 1994 Best's Insurance Reports – Life/Health
Anmerkung: Die zehn führenden Lebensversicherer in der Reihenfolge ihrer Prämieneinnahmen für Lebensversicherungen 1993: Fünfjahresdurchschnitt der Kosten pro 1.000 $ Versicherungssumme und durchschnittlich 5 Jahre Bindungsdauer

rungsgesellschaften, wie Abb. 5.4 zeigt. Das ist natürlich kein Zufall. Tatsächlich scheint das Ausmaß der Kundenbindung die Produktivitätsunterschiede zwischen diesen Unternehmen zu *erklären* – teils, weil Kundenbindung und Agentenbindung Hand in Hand gehen und dabei eine höhere Produktivität als Nebenprodukt ergeben, teils, weil höhere Kundenbindung weniger Mitarbeiter für Startaktivitäten wie Neuabschlüsse aus dem Nichts, Akten- bzw. Dateianlage, Fragenbeantwortung und Lösung von Problemen neuer Kunden erfordert.

Obwohl Reengineering und andere kostensenkende Taktiken ihren eigenen Wert haben mögen, sollten sich Lebensversicherer stets fragen, ob die Veränderungen, die sie vornehmen, zur Lieferung hervorragenden Werts an die Kunden beitragen. Wenn nicht – wenn zum Beispiel Kostensenkungen nur zur Erhöhung der Gewinnspannen erwogen werden –, wird es nicht zu einer Steigerung der Kundenbindung kommen. Und angesichts von Abb. 5.4 fällt es schwer zu glauben, daß solche Kostensenkungen real oder dauerhaft sein werden.

In der Lebensversicherungsbranche ist der einzige Weg zu beständigen Produktivitätsverbesserungen die Ausmerzung der aus Kundenverlusten resultierenden Reibungsverluste. Northwestern Mutual, »das ruhige Unternehmen«, ist mit Policenbeibehaltungsraten von mehr als 95 Prozent auch ein Unternehmen nahezu ohne Reibungsverluste. Da die tatsächlichen Kundenverluste geringer sind als die Zahl der auslaufenden Policen, liegen die tatsächlichen Kundenverluste bei Northwestern Mutual vermutlich bei nicht mehr als 2 bis 3 Prozent. Durch Minimierung der Verlustkosten konnte das Unternehmen ein Verhältnis von einem Mitarbeiter in der Hauptverwaltung pro zwei Agenten im Außendienst aufrechterhalten und dennoch herausragenden Kundendienst und Unterstützung des Außendienstes bieten. Außerdem ist die Agentenloyalität bei Northwestern Mutual besser als bei sämtlichen Konkurrenten.

Wie es sich so trifft, ist Northwestern, der Meister der Loyalität, auch berühmt für sein sorgfältiges Kostenmanagement. Während andere Versicherungsgesellschaften prunkvolle Agententagungen in erstklassigen Urlaubsorten abhalten und die Reisekosten bezahlen, hält Northwestern Mutual alle seine Agententagungen in Milwaukee ab und läßt die Agenten ihre Anfahrtskosten selbst bezahlen. Das Unternehmen ist stolz darauf, kürzlich 30 000 Dollar jährlich durch den Wechsel von Papier- zu Stoffservietten gespart zu haben und 18 000 Dollar durch ein neues System der Versorgung mit Toilettenpapier. Dennoch würden alle Einsparungen von Northwestern keine überragende Produktivität aufrechterhalten, wenn sie nicht in die Lieferung hervorragenden Werts an Kunden und Agenten reinvestiert würden, womit deren Loyalität gesteigert wird. James D. Ericson, Chief Executive Officer von Northwestern, erinnert sein Unternehmen ständig daran, »daß dies ein Geschäft von langfristigen Beziehungen und Loyalität ist.«[4] Dem haben wir nur noch eins hinzuzufügen: »Und des Lernens.«

Harmonisierung der Interessen – Fremdes Geld ausgeben, als wäre es Ihr eigenes

Wir haben uns kurz eine Reihe von Mechanismen angesehen, die Mitarbeiterbindung, Lernen und Produktivität verbinden. Wir haben auch gesehen, in welcher Form Loyalitätsführer wie Northwestern Mutual und State Farm diese Verbindungen zur Steigerung der Effizienz und der Gewinne nutzen. Hier ist ein anderes Beispiel: Auf hoher Loyalität basierende Führungssysteme schaffen die Bedingungen, die Mitarbeiter dazu motivieren, ihre Aufwendungen – einschließlich der größten Aufwendung, ihrer *Zeit* – so zu handhaben, als gäben sie ihr eigenes Geld aus.

In ihrem Buch *Free to Choose* beschreiben Milton und Rose Friedman ein nützliches Schema zum Nachdenken über die relative Effizienz des Geldausgebens auf vier verschiedene Arten. Abb. 5.5 illustriert diese vier Arten, Geld auszugeben: das eigene Geld für sich selbst oder für jemand

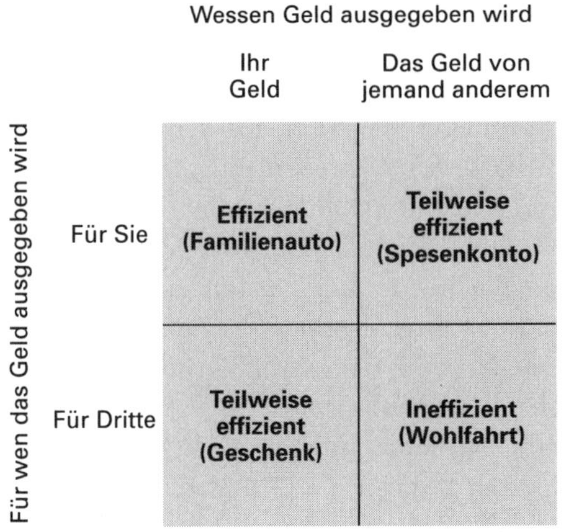

	Wessen Geld ausgegeben wird	
	Ihr Geld	Das Geld von jemand anderem
Für Sie	Effizient (Familienauto)	Teilweise effizient (Spesenkonto)
Für Dritte	Teilweise effizient (Geschenk)	Ineffizient (Wohlfahrt)

Abbildung 5.5: Die relative Effizienz des Geldausgebens (Friedman-Matrix)

anderen ausgeben und Geld eines anderen für sich selbst oder für einen anderen ausgeben. Der effizienteste Fall ist der, in dem Sie Ihr eigenes Geld für sich selbst ausgeben. Das Familienauto ist ein gutes Beispiel: Sie wissen, was Sie sich leisten können, und kaufen ein Auto, das Sie mögen. Die zwei teilweise effizienten Weisen sind die, in denen Sie das Geld von anderen für sich selbst ausgeben (das Essen auf Firmenkosten – Sie geben vielleicht zuviel aus, aber Sie bekommen, was Ihnen schmeckt) oder Ihr eigenes Geld für andere ausgeben (ein Geschenk – Sie geben einen vernünftigen Betrag aus, aber Sie kaufen wahrscheinlich nicht genau das, was die andere Person am liebsten hätte).

In den beiden letzteren Fällen ist etwas Ineffizienz enthalten, sie sind aber beide effizienter als der vierte Fall, in dem jemand anderes Ihr Geld für eine dritte Partei ausgibt. Das Beispiel der Friedmans dafür ist die Wohlfahrt, bei der die Regierung das Geld der Steuerzahler für die Armen verwendet. Die Regierung gibt eine unvernünftig hohe Summe aus, aber die Armen bekommen nicht das, was sie zu brauchen meinen. Obwohl die Friedmans diese Konstruktion in der Absicht benutzten, die Ineffizienz der gegenwärtigen US-Wohlfahrtspolitik zu unterstreichen, die aus fast jedermanns Sicht ein Fehlschlag ist, kann man sie ebensogut auf private Unternehmen anwenden, die regelmäßig Einkaufs-, Entlohnungs- und Investitionsstrukturen aufbauen, in denen Abteilung A die Gewinne des Unternehmens für Abteilung B ausgibt.

Deshalb haben die Loyalitätsführer Managementsysteme konstruiert, in denen ein großer Teil der Ausgaben so gehandhabt wird wie die für das Familienauto. Das heißt, die Ausgaben werden von der Person oder dem Team kontrolliert, der oder das den Nutzen von der Ausgabe hat, und das Geld stammt aus seinem eigenen Budget. So erhalten zum Beispiel die Agenten von State Farm eine Provision, aus der sie all ihre Aufwendungen für Büro und Mitarbeiter bestreiten müssen. (Die meisten anderen Versicherungsgesellschaften kontrollieren die Büroaufwendungen von der Hauptverwaltung aus.) Auch die Generalagenten von Northwestern Mutual kontrollieren die Büro- und Personalausgaben auf der lokalen Ebene, weil das Geld aus ihrer eigenen Tasche kommt. Demgegenüber klingt die konventionelle Logik der meisten großen Versicherungsgesellschaften zwar durchaus nachvollziehbar: Die Agenten sollen ihre Zeit zum Verkauf von Versicherungen nutzen, die Verwaltung und professionelle Immobilienexperten können die Grundstücke finden, Mieten aushandeln, Mitarbeiter anheuern und lokale Büros betreiben. Das Problem ist, daß die potentiellen Vorteile professionellen Managements und ausgeklügelter Kontrollsysteme von der Negativwirkung in den Schatten gestellt werden, die eine Verlagerung der Ausgaben von der effizientesten Zelle der Friedman-Matrix in die ineffizienteste hat.

Wie die meisten bedeutenden Versicherungsgesellschaften meinen auch die meisten großen Fast-food-Ketten, daß sie die einzelnen Filialen besser managen können als die Filialleiter vor Ort. Die Filialleiter werden als Angestellte betrachtet: Im Durchschnitt verdienen sie 35 000 Dollar im Jahr, von denen 10 Prozent Bonuszahlungen dafür sein können, daß sie die Budgetziele erreichen oder angemessen bei Analysen der Kundenzufriedenheit oder bei Testessern abschneiden. Aber vergleichen Sie das mit dem Chick-fil-A-Verfahren, das lokale Management den lokalen Restaurantleitern zu übertragen, die keine Angestellten, sondern gewinnbeteiligte Partner sind. Welcher Filialleiter wird dann wohl härter daran arbeiten, einen Weg zur Reduzierung der Kosten um jährlich 10 000 Dollar zu finden?

Restaurantmanager bei Pizza Hut können einen Bonus von 1 500 Dollar pro Jahr verdienen, wenn sie ihre Budgets um 10 000 Dollar unterschreiten. Da sich die Fluktuation unter den Filialleitern bei Pizza Hut auf etwa 40 Prozent jährlich beläuft, erwartet der durchschnittliche Filialleiter wahrscheinlich, nur noch ein bis zwei Jahre beim Unternehmen zu sein. Das heißt, sein Bonus für Entdeckung, Planung und Durchführung einer Effizienzsteigerung um 10 000 Dollar beläuft sich auf insgesamt etwa 3 000 Dollar – 1 500 Dollar pro Jahr für zwei Jahre. Tatsächlich wäre der zu erwartende Bonus für den Manager sogar noch geringer, weil Pizza Hut die Budgets in den Folgejahren um die eingesparten 10 000 Dollar reduzieren würde. Der einzige Weg, einen weiteren Bonus zu verdienen, ist dann die Auffindung weiterer Einsparungsmöglichkeiten. Kein Wunder, daß die Filialleiterfluktuation so hoch ist.

Bei Chick-fil-A erhalten dagegen die Restaurantleiter die Hälfte der Gewinne ihrer Filialen. Bei einer Fluktuationsrate von etwa 5 Prozent beträgt der Anreiz zur Einsparung von 10 000 Dollar 5 000 Dollar, multipliziert mit den zehn oder zwanzig Jahren, die der Manager die Filiale leiten wird – das heißt 50 000 bis 100 000 Dollar, ein Vielfaches des maximalen 3 000-Dollar-Bonus für den Pizza-Hut-Filialleiter. Abb. 5.6 visualisiert diesen Punkt, und er verdient es, betont zu werden. Wir werden in Kapitel 10 darauf zurückkommen, wenn wir die Herausforderung an das Change Management in zwei verschiedenen Arten von Führungssystemen erörtern.

Die Zahlen in Abb. 5.6 verdeutlichen, wie bei Chick-fil-A die Filialen mit so wenigen Kontrollen effizient geleitet werden können. Die Hauptverwaltung braucht keine Sorge zu haben, daß Restaurantmanager relativ einfache (aber lang anhaltende) Kosteneinsparungen ignorieren oder daß sie kurzsichtige Kosteneinschnitte wie zu kleine Portionen oder Qualitätsminderungen vornehmen. Für den Betriebsleiter ist der Gewinn des laufenden Monats von sehr geringer Bedeutung verglichen mit den Gewinnen der nächsten zehn oder zwanzig Jahre. Beim Kostenmanagement sind die Filialleiter von Chick-fil-A daher zehn- bis zwanzigmal so motiviert wie ihre Kollegen bei Pizza Hut. Das gleiche gilt für die Einnahmen, an denen die Betriebsmanager von Chick-fil-A ein ebenso großes langfristiges Interesse haben, so daß sie auf diesem Gebiet gleichermaßen kreativ sind. Betrachten Sie die folgenden drei Beispiele aus dem internen Werbematerial von Chick-fil-A.

- *Doug Jacobsen, Betreiber des Chick-fil-A-Restaurants ... am Buckingham Square in Aurora, einem Vorort von Denver, arbeitet erfolgreich mit einem lokalen Schulbezirk zusammen, um den Schülern zum Mittagessen appetitanregende Alternativen zu bieten.*

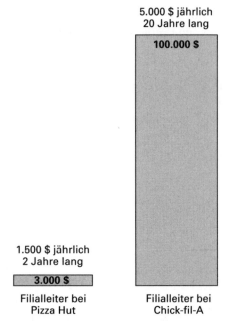

Abbildung 5.6: Vergleich der Boni für die Durchführung einer Kosteneinsparung von 10.000 $ pro Jahr

Doug mußte zwei Jahre mit Mitgliedern der Schulbezirksverwaltung verhandeln, bevor er die Genehmigung erhielt, Chick-fil-A-Produkte als Schulmittagessen zu liefern. In der Wartezeit entschloß sich Jacobsen, es mit einer anderen Methode zu versuchen, und nahm sich einer örtlichen High School in der Nähe seines kleinen Restaurants an. Er arbeitete mit dem Freizeitkoordinator der Schule zusammen, um als Zulieferer bei besonderen Veranstaltungen zu fungieren ... wie bei Fußballspielen, Konzerten des Schulorchesters und Veranstaltungen der obersten Klasse.

Jacobsen erhielt schließlich die Genehmigung der Schulbezirksverwaltung, tägliche Mittagessen an vier High Schools sowie einmal wöchentlich Mittagessen an vier Mittelschulen und sechs Privatschulen zu liefern.

Jacobsen liefert jetzt 350 bis 800 Mittagessen täglich, im Durchschnitt 2 400 bis 2 800 pro Woche.

Das Ergebnis des Engagements von Jacobsen bei der Schulbelieferung war eine beträchtliche Umsatzsteigerung seines kleinen Geschäfts.

- Tim Burchfield, Restaurantleiter ... von Chick-fil-A an der Mall in Johnson City, Tennessee, bietet aggressiv Catering an, um zusätzliche Umsatz- und Gewinnsteigerungen über seinen Betrieb an der Mall hinaus zu erzielen.

Burchfield liefert bei einer Vielfalt von Veranstaltungen wie Firmentreffen, Arbeitsessen, Mitarbeiterpartys, Aus- und Fortbildungsseminare ... für einen bis 1 200 Teilnehmer ...

»Wir ... steigern die Zufriedenheit unserer Kunden durch Servieren auf Leinentischtüchern und Verbesserung der Chick-fil-A-›Helden‹-Sandwiches mit Gourmet-Pasta und Desserts ...«

Vor kurzem hat Burchfield eine weitere Nische im Catering-Markt gefunden – Lieferung von Mahlzeiten für Firmenflugzeuge einiger der führenden Unternehmen der USA.

»Sowie Sie Kundenloyalität für Ihre Produkte aufbauen, schaffen Sie einen ›Dominoeffekt‹. Jede Außer-Haus-Belieferung bietet Ihnen ein weiteres Publikum, um wahrgenommen zu werden ...«

- Chuck King, Betreiber ... von Chick-fil-A an der Longview Mall in Longview, Texas, hat einen (Zweig-)betrieb für Mittagessen (in einem nahe gelegenen Geschäftsbezirk) eingerichtet, der montags bis freitags von 10 Uhr 30 bis 14 Uhr 30 geöffnet ist.

Als Nebenprodukt seines Lieferdienstes baute King den ... Betrieb dazu aus, mit den Anforderungen der Kunden an die Lieferungen von Chick-fil-A Schritt zu halten.

»Der Zweigbetrieb bietet die Möglichkeit zu einem Mittagessen in Fußgängerentfernung von den meisten Geschäften im Stadtzentrum«, sagt King. »Die Kunden mögen das, weil sie mehr Zeit mit Essen verbringen können und weniger Zeit für den Weg zum Restaurant und zurück brauchen.«

King bietet mehr als 150 Kunden täglich eine begrenzte Menüauswahl. Er benutzt zudem die Zweigstelle für Bestellungen von Lieferungen außer Haus.[5]

Nun könnten Manager von Pizza Hut argumentieren, daß Chick-fil-A diesen Restaurantleitern viel zuviel für das zahlt, was sie tatsächlich erreichen. Ein paar kreative Leute in der Hauptverwaltung könnten doch wahrscheinlich auch alle diese Marketingideen und mehr ins Spiel bringen. Und wenn ein Filialleiter eine Idee hat, warum sollen dann alle Kollegen, die ihn kopieren, ebenso großzügig honoriert werden? Man transferiert Innovation von der Zentrale aus. Nichts von dem, was diese Filialleiter getan haben oder tun könnten, ist auf Dauer die Hälfte der Gewinne wert. Ist es wirklich sinnvoll, jemandem für das Management eines Restaurants mehr als 100 000 Dollar jährlich zu bezahlen?

Die Gegenargumente sind jedoch gewichtiger. Erstens stellen Kostensenkungen und Umsatzsteigerungen einen Entdeckungsprozeß dar, der für jeden Standort und sein Umfeld neu und einzigartig ist. Zweitens fällt es schwer, sich einen mit 35 000 Dollar jährlich dotierten Verwaltungsmanager vorzustellen, der die Energie und den inneren Antrieb hat, einige dieser Pläne zu verwirklichen, noch weniger wird er die Vorstellungskraft aufbringen, zu erfinden. Drittens erfordern solche Programme Beziehungen zum lokalen Umfeld, die zu entwickeln nur ehrgeizige, langjährig dort tätige Manager die Motivation, Zeit und Gelegenheit haben. Schließlich gehören zu Innovationen oft Risiken. Das Belohnungssystem bei Chick-fil-A bietet genug Anreiz, um zum Eingehen solcher Risiken zu ermutigen.

Im Gegensatz dazu können ehrgeizige Restaurantmanager in den konkurrierenden großen Ketten die oberen Einkommensränge – 100 000 Dollar und mehr – nicht erreichen, wenn sie an einem Ort bleiben. Eine erfolgreiche Karriere bedeutet, aus dem Restaurantmanagement herauszukommen und in eine regionale Leitungsfunktion zu gelangen. Leider hat dieser Mechanismus zur Folge, daß die besten Restaurantmanager sich immer weiter weg von Kunden und Mitarbeitern an der Kundenfront bewegen. Es wird schwieriger, den genauen Wert der Beiträge dieser Manager zum Produktivitätswachstum zu bemessen. Am schlimmsten ist, daß die hohe Fluktuation der Restaurantmanager das Unternehmen immer wieder die Erfahrungskurve rückwärts hinunterrutschen läßt und damit viele der vertikalen Investitionen ins Leere laufen, die das Unternehmen getätigt hat, um Produktivität und Gewinn zu steigern.

Der Holzweg: Das bürokratische Modell

Wie State Farm und Chick-fil-A demonstrieren, beruht ein erfolgreiches Verfahren zur dauerhaften Wertschöpfung darauf, daß relativ autonome Einzelpersonen oder kleine Teams an den Früchten ihrer eigenen Produktivitätssteigerungen teilhaben können. Der Hauptgrund dafür ist, daß gemeinsame Teilhabe an Wert – besonders so radikale Teilhabe wie bei Chick-fil-A – eine durchschlagend effektive Methode zur Harmonisierung der Interessen, Ziele und Motivierungen des Unternehmens und seiner Mitarbeiter darstellt. Natürlich gibt es eine konkurrierende Methode, bei der individuelle oder Teambeiträge zu Umsätzen, Wachstum und Produktivität *nicht* geteilt, nicht einmal gemessen werden, vielleicht weil die Messung fast unmöglich ist. Das beste Beispiel dafür liefert das Bankwesen.

Die Banken haben einen mächtigen Einfluß auf die gesamte Philosophie der Entwicklung menschlicher Ressourcen ausgeübt. Das Bankwesen wurde eine der ersten Geschäftsbürokratien, und Banker hatten immer eine Vorliebe für komplexe Systeme und konfuse Verantwortlichkeiten und Rechnungslegungen. Bis heute ist es den Banken nicht gelungen, sich auf einen definitiven Weg zur Messung von Gewinnen nach Geschäftszweigen zu einigen. Kapitalzuteilung nach Risiken, geheimnisvolle Buchführungspraktiken (zum Beispiel Kreditwertberichtigungen), Gemeindereinvestitionserfordernisse, ein Rattenschwanz von Risiken, die aus laufenden Kredit- und Preisentscheidungen resultieren, komplexe Abstimmungen zwischen den übereinstimmenden oder aber unterschiedlichen Laufzeiten von Aktiva und Passiva – all das hat in Kombination miteinander die Profitabilität der verschiedenen Geschäftszweige zu einer Art Rätsel gemacht und den wahren Beitrag des einzelnen Mitarbeiters zu einem unergründlichen Mysterium. (Die Versicherungswirtschaft ist übrigens genauso komplex, trotzdem haben

State Farm und andere es geschafft, ihre Gewinn- und Produktivitätssysteme zu entwirren.)

Nicht Produktivitätsmessung treibt die Karriere eines Bankers an, sondern sein Streben nach Beförderung, natürlich kombiniert mit hinreichend Geschick zur Vermeidung von Krisen. In Ermangelung von Produktivitätsmaßstäben suchten die Banker nach anderen Wegen zur Berechnung der Vergütung für ihre Mitarbeiter, und schließlich kam ein Bankmanager in Philadelphia namens Edward N. Hay auf eine Lösung: ein Punktesystem, das eine große Vielfalt von Aufgaben nach Schwierigkeit und Wichtigkeit einstuft. Die Faktoren, die Hay berücksichtigte, waren Dinge wie die Anzahl persönlicher Berichte, die Höhe des Ausgabenbudgets und das Ausmaß der Umsatzverantwortung, das ein Mitarbeiter trug. Jahrzehntelang hat Hays Punkteskala Managern geholfen zu bestimmen, wieviel dem Leiter der einen Abteilung im Vergleich zu dem der anderen Abteilung bezahlt werden sollte. Das System wird bis heute noch weithin angewendet – 1943 gründete Hay eine Unternehmensberatung und führte das System für eine Vielfalt von Branchen ein – und hat die Entgeltphilosophie großer, bürokratischer Unternehmen überall beeinflußt. Und überall wirkte es sich auf zahllose Weisen *gegen* alle Prinzipien loyalitätsbasierten Managements aus. Vor allem stellt es das Prinzip der Harmonisierung auf den Kopf, indem es die Mitarbeiter für die Schaffung und Erhaltung vieler der Produktivität zuwiderlaufender Aspekte der Bürokratie belohnt.

Wenn Leute für die Wichtigkeit ihrer Jobs statt für die Produktivität ihrer Teams bezahlt werden, ist der einzige Weg, vorwärtszukommen und mehr Geld zu verdienen, die Beförderung. Die Endstation in einer bürokratischen Organisation ist der Posten des CEO, und viele Karrierewege zeigen in diese Richtung. Es ist ein absurdes System. Nur einer kann diesen Posten haben, so daß notwendigerweise 99,99 Prozent der anderen das Ziel ihres Ehrgeizes nicht erreichen werden. Das produktivitätszerstörende Verhalten, das dies in Form von Intrigen und persönlichen Enttäuschungen hervorbringt, ist enorm.

Bei Banken mit Filialen zum Beispiel ist es ein guter Karrierestart, eine kleine Filiale zu leiten. Leisten Sie dort gute Arbeit, werden Sie in zwei bis drei Jahren in die Leitung einer mittleren Filiale aufsteigen, dann in die Leitung einer großen Filiale, dann in ein, zwei Stellen in der Niederlassung und schließlich in eine leitende Position in der Zentrale. Das Rennen um eine erfolgreiche Karriere ist das Rennen, in der Zentrale zu arbeiten, und zwar keineswegs zufällig an der Stelle, an der der individuelle Beitrag zu Produktivität, Wachstum und Gewinn am schwierigsten aufzuspüren ist. Die erfolgreichsten, am höchsten bezahlten Leute in einer Bürokratie eilen Hals über Kopf zu der am wenigsten effizienten Zelle in der Ressourcenverteilungsmatrix (in der Friedman-Matrix).

Es überrascht nicht, daß Bürokratien in Schwierigkeiten geraten, wenn sie der Konkurrenz auf den freien Märkten ausgesetzt werden. Die Banken erlitten ernste Rückschläge, als die amerikanische Regierung Regulierungsbestimmungen lockerte und weniger bürokratisch agierende Konkurrenten ihnen die Kunden abspenstig machten. Zwar stimmt es, daß überholte Regulierungen die Banken bei ihrem Kampf gegen Brokerfirmen, Investmentfonds und Versicherungsagenten behindern, doch ihr größter Feind ist immer noch die eigene Bürokratie. In den letzten 20 Jahren hat sich der Anteil, den die Banken an den Einlagen ihrer Kunden halten, halbiert, von 40 auf heute nur wenig über 20 Prozent.

In den USA haben die Kunden den Banken den Rücken gekehrt, weil deren Leistungen minderwertig sind. Tatsächlich wurden die Kundenverluste so groß, daß die Banken ihre Preise senken mußten, was die Gewinne unter Druck setzte. Das wiederum veranlaßte die Banken zu Einschnitten bei den Kosten. Das Zurückstutzen der Vergütungen in den Zweigstellen beschleunigte die Fluktuation unter den Filialleitern, und das führte zwangsläufig zu einer Verschlechterung beim persönlichen Service. Weniger engagierte Manager investieren weniger Mühe in die Entwicklung ihrer Mitarbeiter, legen weniger Sorgfalt beim Anheuern ihrer Kassierer an den Tag und lernen ihre Kunden nie genau genug kennen, um ihnen erstklassigen Service zu bieten.

Beim Konkurrenzvergleich stellen wir fest, daß der durchschnittliche Lebensversicherungsagent mit seinen Kunden mehr als fünf Jahre erhalten bleibt, der durchschnittliche Broker fast zehn Jahre, während der arme Bankmanager nur drei bis vier Jahre bei seiner Filiale bleibt. Selbst wenn alle das gleiche Ausmaß an Befähigung hätten, wäre dies kein fairer Kampf. Da aber die Vergütungen für die Filialleiter immer weiter zurückfielen, waren die Banken nicht in der Lage, so viele gute Kandidaten anzulocken wie die anderen beiden Branchen. Und die Besten von denen, die sie gewinnen, entfliehen so schnell sie können zur Zentrale. Wo sich also Chick-fil-A und State Farm auf den erfindungsreichen inneren Antrieb ihrer Filialleiter und Agenten beim Management der lokalen Produktivität und der örtlichen Gewinne verlassen können, haben die Banken Gehälter beziehende Karrieristen, deren Hauptanreiz die Aussicht auf Beförderung ist. Kreative Lösungen für Probleme örtlicher Zweigstellen zu finden kann kein hochrangiges Ziel dieser Filialleiter sein. Die meisten Banken besitzen kein System zur Messung von Zweigstellen- oder Kundenprofitabilität; daher wissen weder die Banken noch ihre Zweigstellenleiter, welche Entscheidungen zu Gewinnen und welche zu Verlusten führen. Die lokalen Herausforderungen werden an die Zentrale weitergeleitet, doch eine Lösung zu finden, die für alle 500 Zweigstellen paßt, ist fast unmöglich.

Trotz aller bürokratischen Negativanreize, welche Banken eingeführt haben, um Filialleiter davon abzuhalten, Kundenloyalität zu verdienen, schimmern doch Beweise für den ursächlichen Zusammenhang zwischen langjährigen Zweigstellenleitern und Kundenbindung durch. Wo unsere Beraterteams Bankenfilialsysteme untersuchten, fanden sie übereinstimmend heraus, daß Filialen, die mehr als sieben Jahre vom selben Zweigstellenmanager geleitet wurden, durchweg Kundenverlustraten von 5 bis 10 Prozent unter dem Durchschnitt aufwiesen. Das allein sollte reichlich Loyalitätsüberschuß schaffen, der mit den Filialleitern unter Verwendung von Partnerschaftssystemen wie bei State Farm oder Chick-fil-A geteilt werden könnte. In einem großen Zweigstellensystem errechneten wir, daß der Überschuß fast eine Million Dollar Kapitalwert pro Filiale erreichte – mehr als genug, um die Einkommen loyaler und produktiver Zweigstellenmanager zu verdoppeln oder zu verdreifachen und noch genug für Kunden und Investoren übrigzubehalten.

Kundenbeschwerden über schlechten Service haben viele Banken dazu veranlaßt, die Kontrollen von oben nach unten zu verstärken, Testkunden zu schicken und Untersuchungen über Kundenzufriedenheit durchzuführen. Doch die Extrakontrollen wären nicht nötig, wenn die Filialleiter wüßten, daß Umsätze der einzige Weg sind, um sich einen guten Lebensstandard zu erarbeiten. Die Abwärtsspirale, in der die Banken jetzt gefangen scheinen, hat viele Banker überzeugt, daß das Filialsystem ein Dinosaurier ist und immer zu viel kosten wird, um es zu betreiben. Die Wahrheit ist aber, daß die Kosten nicht das alleinige Problem darstellen. Das Problem ist die Produktivität.

Kann es denn keinen Bedarf an persönlichem Service geben, den Banken bieten könnten, wo doch die meisten von uns nichts über die Produkte wissen, mit denen wir in der neuen Welt der Finanzdienstleistungen konfrontiert sind? Der durchschnittliche Börsenmakler verdient 100 000 Dollar im Jahr, der durchschnittliche Bankfilialleiter 40 000 Dollar. Noch mehr Kosten aus dem Filialsystem herauszupressen wird dieses System schließlich zerstören.

Die State Farms und Chick-fil-As der Welt haben die Lösung vorgeführt, und ihre Formel weist keinerlei Ähnlichkeit auf mit der Lösung, welche die Banker verfolgen. Die Antwort ist nicht, Filialen zu schließen oder noch mehr Druck auf die Kosten auszuüben, die Antwort ist, ein Netzwerk von Partnerschaften zur Harmonisierung der Werte aufzubauen und dann den Partnern zu helfen, örtliche Gelegenheiten zur Steigerung ihrer Produktivität zu finden und zu nutzen. Ein ganz geringer Prozentsatz der Partner bei State Farm und Chick-fil-A erstrebt eine Position in der Hauptverwaltung. Für viele würde dies Einbußen bei der Bezahlung bedeuten. Das Ziel der riesigen Mehrheit ist nicht, Vorstandsvorsitzender zu werden, sondern die eigene örtliche Filiale zu leiten, das höchstmögliche Ausmaß an Produktivität zu erreichen und damit eine Menge Geld zu verdienen. Klingt das langweilig? Selbst wenn man aus einer Geschäftslage an einer Einkaufspromenade einen Mahlzeitendienst für Firmenflugzeuge entwickeln kann? Monotonie wird vielmehr erzeugt durch hohe Personalfluktuation und niedrige Produktivität. Die Partner bei State Farm und Chick-fil-A leiden offensichtlich nicht an Langeweile.

Natürlich sind Banken nicht die einzigen Unternehmen, die ihre bürokratischen Fesseln sprengen müssen. Eine Menge großer Unternehmen leidet unter den gleichen Symptomen. Ein guter Weg, um zu erkennen, ob Ihr Unternehmen zu den bürokratischen Organisationen gehört, ist die Frage: Wenn Ihre Mitarbeiter mehr Geld oder mehr Ressourcen haben wollen, an wen wenden sie sich? An ihre unmittelbaren Vorgesetzten? An Sie? Oder wenden sie sich der einzigen Quelle allen Cash-flows, den Kunden, zu?

Einige gewinnorientierte Organisationen kann man schwer in Profitcenter aufteilen. Zum Beispiel sind fast 12 000 der 16 000 Mitarbeiter von USAA in einem einzigen gewaltigen Gebäude in San Antonio untergebracht. Es wäre nicht praktikabel, jeden Kunden einem bestimmten Telefonverkäufer zuzuteilen. Doch USAA fand heraus, daß es möglich ist, seine Telefonverkäufer in kleine Teams von acht bis zwölf Personen zu gruppieren, jede mit seinem eigenen Spielertrainer, die zusammen arbeiten und gemessen werden. Diese Teamstruktur ist eine der Schlüsselmethoden, die USAA verwendet hat, um Bürokratie zu vermeiden und Produktivität zu fördern.

Die Feinde der Produktivität

Es gibt keinen verborgenen Königsweg zu überragender Produktivität. Loyalität, Motivation, Lernen, Wert teilen, Harmonisierung von Interessen – das alles sind wesentliche Elemente, und wir haben gesehen, wie sie in einem Produktivitätssystem zusammenpassen. Der erste Schritt besteht darin zu erkennen, daß Kosten und Umsätze miteinander verbunden sind und daß es die Mitarbeiter sind, die sie verbinden. Kosten zum Schaden der einzigen Leute im Geschäft zu beschneiden, die in der Lage sind, die Umsätze zu steigern, ist eine närrische Lösung des Produktivitätsproblems, denn das richtige Ziel sind nicht niedrige Kosten je Einheit, sondern niedrige Kosten als Prozentsatz der Umsätze.

Der zweite Schritt ist das Begreifen und Anpacken der Konsequenzen des ersten Schritts, nämlich daß Unternehmen zur Stärkung der Loyalität und zur Steigerung der Produktivität alles ihnen Mögliche tun müssen, um das Lernen individueller Mitarbeiter und die Harmonisierung von Mitarbeiter- und Unternehmensinteressen zu fördern. Einer der besten Wege zu diesem Ziel ist, den Mitarbeitern die Möglichkeit zu eröffnen, ihre Bezahlung zu steigern. Mit anderen Worten: Der beste Weg zur Verringerung der Kosten als Prozentsatz der Erlöse ist sehr oft, die Chancen für höhere Entlohnung auszuweiten – so sehr dies auch der Intuition widersprechen mag.

Beim Fortschreiten von dieser allgemeinen Theorie zu spezifischen Unternehmensrichtlinien und -praktiken ist ein ausgezeichneter Rat, sich anzusehen, was Loyalitätsführer tun, und dann das gleiche zu machen – oder doch so weitgehend das gleiche, wie Sie irgend können. Manchmal ist der leichteste Start auch, das ganze Problem aus der entgegengesetzten Perspektive zu betrachten – nicht zu fragen: »Was machen die anderen richtig?«, sondern: »Was mache ich falsch?« Eine ganze Anzahl von Loyalitätsführern begann auf genau diese Weise, sich mit dem Produktivitätsproblem zu beschäftigen und es zu beheben.

Lassen Sie uns einige der schlimmsten Feinde der Produktivität durchmustern, damit wir darüber nachdenken können, wie man diese aus den Unternehmen entfernen kann.

Ausschnitthafte Produktivitätsmessungen

Jedes Unternehmen erhebt Kennziffern. Die meisten haben zu viele. Aber viele Unternehmen unterlassen es, Mitarbeitern ein Instrument zur Messung ihrer eigenen Beiträge zur Wertschöpfung entweder für Kunden oder für das Unternehmen an die Hand zu geben.

Selbst wenn Unternehmen Produktivität messen, verfolgen sie selten die Ergebnisse jener Mitarbeiter und Teams, die im Laufe der Zeit Erfahrungen gewinnen. Diesen Unternehmen ist einfach nicht bewußt, welch großen Wert es für sie bedeuten könnte, die Loyalität und Bindung ihrer Mitarbeiter zu erhöhen. Banken, Restaurants und Einzelhandelsketten lassen Mitarbeiter von einem Standort zum anderen rotieren, um so die besten Methoden zu verbreiten. Sie übersehen dabei den Produktivitätsverlust, den die Mitarbeiter erleiden, weil sie die Erfahrungskurve zurückrutschen. Niedrige Gehälter für Kassierer scheinen eine gute, billige Lösung für das Produktivitätsproblem zu sein – bis man Rückschläge beim Lernen und bei der Produktivität in Gestalt hoher Fluktuationsraten bei Kassierern und Kunden gewahr wird.

Zwar ist es sinnvoll, Produktivitätskennziffern in Dimensionen aufzuteilen, auf die sich einzelne Abteilungen konzentrieren können, Unternehmen müssen diese spezifischen Maßnahmen aber auch mit den am breitesten angelegten Maßstäben verknüpfen – Umsätze und Gewinne je Mitarbeiter. Nehmen Sie die Regulierungsabteilung einer Versicherungsgesellschaft. Die meisten Regulierer haben keine Ahnung, wie sich ihre Produktivität mit anderen Dimensionen des Geschäftes verbindet, um Wert und Gewinn zu schaffen. So werden Regulierer zum Beispiel nach der durchschnittlichen Höhe der Ansprüche gemessen, die sie genehmigen – was in Versicherungskreisen »durchschnittliche Härte« genannt wird –, und Versicherungsregulierer werden gewöhnlich bei mangelnder Härte nicht gerade befördert, das heißt, wenn sie zu großzügig sind. Wenn aber Regulierer zu wenig zahlen, riskieren sie, Kunden zu verärgern, die dann der Versicherung den Rücken kehren und ihre Prämien einem Konkurrenten zukommen lassen. Die meisten Regulierer werden versuchen, es nicht soweit kommen zu lassen, doch unter Druck – etwa am Ende eines mit Ansprüchen überladenen Monats – wird fast jeder Regulierer zur Knausrigkeit neigen.

Die Lösung besteht in der Messung von Bindungsraten derjenigen Kunden, die mit jedem einzelnen Regulierer zu tun haben. Die Kombination individueller Härtequoten und individueller Bindungsraten ergibt eine Kennziffer, die den wirklichen Umsatz- und Gewinneffekt auf das Unternehmen widerspiegelt – eine Zahl, die als Grundlage für eine angemessene Bonuszahlung dienen kann. Wenn man die Regulierer den Wert einer Steigerung der Bindungsraten verschiedener Kundensegmente lehrt, werden sie ermutigt, für die Gewinnentwicklung rationale Entscheidungen darüber zu treffen, wie großzügig sie bei vorliegenden Ansprüchen sein sollten.

Das Mißverhältnis zwischen Bezahlung und Produktivität

Die meisten Menschen werden mit wachsender Erfahrung an einem Arbeitsplatz oder in einem Unternehmen immer produktiver. Die Erfahrungskurven scheinen in den Unternehmen am steilsten zu sein, in denen Mitarbeiter (oder die Teams, zu denen sie gehören) an den greifbaren Ergebnissen ihres Lernens teilhaben. Chick-fil-A teilt sich mit seinen unabhängigen Betriebsleitern die Gewinne 50 zu 50. A. G. Edwards bezahlt seine Filialleiter auf der Basis der Gewinne der einzelnen Filialen. State Farm zahlt gleichbleibende Provisionen, wodurch die langfristigen Ziele der Agenten mit denen des Unternehmens verbunden werden: Die Agenten müssen sich einen guten Kundenstamm aufbauen, damit sie im Verlauf der Zeit die Früchte ihrer Arbeit genießen können. Doch viele Unternehmen weigern sich, die Gewinne zu teilen, und versäumen es so, das volle Produktivitätspotential ihrer Mitarbeiter zu entwickeln.

Der Beitrag eines Mitarbeiters zum Gewinn des Unternehmens ist die Lücke zwischen seiner Produktivitäts- und seiner Entgeltkurve. In loyalitätsbasierten Unternehmen ist die Entlohnung eine Funktion der Produktivität, so daß die beiden Kurven parallel steigen oder fallen. Folglich suchen die Mitarbeiter stets nach Wegen zur Steigerung ihrer Produktivität. In anderen Unternehmen wird die Höhe der Bezahlung von der Wichtigkeit der Position oder der Beschäftigungsdauer bestimmt, so daß die Mitarbeiter nicht wissen, ob sie bei ihrer gegenwärtigen Entlohnung tatsächlich zum Gewinn des Unternehmens beitragen. Daher richten sie ihr Lernen weniger auf Produktivität als auf Beförderung aus.

Die Postverwaltung der USA ist ein klassisches Beispiel. Die Vorgesetzten teilen den Postboten Routen zu, in denen sie eine angemessene Arbeitsbelastung eines durchschnittlichen Mitarbeiters sehen. Mit wachsender Erfahrung lernen die Postboten aber, die Arbeit in immer kürzerer Zeit zu erledigen. Nach mehreren Jahren kann ein aufgeweckter Postbote eine Route, für die er früher acht Stunden brauchte, in sechs Stunden beenden. Statt aber seine Route zu verlängern und ihm dafür mehr zu bezahlen oder ihn früher nach Hause gehen zu lassen, verlangt die Post ihre acht Arbeitsstunden. Tatsächlich wird die Route des Postboten, wenn er stets früher fertig ist, von den Vorgesetzten womöglich *ohne* zusätzliche

Vergütung verlängert. Der einzige Weg, mehr Geld zu verdienen, ist der, befördert zu werden.

Das Ergebnis ist natürlich, daß die besten Postboten andere Wege finden, ihre Tage auszufüllen. Manche sitzen in ihren Autos und lesen, andere machen ein halbes Dutzend Kaffeepausen. Die Post müht sich ab, die Produktivität zu erhöhen, und investiert dabei hohe Summen in Sortieranlagen und elektronische Postleitzahlenlesegeräte. Doch die Produktivität wird nicht steigen, solange die Mitarbeiter nicht an dem Wert beteiligt werden, den sie schaffen.

Jetzt können Sie sich die Lösung vorstellen: die Umwandlung aller Postämter in Partnerschaften mit Gewinnbeteiligung. Produktivität, Vergütungen und Service würden allesamt in die Höhe schießen. Angesichts des Potentials der im gegenwärtigen System eingesperrten Werte könnte die Regierung wahrscheinlich sogar Investoren gewinnen, die etwas von der Staatsverschuldung abtragen, indem sie Postzustellrechte kaufen.

Vielleicht scheint der Postdienst kein ernstzunehmendes Beispiel zu sein, er hat aber sehr viel mit den meisten Unternehmen der *Fortune*-500-Liste gemeinsam, darunter Bürokratie, gewerkschaftlich organisierte Belegschaft und die Weigerung, die Mitarbeiter gemäß ihrem meßbaren Beitrag zur Produktivität zu entlohnen. Zu viele Manager scheinen zu glauben, wertbasierte Bezahlung sei nur eine Sache der Entlohnung – des Weggebens von Gewinnen, der Mehrbezahlung. Doch zusätzlich zu der Tatsache, daß wertbasierte Bezahlung den aufzuteilenden Kuchen stark vergrößert, schaltet sie auch unproduktive Mitarbeiter aus. Bei einer Brokerfirma bekommen die Makler zum Beispiel ein Drittel bis die Hälfte aller Umsätze, die sie erzeugen. Einer der Gründe dafür, daß ihre Produktivitätskurve so steil ist, besteht darin, daß solche Makler, die nicht genug Provision zur Bestreitung ihres Lebensunterhalts verdienen, freiwillig die Firma verlassen.

Ein gutdurchdachtes Gewinnbeteiligungssystem ist ein selbstreinigendes System. Chick-fil-A verliert pro Jahr nur 4 bis 6 Prozent seiner Restaurantleiter, doch diese wenigen, die das Unternehmen verlassen, sind gewöhnlich die, deren Produktivität nicht ausreicht, um genug zum Lebensunterhalt zu verdienen. Ohne diese Reinigungsfunktion würde das System von Chick-fil-A nicht die überlegene Produktivität erzeugen, die es erreicht.

Wenn die falschen Leute eingestellt werden

Zwei Arten von Fehlern bei der Einstellungspolitik zerstören die Produktivität. Die erste ist, Kandidaten anzuheuern, die ihre Produktivität nicht schnell genug erhöhen können, um ihrer Bezahlung vorauszubleiben. Der zweite ist die Einstellung von Leuten – so fähig sie auch sein mögen – die nicht lange genug beim Unternehmen bleiben, um das, was es kostet, sie an Bord zu bringen und anzulernen, durch ihren Beitrag zur Wertschöpfung zurückzuerstatten.

Wenige Unternehmen sind in der Lage, sich bei ihren Neueinstellungen auf das Kandidatenreservoir mit den produktivsten und loyalsten Mitarbeitern zu konzentrieren, weil sie ihre Mitarbeiterverluste nicht genau genug analysiert haben, um die voraussichtliche Beschäftigungsdauer auf der Grundlage verschiedener Daten vorhersagen zu können. Wir halfen einem Börsenmakler bei dieser Analyse und stellten fest, daß die Fluktuation im ersten Jahr zwischen 30 Prozent für von anderen Mitarbeitern empfohlene Kandidaten, 45 Prozent für Hochschulabgänger, 55 Prozent für Bewerber, die auf Zeitungsanzeigen reagierten, und 67 Prozent für Makler schwankte, die von der Konkurrenz kamen. Bei der sorgfältigen Untersuchung seiner Cash-flow-Wirtschaftlichkeit stellte das Unternehmen fest, daß Fluktuationsraten von über 50 Prozent im ersten Jahr Wert für das Unternehmen vernichteten. Überraschenderweise kam mehr als die Hälfte der Neueinstellungen aus dem Bewerberreservoir mit Fluktuationsraten von über 50 Prozent. Es überrascht noch mehr, daß das Unternehmen, nach Besprechung dieser Informationen mit den Zweigstellenleitern unter nachdrücklicher Betonung der Wichtigkeit höherer Bindungsraten, beobachten mußte, daß die neuen Mitarbeiter auch weiterhin aus dem Reservoir der am wenigsten loyalen Kandidaten kamen. Die wesentlichste Ursache dafür war, daß die Bonuszyklen zu kurz waren.

Kurze Bonuszyklen

Das Investmentgeschäft ist die Art von Branche, in der wertvernichtendes Verhalten eigentlich schwer zu finden sein sollte, schließlich hängen die Bonuszahlungen bei jedermann von der eigenen Produktivität ab. Dennoch können Probleme auftauchen, wenn Entscheidungen von heute die Gewinne von morgen beeinflussen, aber die Leute und Teams, welche die Entscheidungen fällen, nicht lange genug bei der Firma sein werden, um die künftigen Früchte ihrer Entscheidungen zu ernten.

Das Grundproblem besteht darin, daß die meisten Firmen ihre Zweigstellenleiter zu häufig versetzen. Da ein erheblicher Teil der Zweigstellenkosten von einem Investitionszyklus bestimmt wird, der viel länger ist als die Verweildauer des durchschnittlichen Filialleiters, muß das Unternehmen den Jahresbonus des Managers von etwas anderem als den langfristigen Gewinnen abhängig machen. Man kann einen heutigen Manager nicht dafür bestrafen, daß der Vorjahrsmanager einen großen Vorabbonus an einen Makler gezahlt hat, der dann vorzeitig die Firma verließ. Und es scheint nicht fair zu sein, die Gewinn-und-Verlust-Rechnung eines Managers mit den gesamten Kosten der Ausbildung eines Anfängers zu belasten, wenn es mehrere Jahre dauert, bis der Neuling anfängt, zum Gewinn beizutragen – zur Gewinn-und-Verlust-Rechnung eines anderen Filialleiters. So werden die Bonusformeln gewöhnlich auf bloße Provisionen beschränkt, und das verleitet Filialleiter dazu, nur eines zu tun: sicherzustellen, daß an jedem Schreibtisch ein Makler sitzt, der Provisionen erwirtschaftet. Vorsichtige, wählerische Rekrutierung wäre zwar für das Unternehmen besser, für Zweigstellenleiter indessen nur dann, wenn sie lange genug bei der Filiale blieben, um die Früchte solcher Investitionen zu ernten. Bei den meisten Firmen erwartet man dies von den Filialleitern überhaupt nicht.

Falsche Karrierewege

Ein anderes produktivitätsverschlingendes Ungeheuer ist der Karriereweg, der Mitarbeiter dazu ermutigt, die Positionen so schnell wie möglich zu durchlaufen oder gar zu überspringen, welche die Wertschöpfung eines Unternehmens antreiben. In einer Bank ist das die Position des Zweigstellenleiters, in einer Versicherungsgesellschaft der Regionalagent, in Restaurantketten der Restaurantleiter. Wenn die Hauptstraße zu Prestige und höherer Bezahlung die Erreichung einer Position in der Hauptverwaltung ist, deren Beitrag zu Wertschöpfung und Gewinnen nicht genau definiert werden kann, dann leiden zwangsläufig Kundenloyalität, Produktivität, Gewinne und vor allem die Langlebigkeit des Unternehmens.

Ist es noch nötig zu erwähnen, daß Sie die Entlohnung für die wertschöpfenden Positionen nicht in ein bürokratisches Schema pressen können? Wenn Verkäufer in einem umsatzabhängigen Unternehmen mit ansehen müssen, wie ihre Territorien nach einem großartigen Jahr neu verteilt werden, müssen sie die Lust an ihrer Arbeit verlieren – sie werden

Vertriebsmanager werden wollen. Deshalb gibt sich Chick-fil-A große Mühe, seine besten Restaurantleiter mehr als 100 000 Dollar im Jahr verdienen zu lassen, und deshalb will State Farm, daß seine Agenten vor Ort mehr verdienen als die Manager in der Zentrale.

Unternehmen, welche ihrem Entlohnungssystem die »Wichtigkeit« von Positionen und nicht den Beitrag zum Gewinn zugrunde legen, verzerren die individuellen Anreize. Eine Position ist definitionsgemäß wichtiger, wenn zu ihr die Beaufsichtigung von einer höheren Mitarbeiterzahl gehört. Während die Beschäftigung von einer niedrigeren Mitarbeiterzahl für die Gewinne günstiger sein könnte, drängt das Punktesystem in die entgegengesetzte Richtung: zur Steigerung statt zur Verringerung der Kosten.

Unzulängliche Ausbildung

Effektive Ausbildung ist entscheidend für hervorragende Produktivität. Aber viele Unternehmen wenden viel zu wenig Geld und Aufmerksamkeit dafür auf. Leider ist dieses Verhalten vollkommen logisch. Es ist töricht, aggressiv in die Ausbildung zu investieren, wenn die Mitarbeiter nach zwei oder drei Jahren Ihr Unternehmen wieder verlassen und ihre gute Ausbildung zur Gewinnsteigerung Ihrer Konkurrenten einsetzen. Hohe Ausbildungsinvestitionen sind keine rationale Strategie, wenn sie nicht mit irgendeiner Strategie verknüpft werden, die Ausgebildeten im Unternehmen zu halten.

Natürlich erfolgt die beste Ausbildung »on the job«, also da, wo die Auszubildenden von den erfahrenen Mitarbeitern lernen. Viele Unternehmen sind für den größten Teil oder für die gesamte Ausbildung auf erfahrene Mitarbeiter angewiesen, und viele »Veteranen« sind zu guten und bereitwilligen Ausbildern geworden. Die Wahrheit ist aber, daß die meisten erfahrenen Makler nicht Unmengen von Zeit, in der sie Provisionen verdienen könnten, für die Ausbildung von Anfängern aufwenden werden. Chick-fil-A *bezahlt* seine erfahrenen Restaurantleiter für die Ausbildung von neuen Filialchefs; damit sichert sich das Unternehmen das Wohlwollen seiner besten Kräfte *und* ein besseres Ausbildungsniveau. Chick-fil-A ermutigt seine Restaurantleiter auch dazu, ihre eigenen Assistenten anzuheuern und sie auszubilden, was eine weitere Gruppe von Kandidaten für Filialleiterpositionen schafft. Im Gegenzug berücksichtigt das Unternehmen Ausbildungsbemühungen bei der Vergabe neuer Zweigstellen.

Das Kosmetikunternehmen Mary Kay hatte eine der besten Anreizideen für seine Mitarbeiter, gute Kandidaten zu rekrutieren und sie gut auszubilden. Mary Kay bezahlt eine kleine Provision an den für die Neueinstellung Verantwortlichen für jeden Verkauf, den die oder der Angeheuerte während der gesamten Dauer des Beschäftigungsverhältnisses tätigt. Darüber hinaus zeigt der monatliche Provisionsscheck den »Veteranen«, welche ihrer »Rekruten« sich auszahlen und welche noch etwas Hilfe, Ermutigung oder Extraausbildung brauchen könnten.

Die Schwierigkeiten der Tätigkeiten ignorieren

Zehn Jahre lang sah ein führendes Versandunternehmen die Verlustrate seiner Fahrer ansteigen. Da in dieser Zeit die Berufstätigkeit der Frauen zunahm, trafen die Fahrer die Kundinnen immer seltener zu Hause an, und es wurde immer schwerer für sie, ein respektables Einkommen zu verdienen. Der einzige Weg, die Produktivität aufrechtzuerhalten, war, die tägliche Arbeitszeit auszudehnen. Mit der Zeit begann das Realeinkommen der Fahrer zu sinken. Kleine Anpassungen zwecks Inflationsausgleich verbargen den Rückgang ein wenig, doch während am Anfang des Jahrzehnts nur 30 Prozent der Arbeitnehmer mit vergleichbarer Ausbildung und Fähigkeit mehr verdienten als die Fahrer, waren es nach den zehn Jahren 80 Prozent – nur 20 Prozent verdienten noch weniger oder ebensowenig.

Das hatte zweierlei Ergebnisse. Erstens lockte das Unternehmen, ohne es zu wissen, weniger fähige Mitarbeiter an. Zweitens brachten es immer weniger Fahrer fertig, die Produktivität auf ein akzeptables Ausmaß zu steigern, so daß mehr und mehr von ihnen das Unternehmen verließen. Doch die stärkere Mitarbeiterfluktuation erhöhte die Kosten, was einen Aufwärtsdruck auf die Preise ausübte, wodurch wiederum der relative Wert der Leistungen des Unternehmens gemindert und es noch schwieriger wurde, die Aufgaben zu erfüllen, die der Job stellte. Die Firma investierte stark in produktivitätssteigernde Technik wie automatische Lagerhaltungssysteme und tragbare Computer, doch nicht einmal diese Technologien konnten die Produktivität wieder auf das einstige Niveau zurückführen.

Die Erkenntnis aus dieser Geschichte: Beobachten Sie die durchschnittlichen Stundenlöhne ihrer wichtigsten Mitarbeiter. Wenn sie nicht (inflationsbereinigt) konstant sind oder steigend, locken Sie fast mit Sicherheit weniger fähige Mitarbeiter an, was die Produktivität mindern und Ihr gesamtes Geschäftssystem schwächen wird. Wie wir in Kapitel 9 sehen werden, könnte die wirkliche Lösung für ein offensichtliches Produktivitätsproblem die fundamentale Umgestaltung der Art und Weise sein, in der das Unternehmen den Kunden seine Leistungen anbietet.

Entlassungen

Die meisten Unternehmen denken, Entlassungen seien ein großartiger Weg zur Steigerung der Produktivität. Natürlich stimmt es, daß die Relation zwischen Erlösen und Beschäftigtenzahl steigt, wenn Sie einige Mitarbeiter auf die Straße setzen. Doch in den meisten Fällen ist die Verbesserung vorübergehender Natur. Die Wahrheit ist: Entlassungen *senken* die Produktivität, in manchen Fällen sogar dramatisch. Zugegeben, manche Situationen erfordern Entlassungen, um zu überleben, und manche Situationen erfordern die kurzfristigen finanziellen Gewinne, die Entlassungen bringen. Doch der endgültige Preis von Entlassungen ist immer hoch.

Nehmen Sie den Fall der jetzt in der Rollins Hudig Hall Group aufgegangenen Versicherungsmaklerfirma Frank B. Hall. Wie Abb. 1.2 in Kapitel 1 gezeigt hat, lagen die Profitabilität und die Kundenbindung des Unternehmens 1987 dramatisch unter denen der Konkurrenten. In jenem Jahr übernahm eine Investorengruppe Frank B. Hall in der Hoffnung, seine Profitabilität auf den Branchendurchschnitt zu steigern. Aber statt das Grundproblem der Firma anzugehen, nämlich die dürftige Kundenbindung (84 Prozent, die niedrigste aller landesweit tätigen Versicherungsmaklerfirmen), gingen die Investoren gegen die hohen Kosten vor. Sie entließen sofort 10 Prozent der Belegschaft, um die Kosten wieder auf die Reihe zu bekommen. Was geschah? Das genaue Gegenteil. Das Verhältnis der Kosten zu den Umsätzen verschlechterte sich sowohl 1988 als auch 1989. Die Gewinne je Mitarbeiter sanken von 1 400 Dollar 1986 auf *Verluste* von 3 300 Dollar je Mitarbeiter 1987, 4 000 Dollar 1988 und 6 900 Dollar 1989. Das Management mag gedacht haben, daß manche Mitarbeiter nichts taugten, aber die Kunden dachten offensichtlich etwas anderes: Die Kundenverlustrate begann fast direkt nach den Entlassungen zu steigen. Um einen Kommentar zu den Schwierigkeiten des Unternehmens gebeten, reagierte ein Manager von Frank B. Hall mit einer delikaten Untertreibung: »Verlorene Geschäftsbeziehungen haben neue Geschäftsbeziehungen in den letzten Jahren überschritten, was ein Problem war.«

Abb. 1.2 zeigt, daß die einzigen Versicherungsmaklerfirmen, die eine hohe Profitabilität erzielten, auch ein hohes Ausmaß an Kundenloyalität erreicht hatten. Aus irgendeinem Grund glaubte das Management von Frank B. Hall, dieses grundlegende wirtschaftliche Prinzip ignorieren zu können. Statt nach Möglichkeiten für Kostensenkungen Ausschau zu halten, hätte es nach Wegen suchen sollen, die exzessive Kundenverlustrate durch Steigerung der Wertschöpfung für die Kunden zu senken. Exzessive Verlustraten sind fast immer eine Grundursache hoher Kosten, während Kostensenkungen allein wenig oder nichts zur Verminderung der Verlustraten beitragen können. Manager sollten gegenüber jedem Kostensenkungsplan skeptisch sein, der keine glaubwürdige Strategie zur Erhöhung der Kundenbindung einschließt – das heißt, eine glaubwürdige Strategie zur Verbesserung der Wertschöpfung für die Kunden, denn der Wert ist die Grundlage jeder Kundenentscheidung, bei einem Unternehmen zu bleiben oder ihm den Rücken zu kehren. Es ist schwer einzusehen, wie Entlassungen allein den Wert für den Kunden steigern können sollen. Was Entlassungen vermögen, ist, die Unsicherheit unter Mitarbeitern und Kunden zu steigern. Bei Frank B. Hall schwächte Unsicherheit auf jeder Ebene die Kundenbindung, und die entsprechende Wirkung auf die Gewinne trat unmittelbar ein.

In der Industrie wirken sich Entlassungen nicht unbedingt so schnell auf die Wertschöpfung für die Kunden aus wie bei Frank B. Hall, und Entlassungen sind in der Tat im industriellen Sektor alltäglich geworden, weil sie dort oft die kurzfristigen Gewinne steigern. Aber bei den Dienstleistungen, auf die jetzt etwa 70 Prozent der Beschäftigung in den USA entfallen, können Entlassungen die Kundenbindung so schnell mindern, daß sogar die kurzfristigen Gewinne leiden.

Niedriges Wachstum

Produktivitäts- und Umsatzwachstum gehen Hand in Hand. Ohne neue Arbeitsplatzangebote, auf die sie ihr Augenmerk richten können, besteht wenig Wahrscheinlichkeit, daß die Mitarbeiter jene Möglichkeiten für Kostensenkungen identifizieren, die sie ihren derzeitigen Job kosten könnten. Zudem finden Kosten in jeder Organisation einen Weg, in die Höhe zu gehen, trotz dagegen gerichteter Bestrebungen der Beteiligten. Der einzige Weg, die Produktivitätsquoten gesund zu erhalten, ist der, die Umsätze laufend um einen noch gesünderen Prozentsatz zu steigern. Unternehmen mit nur schwachem Wachstum sind unfähig, die besten Bewerber um Arbeitsplätze anzulocken, und haben geringere Chancen, ihre besten Mitarbeiter zu halten.

Chick-fil-A hat seine Verwaltungskosten im Verhältnis zu den Umsätzen stetig reduziert, und seine jährliche Personalfluktuation in der Hauptverwaltung liegt unter 3 Prozent. Das Unternehmen hat ein Umsatzziel von einer Milliarde Dollar im Jahr 2000 – nicht um die Wall Street zu beeindrucken, sondern um sich Spielraum zur fortgesetzten Steigerung der Produktivität zu verschaffen und immer mehr Früchte davon zu teilen.

Ineffiziente Organisationsstrukturen

Loyalitätsführer scheinen ein einfaches Prinzip für ihre Strukturierung zu haben. Sie organisieren soviel wertschöpfende Aktivität wie möglich in kleinen Teams, deren Produktivität und Profitabilität gemessen werden können. Diese Teams sind die Grundmoleküle, aus denen sich das Unternehmen zusammensetzt. Bei State Farm arbeiten drei Viertel der Belegschaft für Regionalagenten. Das übergeordnete Personal ist in 28 getrennte Regionen aufgeteilt, von denen jede ihre eigenen Prämien festsetzt und ihr Budget selbst verwaltet. Jede Region berichtet direkt dem Büro des Präsidenten in Bloomington. State Farm glaubt, daß diese Strukturierung in kleine Teams es dem Unternehmen erlaubte, zu solcher Größe heranzuwachsen, daß es jetzt 20 bis 25 Prozent aller US-Haushalte mit einer Belegschaft von 150 000 Mitarbeitern bedient, von denen die meisten für State-Farm-Agenten, nicht für State Farm arbeiten.

Chick-fil-A ist nach dem gleichen Strukturprinzip aufgebaut. Die Grundeinheit ist das Restaurant, das vom Filialleiter-Partner des Unternehmens gemanagt wird. Mit nur 200 Beschäftigten in der Hauptverwaltung einschließlich des Gebietsmanagements erzielten die 600 Betriebe des Unternehmens 1994 einen Umsatz von 400 Millionen Dollar. Das Bestehen auf einer schlanken Zentrale gehört in die effektive Zelle in der Friedman-Matrix – es wäre sehr schwer für jemanden in der Hauptverwaltung, das Geld eines Restaurants effektiver auszugeben, als es das Restaurant selbst tut.

Die Friedman-Matrix ist ein sehr gutes Instrument, um zu prüfen, welchen Grad an Effizienz Ihre Organisationsstruktur Ihnen erlaubt. Stellen Sie die Prozentsätze der Ausgaben Ihres Unternehmens zusammen, die in jede der vier Zellen fallen. Eine typische Geschäftsbank wird feststellen, daß 70 Prozent ihrer Kosten in die am wenigsten effiziente Zelle fallen. Sehr wenige Unternehmen werden sich in der entgegengesetzten Lage finden, in der 70 Prozent ihrer Ausgaben in der Weise getätigt werden, in der ein Familienauto gekauft wird. Bei Loyalitätsführern können aber 80 bis 90 Prozent der Ausgaben in diese effizienteste Zelle fallen.

Internationale Wettbewerbsfähigkeit

Wir wissen, daß Loyalität starke Konsequenzen für die Produktivität und Wettbewerbsfähigkeit einzelner Unternehmen hat, aber wie beeinflußt sie die Produktivität und Wettbewerbsfähigkeit von Nationen? Produktivitätsmessungen über Landesgrenzen hinweg sind berüchtigtermaßen unzuverlässig. Wenn wir aber einfach das makroökonomische Äquivalent von Umsatz je Mitarbeiter nehmen, also des Bruttosozialprodukts je Beschäftigter (Abb. 5.1), sehen wir, daß das Produktivitätswachstum in den USA dem in anderen Ländern seit 1960 hinterherhinkt. Deswegen sind die Realeinkommen amerikanischer Arbeiter nicht gewachsen. Angesichts des bemerkenswerten Fortschritts in Automatisierung, Telekommunikation und Informationstechnologie in den USA im selben Zeitraum ist diese Statistik etwas verwirrend.

Überraschenderweise könnte die Erklärung etwas mit der extremen Flexibilität amerikanischer Arbeiter zu tun haben. Wir haben diese Eigenschaft immer als Stärke angesehen, und im Zeitalter der Massenproduktion war sie das zweifellos auch. Eine anpassungsfähige, wanderungsbereite Arbeitnehmerschaft bedeutete, daß wir stets Arbeitskräfte dahin »dirigieren« konnten, wo die Industrie sie nötig hatte, wo immer das sein mochte und um welche Art von Bedarf es sich auch handelte. Es ist so normal für Amerikaner, in eine neue Stadt umzuziehen, an einen neuen Arbeitsplatz, auch zu einer neuen Art von Beschäftigung, wann und wo auch immer sich eine Gelegenheit bietet, daß Mobilität zu einem Teil des Nationalcharakters wurde. Wir sehen häufige Arbeitsplatzwechsel als normal, ja als wünschenswert an. Doch diese Flexibilität hat ihren Preis: gesunkene Loyalität. Und dieser Preis steigt ständig, da sich die Industrie von der Massenproduktion wegbewegt, in der das Lernen in Fabrik- und Verfahrensabläufen seinen festen Ort hatte, und sich das Gewicht auf die Dienstleistungen verlagert, in denen das Lernen auf Erfahrungen aufbaut, die bei Entscheidungsfindungen auf lokaler Ebene gewonnen werden. Mit anderen Worten: Es ist durchaus denkbar, daß in einem Zeitalter, in dem die Wettbewerbsfähigkeit auf Fähigkeiten zur Problemlösung beruht, die Vielseitigkeit und Mobilität der amerikanischen Arbeiterschaft zu einer Belastung geworden ist.

Eine kürzlich von der OECD durchgeführte Untersuchung fand heraus, daß die mittlere Beschäftigungsdauer von US-Arbeitern drei Jahre gegenüber etwa acht Jahren in Japan und in Deutschland beträgt. Die Investitionen in die Ausbildung liegen in den USA gleichfalls viel niedriger – was nicht überrascht, wenn der durchschnittliche Arbeitnehmer nicht lange genug an Bord bleibt, um diese Investitionen wieder einzubringen. Wenn der Durchschnittsarbeitsplatz in den USA eine Erfahrungskurve hat, die annähernd wie die Erfahrungskurven der Versicherungsagenten, der Makler und der Lkw-Fahrer verläuft, dann könnte diese nur dreijährige Mitarbeiterbindung in der Tat eine stark wirkende Bremse für die Produktivitätsentwicklung von amerikanischen Unternehmen sein. Selbst wenn der steilste Anstieg in der Produktivität in den ersten zwei Beschäftigungsjahren stattfindet, gibt es noch ein gravierendes Problem. In den USA bleiben 40 Prozent der Arbeitnehmer nur zwei Jahre oder weniger bei einem Arbeitgeber, in Japan sind es dagegen nur 20 und in Deutschland 23 Prozent.

Eine andere Art, sich diese Unterschiede zu vergegenwärtigen, ist, die Bindungsraten zu betrachten. In Japan mit seiner Mitarbeiterbindungsrate von 94 Prozent werden 50 Prozent der Arbeitnehmer, die heute um die 25 Jahre alt sind, noch in zehn Jahren bei ihrem jetzigen Arbeitgeber sein. In den USA mit 84 Prozent jährlicher Bindung werden dagegen nur weniger als 20 Prozent der jetzt um 25 Jahre alten Mitarbeiter noch in zehn Jahren für ihren jetzigen Arbeitgeber arbeiten. In einer Welt, die rapide wettbewerbsorientierter und komplexer wird, benötigen wir gut ausgebildete Mitarbeiter, wenn wir überhaupt im Spiel bleiben wollen. Bessere Ausbildung ist aber in einem System, das häufige Arbeitsplatzwechsel ermutigt, schwer vorstellbar. Was wir jetzt als Flexibilität preisen – Unternehmen ohne Investitionen in ihre Mitarbeiter und Mitarbeiter, die nichts in ihre Unternehmen investiert haben –, ist in viel zu vielen Fällen eine bedrohliche Schwäche.

Japan und Deutschland haben natürlich auch ihre Probleme. Japans System lebenslanger Beschäftigung ist in letzter Zeit unter Druck geraten, und es gibt einige sichtbare Nachteile von inflexibler Kapazität und Entlohnung nach Dauer der Beschäftigung. Honda, Fujitsu und andere japanische Unternehmen haben begonnen, Leistungsanreize einzuführen – eine schmerzhafte, aber nötige Veränderung. Für sich allein garantiert längere Mitarbeiterbindung noch keine hervorragende Produktivität – man sehe sich nur den Postdienst und einige Telefongesellschaften an. Aber mit dem richtigen System von Werkzeugen und Anreizen *können* die Produktivitätsvorteile durch höhere Bindung beträchtlich sein. Man sehe sich State Farm an.

Zwar hat kein Land ein ideales System, doch Abb. 5.7 wirft einige schwerwiegende Fragen auf. Wie lange ist die optimale Verweildauer eines Mitarbeiters bei einer Firma? Wie sehen die Erfahrungskurven für typische Beschäftigungen aus, und wie könnten sie aussehen, wenn die Feinde des Produktivitätswachstums beseitigt würden? Können wir unsere nationale Produktivität und den Einkommenszuwachs verbessern, ohne die Loyalität zu verbessern?

In einem Interview in der Zeitschrift *Fortune* äußerte Wolfgang Schmitt, CEO von Rubbermaid, kürzlich diese interessante Meinung (untermischt mit einigen Zwischenbemerkungen des Interviewers):

»*Damit die USA in der Welt wirklich wettbewerbsfähig sind, müssen wir mehr Ideen in unsere Produkte stecken. Darin sind wir wirklich gut.*«
Worin wir wirklich schlecht sind, ist der Umgang mit Menschen. Wenn die Zeiten hart werden, werfen wir sie raus. Rubbermaids großartiges

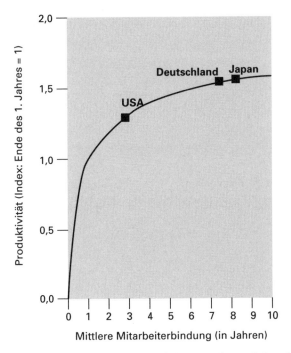

Abbildung 5.7: Potentielle Mitarbeiterproduktivität als Funktion der Bindungsdauer
Quellen: Mittlere Mitarbeiterbindungsdauer: *OECD Employment Outlook*, 1993; typische Erfahrungskurve: Schätzung von Bain & Company

Gewinnwachstum hat sich im dritten Quartal auf nur elf Prozent verlangsamt, und Schmitt steht unter einigem Druck von seiten der Wall Street, die Kosten zu senken und die Gewinne anzuheben. Er beabsichtigt, dies durch Steigerung der Produktivität zu erreichen, nicht durch Verkleinerung der Belegschaft. »Sicher, wir könnten eine Menge unserer Leute wegschicken. Doch damit würden wir unsere Zukunft aufgeben. Erstens würden wir die Leute demotivieren, die bleiben. Zweitens würden sie nicht mehr so loyal sein wie jetzt. Drittens, wenn irgendwelche guten Leute übrig blieben, würden sie nicht mehr lange hier sein. Sie würden sich umschauen. Und Unsicherheit verringert die Risikobereitschaft.«[6]

Es ist nur zu deutlich: Loyalitätsführer und die Kapitalmärkte haben sehr verschiedene Ansichten über Mitarbeiterloyalität, Produktivität und deren Beziehung zu Gewinnen. Wie sich diese Meinungen unterscheiden und was die Unterschiede bedeuten können, wird das Thema von Kapitel 6 sein.

6 Die richtigen Investoren binden

Bis jetzt hat sich unsere Diskussion hauptsächlich auf die Stärkung der Loyalität von Kunden und Mitarbeitern konzentriert. Jetzt ist es an der Zeit, die dritte konstituierende Gruppe des Geschäftslebens ins Visier zu nehmen: die Investoren. In mancherlei Hinsicht haben wir uns damit das größte Problem bis zuletzt aufgehoben, denn für viele Unternehmen ist die Investorenfluktuation sogar ein noch größeres und schwerer zu bewältigendes Problem als die Kunden- und Mitarbeiterfluktuation. Das durchschnittliche börsennotierte Unternehmen in den USA erleidet heute einen Investorenverschleiß von mehr als 50 Prozent im Jahr – eine mehr als doppelt so hohe Fluktuation, als sie bei Kunden und Mitarbeitern üblich ist.

Darin steckt eine Menge Ironie, denn den meisten amerikanischen Managementteams war viel mehr daran gelegen, für die Aktionäre Wert zu schaffen als für die Kunden und Mitarbeiter, und doch ist es ihnen nicht gelungen, die Investorenloyalität zu erhöhen. Im Gegenteil: Bei den Investoren war der Schwund an Loyalität besonders jäh. Eine Aktie wechselte 1960 an der New York Stock Exchange durchschnittlich alle sieben Jahre den Besitzer. Heute ist dieser Durchschnitt auf weniger als zwei Jahre gefallen. Wandeln wir diese Zahlen in Verlustraten um, wie wir sie für Kunden und Mitarbeiter verwendet haben, so stellen wir fest, daß die jährlichen Verlustraten bei den Investoren in den letzten 35 Jahren von 14 auf 52 Prozent emporgeschnellt sind. Die Anteilseigner von Aktiengesellschaften sind viel wechselhafter geworden als Mitarbeiter oder Kunden.

Das ist tatsächlich mehr als ironisch, es ist geradezu verblüffend. Auf Gewinnen basierende Meßsysteme waren immer an den Investoren orientiert. Wenn auch die Wertströme, die Kunden und Mitarbeitern geliefert wurden, schwer zu fassen und zu quantifizieren sind, können Manager doch die Werte, die für Investoren geschaffen wurden, leicht berechnen, indem sie Dividenden und Kurssteigerungen der Aktien aufaddieren. Manager haben der Lieferung von Wert für Investoren also nicht nur die

Spitzenpriorität eingeräumt, sondern sie können den gelieferten Wert auch sehr gut messen.

Aber gerade darin liegt eine der Wurzeln des Schwundes an Investorenloyalität, so paradox das auch scheinen mag. Die Manager streben konsequent danach, die Lieferung von Wert *an* die Investoren zu messen und zu managen, aber im großen und ganzen verfehlen sie Messung und Management von dessen Spiegelbild: dem Wertestrom nämlich, der *von* den Investoren an das Unternehmen fließt. Als Ergebnis unterlassen sie auch jeglichen Versuch, zunächst einmal die richtigen Investoren zu finden, so wie sie es bei Kunden und Mitarbeitern tun (oder tun sollten). Um diesen Wertestrom zum Unternehmen zu messen, müssen die Manager imstande sein, den von verschiedenen Arten von Investoren empfangenen Nutzen zu berechnen, und zwar den Nettowert. Der erhaltene Nutzen schließt die Stabilität der Liquidität ein, die die Investoren zur Verfügung stellen, ebenso den Wert ihrer Ratschläge, ihre Fachkenntnisse und sogar ihre konstruktiven Fragen und Forderungen, die helfen können, ein erfolgreicheres Unternehmen aufzubauen. Zu den Kosten gehören die nicht produktiven Forderungen, Asset Exploitation, Ablenkung des Managements und die Instabilität von Systemen, die von bestimmten Investorentypen hervorgerufen wird. Indem sie diese Kosten und Nutzen nicht erkennen, werten Manager den Wert und die Loyalität der richtigen Investoren zu gering.

Natürlich würden die meisten Manager es *vorziehen*, loyale Investoren zu haben, genau wie sie es vorziehen würden, loyale Kunden und loyale Mitarbeiter zu haben. Doch nur wenige haben sich die Mühe gemacht, die zum Aufbau einer loyalen Investorenbasis notwendig ist. Wie wir später in diesem Kapitel sehen werden, können Manager Investorenloyalität nicht einfach durch Lieferung von immer mehr Wert an alle ihre Investoren erreichen, ebensowenig wie sie Kundenloyalität durch Lieferung von immer mehr Wert an alle Kunden verdienen können. In Kapitel 3 sahen wir, wie ein Unternehmen, das fortwährend mehr Wert in unprofitable Kunden investiert, seine Fähigkeit schwächt, seinen besten Kunden überragenden Wert zu liefern. In den Kapiteln 4 und 5 zeigten wir, wie die fortgesetzte Bezahlung unproduktiver Arbeitnehmer schließlich die Fähigkeit des Unternehmens beschneidet, seinen besten Mitarbeitern überragenden Wert zu liefern. In diesem Kapitel werden wir sehen, wie die Befriedigung der Bedürfnisse kostspieliger Investoren schließlich die Fähigkeit des Unternehmens beeinträchtigt, jenen Investoren Wert zu liefern, die am wenigsten kosten und gleichzeitig den meisten Nutzen bringen.

Die falschen Investoren – und was sie kosten

Wer sind sie, und woher kommen sie, diese kostspieligen Investoren, die mehr Wert aus Ihrem Geschäft heraussaugen, als sie zu schaffen helfen? Die größten Missetäter sind die kurzfristig denkenden, händlerorientierten Investoren, die Manager dazu drängen, eigennützige Aktionen zur Steigerung der kurzfristig ausgewiesenen Gewinne zu unternehmen. Es überrascht, daß sich nur wenige von ihnen der enormen Wertvernichtung bewußt sind, die sie damit verschulden. Sie verstehen nicht, daß ihre Art von Kapital mit gewaltigen Kosten für die Unternehmen verbunden ist, deren Aktien sie kaufen und verkaufen. Die Unternehmen wissen es auch nicht. Wir haben ja schon darauf hingewiesen, daß Managementteams nicht einmal den Wertstrom von Investoren messen. Erst recht nicht messen sie, wie die Wertströme verschiedener Investorensegmente sich voneinander unterscheiden. Für sie sieht jede Aktie gleich aus. Das Schlimmste für die Amerikaner aber ist, daß sie als Nation nicht die Kosten des massiven kurzfristigen Investierens erkennen, so daß kostspielige Investoren ihren Anteil an den Kapitalmärkten ständig steigern und damit das Tempo der Wertzerstörung erhöhen. Die Zahl loyaler Investoren ist rückläufig, so daß es immer schwieriger wird börsennotierte Unternehmen zu leiten.

Um zu verstehen, wie es dazu kam – und um einige Verbesserungsvorschläge zu machen –, müssen wir einen Blick zurück auf die Entwicklungen der letzten Zeit werfen. In den letzten drei Jahrzehnten wurden die Kapitalmärkte in den USA immer abhängiger von institutionellen Anlegern wie Pensionsfonds, Investmentfonds und professionellen Anlageberatern, die als Makler und Ratgeber für Privatpersonen fungieren. Nach einem Bericht, dessen gemeinsame Sponsoren die Harvard Business School und der Council on Competitiveness waren, wuchsen die Bestände der institutionellen Anleger von 8 Prozent des landesweiten Aktienkapitals 1950 auf fast 60 Prozent 1990 an. Mit diesem Wachstum hat sich auch der Charakter des Aktienmarktes verändert. Viele Investoren behandeln eine Aktie nicht mehr als ein Dokument des Miteigentums an einem Unternehmen, sondern nur als etwas, das sich aus wirtschaftlichen Faktoren, Risiken und Potentialen ableitet. Zinsfluktuation, Verschuldungsgrad, Rohstoffpreisfluktuationen, Anfälligkeit gegenüber dem Beta-Risiko (stärkere oder schwächere Betroffenheit einer Aktie von Fluktuationen des allgemeinen Aktienkursniveaus) – all das hat mehr Einfluß auf die Entscheidungen über Kauf oder Verkauf von Aktien als die zugrundeliegende Verfassung des Geschäftskapitals. Das dauernde Wechselspiel zwischen diesen Faktoren verändert die Auffassungen über die kurzfristigen Leistungen von Unternehmen so rapide, daß sich viele institutionelle Investoren auf ihren Computer verlassen, um auf dem laufenden zu bleiben. So ist es üblich geworden, daß institutionelle Anleger ihre Bestände jährlich zu 100 bis 200 Prozent umschlagen, und einige Großinvestoren nähern sich gar einer Rate von 400 Prozent.

Nun macht es durchaus Sinn zu fragen, welche negativen Auswirkungen das denn auf die Unternehmen haben soll. Lebhafter Handel mit den Aktien eines Unternehmens sorgt schließlich für hervorragende Liquidität, was die Kapitalkosten verringern sollte. Dem stehen aber andere Kosten entgegen, die den Liquiditätsvorteil oft konterkarieren. Zu solchen Kosten gehören die zunehmenden Kursschwankungen, den diese exzessiven Fluktuationsraten verursachen. Wir lesen oft in der Zeitung, daß der Kurs einer Aktie an einem einzigen Tag dramatisch um 25 oder gar 50 Prozent fällt, nur weil die Quartalsgewinne geringer als erwartet ausfielen. Es ist zwar schwer zu begreifen, wie sich der reale Wert eines Unternehmens auf der Basis eines einzigen Quartalsberichts so drastisch verändern können soll, doch der Markt benimmt sich so, als wäre genau das passiert.

Es erübrigt sich zu sagen, wie schwierig es ist, die Unternehmensführung langfristig auszurichten, wenn kurzfristige Schwankungen Schindluder mit dem Marktwert und mit den Kapitalkosten des Unternehmens treiben. Jedes Unternehmen, das zur Finanzierung bedeutender Investitionen auf die Börse angewiesen ist, unterwirft sich enormen Unsicherheiten. Manager mit großen Aktienoptionen können kaum vermeiden, von der langfristigen Perspektive abgelenkt zu werden, wenn der Unternehmenswert durch die flatterhafte Marktmeinung über kurzfristige Ergebnisse wild auf- und abgewirbelt wird. Die zwangsläufige Konsequenz ist, daß das Management anfängt, sich intensiver auf die kurzfristige Sicht zu konzentrieren, was zu nicht ausreichenden Investitionen auf vielen Gebieten führen kann und auch führt, vor allem zu einer Vernachlässigung der langjährigen Kunden- und Mitarbeiterbeziehungen.

Ein weiteres Problem: Wenn Kurzzeit-Miteigentümer in der Lage sind, das Management zu beeinflussen, neigen sie dazu, Forderungen zu stellen, die destruktive Gewinne erzeugen. Zum Beispiel wird die Ausbeutung der Bilanz eines Unternehmens oft die ausgewiesenen Gewinne vorübergehend aufblähen, so daß diese die Erwartungen der Analysten übertreffen und die Aktienkurse in die Höhe treiben – vorübergehend.

Da die Instrumente zur Ausbeutung – Entlassungen, Lohnkürzungen, Preiserhöhungen, Beschneidung der Budgets für Werbung, Forschung und Entwicklung, Technologie und Ausbildung – unter bestimmten Umständen die richtigen Reaktionen auf Veränderungen in den Wettbewerbsverhältnissen oder am Markt sind, ist es nicht immer leicht zu sagen, ob ein Unternehmen ausgebeutet oder revitalisiert wird. Kurzfristigen Investoren ist das egal.

Wir haben auf Dutzende von Arten gesehen, daß Investoren auf lange Sicht nur erfolgreich sein können, wenn sie die Loyalität der richtigen Kunden und Mitarbeiter erwerben. Zu geringe Investitionen in das Humankapital eines Unternehmens sollten in niemandes Interesse liegen. Während aber langfristige Investoren von der Lieferung hervorragenden Werts an Kunden und Mitarbeiter profitieren, ist es für kurzfristige Investoren durchaus möglich, *auf Kosten* der langfristigen Geschäftsteilnehmer zu profitieren. In solchen Fällen sind die Kosten der Investorenfluktuation enorm.

Weitere Kosten treten in Form gesteigerter Fluktuationsraten des Topmanagements auf. Bei den meisten Unternehmen sinkt die erwartete Beschäftigungsdauer der Manager in den obersten Etagen, manchmal als Resultat von Ungeduld der Investoren denjenigen Managern gegenüber, die kurzfristige Ziele nicht erreichen. In anderen Fällen sehen die Manager selbst keinen Grund mehr zum bedingungslosen Verbleib in einem Unternehmen angesichts der gegebenen Illoyalität der gegenwärtigen Eigentümer. Auf jeden Fall treten als Resultate verfrühter Verluste von Spitzenkräften fehlende Kontinuität, begrenzte Planungs- und Investitionshorizonte und ein Zurückgleiten auf den Produktivitäts- und Erfahrungskurven auf. Manager, die es für wenig wahrscheinlich halten, daß sie in drei oder vier Jahren noch beim Unternehmen sind, werden weniger Neigung verspüren, in die Zukunft zu investieren, und sich eher auf sofort meßbare kurzfristige Errungenschaften konzentrieren, die ihre Lebensläufe schmücken.

William Lynch, der derzeitige CEO von Leo Burnett, ist entsetzt über diese Managementinstabilität, die in vielen führenden amerikanischen Unternehmen zur Erosion der Wissensbasis führt. Exzessive Managerfluktuation zerstört nicht nur Wert für das Unternehmen, sie schadet auch anderen. Wie für jede andere Werbeagentur auch ist es für Leo Burnett sehr schwierig, effektive langfristige Beziehungen mit Kunden zu unterhalten, deren Marketingleiter von einer Firma zur anderen springen. Das Ergebnis ist, daß die Kundenbindungsraten in der gesamten amerikanischen Werbebranche gesunken sind und dabei die Gewinnmargen mit nach unten gezogen wurden. Der Managerverschleiß durchdringt das gesamte Lieferanten- und Verkäufernetz. Er verringert die Loyalität, senkt die Produktivität und wirkt sich wertzerstörerisch auf das gesamte System aus.

Wertvernichtung und die Marktanalysten

Viele Manager finden es fast unmöglich, langfristig wertschöpfende Strategien ohne Unterstützung durch loyale, kenntnisreiche Investoren zu verfolgen. Wie wir gesehen haben, kann es keine gesunde langfristige Partnerschaft geben, wenn der die Kontrolle ausübende Partner nur auf Quartalsergebnisse schielt und damit die Fähigkeit des Managements beschränkt, weitsichtig zu führen und überragenden Wert für Stammkunden, Mitarbeiter und andere Investoren zu liefern.

Dennoch: Wie können Kurzzeit-Investoren für all diese Probleme verantwortlich sein? Definitionsgemäß behalten sie ihre Aktien doch nicht lange genug, um einen direkten Einfluß auf das Management auszuüben. Wahrscheinlich treffen sie sogar nie mit den Managern zusammen. Ihre Computer lassen sie die Aktien so manchen Unternehmens schon wieder abstoßen, bevor sie überhaupt wissen, in welcher Branche es tätig ist.

An dieser Stelle kommen die Börsenanalysten ins Spiel. Sie wissen eine Menge über spezielle Branchen und Unternehmen. Und sie kommen mit Managern zusammen. Da die Brokerfirmen sie anheuern, um vor allem spekulative Anleger zu bedienen (mit denen die Maklerfirmen den Löwenanteil ihrer Provisionen verdienen), sind ihre Ansichten über Strategie und Management eines Unternehmens eine wichtige Antriebskraft für den Umschlag der Aktiendepots.

Zu diesen Analysten gehören viele scharfsinnige Leute, die das Geschäftsleben kennen und sehr wohl wissen, daß die langfristige Perspektive wichtig ist. Doch ihre besten Kunden sind an kurzfristigen Resultaten interessiert, und ihre Arbeitgeber sind an kurzfristigem Börsengeschäft interessiert; deshalb konzentrieren sie sich auf kurzfristige Gewinne und die Entlassungen und Umstrukturierungen, die diese kurzfristigen Gewinne ermöglichen. Die Folge davon ist, daß auch die Manager sich wie besessen auf kurzfristige Resultate konzentrieren. Schließlich kann die Karriere eines Managers dadurch bedeutend verändert werden, wie ein Analyst die Leistung eines Unternehmens bewertet. Auf diese Weise üben die Analysten einen gewaltigen Einfluß darauf aus, wie Managementteams über die eigenen Geschäfte und die vorzunehmende Koordinierung von kurz- und langfristiger Perspektive denken.

Um einen groben Überblick darüber zu gewinnen, wieviel Wert illoyale Investoren in Ihrem Unternehmen zerstören, sollten Sie sich die folgenden Fragen stellen:

- Wieviel Energie verwendet die Geschäftsführung auf kurzfristige im Gegensatz zu langfristigen Strategien?
- Wieviel Zeit und Energie werden für das Management kurzfristiger Gewinne aufgewendet, damit Börsenanalysten positive Bemerkungen in ihren Berichten machen?
- Wieviel Zeit verwenden die Spitzenmanager auf ihre Karrieren und den Aufbau von Sicherheitsnetzen, statt kritische langfristige Probleme anzupacken?
- Wieviel mehr Wert würde Ihr Unternehmen in den nächsten fünf Jahren gewinnen, wenn Ihre Eigentümer sich wie langfristige Partner verhalten würden?

Die Antworten auf diese Fragen können Ihnen bei der Berechnung helfen, um wieviel Ihre Kapitalkosten durch Ihren gegenwärtigen Investorenmix gesteigert werden. Wenn Sie sich ausrechnen, daß ein Team loyaler Eigentümer die langfristigen Gewinne um, sagen wir, 5 Prozent jährlich erhöhen würde, sollten Sie diesen entgangenen Gewinn den Kurzzeit-Investoren als Kosten zurechnen, um die wahren Kosten des von ihnen bereitgestellten Kapitals herauszufinden. Diese Analyse wird ein neues Licht auf den Preis kurzfristigen Kapitals werfen und zeigen, wie wertvoll loyales Kapital mit seinen niedrigen Kosten ist.

Glücklicherweise gibt es Hoffnung. Eine Reihe von Unternehmen, die diese Analyse durchgeführt haben und feststellten, daß die Kosten illoyalen Kapitals noch höher sind, als sie es sich vorgestellt hatten, hat beschlossen, daß sich ihr Investorenmix verändern muß. Sie haben aufgehört, über das Problem zu jammern, und begonnen, es zu lösen. Sie *müssen* es lösen, wenn sie Unternehmen aufbauen wollen, die beständig dauerhaften Wert an Kunden, Mitarbeiter und Investoren liefern können. Wenn Sie diese Art von Unternehmen wollen, müssen auch Sie das Problem lösen – und es gibt praktische Schritte, um es anzugehen.

Investoren sorgfältig auswählen

So wie es Kunden und Mitarbeiter gibt, die zu Ihrem Unternehmen passen, gibt es auch Investoren, die passen – die Investoren, die über das Geld hinaus Wert beisteuern. Sie verstehen das Geschäft, sie lassen sich von den richtigen langfristigen Zahlen leiten, und der zeitliche Horizont ihrer Investition stimmt mit Ihrem Wertschöpfungszyklus überein. Im Idealfall verstehen sie, daß ihr langfristiges Wohlergehen von der Lieferung hervorragenden Werts an Kunden und Mitarbeiter abhängt. Sie bekräftigen die Philosophie der Loyalität. Sie verhalten sich wie Partner.

Es gibt kein einziges börsennotiertes Unternehmen auf der Welt, das sich glücklich genug schätzen kann, alle seine Aktien in den Händen von perfekten Investoren zu wissen. Es gibt aber praktische Alternativen, die Manager verfolgen können, um die Kapitalkosten zu senken. Die dramatischste ist, die Börsennotierung rückgängig zu machen und das Unternehmen in den Besitz loyaler Investoren zu überführen; es gibt aber weniger radikale Alternativen. Die Loyalitätsführer, die wir uns in den vorangegangenen Kapiteln angesehen haben, legen eine Reihe von Möglichkeiten nahe.

Zunächst ist es kein Zufall, daß so wenige der in diesem Buch beschriebenen Loyalitätsführer börsennotierte Unternehmen sind. Einige sind in Privatbesitz – Johnson & Higgins, Leo Burnett, Chick-fil-A – und einige im Besitz ihrer Kunden – State Farm, Northwestern Mutual, USAA. Die meisten glauben, daß es Ihnen sehr schwer fiele, ihre auf Loyalität basierten Firmen als börsennotierte Unternehmen zu führen.

Dennoch haben es einige Loyalitätsführer fertiggebracht, als börsennotierte Unternehmen erfolgreich zu sein. MBNA und A. G. Edwards werden beide an der New Yorker Börse gehandelt, und Lexus ist eine Abteilung von Toyota, einem börsennotierten Unternehmen. Doch diese börsennotierten Loyalitätsführer haben einige Hauptaktionäre mit nachdrücklichem Eigeninteresse am langfristigen Erfolg des Unternehmens. Der Chief Executive Officer von MBNA, Alfred Lerner, besitzt 15 bis 20 Prozent der Aktien des Unternehmens. Wenn er und seine Partner glauben, daß andere Investoren das Unternehmen unterbewerten, kaufen sie Aktien und stabilisieren damit den Kurs. Mehr vielleicht als jeder andere Einzelfaktor hat diese Stabilität des Eigentums und des Aktienkurses dem Unternehmen erlaubt, sich auf langfristige Resultate zu konzentrieren. Bei Toyota hat die Familie Toyoda eine ähnliche Führungsrolle gespielt, und so das Management in die Lage versetzte, eine langfristige Perspektive zu verfolgen.

Das Eigentum an A. G. Edwards ist relativ breit gestreut. Doch der Einfluß der Gründerfamilie setzt sich in Ben Edwards III fort, obwohl er weniger als 2 Prozent der Aktien kontrolliert und die Familie insgesamt als Gruppe weniger als 5 Prozent. Der Schlüssel zur Verfolgung einer dauerhaften auf Loyalität basierenden Strategie selbst ohne einen starken Hauptaktionär besteht darin, den Aktionären die Unternehmensphilosophie näherzubringen, so daß sie diese akzeptieren. Ben Edwards hat diese Aufgabe erfolgreich bewältigt, wobei er den Vorteil einer erfolgreichen Unternehmensgeschichte genoß. Das Unternehmen hat seine auf Loyalität basierende Vision so viele Jahrzehnte verfolgt, daß seine Investoren jetzt weitgehend danach rekrutiert sind – Leute mit Vertrauen in die Geschäftsphilosophie zum einen und in die Fähigkeit des Managements sie umzusetzen zum anderen.

In der einen oder anderen Weise hat jeder der Loyalitätsführer in diesem Buch ein Fundament stabilen Eigentums aufgebaut, das dem Management die Freiheit gibt, sich der langfristigen Wertschöpfung zu widmen. Es gibt vier Hauptwege, das zu tun:

- Erziehen der gegenwärtigen Investoren,
- Verlagern des Investorenmix auf Institutionen, die ein rasches Auf und Ab bei den Investitionen vermeiden,
- Anlocken eines Kerneigentümers der richtigen Art,
- Überführen in Einzeleigentum ohne Börsennotierung (Privatisierung bzw. Leveraged Buy Out).

Keine dieser Methoden ist so leicht umzusetzen, wie es sich anhört, doch eine loyale Investorenbasis ist erhebliche Zusatzanstrengungen wert.

Investoren informieren

Der erste Ansatz ist die Unterrichtung der Investoren über die Rolle, die Kunden- und Mitarbeiterloyalität bei der Schaffung von langfristigem Wert für Investoren spielt. Machen Sie ihnen die Prinzipien loyalitätsbasierter Wirtschaftlichkeit klar, und erklären Sie ihnen, wie diese Prinzipien in Ihrem Unternehmen funktionieren. Beweisen Sie ihnen anhand von Tatsachen und Analysen, daß die Unternehmen mit der höchsten Loyalität in Ihrer Branche auch die höchsten Gewinne erreichen.

Sobald Sie die Investoren davon überzeugt haben, daß Loyalität ein rationales Ziel ist, das zu höheren Gewinnen führt, werden sie Messungen der Loyalität sehen wollen, die benutzt werden können, um den Fortschritt Ihres Unternehmens unter Beweis zu stellen. Sie müssen Maßstäbe finden, die streng und vertrauenswürdig sind, und Sie müssen deren Relevanz demonstrieren und dann zeigen, in welcher Beziehung sie zu vertrauteren Meßdaten wie Gewinnen und Cash-flow stehen. Viele Investoren wissen, daß kurzfristige Gewinne ein unzureichendes Bild von der Verfassung eines Unternehmens und seinen Zukunftsaussichten vermitteln, doch nur wenige Managementteams haben ihnen jemals eine befriedigende Alternative angeboten. Es ist eine Sache, sich eloquent über die Bedeutung von Loyalität und die Notwendigkeit einer langfristigen Perspektive auszulassen, und eine andere, praktische Definitionen und überprüfbare Messungen von Loyalität vorzulegen. Das ist besonders der Fall, wenn die Schwerpunktsetzung auf Loyalität für das Unternehmen eine neue Richtung darstellt. Ben Edwards kann zu seinen Investoren sagen: »Vertraut mir«, und sie werden sich auf die hervorragenden Gewinne in der Vergangenheit verlassen. Er hat sich das Recht, erworben, auch in einer Abschwungphase weiterhin Broker einzustellen, wenn die Analysten nach Entlassungen rufen. Aber ohne Verdienste wie die seinen müssen Sie für die Richtigkeit der Loyalität überzeugende Beweise liefern.

Leider haben Argumente über Lieferung von Wert an viele Beteiligte keine makellose Vergangenheit. Die Investoren haben das alles schon einmal gehört und deshalb Anlaß, skeptisch zu sein. Während der 50er und 60er Jahre sahen sich die Spitzenmanager vieler börsennotierter Unternehmen als Treuhänder, die einer Vielfalt von Beteiligten außer den Aktionären verantwortlich waren. Ralph Cordiner, Chief Executive Officer von General Electric, war ein führender Sprecher dieses Lagers. Er behauptete, es sei die Verantwortung des Managements, »im bestausgewogenen Interesse von Aktionären, Kunden, Arbeitnehmern, Lieferanten und Kommunen«[1] zu agieren. Aber Cordiner und seine Mitstreiter versäumten es, eine Methode zur Messung des Ausmaßes an Wert zu entwickeln, den sie jedem dieser Beteiligten schuldeten oder lieferten – und so waren sie am Ende niemandem Rechenschaft schuldig.

Zwar taten die meisten Managementteams damals ihr Bestes, um verantwortlich zu handeln, doch die Abwesenheit von wohldefinierten Maßstäben und klaren Zielen ließ die Disziplin fast auf den Nullpunkt sinken. Infolge sackten die Leistungen ab, und als das System mit Wettbewerb aus dem Ausland – das sich Anfang der 60er Jahre von den Verwüstungen des Zweiten Weltkriegs erholt hatte – konfrontiert wurde, begann es zusammenzubrechen. Von da an wurden die »bestausgewogenen Interessen der Beteiligten« ein Witz sowohl in Investmentkreisen als auch an den

Business Schools. Eben dieses Konzept wurde als Ausrede für ineffizientes, sich selbst dienendes, nicht rechenschaftspflichtiges Management verspottet. Das Mittel, das der Markt am effektivsten nutzte, um undisziplinierten Managementteams die Macht zu entziehen, waren die feindlichen Übernahmen, die in den 70er und 80er Jahren ihre Blütezeit erlebten. In der jüngeren Vergangenheit haben die Aufsichtsräte die Dinge selbst in die Hand genommen und CEOs, wenn es nötig war, gefeuert.

Diese weithin öffentlich gemachten Siege durch feindliche Übernahmen oder durch Aufsichtsräte ließen Manager mit einer Neigung zur Interessenabwägung der Beteiligten ihren Standpunkt überdenken. Betont moderne Managementteams begannen für eine neue Philosophie einzutreten, die »Maximierung des Shareholder-Value« genannt wurde. Als der Markt seine Kontrolle wieder geltend machte und festgefahrene und leistungsschwache Managementteams hinauswarf, nahm die Formel von der Maximierung des Shareholder-Value tatsächlich einen fast schon moralistischen Klang an.

Wenn Sie sich also von den in Mißkredit geratenen Managementteams früherer Generationen distanzieren wollen, müssen Sie überzeugende wirtschaftliche Argumente anführen, die von präzisen Messungen gestützt werden. Selbst das könnte noch nicht genug sein, wenn Ihr Unternehmen keine Geschichte loyalitätsbasierten Managements aufweist. Ihre Investoren könnten das diametrale Gegenteil der Eigentümergruppen sein, die Loyalitätsführer wie A. G. Edwards im Laufe der Zeit an sich gezogen haben. Wenn das so ist, könnte es unmöglich sein, ihren Widerstand zu überwinden und ihre Überzeugungen zu ändern. In einem solchen Fall müssen Sie eine zweite Alternative in Erwägung ziehen, die Sie zusammen mit dem erzieherischen Ansatz verfolgen können: die Veränderung der Zusammensetzung Ihrer Investoren durch gezieltes Marketing.

Dauerhafte Gewinnung institutioneller Investoren

Wir sahen in Kapitel 3, daß Kunden unterschiedliche Loyalitätskoeffizienten eigentümlich sind. So ist es auch bei Investoren. Zwar mag der durchschnittliche institutionelle Investor jährlich 60 Prozent seines Depots umschlagen, es ist aber möglich, institutionelle Anleger zu finden, die es vorziehen, zu kaufen und zu halten. Indem Sie diese loyalen Investoren finden und sie zur Investition in die Aktien Ihres Unternehmens überreden, können Sie Ihren Investorenmix stetig anreichern.

Ein Unternehmen, das diese Methode angewendet hat, ist der Sportschuhhersteller Nike. Die Nike-Manager kamen zu dem Schluß, daß sie ihre Ziele nicht ohne einen Kern stabiler langfristiger Investoren erreichen konnten. Statt sich aber nur über das extrem kurzfristige spekulative Verhalten institutioneller Investoren zu beschweren, schritten sie selbst zur Tat. Nikes Managementteam entwickelte 1989 ein Programm zur Anlockung von Investoren, die Nike-Aktien kaufen und halten würden. Das Unternehmen begann, seine Aktien in der gleichen Weise zu vermarkten wie seine Schuhe: Es segmentierte Investoren und schnitt sein Aktienmarketing auf die Aktionäre zu, die es haben wollte.

Zur Verfolgung dieser Segmentierungsstrategie müssen Sie die Investoren zunächst in Gruppen nach deren Portfolio-Umschlagsraten einteilen. Abb. 6.1 zeigt die Portfolio-Umschlagsraten der 700 US-Investmentmanager, die mehr als 100 Millionen Dollar verwalten. Die Umschlagsraten bei diesen bedeutenden Portfolio-Managern reichten von weniger als 5 Prozent bis zu fast 400 Prozent jährlich. Der gewichtete durchschnittliche Umschlag der Gruppe belief sich auf 62 Prozent.

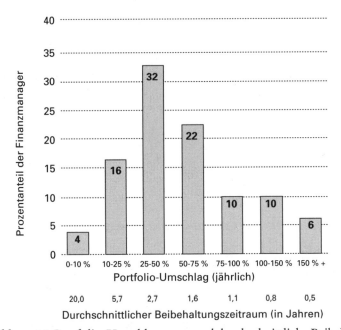

Abbildung 6.1: Portfolio-Umschlagsraten und durchschnittliche Beibehaltungszeiträume der 700 führenden institutionellen Finanzmanager
Quelle: CDA/Spectrum, »13(f) Turnover Report«, 1994
Anmerkung: Schließt alle Finanzmanager ein, die 1993 ein Aktienvermögen von mehr als 100 Mio. $ verwalteten

Wie die Abbildung zeigt, schlugen 4 Prozent der Institutionen 1993 weniger als 10 Prozent ihrer Portfolios um, weitere 16 Prozent zwischen 10 und 25 Prozent. Einige davon verlegten sich nicht aktiv darauf, besser als der Marktdurchschnitt abzuschneiden, sondern folgten mit ihren Investitionen einfach dem Index. Andere *versuchten*, besser als der Markt abzuschneiden, und suchten aktiv Beteiligungen an Unternehmen, von denen sie glaubten, sie würden hervorragende langfristige Ergebnisse erzielen. Eine erhebliche Anzahl der 32 Prozent der Institutionen, die auf Umschlagsraten von 25 bis 50 Prozent kamen, könnte auch langfristig investiert haben, indem sie mit manchen Aktien aktiv handelten und in andere investierten, um sie zu halten. Hinter ihrem hohen Handelsvolumen verbirgt sich ein Kern stabiler Anlagen. Wenn Ihr Unternehmen sich dazu eignen würde, eine solche Kernanlage zu werden, könnten auch diese Investoren Ihre Kapitalkosten verringern.

Dennoch ist es wahrscheinlich am besten, bei den Institutionen anzufangen, die eine deutliche Neigung zu langfristigen Kapitalanlagen zeigen. Ein Name, der unter den zehn größten Institutionen mit den niedrigsten Portfolio-Umschlägen hervorragt, ist – wie abzusehen war – State Farm. Der »Gute Nachbar« hält Aktien für mehr als 18 Milliarden Dollar und schlägt davon jährlich nur »gutnachbarliche« 3,4 Prozent um. Und: State Farm folgt nicht einfach dem Aktienindex. Es scheint so, als ob sich die Unternehmensphilosophie, in deren Zentrum langfristige Loyalität und Partnerschaft stehen, auch auf die Strategie bei Investitionen in börsennotierte Aktien erstreckt. Indem das Unternehmen an seinen Investitionen festhielt, war es in der Lage, langfristig eine bessere Kursentwicklung zu erreichen als der Index der 500 Unternehmen auf dem Standard & Poor's-Index – eine Leistung, mit der es sich solide unter den besten 25 Prozent aller Investmentmanager wiederfindet.

Was State Farm dazu befähigt, ein Portfolio mit niedrigen Umschlagsraten zu managen, ist der in hohem Grad voraussagbare Cash-flow, den das Unternehmen seiner hohen Kundenbindungsrate verdankt. Die Motivation hierzu rührt zum Teil aus der Tatsache, daß Investieren mit niedrigen Umschlagsraten Transaktionsgebühren und Steuern minimiert, zum größten Teil liegt es aber daran, daß State Farm dies für die richtige Art, Geschäfte zu betreiben, hält. Das Unternehmen erkennt den großen wirtschaftlichen Vorteil, den sein eigenes loyalitätsbasiertes System hervorbringt, und ist überzeugt, daß das gleiche Vorgehen auch in anderen Branchen genauso gut funktioniert. Daher investiert es in Unternehmen, deren Managementteams ihre Geschäfte im gleichen Geist angehen – Unternehmen, deren Unternehmenskultur seit vielen Jahren darin besteht, langfristig aufzubauen und zu investieren.

Kurt Moser, Vizepräsident für Anlagen von State Farm, faßt das so zusammen: »Wir denken lange nach, bevor wir in ein Unternehmen investieren – und wir denken genauso lange nach, bevor wir verkaufen. Wir befürchten, die Wall Street hat das Gefühl, wir seien zu schwerfällig. Sie denken, wir hätten den Kontakt zur Realität verloren und verstünden die modernen Theorien des Geldmanagements nicht – doch diese Vorgehensweise scheint für uns zu funktionieren. Unsere analytische Arbeit betont den direkten Kontakt zum Unternehmen. Wir bemühen uns, das Managementteam so gut kennenzulernen, wie es uns möglich ist. Und wir unterhalten uns mit ihnen und mit ihren Lieferanten, Kunden und Konkurrenten. So identifizieren wir Unternehmen, die eine langfristige Perspektive verfolgen.«[2]

Moser fügt hinzu, daß wenige Managementteams bereit sind, State Farm ihre Erhebungen über Kunden- und Mitarbeiterloyalität zu zeigen. Aber er ist sehr interessiert daran, Unternehmen kennenzulernen, welche die Macht der Loyalität begriffen und Meßsysteme aufgebaut haben, um sie zu managen. Solche Unternehmen würden von State Farms Investmentausschuß bestimmt zu einer Audienz empfangen werden.

State Farm fühlt sich manchmal wie einer der letzten Mohikaner in der heutigen Welt hoher Kapitalanlagenumschläge, die ja letztendlich dazu führen, das das von diesem Unternehmen praktizierte Vorgehen ringsum immer seltener wird. Während es aber wenige Investoren gibt, die so standhaft sind wie State Farm, schlagen immerhin 20 Prozent der 700 führenden institutionellen Investmentmanager in den USA von ihren Kapitalanlagen jährlich weniger als 25 Prozent um. Sobald Sie die Investorengruppen mit den höchsten Loyalitätskoeffizienten gefunden haben – also jene, die am stabilsten sind und damit die geringsten Kapitalkosten verursachen –, müssen Sie die Untergruppe finden, die am wahrscheinlichsten daran interessiert ist, in ein Unternehmen wie das Ihrige zu investieren.

Nike tat dies, indem das Unternehmen analysierte, welches Gewinnwachstum und welches Cash-flow-Muster es realistischerweise bieten konnte, um dann börsennotierte Unternehmen ausfindig zu machen, die ähnliche Resultate aufzuweisen hatten, und schließlich die Investoren zu identifizieren, die bedeutende Anteile an diesen Firmen hielten. Durch an diese Investoren gerichtete Marketingaktionen konnte Nike fast 30 Prozent seiner Aktien in ihre Hände verlagern.

Dauerhafte Gewinnung eines Hauptinvestors

Das dritte Verfahren, welches das zweite einen Schritt weiterführt, ist, einen institutionellen oder individuellen Investor zu finden, der sich mit einem Mehrheitsanteil in Ihr Unternehmen einkauft. Die Aktien des Unternehmens werden auch weiterhin an der Börse gehandelt, doch wenn es Ihnen gelingt, den richtigen Hauptinvestor zu bekommen, der sich in Ihre Vision langfristiger Wertschöpfung einkauft, kann Sie das von einer Menge schädlichem kurzfristigen Druck befreien und Ihnen helfen, Ihre Vision zu verwirklichen. Es erübrigt sich zu sagen, daß die Aspekte, auf die Sie achten müssen, die Geschäftsphilosophie, Integrität und eine nachweisbare Geschichte langfristiger, stabiler Kapitalanlagen sind.

Der Archetyp des idealen Investors ist vielleicht Warren Buffett, das legendäre Investorgenie aus Omaha. Drei Jahrzehnte lang hat Buffett eine Vorliebe für langfristige Partnerschaften demonstriert. Der Portfolio-Umschlag bei Berkshire Hathaway, seinem Unternehmen, beläuft sich auf etwa 8,2 Prozent, und die Investitionserträge waren phänomenal. Berkshire-Hathaway-Aktien für 10 000 Dollar 1965 wären im Jahre 1995 5 356 940 Dollar wert gewesen. Der Buchwert des Unternehmens ist also im Durchschnitt um jährlich 23,3 Prozent gewachsen. Buffetts eigener Anteil am Unternehmen ist jetzt mehr als zehn Milliarden Dollar wert.

Buffett hat in den letzten beiden Jahrzehnten nur an etwa zwei Dutzend Unternehmen Anteile erworben, doch wenn überhaupt, dann kauft er bedeutende Anteile und bringt in die Firmen, in die er investiert, mehr als nur die Stabilität seines Geldes ein. Er investiert nur in Unternehmen mit starken Managementteams und mischt sich nicht ein, wenn die Teams ihn nicht brauchen, aber er bietet doch wertvollen Rat und Unterstützung an. Am häufigsten hilft er, die Vergütungen der Spitzenmanager so zu strukturieren, daß ihre Anreize mit den Interessen der langfristigen Investoren harmonisiert werden.

Buffetts Ansichten über Wertschöpfung sind deutlich auf die langfristige Sicht ausgerichtet. In Berkshire Hathaways Jahresbericht betont Buffett, daß ihm die kurzfristige Entwicklung des Aktienkurses einfach gleichgültig ist. »Der Kurs der Aktien eines Unternehmens heute, morgen, nächste Woche oder nächstes Jahr spielt keine Rolle. Was zählt, ist, wie das Unternehmen über einen Zeitraum von fünf oder zehn Jahren abschneidet.«[3] Auf die Frage, wie lange er eine Beteiligung am liebsten hält, sagt er oft, seine bevorzugte Beteiligungsdauer sei »für immer«.

Buffett behandelt seine eigenen Investoren, die anderen Aktionäre von Berkshire Hathaway so, wie er selbst gern als Aktionär behandelt würde. Er verwendet keine Zeit darauf, die ausgewiesenen Quartalsgewinne des Unternehmens zu verbessern. In seinem Jahresbericht 1989 schrieb er: »Es ist uns einfach gleichgültig, über welche Gewinne wir vierteljährlich berichten.«⁴ Er weigert sich, Praktiken mitzumachen, die er als täuschende Fassadenmalerei betrachtet – Aktiensplitting und all die anderen Aktivitäten, die Investmentbanker empfehlen, um eine Aktie attraktiver aussehen zu lassen. In seinem Jahresbericht für 1992 schrieb er:

Insgesamt glauben wir, daß unsere eigentümerbezogenen Aktivitäten – einschließlich des Nichtsplittens von Aktien – uns geholfen haben, einen Aktionärsstamm aufzubauen, welcher der beste ist, den es bei irgendeiner Aktiengesellschaft in breitgestreutem Besitz gibt. Unsere Aktionäre denken und verhalten sich wie rationale langfristige Eigentümer und betrachten das Unternehmen praktisch so, wie [mein Partner] Charlie und ich es tun. Das hat zur Folge, daß unsere Aktien durchgehend innerhalb einer Kursspanne gehandelt werden, die in einem vernünftigen Verhältnis zum inneren Wert steht.

*Darüber hinaus glauben wir, daß unsere Aktien weit weniger umgeschlagen werden als die Aktien irgendeines anderen Unternehmens in breitgestreutem Besitz. Die Reibungsverluste durch Transaktionen – die eine bedeutende »Besteuerung« der Eigentümer vieler Unternehmen darstellen – kommen bei Berkshire praktisch nicht vor. Unsere Aktionärsgruppe könnte in keiner Weise durch neue Aktionäre aufgewertet werden, die von einem Aktiensplitting angelockt würden. Wir glauben, daß statt dessen eine geringfügige Verschlechterung eintreten würde.*⁵

Natürlich würde die Hälfte aller US-Unternehmen gern einen Warren Buffett als Investor haben, aber Buffett ist sehr wählerisch. Er interessiert sich nur für Unternehmen mit einer hohen Eigenkapitalrendite, einer starken Stellung bei der Kundschaft, bescheidenem Investitionsbedarf und einem einfachen, nachvollziehbaren Geschäft. Vor allem muß der Marktpreis des Unternehmens deutlich unter Buffetts Einschätzung des »inneren Wertes« liegen, den er auf der Grundlage des abgezinsten Cashflows berechnet, welchen das Unternehmen erzeugen wird. Trotz dieser Hürden gibt es bereits eine lange Warteschlange potentiell akzeptabler Unternehmen, die an Buffetts Tür klopfen.

Doch selbst wenn Buffett keine realistische Alternative ist, brauchen Sie nicht aufzugeben. Zum Glück ist er nicht der einzige Investor mit einer auf Loyalität, Geduld, weitsichtiger Wertschöpfung und Harmonisierung der Interessen beruhenden Geschäftsphilosophie. Ein anderer Mann, der diese Art von Investitionsstrategie verfolgt, ist Paul Desmarais, Präsident der Power Corporation of Montreal. Desmarais hat ein persönliches Vermögen von über einer Milliarde Dollar angehäuft, indem er selektiv in nur wenige Unternehmen investiert hat und bei ihnen geblieben ist.

Desmarais kauft und verkauft Unternehmen nur selten. Er verkauft nur, wenn er glaubt, daß der Preis, der ihm geboten wird, das übersteigt, was er erreichen könnte, wenn er das Unternehmen behält und weiter zu dessen Wertsteigerung beiträgt. Zum Kauf sucht er nach einer hochwertigen Anlage, die er ausreichend verbessern kann, um den Preisaufschlag, der mit den meisten Übernahmen verbunden ist, mehr als auszugleichen. Obwohl solche Unternehmen schwer zu finden sind, beabsichtigen Desmarais und seine CEOs noch mehr davon zu erwerben. Seine Manager können daher gute strategische Akquisitionen aussuchen, ohne zu Geiseln der Launen des Aktienmarkts zu werden. Sie wissen, daß Desmarais das Kapital für eine Übernahme immer dann zur Verfügung stellen wird, wenn es langfristig wirtschaftlich sinnvoll scheint. Sie wissen auch, daß er von jedem seiner Unternehmen, das vom Markt unterbewertet wird, größere Aktienanteile erwerben wird.

Repräsentanten von Power Corporation und den mit ihr verbundenen Unternehmen sitzen in den Aufsichtsräten der Unternehmen im Portfolio von Desmarais und stellen sicher, daß sich die Geschäftsführung auf die richtigen Probleme und Potentiale konzentriert. Desmarais ist gegenüber seinen Managementteams sehr loyal, da er der Auffassung ist, daß fähige und vertrauenswürdige Manager schwer zu finden sind.

Ein weiterer solcher Investor ist Alfred Lerner, der größte Aktionär von MBNA. Lerner erwirbt bedeutende Beteiligungen an wenigen Unternehmen. Er ist ein geschickter Investor und berät die Managementteams der Unternehmen, in die er sich einkauft. Bei MBNA spielte Lerner eine Schlüsselrolle bei der Gestaltung des ersten Emissionsangebots, bei der Schaffung einer effizienten Kapitalstruktur und bei der Ausgestaltung der Managementvergütung in einer Weise, die sowohl Leistung als auch Loyalität maximierte. Die Stabilität, die Lerner dem Unternehmen brachte, befähigte es, die aggressive loyalitätsbasierte Wachstumsstrategie fortzusetzen, die das Unternehmen zur Nummer zwei unter den Bankkartenausgebern, gemessen an der Höhe der offenen Forderungen gemacht hat.

Wie wir schon gesehen haben, setzt MBNA stark auf Kunden- und

Mitarbeiterloyalität. Fast in jedem Jahresbericht finden Sie eine Variation von dem, was letztlich Leitsatz des Unternehmens ist: »Erfolg ist, die richtigen Kunden zu bekommen ... und sie zu behalten.« Aber Erfolg dabei, die richtigen Kunden zu bekommen und zu behalten, ist auch davon abhängig, die richtigen Investoren zu bekommen und zu behalten – Leute wie Alfred Lerner. Und vom Standpunkt des Investors aus bedeutet Erfolg, das richtige Managementteam zu bekommen und zu behalten, die richtige Partnerschaft mit ihm aufzubauen und, wann immer es möglich ist, seinen Erfolg wahrscheinlicher zu machen, indem Rat und Fachwissen beigesteuert werden – oder manchmal dadurch, einfach die richtigen Fragen zu stellen.

Für amerikanische Manager kann es sich auch lohnen, nach loyalen Investoren – individuellen oder institutionellen – im Ausland Ausschau zu halten. In Ländern wie Deutschland oder Japan ist es viel wahrscheinlicher, daß Investoren langfristig an ihren Investitionen festhalten. In Japan wird eine börsennotierte Aktie durchschnittlich sieben Jahre gehalten gegenüber weniger als zwei Jahren in den USA.

Toyota ist zum Beispiel ein in Japan börsennotiertes Unternehmen, trotzdem konnte es seine Geschäfte nach dem Grundsatz betreiben: »Erstens der Kunde, zweitens der Händler, drittens das Unternehmen.« Die Erfolgsgeschichte von Lexus hätte sich ohne einen geduldigen Eigentümer nie ereignen können. Dave Illingworth, der erste Generaldirektor von Lexus (und jetzt Gruppenvizepräsident von Toyota, USA), glaubt, daß Toyotas loyalitätsbasierte Unternehmensphilosophie seinem Team einen enormen Wettbewerbsvorteil gegenüber amerikanischen Konkurrenten verschafft hat. Als Beispiel weist er auf die Unterstützung hin, die ihm die Toyota-Hauptverwaltung zuteil werden ließ, als Lexus das Modell LS 400 nur drei Monate nach seiner Einführung zurückrief. Das Unternehmen und seine Eigentümer standen fest hinter der Entscheidung, das zu tun, was für den Kunden richtig war, obwohl es den Beitrag dieses Unternehmensbereiches zu den Quartalsgewinnen von Toyota schwer in Mitleidenschaft zog. Als Ergebnis der Unterstützung durch die Hauptverwaltung konnte Lexus die Unannehmlichkeiten des Rückrufs für die Kunden verringern, indem ihnen die kostenlose Abholung und Zustellung ihrer Fahrzeuge angeboten wurde. Der Kundendienst wusch die Autos und füllte kostenlos die Tanks, bevor die Fahrzeuge den Kunden zurückgegeben wurden.

Illingworth glaubt, daß hohe Priorisierung von kurzfristigen Ergebnissen am Ende Wert nicht nur für die Kunden und die Mitarbeiter zerstört, sondern auch für das Unternehmen selbst. In seinen Worten: »Je mehr Sie sich auf das Ergebnis unterm Strich konzentrieren, desto schwerer wird es, dieses gute Ergebnis zu erreichen.«[6] Stellen Sie sich vor, wie amerikanische Börsenanalysten auf einen Manager reagieren würden, der diese Meinung äußert. Zum Glück hören Toyotas Eigentümer nicht auf solche Analysten.

Große institutionelle Investoren in Ländern wie Japan sind es gewohnt, bedeutende Beteiligungen an Firmen zu übernehmen und dann eine beratende Rolle zu spielen. Statt Aktien abzustoßen, wenn sie von der Leistung oder der strategischen Richtung des Unternehmens enttäuscht sind, setzen sie sich direkt mit dem Management auseinander. In vielen Fällen sind ihre Aktienpakete so groß, daß sie keine wirkliche Alternative haben, denn verkauften sie ihre Anteile, würde der Wert ihrer Aktien fallen. Deutsche Banken und Versicherungsgesellschaften nehmen eine ähnliche Haltung ein, wenn sie Aktien eines Unternehmens kaufen. Diese Art von enger Beziehung veranlaßt manche amerikanischen Investoren eine säuerliche Miene zu machen, doch die Vorteile sind unbestritten. Georg von Siemens beschrieb den Vorteil des deutschen Systems mit den Worten: »Wenn man etwas nicht verkaufen kann, muß man sich darum kümmern.«[7]

Es gibt im Geschäftsleben Schlimmeres als einen Partner der sich über das Geschäft Gedanken macht, vor allem wenn Ihr Unternehmen sich in einer Turbulenz- oder Übergangsphase befindet. In solchen Zeiten kann die zusätzliche Stabilität, die von loyalen Investoren eingebracht wird, enorm viel ausmachen. Natürlich finden viele Institutionen es aber gerade in solchen Momenten bequemer zu verkaufen, als sich einzubringen und dem Management bei seinen langfristigen Herausforderungen und Chancen zu helfen.

Überführung in Privateigentum

Das letzte Verfahren – das Unternehmen wieder in die Hände eines einzigen privaten Eigentümers zu legen – befreit die Manager von der Unbeständigkeit der Aktienmärkte, der Nörgelei der Wertpapieranalysten und dem kurzfristigen Denken vorübergehender Investoren. Für einige Unternehmen und ihre Kunden und Mitarbeiter ist dieser Weg die optimale Lösung. Dabei können aber erhebliche Risiken auftreten – vor allem zwei. Das erste ist, daß die meisten Unternehmen sich zusätzlich verschulden müssen, um ihre Aktien zurückzukaufen, und nicht alle

Unternehmen haben ausreichenden Cash-flow, um das gefahrlos tun zu können, vor allem in turbulenten Zeiten. Das zweite und größere Risiko ist die Auswahl einer *Leveraged-Buy-Out-Firma (LBO)*, die als Ihr Partner agieren soll. Leider bringt die Überführung in Privateigentum nicht die vollständige Unabhängigkeit. Was Sie statt dessen fast sicher tun müssen, ist die Etablierung einer viel intimeren Partnerschaft, als Sie sie jemals zuvor erfahren haben. Es gibt zahlreiche schlechte Partner für LBOs – Asset Stripper, Financial Engineers, Corporate Break up Artists –, die Ihnen nicht helfen werden, Wert zu schaffen, sondern einfach Ihren Wert in die eigenen Taschen umleiten wollen. Zum Glück gibt es auch eine andere Art von Investitionsunternehmen, und diese sind als Partner so attraktiv wie Warren Buffett. Sie bauen Aktiva auf und erkennen den Wert von langfristiger Stabilität und Loyalität. Statt eine finanzielle Restrukturierung einzufädeln, ziehen sie es vor, langfristige Partner bei der Entwicklung wertschöpfender Strategien zu werden, die für alle Beteiligten eine günstigere Lage schaffen – sowohl für Kunden und Mitarbeiter als auch für Investoren. Experten schätzen, daß Einzelerwerber ihre Kapitalanlagen im Durchschnitt vier bis sechs Jahre lang behalten – zwei- bis dreimal länger als der durchschnittliche Investor an der Börse.

Ein erfolgreiches Beispiel einer solchen privaten Investmentgruppe ist Bain Capital, 1984 von mehreren früheren Managementberatern gegründet. Laut Mitt Romney, dem geschäftsführenden Partner der Gruppe, lautet deren Strategie, »Unternehmen nur zu kaufen, wenn wir glauben, wir können die Aktiva des Geschäfts aufbauen und ihren Wert erhöhen. Wir suchen nach Wachstumsmöglichkeiten, neuen Märkten, neuen Betrieben, neuen Kanälen oder Fusionskandidaten, die das Geschäft in einem Markt verbessern würden. Drastische Kostensenkungen sind nicht unsere Sache. Wir betrachten Menschen als das Schlüsselkapital, das wir erwerben.«[8]

Investitionsloyalität spielt eine zentrale Rolle in der Wertschöpfungsstrategie von Bain Capital, und sie hat sich hervorragend ausgezahlt. Seit ihrer Gründung hat die Firma in 80 Unternehmen mit einem Gesamtumsatz von etwa acht Milliarden Dollar investiert. Zwar kann keine LBO-Firma, bei jedem ihrer Geschäfte erfolgreich sein, aber die Strategie der Gruppe, die Aktiva aufzubauen, war in allen Fällen – bis auf eine Handvoll Ausnahmen – erfolgreich. In den letzten zehn Jahren beliefen sich die Investitionserträge im Durchschnitt auf über 90 Prozent im Jahr.

Bain Capital ist so strukturiert, daß die persönlich haftenden Partner

Spitzengehälter nur dann verdienen, wenn die begrenzt haftenden Partner – ihre Investoren – Spitzenerträge verdienen. Anders als Pensionsfondsmanager, deren Bezahlung in erster Linie von der Größe des Anlagenpools abhängt, den sie kontrollieren, werden die haftenden Partner in erster Linie auf der Basis der Erträge des von ihnen angelegten Geldes bezahlt – konkret erhalten sie 20 Prozent des Wertes, den sie für die Investoren schaffen. Die Partner mit beschränkter Haftung stellen ihr Geld für fünf bis zehn Jahre zur Verfügung, so daß sich die haftenden Partner statt auf Quartalsergebnisse auf den langfristigen Erfolg ihrer Investitionen konzentrieren können, um von ihren Investoren mit mehr Geld zu Anlagezwecken belohnt zu werden. Die Stabilität dieser Struktur erlaubt Bain Capital, Situationen aufzuspüren, in denen das Unternehmen während eines Zeitraums von wenigen Jahren beträchtlichen Wert schaffen kann. In der Praxis können die Partner diese Stabilität an Managementteams weiterleiten, deren Pläne auf wertschöpfende Strategien hinauslaufen, die zu kühn, zu komplex, zu langsam oder zu ungewohnt für Investoren an der Börse sind.

Corporate Software

Ein Beispiel aus jüngerer Zeit ist die 1994 erfolgte Übernahme von Corporate Software, Inc. Corporate Software war ein börsennotiertes Unternehmen, und weltweit führender Lieferant von Software für Mikrocomputer und verwandte Unterstützungsdienste für Unternehmen. Corporate Software vermarktete mehr als 3 000 Produkte von Lieferanten wie Microsoft, Lotus, Novell, Borland, WordPerfect und anderen. Sieben Jahre lang wurde es an der NASDAQ-Börse gehandelt. Doch 1993 geriet das Unternehmen in Schwierigkeiten. Seine bisherigen Firmenkunden entdeckten, daß sie Software direkt von den Herstellern beziehen und über Telefonanschluß und Modem downloaden konnten – und daß sie Zwischenhändler wie Corporate übergehen konnten.

Die Manager von Corporate, die nicht die Absicht hatten, tatenlos zuzusehen, wie das Unternehmen unterging, wollten das Schwergewicht der Unternehmenstätigkeit vom Verkauf von Software auf Softwareberatung und technische Unterstützung verlagern, was ihnen als ein viel dynamischeres und potentiell lukrativeres Gebiet vorkam. Doch es schien unmöglich, diese Änderung der Strategie zu finanzieren. Sie würde aggressive Investitionen und ein Heer neuer Mitarbeiter erfordern: Das Unternehmen wollte sein Personal für technische Unterstützung in einem Zeitraum von vier Jahren von 30 auf 1 000 Mitarbeiter ausweiten. Die Börse war überzeugt, daß die Geschäfte des Unternehmens zurückgehen würden, und der Aktienkurs spiegelte diese negative Einschätzung der Zukunft des Unternehmens wider.

Die einzige Lösung schien zu sein, das Unternehmen in die Hände von Einzelinvestoren zu überführen. Die Zeitung *Boston Globe* berichtete, daß die aggressive Wachstumsstrategie des Managements die Gewinne kurzfristig sicher in den Keller treiben würde; das Unternehmen müsse vor dem täglichen Druck der Wall Street, kurzfristige Gewinne zu erzielen, bewahrt werden. Morton Rosenthal, der CEO von Corporate, sagte dem *Globe*: »Nicht mehr börsennotiert zu sein, so glaubten wir, würde uns mehr Flexibilität verschaffen sowie eine längerfristige Sicht auf die Geschäftstätigkeit im Gegensatz zur Konzentration auf Quartalsergebnisse ermöglichen.«[9] Ein Analyst kommentierte, ohne den ständigen forschenden Blick der Wall Street werde es für das Managementteam viel leichter fallen, im Hinblick auf die langfristigen Gewinne, die aus der Diversifizierung in dem Bereich der Unterstützungsdienste resultieren würden, auf kurzfristige Gewinne zu verzichten. Und Mark Nunnelly, einer der persönlich haftenden Partner von Bain Capital, äußerte über das potentielle Zusammenpassen eines Unternehmens wie Corporate und eines privaten Investors wie Bain Capital: »Wenn Sie vor der Umwandlung von einem Handelsbetrieb zu einem Unternehmen für wertschöpfende Unterstützungsleistungen stehen, könnte es gravierende Gewinneinbrüche geben. Ich glaube, ein privater Investor ist sowohl in der richtigen Lage als auch fähig diese Risiken zu verstehen.«[10] Das Geschäft wurde abgeschlossen.

Die Kosten der Übernahme beliefen sich auf 95 Millionen Dollar, und Bain Capital plante in den nächsten fünf Jahren weitere 10 bis 15 Millionen Dollar in zusätzliches Personal und neue Computer zu investieren. Wie bei allen anderen Investitionen der Gruppe würde das Wohlergehen des Managements von Corporate gemeinsam mit dem von Bain Capital steigen oder fallen, denn das Management von Corporate würde eine Beteiligung von mehr als einem Drittel an dem nicht mehr börsennotierten Unternehmen halten. Vielleicht der auffallendste Aspekt des Arrangements war aber, daß trotz der hohen Renditeerwartungen von Bain Capital – in der Regel strebt das Unternehmen 30 bis 35 Prozent an – die echten Kosten des Kapitals für Corporate geringer als bei der Beschaffung über die Börse waren. Bain Capital bezahlte nicht nur 30 Prozent mehr als den Marktwert für den Kauf von 100 Prozent von Corporate Software, es teilte dem Management auch noch einen Eigentumsanteil von 37 Prozent zu.

Diese Art von Investitionspartnerschaft bringt zu geringeren Kapitalkosten zusätzlichen Wert. Sie bringt Stabilität, den richtigen zeitlichen Rahmen für die Wertschöpfung, eine genauere Kenntnis des Geschäfts für Investoren, als Börsenmärkte sie je haben können, und fachliches Wissen zum Aufbau jener Art von Wert, der bei potentiellen Käufern in fünf oder sechs Jahren Gewicht haben wird. Und sie bringt Harmonisierung der Interessen – eine Struktur, in der kein Partner allein Erfolg haben kann. Die Managementteams von Bain Capital und Corporate Software müssen beide Erfolg haben, wenn es dem einen oder dem anderen wohlergehen soll.

Der Fortschritt bei Corporate Software kam viel schneller, als irgend jemand es vorausgesehen hatte. In den ersten sechzehn Monaten nach der Übernahme verdoppelten sich die Umsätze und Gewinne nahezu. Das war das Ergebnis von drei Übernahmen und Wachstum von über 30 Prozent. Im April 1995 fusionierte das Unternehmen mit der Sektion für weltweite Softwaredienste von R. R. Donnelley & Sons zur Schaffung von Stream International, Inc., mit einem Jahresumsatz von insgesamt 1,3 Milliarden Dollar. Morton Rosenthal ist jetzt CEO eines Unternehmens, das in der Lage ist, ein weltweiter Marktführer für Softwaredienste zu sein, und Bain Capitals Beteiligung ist im Begriff, eine Rendite zu erzielen, die bei einem Vielfachen der ursprünglichen Investition liegt.

Accuride

Ein anderes Beispiel für ein Unternehmen, das in den Besitz von Bain Capital überführt wurde, um Wert zu erschließen, der ihm über die Börse nicht zugänglich war, ist Accuride, der führende nordamerikanische Hersteller von Stahlrädern für Lastwagen. Als Firestone Tire & Rubber Company beschloß, sich von seinen Aktivitäten außerhalb des Kerngeschäfts zu trennen, sah Bain Capital in Accuride eine glänzende Gelegenheit, mit der Zeit den Marktanteil auszubauen, die Kosten zu senken, die Harmonisierung der Interessen des Managements mit den Kapitalanlegerinteressen zu verbessern sowie Wert und Gewinne zu steigern. Bain Capital gewann den Zuschlag teils auf Basis des gebotenen Preises und teils durch seine Zusicherung, die Belegschaft vollständig zu übernehmen. Wie wir sehen werden, bestand Bain Capitals Kostensenkungsstrategie nicht darin, Know-how und Erfahrungen auszuschalten, sondern sie zu behalten und effektiver zu entlohnen.

Der ideale Übernahmeinvestor bringt einem Unternehmen nicht nur Geld, sondern auch professionelle Fähigkeiten. Ein wichtiges Aktivum, das Bain Capital zu Accuride brachte, war das Wissen, wie Wege zur Lieferung besseren Wertes an die Kunden gefunden werden können. Accuride war mit einem Marktanteil von fast 50 Prozent dabei schon weit gekommen. Aber die Investmentgruppe half dem Management, auf kreative Weise Value-Sharing-Partnerschaften einzugehen, um etliche Großabnehmer zu 100 Prozent beliefern zu können. Durch sorgfältige betriebswirtschaftliche Analyse der Abläufe in den beiden Werken erkannten das Investmentteam und das Management von Accuride, daß die Kosten um 5 bis 10 Prozent gesenkt werden konnten, wenn die Losgrößen (die Anzahl von Rädern, die ohne Maschinenumrüstungen oder Modifizierungen der Fertigungsstraßen hergestellt werden können) um 50 bis 100 Prozent gesteigert würden. Um größere Losgrößen zu ermöglichen, überprüfte das Management gemeinsam mit Managern der Kundenfirmen die potentiellen Vorteile und bot an, den größten Teil der Einsparungen an die Kunden weiterzuleiten, sofern sie 100 Prozent ihres Bedarfs von Accuride beziehen würden.

Accurides Hauptkonkurrent war Motorwheel, eine Abteilung von Goodyear. Da Goodyear als börsennotiertes Unternehmen unter dem Druck stand, kurzfristige Gewinne vor allem im Kerngeschäft mit Reifen auszuweisen, nahm Bain Capital an, dies würde Motorwheel daran hindern, die Preise zu senken. Bain Capital hingegen waren die kurzfristig ausgewiesenen Gewinne gleichgültig. Statt dessen konzentrierte sich das Unternehmen darauf, Accuride zu einer Kapitalanlage von höchstmöglichem Wert zu entwickeln, und ermutigte Accuride, Soforterträge im Interesse des Aufbaus hochanteiliger Kundenbelieferung zu opfern.

Bain Capital und Accurides Managementteam bewirkten etliche weitere Verbesserungen im Unternehmen. In den beiden Werken in Kanada und im US-Staat Kentucky waren die Löhne sehr unterschiedlich, ebenso die Fixkostenstrukturen, Kapazitäten und Materialkosten. Mit Unterstützung von Bain Capital reorganisierte Accuride die Produktion in den beiden Werken vollständig, um ihre relativen Stärken zu nutzen und die Effizienz zu steigern. Obwohl die Reorganisation viel Arbeit und viele Risiken mit sich brachte, bleibt doch die Frage, warum sie nicht schon früher durchgeführt wurde, als Accuride noch zu Firestone gehörte.

Die Antwort auf diese Frage lautet, daß das Management nie einen Anreiz dazu gesehen hatte. Firestones Entgeltsystem für die Manager schloß ein Grundgehalt plus Bonuszahlungen ein, die auf dem Leistungsgrad gegenüber den vorgegebenen Budgets basierten. Das ist die Art von Anreizstruktur, die in den meisten amerikanischen Unternehmen angewendet wird. Oberflächlich betrachtet, scheint sie logisch zu sein, in der Praxis ist sie furchtbar ineffizient. Sie motiviert Manager, niedrige Umsatzziele festzusetzen, so daß sie diese leicht übertreffen können und den maximalen Bonus bekommen. Sie motiviert die Manager auch dazu, unangemessen viel Zeit und Energie auf das Budgetierungsverfahren zu verwenden, bei dem das Topmanagement höhere Umsätze sehen will und die Bereichsmanager argumentieren, die höher gesteckten Ziele seien nicht erreichbar. Gleichzeitig verbergen gewiefte Bereichsmanager natürlich Gelegenheiten zur Verbesserung der Umsätze für den Fall, daß die Märkte oder Konkurrenten mit irgendwelchen unliebsamen Überraschungen aufwarten.

Wie die meisten anderen Bonuspläne von amerikanischen Unternehmen sah der Bonusplan von Firestone die höchste Bonuszahlung für den Fall vor, daß die Umsätze der Bereiche ein Wachstum von 10 bis 15 Prozent erreichten, womit die Manager keinerlei Anreiz mehr hatten, sich so anzustrengen oder so viel persönliches Risiko auf sich zu nehmen, wie notwendig ist, um das Wachstum der Gewinne auf 25 oder 30 Prozent zu steigern. Tatsächlich gab das Bonussystem ihnen allen Anlaß, solche Steigerungen zu *vermeiden*, da eine Strafe für so gute Resultate auf dem Fuße folgte. In Kapitel 5 sahen wir, wie die Restaurantleiter von Pizza Hut jedesmal litten, wenn sie mehr leisteten als nach Budgetvorgabe erforderlich war, denn die Hauptverwaltung nutzte solche Erfolge zur Heraufsetzung der Budgetziele im folgenden Jahr, so daß es entsprechend schwerer wurde, die Ziele zu erreichen. Das »Incentive«system von Accuride wirkte sich in genau derselben Weise aus.

Bain Capital restrukturierte Accurides »Incentive« so, daß es eher dem von Chick-fil-A entsprach, dem Unternehmen, das seine Restaurantmanager als Partner behandelt und ihnen einen 50prozentigen Anteil an dem Wert gibt, den ihre Betriebe schaffen. Wie wir in Kapitel 5 sahen, genießen die Restaurantleiter von Chick-fil-A einen zwanzigfachen Vorteil gegenüber den Kollegen bei der Konkurrenz für jeden zusätzlichen Dollar Gewinn, den sie erwirtschaften. Ein vergleichbares System bei Accuride für 20 Manager mit einem früheren durchschnittlichen Jahreseinkommen von unter 100 000 Dollar belohnte sie mit 18 Millionen Dollar für die Risiken und die harte Arbeit, die sie zur Umgestaltung ihrer Leistungsfähigkeit aufwenden mußten. Die Umsätze wuchsen um 25 Prozent jährlich in der Zeit, in der Bain Capital Eigentümer des Unternehmens war – ein Ergebnis, das die Manager von Accuride niemals ohne den Anreiz erreicht hätten, ihre Strategien für die Lieferung von Wert an die Kunden zu überdenken.

Das Win-Win-Win-Gefüge dieses Ansatzes, bei dem der Nutzen auf Kunden, Mitarbeiter und Investoren verteilt wird, spricht wirklich für sich selbst. Der Anteil von Accuride an seinen Zielmärkten stieg von 55 auf 67 Prozent. Den Kunden kamen Preissenkungen von 3 bis 8 Prozent zugute, das Management verzehnfachte seine Vergütung nahezu, die Belegschaft in den beiden Werken nahm von 1539 Mitarbeitern um 16 Prozent auf 1785 zu, und Bain Capital, seine beschränkt haftenden Partner und Co-Investoren erzielten mit einer Investition von 5 Millionen Dollar 121 Millionen Dollar Gewinn. Wie wir schon festgestellt haben, sind Loyalität und Harmonisierung der Interessen erstaunlicherweise fähig, Ergebnisse zu erzielen, die größer als die Summe ihrer Einzelteile sind. Stellen Sie sich einmal vor, wie schwer es gewesen wäre, diese wertschöpfende Strategie bei einem Unternehmen durchzuziehen, das mit Investoren gestraft ist, die ihre ganze Aufmerksamkeit nur auf Quartalserträge konzentrieren.

Wie Manager den Aktienmarkt beeinflussen können

Während immer mehr Unternehmen und Branchen in Phasen eines chaotischen Wettbewerbs und der Restrukturierung eintreten – genau die Umstände, die Investorenloyalität am dringendsten erforderlich machen –, verstärkt sich die kurzfristige Perspektive der Investoren am Markt tatsächlich noch. Das Ergebnis ist, daß erstens mehr und mehr Unternehmen der Börse den Rücken kehren und ihr Schicksal in die Hände einzelner Investoren legen (oder dies ernsthaft erwägen) und daß zweitens die hohen Renditen, die engagierte langfristige Investoren so oft genießen, den Markt für diese Art privater Investitionen expandieren ließen – zu dem wachsenden Bedarf an Investoren, die kaufen und halten wollen, kommt auch ein zunehmendes Angebot. Neue Zuflüsse solchen privaten Eigenkapitals stiegen von fast Null vor 30 Jahren auf acht Milliarden Dollar 1993 und zwölf Milliarden Dollar 1994. Die Zuflüsse über den öffentlichen Kapitalmarkt sind dagegen geschrumpft. Der Durchschnitt für 1993 und 1994 belief sich auf 71 Milliarden Dollar pro Jahr, 19 Milliarden Dollar weniger als der Höchstwert von rund 90 Milliarden Dollar, der

1992 erreicht worden war. Das nicht über den öffentlichen Kapitalmarkt aufgebrachte Eigenkapital gewinnt also rasch einen höheren Anteil am gesamten neuen Eigenkapital – der einfache Grund dafür ist, daß es überragende Renditen erzielt hat.

Viele Experten sagen voraus, daß dieser ansteigende Zufluß privaten Geldes die Renditen wieder verringern wird. Vielleicht wird das so sein. Aber ein ebenso plausibles Szenario ist, daß sich bei einer Fortsetzung des gegenwärtigen Trends – immer schnellere Umschläge der Anlagen am öffentlichen Markt und wachsende Fixierung auf kurzfristige Ergebnisse – die Gelegenheiten für privates Eigenkapital vervielfachen und die derzeitigen Erwartungen weit übertreffen werden. Mit anderen Worten: Wenn sich die Orientierung der Investoren an den öffentlichen Kapitalmärkten nicht ändert, werden mehr und mehr börsennotierte Unternehmen zu der Auffassung kommen, daß der einzige Weg, effektiv konkurrieren zu können, derjenige ist, in Einzeleigentum überzuwechseln – wenigstens in den finanziell unbequemen wettbewerblichen Umbruchphasen, die tiefgreifende und kostspielige Strategieveränderungen erfordern. Das individuelle Eigenkapital wird auch weiterhin börsennotiertes Eigenkapital ablösen, wo immer die größere relative Stabilität des ersteren den Unternehmen erlaubt, Wert zu schaffen, der die von den Einzelinvestoren angepeilte Rendite noch übertrifft.

Auf diese Weise könnten sich die öffentlichen Kapitalmärkte selbst korrigieren und zu geringeren Umschlagsraten zurückkehren – vielleicht schneller, als wir es uns vorstellen können. Nicht nur einige der besten Wertschöpfungsgelegenheiten wandern auf den privaten Eigenkapitalmarkt ab, sondern auch manche der besten Talente. Viele der fähigsten Investoren und Manager bewegen sich in Richtung nicht börsennotierten Unternehmenseigentums. Dabei geht es ihnen nicht nur darum, daß die Renditen höher sind. Die Fähigkeit, Wert in einem realistischen Zeitrahmen aufzubauen, bietet auch viel attraktivere Karrierechancen als die kurzsichtige, loyalitätsarme Aufgeregtheit der börsennotierten Unternehmen. In Unternehmen mit individuellen Eigentümern sind wirkliche Partnerschaften möglich.

Dennoch ist diese individuelle Eigentumsform für die meisten Unternehmen nicht die richtige Alternative. Das gewöhnlich erforderliche Ausmaß an Fremdkapital ist einfach zu groß für das Risiko und die Unsicherheit, die damit verbunden sind. Tatsächlich kehren die meisten »privatisierten« Firmen wieder zur Börsennotierung zurück, nachdem sich ihre Gewinne stabilisiert haben und die Wettbewerbsturbulenzen vorüber sind. Obwohl also die gegenwärtige Situation an den öffentlichen Kapitalmärkten Kunden, Mitarbeitern und langfristigen Investoren schadet, ist die Abschaffung der öffentlichen Märkte keine Dauerlösung, sondern deren korrigierende Reparatur.

Überraschenderweise sind die Manager börsennotierter Unternehmen durchaus in der Lage, die Dinge selbst in die Hand zu nehmen, den Charakter der öffentlichen Kapitalmärkte zu verändern und sie wieder zurück in Richtung auf größere Stabilität zu bewegen. Sehen wir uns die Tatsachen an: Als Manager erkennen Sie die Bedeutung stabiler, langfristiger Investoren, welche die Unternehmensleistung nicht nach Quartalsergebnissen, sondern auf der Grundlage von langfristigen Strategien, langfristiger Investitionspolitik und langfristigem Wertschöpfungspotential beurteilen. Ihnen ist klar, daß die Entwicklung des Marktes in Richtung schnellerer Umschläge von Aktienbeständen den Interessen vieler Unternehmen einschließlich des Ihren schadet. Und es ist leicht, mit dem Finger auf den wachsenden Aktienbesitz institutioneller Investoren zu zeigen. Die wichtigste Rolle beim Wachstum des institutionellen Aktienbesitzes spielen die Pensionsfonds, und die meisten davon werden in genau der Weise geleitet, die Sie so destabilisierend und destruktiv finden. Täglich entfällt etwa die Hälfte des Handels an der New York Stock Exchange auf Manager von Pensionsfonds. Es ist schnell vergessen, daß Ihr eigenes Unternehmen auch einen Pensionsfonds hat und daher institutionelle Manager beschäftigt, die das Tempo der Aktienumschläge antreiben. Da mehr als die Hälfte der Pensionsaktiva von Unternehmen gehalten wird, könnten wir sagen, daß die Manager, die sich so lautstark beschweren, für mehr als die Hälfte des Problems selbst verantwortlich sind.

Es gibt hinreichend Beweise dafür, daß die gegenwärtige Art des Pensionsfondsmanagements – höchstwahrscheinlich auch Ihre eigene Art – kein gutes Geschäft ist. Die Zeitschrift *Fortune* berichtete kürzlich, daß es in den letzten zehn Jahren 74 Prozent von 2 700 Pensionsfondsmanagern nicht gelang, besser als der Standard & Poor's-500-Index abzuschneiden. In einem Artikel in der Zeitschrift *Forbes* vom 25. Oktober 1993 wird behauptet: »Alles in allem ist aktives Geldmanagement ein Verlustgeschäft.«[11] Er zitiert eine Studie des Brookings Instituts von 1992, die an den Tag brachte, daß der durchschnittliche professionelle Investmentmanager im Laufe von sieben Jahren um 2,6 Prozentpunkte schlechter abschnitt als der Standard & Poor's-500-Index.

Neben der unterschiedlichen Leistung spielen auch die Gebühren und Spesen eine Rolle. Es kostet viel Geld, mit Aktien zu handeln,

Geldmanager zu beschäftigen und sie zu beaufsichtigen. *Forbes* schätzt, daß amerikanische Unternehmen jährlich neun Milliarden Dollar für das Management von Pensionsfonds ausgeben. Der Artikel zitiert Studie um Studie, die alle zeigen, daß Pensionsfonds weit besser abschneiden könnten, wenn sie in kostengünstige Indexfonds investieren würden (die übrigens extrem niedrige Umschlagsraten aufweisen). Die Anwendung dieser einfachen Strategie würde aber die Bürokraten arbeitslos machen, die zur Zeit die Pensionsfonds verwalten. Wie viele Arbeitsplätze würden verschwinden? *Forbes* merkt an, daß General Motors intern 70 Personen in seinem Pensionsfondsmanagement beschäftigt, daneben noch einmal 70 Investmentmanager und zusätzlich zahlreiche Berater, die freiberuflich für das Unternehmen tätig sind. Ford hat mit seinem Pensionsfonds, der etwa um ein Drittel kleiner ist als der von GM, weitaus bessere Resultate erzielt – und das mit nur zwei Mitarbeitern.

Neun Milliarden Dollar zu verschwenden, vernichtet eine Menge Wert. Jährlich um durchschnittlich 2,6 Prozentpunkte schlechter abzuschneiden als die durchschnittliche Aktienkursentwicklung zerstört noch viel mehr. Was aber bei weitem den meisten Wert vernichtet, ist die Strafe, die dieses System den Unternehmen auferlegt, deren Managementteams Strategien zur langfristigen Wertschöpfung verfolgen möchten und statt dessen ihre Zeit und Energie für das Erwirtschaften der Quartalsgewinne aufwenden müssen um diese dann den Analysten und Investmentmanagern zu erklären, denen das Unternehmen, in das sie investieren, sowieso gleichgültig ist.

Wieviel Wert zerstört dieses Bestrafungssystem? Die negative Auswirkung auf das Gewinnwachstum wird natürlich von Unternehmen zu Unternehmen verschieden sein. Lassen Sie uns aber die Wirkung für die Gesamtheit der börsennotierten Unternehmen in den USA durchrechnen, um ein Gefühl für die potentielle Größe des Problems zu bekommen. Diese Unternehmen erzielten 1994 Gewinne von 250 Milliarden Dollar. Deshalb zehrt jede Minderung des Gewinnwachstums um einen Prozentpunkt 2,5 Milliarden Dollar Jahresgewinn auf. Bei einem Kurs-Gewinn-Verhältnis von 1:16 sind das 40 Milliarden Dollar Marktwert. Könnte die tatsächliche Belastung 2, 3 oder sogar 4 Prozentpunkte betragen? Die Erfolge von Bain Capital lassen vermuten, daß es noch mehr sind. Meine eigene Erfahrung in fast 20 Jahren Beratung von börsennotierten Unternehmen hat mich überzeugt, daß die Belastung im Durchschnitt durchaus 2 oder 3 Prozentpunkte ausmachen könnte. Wenn das so ist, beläuft sich die jährliche Wertvernichtung auf etwa 100 Milliarden Dollar pro Jahr, und das verdient gewiß Aufmerksamkeit.

Eine Steuer auf Umweltverschmutzung

Leider sind kurzfristige Investitionen eines der Probleme, die freie Märkte allein nicht lösen können. Ähnlich verhält es sich mit der Umweltverschmutzung. Wenn ein Produzent Luft und Wasser verpestet und ein anderer in Umweltschutztechnologie zur Vermeidung dieser Verschmutzung investiert, kann der unverantwortlich handelnde Fabrikant Marktanteile gewinnen, weil seine Kosten geringer sind. Gesamtwirtschaftlich gesehen sind die Kosten des Werkes, das die Umwelt verschmutzt, natürlich höher, doch viel von diesen Kosten wird von den Menschen getragen, welche die Luft atmen und für die Reinigung des Wassers bezahlen müssen. Nur die Kunden, Mitarbeiter und Investoren des Umweltsünders profitieren auf Kosten aller anderen. Solange die externen Kosten nicht dem Verschmutzer angelastet werden, wird die gesamte Umgebung leiden. Umweltverschmutzung ist eines der wenigen Probleme, die durch Regulierung und Besteuerung effektiver angegangen werden als durch den freien Markt.

Investoren mit hohen jährlichen Umschlagsraten ihrer Geldanlagen sind in gewissem Sinne auch Umweltsünder. Die Kosten der durch sie verursachten Verschmutzung bestehen in der destabilisierenden Unbeständigkeit und der von der Quartalsperspektive verursachten Kurzsichtigkeit der Geschäftsführungen börsennotierter Unternehmen. Mehr noch: Die Verschmutzer gewinnen Marktanteile, und die Kosten ihrer Aktivitäten werden von denen getragen, die dem Unternehmen die Treue halten – von den Kunden, Mitarbeitern und langfristigen Investoren. Dieses Problem kann nur gelöst werden, wenn entweder der zulässige Umfang dieser Art von Verschmutzung staatlich reguliert wird – was wahrscheinlich in einer auf den freien Markt so eingeschworenen Wirtschaft wie der amerikanischen unmöglich ist – oder, wenn die Folgekosten der Verschmutzung für das gesamte System abgeschätzt werden und eine entsprechende Steuer erhoben wird.

Für eine solche Steuer gibt es viele Präzedenzfälle. Wir besteuern bereits Gewinne bei Aktienverkäufen, und zumeist haben wir diese Steuer so strukturiert, daß loyale Investitionen begünstigt und Anreize hierfür geschaffen wurden. Deshalb gibt es die ermäßigte Besteuerung langfristiger Kapitalgewinne. Heute müssen wir aber mehr tun, als langfristiges Investieren zu begünstigen – wir müssen spekulativen, kurzfristigen Aktienhandel *ent*mutigen. Und es erscheint vernünftig, wenigstens einen Teil der Kosten unsteten Kapitals zurück auf diejenigen zu verlagern, die sie verursachen.

Der naheliegende erste Schritt ist die Korrektur der Steuerpolitik, in der die überhandnehmenden Umschläge am Aktienmarkt wurzeln. Der amerikanische Kongreß hatte recht mit seinem Beschluß, die Steuer auf Pensionsvergütungen für Arbeitnehmer bis zur Pensionierung aufzuschieben. Diese Politik spornt zum Sparen an und schützt die langfristige soziale Absicherung der älteren Bevölkerung. Sie hatte aber den unbeabsichtigten Nebeneffekt, Pensionsfonds von der Besteuerung erzielter Kapitalgewinne zu befreien während andere Investoren bestraft werden, wenn sie ihre Kapitalanlagen schnell umschlagen – und das ist einer der Hauptgründe dafür, daß Pensionsfondsmanager ihre Bestände so häufig umschlagen. Ihre einzigen Reibungsverluste sind die paar Cents Provision pro Aktie, die ihnen die Makler bei Transaktionen berechnen.

Eine Steuerpolitik, die die Anleger von Pensionsfonds anspornt, ihre Bestände am laufenden Band umzuschlagen, ist sinnlos, vor allem im Licht der zerstörerischen Wirkungen, die der kurzfristige Handel auf börsennotierte Unternehmen ausübt. Die jetzige Steuerpolitik ähnelt einer Steuerbefreiung für Fabriken, die die Umwelt verschmutzen. Wenn die Pensionsfonds mit versicherungsmathematischer Präzision auf ihrem Pfad zur vollständigen Kontrolle des Aktienmarkts fortschreiten, wird das Problem noch ernster werden. Entweder müssen wir die Pensionsfondshändler so besteuern wie alle anderen Investoren (was die Politik der Steuerstundung, die so viel zur Förderung des Sparens beigetragen hat, konterkarieren würde) oder eine besondere Steuer auf kurzfristigen Pensionsfondshandel erheben – zum Beispiel 2 oder 3 Prozent des Bruttoverkaufspreises jeder Aktie, die weniger als drei Jahre lang gehalten wurde.

Wir müssen auch unsere Politik den Spekulanten gegenüber ändern, die von der gegenwärtigen Besteuerung von Gewinnen aus Kurssteigerungen nicht genügend abgeschreckt werden. Eine Möglichkeit besteht in einer weiteren Senkung der Besteuerung langfristiger Kapitalgewinne. Der Staat Massachusetts hat kürzlich eine gesetzliche Regelung beschlossen, die ein interessantes Modell darstellt. Der Steuersatz auf Kursgewinne liegt dort jetzt umso niedriger, desto länger die Aktien behalten worden sind. Nach Ablauf eines Jahres sinkt die Steuer dramatisch, und nach sechs Jahren sind Gewinne aus dem Wertzuwachs von Aktien vollkommen steuerfrei.

Ein Problem bei der Verwendung von Steuerpolitik zur Bekämpfung dieser Art von Verschmutzung ist folgendes: Erhöhte Steuern oder Transaktionsgebühren schrecken zwar die Verschmutzung ab. Doch die daraus resultierenden Einnahmen bewirken keine Hilfe für jene Investoren, die sich bei börsennotierten Unternehmen langfristig engagieren und die eigentlichen Leidtragenden hoher Aktienumschläge sind. Umgekehrt subventioniert zwar eine Senkung der langfristigen Kapitalgewinnsteuer die langfristigen Investoren, doch würde das staatliche Haushaltsdefizit dadurch vergrößert.

Ein anderer Weg, der die wirtschaftlichen und politischen Nebenwirkungen der Besteuerung vermeiden könnte, wäre die Einführung einer Transaktionsgebühr von, sagen wir, 2 Prozent bei jedem Kauf oder Verkauf von Aktien. Das Geld, zu dem jene Aktionäre überproportional beitragen würden, die ihre Bestände häufig umschlagen, ginge an die Unternehmen, welche die Aktien ausgegeben haben, und würde so den Wert des Unternehmens für die verbleibenden Aktionäre erhöhen und ihnen einen Ausgleich für den »Verschmutzungseffekt« bieten. Die Aktienumschlagsraten würden dann sicher zurückgehen. Tatsächlich existiert bereits mindestens eine derartige Abgabe. Mehrere Fonds in der Vanguard Mutual Fund Group berechnen eine Gebühr für neue Investitionen und bringen das Geld zur Steigerung der Erträge in den Fonds ein. Tatsächlich bestraft diese Gebühr kurzfristige Anleger und subventioniert die Erträge für alle am Fonds beteiligten Investoren, die ihre Anteile länger behalten als der Durchschnittsinvestor.

Alle diese Vorschläge müssen noch diskutiert und verfeinert werden, aber jeder von ihnen könnte genau das sein, was wir brauchen, um unsere Kapitalmärkte wieder zum langfristigen Denken zurückzuführen. Angesichts des gegenwärtigen hyperaktiven Zustands unserer Investmentbranche mögen die Vorschläge unrealistisch und undurchführbar erscheinen. Aber selbst wenn sie im Moment noch utopisch klingen, können ernste Notwendigkeit und unablässiger Druck mit der Zeit Wunder wirken – vor allem dann, wenn es um »Verschmutzungskontrolle« geht. Wer hätte sich vor nur 20 Jahren vorstellen können, daß wir in den USA heute ein nahezu vollständiges Rauchverbot in öffentlichen Einrichtungen genießen?

Am meisten litten die Wall Street-Makler, die jedesmal wenn eine Aktie den Besitzer wechselt Geld verdienen. Sie würden sich mit ganzer Kraft zur Wehr setzen, und zwar unter Berufung auf das Gemeinwohl und die Vermeidung von Überregulierung. Aber Verschmutzungskontrolle und Steuern gegen Verschmutzung werden Verschmutzern immer ein Dorn im Auge sein. Was die Börsenanalysten angeht, würden sie, wenn die Investoren mit hohen Umschlägen ins Stolpern kommen, ihre Talente auf langfristige Wertschöpfung und langfristiges Abschneiden von Unternehmen konzentrieren müssen. Das wäre keine schlechte Sache.

Die Steuer würde langfristigen Investoren sicher nicht weh tun. Tatsächlich würde sie die Wettbewerbsfähigkeit dieser Investoren gegenüber Pensions- und anderen Investmentfonds erhöhen, die ihre Aktienbestände so stürmisch umschlagen. Gegenwärtig subventionieren Sie und Ihre loyalen Kunden, Mitarbeiter und Investoren die Gewinne talentierter Spekulanten, Analysten und Börsenmakler. Sie können entweder die darin enthaltene Steuer, die diese Leute Ihnen abknöpfen, weiterhin bezahlen, oder Sie können Ihre Volksvertreter bedrängen, die so entstehenden Kosten durch eine Besteuerung flüchtiger Investitionen auf die Verursacher zu verlagern.

»Intelligentes Geld«

Alle Pläne zur Verringerung des Drucks auf die Quartalsergebnisse setzen sich dem Verdacht aus, daß die Manager sich aus der Schußlinie bringen wollen. Wenn Sie aber glauben, daß die Hinauskomplimentierung kurzfristiger Investoren ein Weg zur Verringerung des Performancedrucks ist, dann haben Sie die Botschaft dieses Kapitels nicht verstanden. Loyales Kapital ist stärker an Ihrem Geschäft beteiligt, weiß mehr darüber und neigt deshalb dazu, mehr zu verlangen als die durchreisenden Investoren, die Sie nie persönlich treffen und von denen Sie nie etwas hören. Investoren wie Warren Buffett, Alfred Lerner, Paul Desmarais, Bain Capital und State Farm bestehen auf hervorragenden Leistungen. Der Unterschied ist, daß sie wissen, welche Art von Leistung möglich ist, und verstehen, in welchem Zeitrahmen sie vernünftigerweise verlangt werden kann.

Sie wollen kein geduldiges Geld, sondern kluges Geld. Kluge Investoren wissen, daß der einzige Weg zur Maximierung des Wertes für Aktionäre der ist, die Loyalität von Kunden und Mitarbeitern zu verdienen. Das gilt desto stärker, je tiefer des Wissen und intensiver die Servicementalität der Unternehmen werden. Als Manager müssen Sie Schritte unternehmen, um kluge Investoren zu finden, um die Investoren zu erziehen, die Sie schon haben, und um die hohen Kosten illoyalen Kapitals zu vermeiden.

7 Auf der Suche nach den Gründen für Mißerfolge

Loyale Kunden, loyale Mitarbeiter, loyale Investoren – ohne alle Drei bricht das System zusammen. In den vorangegangenen vier Kapiteln sind wir vollständig durch den in Abb. 1.3 dargestellten Wachstumskreislauf gewandert. Wir haben uns den konzeptionellen Rahmen loyalitätsbasierter Managementsysteme genau angesehen, wir haben einige der Anforderungen und Vorzüge der Gewinnung und Bindung der richtigen Kunden, Mitarbeiter und Investoren erkannt, und wir konnten einige der Mechanismen betrachten, wie Kunden-, Mitarbeiter- und Investorenloyalität wechselseitig aufeinander wirken. Jetzt müssen wir uns zurücklehnen und überlegen, wie ein Unternehmen lernen kann, diesen konzeptionellen Rahmen zu nutzen, um mehr Wert für alle drei beteiligten Gruppen zu schaffen – und um damit die Überlebenschancen des Unternehmens nachhaltig zu verbessern.

Eines der langlebigen Geheimnisse des Geschäftslebens ist, warum etablierte Marktführer so oft von aggressiven Emporkömmlingen zur Seite geschoben werden und warum Großunternehmen im allgemeinen so jung zugrundegehen. Großunternehmen sollten aus dem Reichtum ihrer Ressourcen, der Reichweite ihres wirtschaftlichen und politischen Einflusses, dem breiten Spektrum ihrer Erfahrungen und dem Tiefgang ihrer Kenntnisse über Kunden und Mitarbeiter enorme Überlebensvorteile ableiten. Doch das durchschnittliche Unternehmen in der *Fortune*-500-Liste hat eine Lebensspanne von nur 40 Jahren. Die meisten werden von der Mehrheit ihrer Mitarbeiter überlebt.

Es ist eine große Versuchung, diese hohe Unternehmenssterblichkeit als gesundes Ergebnis natürlicher Auslese in der Wirtschaftssphäre zu akzeptieren. Wenn Unternehmen sich veränderten Umweltbedingungen nicht anpassen, sterben sie – und das ist auch gut so. Sonst würden wir mit nutzlosen Dinosaurier-Unternehmen überladen, welche die Sowjetunion wirtschaftlich zu Boden gebracht haben. Unternehmen sind aber keine Spezies, so daß die Darwinsche Analogie nicht wirklich anwendbar ist.

Gene können nicht lernen, nur der sehr langfristige Prozeß erfolgreicher zufälliger Mutation bewirkt den Anpassungsprozeß der Gattungen. Die Unternehmen haben ihren freien Willen. Sie können aus Mißerfolgen lernen, und sie können sich verändern – die Entscheidungen liegen bei ihnen. Sie müssen nicht auf zufällige genetische Ereignisse warten, um ihr Schicksal zu ändern, sie können es selbst in die Hand nehmen.

Es stellt sich also die Frage: Warum sie es nicht tun? Die Antwort ist, daß sie es zwar oft versuchen, aber ihr Schicksal in die falsche Richtung ändern, weil sie ihre Mission mißverstehen.

Exzellente Dinosaurier

Darwin hat gezeigt, daß es die wahre Mission einer Gattung ist, sich fortzupflanzen. Jedwede Gattung, die über diesen Punkt in Verwirrung geriet, verschwand schnell von der Bildfläche. Ebenso ist es die wahre Mission eines Unternehmens, Wert zu schaffen. Jedes Unternehmen, das so verwirrt ist zu glauben, daß sein wahrer Zweck in der Erwirtschaftung von Gewinnen liegt, wird wahrscheinlich nicht lange am Leben bleiben. Gewinne sind sicherlich absolut lebensnotwendig, aber sie sind nur das Endergebnis von Wertschöpfung; deshalb funktionieren sie nur sehr schlecht als Selbstzweck. Einer der Gründe dafür, daß so viele Unternehmen scheitern, ist der, daß sich all ihr Analysieren und Lernen um Gewinne dreht, so daß sie das eigentliche Problem erst entdecken, wenn ihre Gewinne anfangen zu sinken. Im Kampf um ein Wiederansteigen der Gewinne konzentrieren sie sich auf ein Symptom und übersehen den zugrundeliegenden Zusammenbruch ihres Wertschöpfungssystems.

Sie sind ein wenig wie Schwimmer, die von einer Unterströmung erfaßt werden und gewöhnlich überleben können, wenn sie geistesgegenwärtig bleiben, mit der Strömung treiben und zurück zur Küste schwimmen, sobald sie aus dem Griff der Strömung hinausgetrieben worden sind. Weil sie aber die Kräfte unter der Oberfläche nicht verstehen, kämpfen viele Schwimmer mit aller Kraft gegen die Strömung an, erschöpfen sich und verringern damit ihre Überlebenschancen erheblich. Auch Unternehmen geraten in die Fänge von Sogwirkungen, und die Firmen, welche die zugrundeliegenden wirtschaftlichen Kräfte nicht verstehen, die sie in Richtung Konkurs treiben, können ihre Energien so verausgaben, daß sich ihre mißliche Lage noch verschlechtert. Wenn die Gewinne unter Druck geraten, kann man mit Sicherheit annehmen, daß etwas nicht in Ordnung ist und wieder in Ordnung gebracht werden muß. Der Kern des Problems ist aber gewöhnlich unzureichender Wert für die Kunden. Manager, die direkt auf höhere Gewinne abzielen, indem sie die Preise erhöhen oder die Belegschaft reduzieren, verschlimmern oft das ursprüngliche Problem unzureichender Wertschöpfung. Sie weisen eine traurige Ähnlichkeit mit den Schwimmern auf, die sich nach und nach aufzehren, ohne jemals zu begreifen, was sie retten könnte.

Und was *könnte* sie retten? Manager, die sich auf kurzfristige Gewinne konzentrieren, sind wahrscheinlich für den Untergang vieler großer Unternehmen verantwortlich. In früheren Jahrhunderten töteten Ärzte, die glaubten, Blut sei Träger von Krankheitserregern statt Quelle der Gesundheit, oft ihre Patienten, indem sie sie verbluten ließen. Heute lassen viele Manager Unternehmen in vergleichbarer Weise zur Ader. Sie hoffen, die kurzfristigen Gewinne zu heilen, indem sie die Kosten senken, doch durch Austrocknung der menschlichen Ressourcen des Unternehmens machen sie dessen Heilung unmöglich.

Unternehmen *können* sich retten. Sie können Probleme lösen, den Kurs ändern, sich Umfeldveränderungen und neuen Bedingungen anpassen, sich sogar vollständig regenerieren. Doch das Lebensblut des Anpassungswandels ist das Lernen der Mitarbeiter. *Die lernende Organisation* ist ein nützlicher Begriff, aber nur eine Metapher. Menschen lernen, nicht Organisationen, und wenn Mitarbeiter ein Unternehmen verlassen, nehmen sie all ihre persönlichen Fähigkeiten und viel von ihrer Erfahrung mit.

Das Lernen der Mitarbeiter ist das lebenswichtige Kapital, das es Unternehmen erlaubt, sich zu verändern und sich selbst zu heilen. Doch selbst *mit* einem Stamm loyaler Mitarbeiter sehen sich Unternehmen enormen Hindernissen beim Wandel gegenüber. Das liegt daran, daß das nützlichste und instruktivste Lernen aus der Erkenntnis und Analyse von Mißerfolgen erwächst – und Mißerfolge zu analysieren fällt schwer.

Abneigung gegen Mißerfolge

Es gibt zwei Hauptgründe dafür, daß Unternehmen ihre Mißerfolge nicht unter die Lupe nehmen. Der erste ist Bürokratie, die nahezu perfekt dafür ausgeformt ist, Mißerfolge zu verbergen, und äußerst abgeneigt, sie zu suchen und offenzulegen. Der zweite ist eine fast universelle Fixierung auf Erfolg.

In einer bürokratischen Organisation ist der Schlüssel zu einer Karriere – zu Gehaltserhöhungen, Beförderungen, Projektfinanzierungen – der Chef. Bürokraten können oft erfolgreich sein, indem sie ihren Vorgesetzten kleine Dienste erweisen, die wenig mit Wertschöpfung zu tun haben – indem sie den Chef gut aussehen lassen, ihm Reden schreiben, Gefälligkeiten erweisen. Überzeugen Sie Ihren Chef, daß Sie gute Arbeit leisten – und das Fehlen von Beweisen in Form von Kundenverhalten dürfte einige Zeit keine Rolle spielen. Verlieren Sie das Vertrauen Ihres Chefs, dann helfen auch die phantastischsten Zahlen nicht mehr. In dieser Atmosphäre zögern Untergebene verständlicherweise, sich über ihre Mißerfolge offen mit Vorgesetzten auszutauschen. Also machen Mitarbeiter ein Spiel daraus, ihre Mißerfolge zu verschleiern und zu verbergen – oder sie zu korrigieren, bevor der Chef sie entdeckt – bis sie befördert oder versetzt werden. Kurz, in einer Bürokratie sind die entscheidenden Fähigkeiten eher berechnender als diagnostischer Natur. Das Ziel der Fehlschlagsanalyse, wenn diese Gutes bewirken soll, muß aber Lernen sein, nicht Verheimlichen, und der Chef sollte führen oder wenigstens diese Bemühen unterstützen, und nicht in seliger Unwissenheit schweben.

Vergleichen Sie das mit einer Nichtbürokratie wie Chick-fil-A, wo nur die Kunden über Entgelt- und Ressourcenentscheidungen abstimmen. Die guten alten bürokratischen Taktiken – Schmeichelei, Aalglätte und Trickserei – helfen einfach nicht. Bei Chick-fil-A setzen nicht die Vorstandsmitglieder die Entgelte der Restaurantmanager fest – die Kunden tun es. Die Vorstandsmitglieder sind Trainer, sie können nur dann mehr verdienen, wenn ihre Spieler mehr Kundenstimmen bekommen.

Der zweite Grund dafür, daß Unternehmen so wenig Mißerfolgsanalyse betreiben, ist ihre Fixierung auf Erfolg. Zweifellos kann man aus Erfolg viel lernen. Durch Wiederholen von Verhaltensweisen, die Erfolg haben, entwickeln die Leute gute Angewohnheiten. Indem erfolgreiche Strategien untersucht werden, um festzustellen, was sie funktionieren läßt, können Unternehmen sie abwandeln, um neue Siege unter neuen Umständen zu erringen. Und durch Beobachtung der Triumphe anderer Firmen kann ein Unternehmen gelegentlich eine Einsicht oder eine nützliche Idee gewinnen. Doch heute sind Geschäftsleute vom Erfolg *besessen* – manchmal noch besessener vom Erfolg anderer als vom eigenen. Benchmarking hat sich zu einer fieberhaften Suche nach der Fabrik mit den weltweit niedrigsten Produktionskosten, nach der Region mit den höchsten Umsätzen, nach dem Distributionszentrum mit den niedrigsten Overheadkosten intensiviert. Akademiker und Unternehmensberater durchstöbern die Welt nach Verfahren, die zu großen Gewinnen in einer Geschäftssituation geführt haben, damit sie sie in anderen Situationen wieder anwenden können. Manager suchen nach »erwiesenen« Erfolgen, die ihre eigenen Unternehmen nachahmen können. Die frenetische Suche nach besten Praktiken geht sogar dann noch weiter, wenn die Resultate wenig realen Wert schaffen.

Nehmen Sie den phänomenalen Erfolg des zuerst 1982 veröffentlichten Buches *Auf der Suche nach Spitzenleistungen*. In der Tradition der amerikanischen Management-»Wissenschaft« stehend, wurde dieses Buch, das auf Theorien aufbaut, welche die Autoren beim Studium von Hochleistungsfirmen entwickelten, zu einer Bibel für ganze Generationen von Managern. Es erreichte eine Auflage von fünf Millionen Exemplaren und brachte ein neues Genre von Wirtschaftsbüchern hervor, die behaupteten, den Schlüssel zum geschäftlichen Erfolg zu offenbaren. *Auf der Suche nach Spitzenleistungen* präsentierte das beste Denken des Establishments der Geschäftswelt. Zur Forschungsarbeit für das Buch gehörte eine gewissenhafte Analyse von Daten aus 25 Jahren, und die Elite der Wirtschaftsführer lieferte Beiträge und stellte sich hinter die Ideen des Buches.

Aber wer wäre wohl in den nächsten zehn Jahren reicher geworden: ein Investor, der sich ein Portfolio aus Aktien zusammengestellt hat, die in dem Bestseller von Peters und Waterman vorgestellt werden? Oder jemand, der mit seinem Portfolio nur so mittelmäßig abgeschnitten hat wie der Index von Standard & Poor's? Sie mögen es glauben oder nicht – die Mittelmäßigkeit hat haushoch gesiegt. Die Kurse von zwei Dritteln der börsennotierten »exzellenten« Unternehmen haben sich in den letzten zehn Jahren schlechter entwickelt als dieser Index. Etliche sind erheblich gestolpert, und einige sind fast am Ende. Die Autoren geben zu, daß nur ein Fünftel ihrer ursprünglichen Gruppe bis heute exzellent geblieben ist, während die anderen vier Fünftel in ein Spektrum von bloß noch gut bis ausgesprochen schlecht fallen.

Wie in aller Welt konnte das geschehen? Erfolg gebiert Erfolg. Wie konnte sich *Auf der Suche nach Spitzenleistungen* als ein Haus entpuppen, das auf Sand gebaut war? Systemtheoretiker können es uns sagen. Wenn ein System gut funktioniert, sagen sie, ist es unmöglich zu erklären, warum. Sein Erfolg beruht auf einer langen Kette von subtilen Wechselwirkungen, und es ist nicht leicht festzustellen, welche Glieder in der Kette die wichtigsten sind. Selbst wenn die entscheidenden Glieder identifiziert werden könnten, würde sich ihre relative Bedeutung verändern, sobald sich das Umfeld des Systems ändert. Auch wenn wir also die entscheidenden Glieder finden und sie mehr oder weniger reproduzieren könnten, könnten wir nicht alle Beziehungen zwischen ihnen oder das Umfeld, in dem sie funktionieren, reproduzieren. Genau das ist das Problem von *Auf der Suche nach Spitzenleistungen*. Das Buch ist unbestreitbar unterhaltsam, aber es kann für sich allein niemandem helfen, das Modell hervorragender Leistung, das es porträtiert, zu erreichen oder aufrechtzuerhalten.

Was uns auf dem Weg zu unserem Ziel helfen *kann*, hervorragende Leistungen zu erbringen, ist das Studium von Mißerfolgen – ein Paradox, das auf Anhieb einleuchtet. Die meisten Menschen entdecken früh im Leben, daß Mißerfolge bessere Lehrer sind als Erfolge, daß aus Mißerfolg mehr zu lernen ist als aus gutem Abschneiden. Systemexperten bestätigen, daß das Versagen einer Komponente Licht auf die Funktionsweise eines ganzen Systems werfen kann.

Die amerikanischen Fluggesellschaften haben das begriffen. Ihre Leistung, gemessen an der Unfallrate, übersteigt tatsächlich das Sechsfache der Standardabweichung (6 Sigma) – 3,4 Defekte pro eine Million Fälle. Diese anspruchsvolle Qualitätsnorm wird von vielen Produzenten angestrebt, ist aber wahrscheinlich noch von keinem erreicht worden. Soweit wir wissen, ist die Luftfahrtbranche für Inlandsflüge die einzige, die sechs Sigma *übertroffen* hat, und sie hat das geschafft, indem sie Fehlschläge studiert hat. Wenn ein Flugzeug abstürzt, wird der Flugschreiber ausgewertet, und die Prüfer suchen ohne Rücksicht auf die Kosten nach den Ursachen des Unglücks. Das Ergebnis ist, daß in einem ungeheuer komplexen und äußerst gefährlichen Betriebsumfeld Unfälle relativ selten geworden sind.

Auf einem ganz anderen Gebiet ist Warren Buffett, einer der besten Investoren der Welt, zu dem Schluß gekommen, daß aus der Untersuchung von Unternehmensmißerfolgen mehr zu gewinnen ist als aus der Untersuchung von Unternehmenstriumphen. In einem Vortrag vor der Emory Business School sagte Buffett:

Ich habe oft empfunden, daß aus dem Studium von Unternehmensmißerfolgen mehr zu gewinnen sein könnte als aus dem Studium von Unternehmenserfolgen. In meinem Geschäft versuchen wir zu untersuchen, an welchen Stellen Leute vom rechten Weg abkommen und warum Dinge nicht funktionieren. Wir versuchen, Fehler zu vermeiden. Wenn ich die Aufgabe hätte, eine Gruppe von zehn Aktien im Dow-Jones-Durchschnitt auszuwählen, die selbst besser als der Durchschnitt abschneiden würden, würde ich wahrscheinlich nicht mit der Auswahl der zehn besten anfangen. Statt dessen würde ich versuchen, die zehn oder fünfzehn auszusuchen, die am schlechtesten abgeschnitten haben, sie aus der Erhebungsauswahl herausnehmen und mit dem Rest arbeiten. Es ist ein Umkehrungsverfahren. Albert Einstein sagte: »Bilden Sie den Kehrwert, immer den Kehrwert, in der Mathematik und in der Physik«, und das ist auch im Geschäftsleben ein sehr guter Gedanke. Fangen Sie mit dem Mißerfolg an, und machen Sie sich dann an dessen Beseitigung.[1]

Warren Buffett gewann 1965 die Kontrolle über Berkshire Hathaway, und im Jahresbericht des Unternehmens für 1989 veröffentlichte er einen Aufsatz unter dem Titel »Fehler in den ersten 25 Jahren«. So wie japanische Industrieproduzenten Fehler als Geschenk auffassen und sie dazu benutzen, kontinuierliche Verbesserungen zu bewirken, stellt Buffett dadurch, daß er sich auf Mißerfolge als Quelle seines Lernens konzentriert, alle ins Abseits, die ihm nachzueifern versuchen, indem sie seine Erfolge untersuchen.

Furcht vor Mißerfolgen

Das bringt uns wieder zu der Frage zurück, die wir zuvor stellten: Wenn Mißerfolgsanalysen so gute Resultate bringen, warum unternehmen sie so wenige Unternehmen? Über die beiden schon erwähnten Gründe hinaus – Bürokratie und Besessenheit von Erfolg – gibt es zwei einfachere Gründe. Die Auseinandersetzung mit ihnen ist allerdings weniger angenehm: Angst und Unfähigkeit.

Psychologisch und kulturell ist es schwer und manchmal bedrohlich, sich Mißerfolge genau anzusehen. Ehrgeizige Manager arbeiten fleißig daran, ihre Karrieren mit Erfolgen zu verbinden. Mißerfolge werden gewöhnlich eher zwecks Schuldzuweisung untersucht statt zur Entdeckung und Ausmerzung der systemischen Ursachen mangelhafter Leistung. Die Grundlage für den von den Fluggesellschaften erreichten herausragenden Grad an Sicherheit ist die mutige Entscheidung, überhaupt erst einmal die Flugschreiber zu installieren. Irgendwie haben es einige Leute bei den Fluggesellschaften fertiggebracht, ihre natürlichen menschlichen Ängste zu überwinden: nicht nur die Angst vor Mißerfolg, sondern auch die Angst vor der Analyse von Mißerfolgen, vor allem wenn es um hohe Einsätze geht.

Es genügt aber nicht, die Angst zu überwinden. Ein weiteres Hindernis auf dem Weg, aus Mißerfolgen zu lernen, ist die weitverbreitete Unfähigkeit, sie an nützlichen Maßstäben zu messen. Wenn Sie am Rande eines endgültigen Mißerfolgs stehen, wie es der Konkurs ist, wird es wahrscheinlich zu spät sein, ein aus Fehlern lernendes Unternehmen zu werden. Deshalb steht der Manager in der Zeit, in der das Unternehmen noch relativ gesund ist, vor der Herausforderung, nützliche tägliche Mißerfolgstypen zu finden (und ebenso die richtigen laufenden Maßstäbe für Mißerfolge). Der Trick ist, ein System zu installieren, um die auftretenden Fehler zu verfolgen, zu analysieren und nach und nach zu beseitigen, und dann das Ganze mit neuen Fehlertypen zu wiederholen.

Schauen Sie sich die Fußballbundesliga an. Studieren die Trainer die Höhepunkte, die in den zusammenfassenden Sportberichten im Fernsehen gezeigt werden, die besten Torschüsse, die schönsten Paßvorlagen, die herrlichsten Torwartparaden, die Szenen, in denen Verteidiger einen Stürmer oder Stürmer einen Verteidiger am brillantesten austricksen? Natürlich nicht. Höhepunkte dienen der Unterhaltung. Ein guter Trainer konzentriert sich auch nach einem gewonnenen Spiel auf die Fehler, die seine Spieler gemacht haben. Die relevanten Fehlertypen sind Verursachung von Strafstößen gegen die eigene Mannschaft, schlechtes Abschneiden von Stürmern und Verteidigern gegenüber gegnerischen Spielern, mißlungene Manndeckung, falsches Torwartverhalten. Diese Fehler sehen sich Trainer und Spieler immer wieder an und diskutieren darüber. Das Training der folgenden Woche dreht sich um die Vermeidung dieser Fehler. Selbst ein Spitzenspiel steckt voller lehrreicher Fehler.

Wenn ein Fußballtrainer Mißerfolge nur auf der Basis verlorener Spiele untersucht, würde er seine Möglichkeiten, dazuzulernen, selbst einengen. Er könnte versucht sein, die Erfolge des Teams, das seine Mannschaft geschlagen hat, zu studieren und die Stärken des Gegners zu imitieren. Aber der Trainer, der versucht, die Siegerstrategie einer anderen Mannschaft zu kopieren, dürfte feststellen, daß diese Strategie für seine eigenen Spieler und deren Talente völlig ungeeignet ist. Ein Fußballspiel ist eine vielfältige Interaktion zweier Organisationen mit sehr unterschiedlichen Eigenschaften. Der spielentscheidende Steilpaß könnte der hervorragenden Tagesform des Mittelfeldspielers, der den Ball im richtigen Moment zentimetergenau nach vorne zirkelt, zugeschrieben werden, aber ebensogut der Unerfahrenheit des gegnerischen Verteidigers, der den Ball passieren läßt, der Konzentration und Spurtstärke des Stürmers, der ihn erreicht, der Unaufmerksamkeit des Torwarts, der sich zu weit vor seinem Gehäuse aufgestellt hatte, der Unangemessenheit des Raumdeckungssystems, das der Trainer des Verliererteams seinen Mannen verordnet hatte, oder all diesen Faktoren gemeinsam – oder aber einem anderen Faktor: dem Glück. In jedem Fall kann man aus dem Ergebnis eines einzigen Spiels keine Schlüsse über einen systematischen Mißerfolg ziehen.

Der einzige Weg zu Erkennen, warum ein Paß seinen Adressaten erreichte und die Verteidiger das nicht verhindern konnten, ist der, zu einem höheren Grad der Analyse überzugehen als der Analyse eines einzigen Spiels. Wenn er weiß, wie oft in einer Reihe von Spielen Verteidiger in ähnlicher Weise ausgetrickst wurden oder der Aufbau von Angriffen nicht klappte, vermag der Trainer zu erkennen, ob systemische Probleme vorliegen, die eine Änderung der Strategie erfordern. Der richtige Gegenstand einer Analyse ist ein Mißerfolg, dessen Häufigkeit und Schwere die Leistung des gesamten Systems einschränkt. Lösungen müssen dem System angemessen sein, das sie annimmt, und nicht einfach das Team nachahmen, das letzte Woche gewonnen hat.

Warren Buffett glaubt, daß die Tendenz zum Kopieren einer der am weitesten verbreiteten Fehler im Geschäftsleben ist. Deshalb konzentriert sich Berkshire Hathaway auf die detaillierte Analyse von Mißerfolgen, und deshalb registrieren erfolgreiche Fußballtrainer Mißerfolge durch Auszählung und Auswertung von Fehlern und verpaßten Chancen. Die meisten Unternehmen erkennen Fehler aber erst, wenn sie sich in enttäuschenden Gewinnen niedergeschlagen haben. Die laufenden Gewinne mögen zwar das Ergebnis vorangegangener Wertschöpfung für die Kunden sein – und deshalb das falsche Objekt für Verbesserungsbemühungen eines Unternehmens –, ihre Verschlechterung ist aber heute die einzige Art von Mißerfolg, die von den meisten geschäftlichen Kennziffern aufgezeichnet wird.

Um eine Mißerfolgsanalyse erfolgreich durchzuführen, müssen die Unternehmen die Infrastrukturen der Wertschöpfung und menschlichen Loyalität, die beiden organischen Bausteine von Unternehmensgewinnen, unter dem Vergrößerungsglas betrachten. Folgende Fragen muß jedes Unternehmen beantworten: Welche Fehlerarten müssen wir messen, und mit welchen Maßstäben? Wie rücken wir die fundamentalen Ursachen von Mißerfolgen in den Brennpunkt? Wie interpretieren wir das, was wir herausfinden? Und wer im Unternehmen muß aus dem lernen, was wir herausfinden?

Kundenabwanderungen

Zu den erhellendsten Mißerfolgen im Geschäftsleben zählt der Verlust von Kunden, denn er wirft Licht auf zwei entscheidende Wertströme. Erstens ist ein Kundenverlust das klarstmögliche Zeichen für einen sich verschlechternden Wertstrom vom Unternehmen zum Kunden. Zweitens vermindern zunehmende Kundenverluste den Cash-flow von den Kunden zum Unternehmen – selbst wenn neue Kunden die verlorenen ersetzen –, indem die durchschnittliche Kundenbindungsdauer verkürzt wird. Für lernbereite und lernfähige Unternehmen ist darüber hinaus die Abwanderung eines Kunden eine sehr gute Gelegenheit, nach den grundliegenderen Ursachen des Kundenverlustes zu suchen, Geschäftspraktiken aufzudecken, die geändert werden müssen, und manchmal auch Maßnahmen zu ergreifen, um den Kunden zurückzugewinnen und die Beziehungen zu ihm auf einer festeren Grundlage wiederherzustellen.

Sehen wir uns eine Reihe von Beispielen an.

MicroScan

MicroScan, früher eine Abteilung von Baxter Diagnostics, heute Teil von Dade International, nutze seine Kundenabwanderung als Chance. Als einer der Marktführer auf dem Gebiet der automatisierten Mikrobiologie, reduzierte MicroScan das Ausmaß seiner Fehler beträchtlich. Es spürte nahezu unsichtbare »Abwanderer« auf, benutzte sie zur Aufdeckung und Korrektur einer Reihe von Unzulänglichkeiten und steigerte damit seine Stärke und seine Gewinne.

Mitte 1990 lieferten sich MicroScan und Vitek Systems ein Kopf an Kopf Rennen um die Marktführerschaft. Beide Unternehmen stellten ausgeklügelte Instrumente her, die in medizinischen Labors dazu verwendet wurden, Mikroben in Patientenkulturen zu identifizieren und zu bestimmen, welche Antibiotika sie am sichersten abtöten würden. Beide Unternehmen wuchsen rapide, indem sie ihre Kunden von manuellen Tests abbrachten und einen Vorsprung vor anderen Herstellern automatisierter Laborausrüstungen behielten. MicroScan hatte hart an Qualitätsverbesserungen gearbeitet und bereitete sich auf die Bewerbung um den Baldrige-Preis vor.

Vielleicht weil Diagnostik ihr ureigenstes Geschäft war, vielleicht weil Konkurrenz ihr Qualitätsbewußtsein gestärkt hatte, beschloß MicroScan, alles in ihren Kräften Stehende zu tun, um die Mikroben in ihrem eigenen System zu finden und zu benennen. MicroScan bat ihr Verkaufspersonal,

Kunden zu identifizieren, die sich vom Unternehmen abgewandt hatten, um deren Gründe unter die Lupe zu nehmen. Die Verkäufer antworteten, daß es keine nennenswerten Kundenverluste gäbe. Einige Kunden hatten ihre Labors geschlossen, aber abgewanderte Kunden waren in der automatisierten Mikrobiologie selten. Tatsächlich sind Kundenverluste in vielen industriellen Branchen selten. Sobald Unternehmen Ausrüstungen gekauft haben, beziehen sie viele Jahre lang vom selben Lieferanten Ersatzteile, Material und Service.

MicroScan bekam aber keine 100 Prozent der Anschlußkäufe von allen Kunden. Daher beschloß das Management, auch »Verminderer« in seine Untersuchung einzubeziehen. Mit anderen Worten: Das Management erkannte, daß es eine Menge darüber lernen konnte, warum das Unternehmen Geschäftsanteile verlor, auch wenn es nur sehr wenig verlor. Deshalb begann das Unternehmen, seine Kundenbasis zu analysieren, indem es sowohl die Ex-Kunden befragte als auch die verbleibenden Kunden, die zwar »Anschlußgeschäfte« tätigten, die jedoch eine sinkende Tendenz aufwiesen. MicroScan interviewte sämtliche verlorenen Kunden und eine große Zahl der »Verminderer«, um die genauen Gründe für jede Entscheidung zum Wechsel herauszufinden, vor allem wenn Kunden zu anderen Testmethoden übergegangen waren.

Das Bild, das sich ergab, war klar, lehrreich und schmerzlich. Die Kunden hatten Zweifel an der Zuverlässigkeit der Instrumente von MicroScan. Sie beschwerten sich über bestimmte Merkmale der Ausrüstung und hatten das Gefühl, daß das Unternehmen unzureichend auf ihre Probleme einging.

Die Versuchung ist immer groß, diese Art von Beschwerden wegzudiskutieren: Das waren von Anfang an keine guten Kunden; es ist nicht unser Fehler, daß die Mitarbeiter des Kunden nicht so hohen Ansprüchen genügen wie unsere Instrumente; Kunden, die dauernd unsere Hotline anrufen, sind sowieso nicht profitabel. Solche »Beschwichtigungen« sind jedoch nichts anderes als ein Mißerfolg bei der Mißerfolgsanalyse, und MicroScans Manager überwanden ihre natürliche Neigung, Beschwerden wegzudiskutieren. Statt dessen hörten sie zu, lernten und ergriffen korrigierende Maßnahmen. Sie verlagerten die Priorität ihrer Forschungs- und Entwicklungsabteilung auf die Beseitigung der von den Kunden monierten Mängel, zum Beispiel Testgenauigkeit und Zeitspanne vom Test bis zum Ergebnis. Da sie gelernt hatten, daß ihre Instrumentenpalette für viele kleine Labors zu teuer war, beschleunigten sie die Entwicklung eines Niedrig-Preis-Modells und brachten es in Rekordzeit auf den Markt. (Systematische Analysen der Rechnungsunterlagen hatten ergeben, daß tatsächlich eine ganze Reihe kleiner Kunden verloren worden waren.) Sie gestalteten auch ihr Kundendienstprotokoll um, damit sichergestellt wurde, daß Ausrüstungsmängeln und Lieferproblemen unverzüglich Aufmerksamkeit zuteil würde.

MicroScans Fähigkeit, aus Fehlern zu lernen, zahlte sich aus. Zwei Jahre später ließ das Unternehmen Vitek hinter sich und gewann die klare Marktführerschaft. Jetzt genießt es die Vorteile unterm Strich der Gewinn-und-Verlust-Rechnung, die damit verbunden sind. Kundenverlusten nachzuspüren und auf sie zu reagieren ist heute weniger üblich als jemals zuvor, aber MicroScan hat dieses Verfahren mit großem Erfolg in das Zentrum seines Geschäftsgebahrens gerückt.

Von geringen zu umfangreichen Kundenabwanderungen

MicroScan hatte etliche tausend Kunden, und so konnte es sich das Unternehmen ohne weiteres leisten, einige hundert »Verminderer« und Überläufer zu interviewen. Eine große Bank, die wir Bank A nennen wollen, befand sich in einer ganz anderen Situation: Jedes Jahr kehrten mehr als 20 Prozent ihrer Kunden der Bank den Rücken oder verminderten ihre Bereitschaft, deren Leistungen in Anspruch zu nehmen. Da sie aber mehr als eine Million Kunden hatte, hätte sie etliche hunderttausend Leute interviewen müssen, was unmöglich erschien. Statt dessen führte die Bank eine Art Unzufriedenheitsanalyse bei Kunden durch, die ihre Konten bei der Bank auflösten. Leider waren die daraus erhaltenen Informationen zu oberflächlich, um von wirklichem Wert für das Auffinden der Mängel im Managementsystem zu sein. Zum Beispiel nannten mehr als 50 Prozent der Befragten Kosten oder Zinssätze als Grund für ihren Weggang. Als die Bank aber etliche »Zins-Abwanderer« anrief, hörte sie Geschichten wie die folgende:

> Frage: *Wie lange waren Sie Kunde bei Bank A?*
> Antwort: *Zwölf Jahre.*
> Frage: *Was veranlaßte Sie, Ihr Konto aufzulösen und auf eine andere Bank zu übertragen?*
> Antwort: *Die Bank X liegt gerade um die Ecke und zahlte einen höheren Zinssatz für meine Termineinlagen.*
> Frage: *Waren die Zinssätze von Bank X immer höher, oder stiegen sie erst kürzlich?*

Antwort: *Ich weiß es nicht, ich bemerkte es erst kürzlich.*
Frage: *Was führte dazu, daß Sie es bemerkten?*
Antwort: *Jetzt, wo ich darüber nachdenke: Ich war ein wenig verärgert über Bank A und sah dann eine Anzeige in der Donnerstagszeitung.*
Frage: *Warum waren Sie verärgert?*
Antwort: *Um ehrlich zu sein, es war, weil mein Kreditkartenantrag abgelehnt wurde.*
Frage: *Sind Anträge von Ihnen schon früher abgelehnt worden?*
Antwort: *Ja, mehrere Male, aber dieses Mal forderte mich die Bank zum Antrag auf, mit so einem Auf-die-Schulter-Klopfen, ich sei ein bevorzugter Kunde – und dann lehnte sie meinen Antrag mit einem unpersönlichen Standardbrief ab!*

Wie sich herausstellte, waren die Zinssätze bei Bank X mit denen der Bank A fast identisch, außer gelegentlich an Donnerstagen, weil X die Zinssätze am Donnerstag änderte und A am Freitag. Aber natürlich hatte der Zinssatz wenig mit diesem Kundenweggang zu tun. Die eigentliche Ursache war, daß die Kreditkartenabteilung ihre Marketingaktivitäten nicht mit ihren Kreditwürdigkeitsprüfungen koordinierte. Wenn die Interviewer die Befragungen weit genug trieben, stellte sich bei den *meisten* »Abwanderern«, welche die Zinssätze als Grund angaben, heraus, daß sie *keine* »Zinsdeserteure« waren.

Bis zu den Wurzeln eines Problems vorzustoßen erfordert viel Zeit, Mühe und Erfahrung. Im Produktionsbereich, in dem die Ursachenanalyse über Jahrzehnte hinweg perfektioniert worden ist, ist das Verfahren als »Die fünf Warums« bekannt, weil man gewöhnlich mindestens fünfmal fragen muß, warum etwas passiert ist, um zur Wurzel eines Mißerfolgs zu gelangen. Ein Beispiel:

Frage: *Warum wurde das Produkt als schadhaft zurückgegeben?*
Antwort: *Das Verbindungsstück hat sich gelöst.*
Frage: *Warum hat sich das Verbindungsstück gelöst?*
Antwort: *Der Stecker wich von den Toleranzen der Spezifikation ab.*
Frage: *Warum wurde der Stecker außerhalb der Toleranzen hergestellt?*
Antwort: *Die Zwischenpresse hat versagt.*
Frage: *Warum hat sie versagt?*
Antwort: *Die Routinewartung ist nicht planmäßig erfolgt.*
Frage: *Warum?*
Antwort: *Die Wartungsabteilung hat Schwierigkeiten mit der Einhaltung aller Wartungsintervalle.*

Nach fünf Warums fängt man an zu sehen, was geändert werden muß, und dann bedarf es meistens noch einiger weiterer Fragen, um die beste Lösung herauszufinden. Da eine solche rigorose Analyse jedes einzelnen Fehlers, der in einer Fabrik vorkommt, absurd teuer sein würde, führen kluge Unternehmen zuerst eine statistische Häufigkeitsanalyse durch, damit sie ihre Bemühungen auf die 20 Prozent der Fehlerkategorien konzentrieren können, auf die 80 Prozent der Fehler entfallen (Paretos 80-zu-20-Regel).

Das Dilemma der Bank war ähnlich gelagert. Da eine in die Tiefe gehende Ursachenanalyse aller 200 000 in einem Jahr verlorenen Kunden nicht praktikabel war, mußte Bank A eine Auswahl von ehemaligen Kunden interviewen, die groß genug war, um die 80-zu-20-Regel anzuwenden. Leider war eine solche Auswahl immer noch viel zu groß, um die Art von tiefgehenden Interviews durchzuführen, die MicroScan durchgeführt hatte. Doch die erschwinglichen Untersuchungen waren zu oberflächlich und hätten beinahe mit Sicherheit die Dienstleistungspreise als vermeintliche Hauptursache identifiziert.

An diesem Punkt vertieft sich das Dilemma. Tatsache ist: Jeder Kundenverlust ist das Resultat unzureichenden Wertes. Und da Wert das Verhältnis zwischen Qualität und Preis ist, ist der Preis bei einem Verlust immer eine wichtige Variable. Dasselbe gilt aber auch für die Qualität. Die Schwachpunkte im Wert für den Kunden zu verstehen ist eine viel schwerere Aufgabe, als zu verstehen, warum ein Teil in einer Fabrik nicht innerhalb der Toleranzen gepreßt worden ist. Auf die Schnelle durchgezogene Interviews verfehlen fast mit Sicherheit die entscheidenden Feinheiten.

Nun kann das Ausmaß von Wert, das von einem Kunden wahrgenommen wird, als die Summe aller zeitgewichteten Interaktionen mit dem Unternehmen definiert werden. (Je kürzer eine Erfahrung zurückliegt, desto größer das ihr zuzumessende Gewicht.) Gelegentlich ist ein einziges Ereignis für den Kunden so gravierend, daß es allein zum Kundenverlust führt, (»Der Kassierer hat mich angeflucht«), aber das ist die Ausnahme. In den meisten Fällen führt eine Reihe von Erfahrungen des Kunden langsam zu seiner Entscheidung, woanders besseren Wert zu suchen. Um die Ursache festzustellen, muß der Interviewer gewöhnlich drei oder vier Enttäuschungen erfassen und sie angemessen gewichten.

Die Bank löste ihr Problem mit einem computerunterstützten, von Experten ausgearbeiteten System zur Befragung von Kunden, die das Kreditinstitut gewechselt hatten. Der erste Schritt war, in etliche hundert tiefgehende Interviews zu investieren. Erfahrene Berater unterhielten sich mit Überwechslern und gingen die ganze Geschichte ihrer Interaktionen mit der Bank durch. Sie überprüften, ob Behauptungen den Tatsachen entsprachen, ob zum Beispiel Kunden, die das Zinsniveau einer anderen Bank als Grund für den Wechsel angaben, tatsächlich zu Banken gewechselt waren, die zur Zeit des Wechsels höhere Haben- oder niedrigere Sollzinsen berechneten. Die Berater erfaßten dann die Logik des Befragungsverfahrens in einem Entscheidungsbaum und übersetzten diesen Entscheidungsbaum in ein Computerprogramm, das konventionelle Telefoninterviewer zu einem Bruchteil der Kosten benutzen konnten. Das computergestützte Expertensystem versetzte die Interviewer in die Lage, in durchschnittlich 20 Minuten zu den Wurzeln für den Wechsel zu einer anderen Bank vorzustoßen, während die ursprünglichen Interviews der Berater ein bis zwei Stunden gedauert hatten.

Das neue Verfahren erlaubte der Bank, eine große Auswahl von Überwechslern zu befragen, sich auf die richtigen 20 Prozent zu konzentrieren und tief genug zu »graben«, um zu Lösungen zu gelangen, die in die Tat umgesetzt werden konnten. Die Spitzenmanager waren beeindruckt von der neuen Technologie, waren aber frustriert, als die Verlustrate nicht schnell oder weit genug herunterging. Das Problem lag aber nicht darin, daß sie das falsche Lernwerkzeug hatten, sondern daß in der Bank Verwirrung darüber herrschte, wer lernen mußte.

Wer muß lernen?

In der Vergangenheit war einer der größten Mängel der Marktforschung, daß die Leute, die am meisten über Kunden lernen, oft die Forscher selbst sind – in der Regel ausgebildete Außenseiter. Sie leiten dann ihre Berichte an die Spitzenmanager weiter, die vielleicht etwas lernen. Doch bis die Informationen bei den Managern und Mitarbeitern an der Kundenfront ankommen, sind sie nicht mehr spezifisch genug, um noch nützlich zu sein.

Wie wir gesehen haben, hatte Bank A neue Methoden zum Studium von Kundenverlusten benutzt, und die erhaltenen Informationen waren zuverlässig. Aber die Filialleiter hatten schon früher Kundenforschung erlebt, betrachteten sie mit Skepsis und zweifelten sehr daran, daß diese neuen Ursacheninterviews ihnen viel mitteilen konnten, was sie nicht schon über Kunden wußten, mit denen sie jahrelang zusammengearbeitet hatten. Sie glaubten zu wissen, wo die Probleme lagen, und sie waren überzeugt davon, daß sie die Hauptverwaltung nur nicht dazu überreden konnten, in die erforderlichen Lösungen zu investieren. Als die Bank jeden einzelnen Filialleiter bat, sich eine Liste von verlorenen Kunden seiner Zweigstelle anzusehen und Gründe für deren Wechsel zu anderen Banken anzugeben, behaupteten die Zweigstellenleiter zuversichtlich, daß die große Mehrheit gegangen war, um bessere Zinssätze oder bessere Produkte zu bekommen oder weil die zentrale Datenverarbeitung zu Irrtümern bei der Kontenabwicklung geführt hatte – alles Gründe, die angenehmerweise außerhalb der Kontrolle des Filialleiters lagen.

Die Interviewergebnisse und deren Analyse zeigten etwas ganz anderes. Während die Filialleiter fast alle Schuld solchen Faktoren zuschoben, die unter Kontrolle der Hauptverwaltung lagen, ging etwa die Hälfte der Kundenverluste auf Probleme in den Zweigstellen, wie mangelhafter Kundendienst und unzureichende Problemlösungen, zurück. Einige Filialleiter waren so ungläubig, daß sie darauf bestanden, die Tonbandaufzeichnungen der Interviews selbst abzuhören. Andere akzeptierten die von der Studie identifizierten Ursachen, weigerten sich aber zu glauben, daß die verlorenen Kunden wünschenswerte, profitable Kunden waren, bevor sie nicht die Unterlagen dieser Ex-Kunden überprüft hatten. Nach und nach lockerte die Fülle der Beweise die Verweigerungshaltung der Zweigstellenleiter auf und veranlaßte diese, ihre Augen und Ohren zu öffnen und zu beginnen, aus ihren Mißerfolgen zu lernen.

Doch dann tauchten andere Probleme auf. Viele notwendige Veränderungen betrafen mehrere Abteilungen der Bank, die aus den Abschlußinterviews lernen und dann zur Schaffung von Lösungen kooperieren mußten. Abteilungsübergreifende Kooperation gehörte aber nicht zu den Gewohnheiten des Unternehmens. Schlimmer noch: Das Team, das die Mißerfolge analysieren sollte, stellte selbst ein gewisses Problem dar. Der Vorstand hatte es in der Marktforschungsabteilung angesiedelt mit der Begründung, daß die Erfahrungen dieser Abteilung mit Untersuchungen zur Kundenzufriedenheit sie zur logischen Heimat des Teams mache. Doch der Spezialist für Marktforschung vermochte es nicht die Aufmerksamkeit der anderen Abteilungsleiter zu gewinnen. Die Bank stellte fest, daß die Mißerfolgsanalyse der Führung durch einen Manager bedarf, der die Macht besaß, abteilungsübergreifende Arbeitsstäbe zu bilden.

Als die Bank zum Beispiel die Verluste aus den Reihen ihrer profitabelsten Kunden genauer untersuchte, stellte sie fest, daß aus besonderen Anlässen erhobene Gebühren einer der wichtigen Gründe waren. Die Kunden am oberen Ende waren der Meinung, daß ihre hohen Salden auf mehreren Konten der Bank so viel Wert lieferten, daß eine Gebühr von 35 Dollar für einen geplatzten Scheck einem Betrugsversuch nahekam. Die

Geschäftsführung rechnete aus, daß 0,2 Prozent weniger Verluste von solchen Kunden niedrigere Gebühren mehr als ausgleichen würden – und senkte prompt die Gebühren. Doch das wirkliche Problem saß tiefer und betraf etliche Abteilungen. Ein neues Mißerfolgsanalyseteam unter der Leitung eines Spitzenmanagers entdeckte, daß einige der beanstandeten Gebühren angefallen waren, weil Vertriebsmitarbeiter von Filialen die Kunden zu Produkten verleitet hatten, die für Kunden mit hohen Salden ungeeignet waren. Für die richtigen Produkte, zum Beispiel ein zusammengefaßtes Kontokorrent-, Geldmarkt- und Sparkonto, wurden keine Gebühren erhoben. Die Lösung war eine Verbesserung der Vertriebsausbildung in den Filialen.

Das Team entdeckte auch, daß manche Gebühren angefallen waren, weil die Marketingabteilung Salden bestimmter Produkte wie Hypotheken und Kreditkarten nicht in die Paketpreisformel einbezogen hatte. Und schließlich hatte die Datenverarbeitungsabteilung wegen Budgetbeschränkungen die Zusammenführung aller Konten eines Kunden auf die lange Bank geschoben. Die endgültige Lösung des Gebührenproblems schloß Ausbildung, Datenverarbeitung, das gesamte Filialvertriebspersonal – und vor allem natürlich ein Fehleranalyseteam ein, das die organisatorische Schlagkraft besaß, effektive Detektivarbeit zur Feststellung von Ursachen durchzuführen – und Lösungen umzusetzen.

Wer will lernen?

Selbst wenn die Ursachenanalyse die Manager *befähigt zu lernen*, können sie doch die Lektionen ignorieren oder sich niemals der Mühe unterziehen, diese zu verstehen. Die erste pädagogische Regel lautet, daß der Schüler lernen *wollen* muß. In vielen Unternehmen sorgen die gegenwärtigen Anreize kaum oder gar nicht dafür, daß sich überhaupt jemand für die Korrektur der Ursachen für Kundenverluste interessiert. Filialleiter in einer typischen amerikanischen Bank erhalten Bonuszahlungen für verschiedenste Maßnahmen; von Budgets bis zu Untersuchungen über Kundenzufriedenheit. Zu lernen, warum Kunden zur Konkurrenz gehen, erfordert Zeit und Energie. Solange also die jährlichen Bonuszahlungen der Filialleiter nicht an die Verringerung der Kundenverluste gekoppelt sind, werden ihre Entscheidungen auch von einem erstklassigen Mißerfolgsanalysesystem nicht verbessert.

Ebenso kümmert es den Marketingmanager, dessen Bonus vom Volumen »neuer Einlagendollars« abhängt, wenig, ob diese Einlagen im nächsten Jahr an eine andere Bank übertragen werden. Und der Kreditinkassomanager, dessen Bonus auf den eingetriebenen überfälligen Salden säumiger Kreditkartenkunden beruht, hat keinerlei Sehnsucht danach, etwas über Kundenverluste von anderen Bankprodukten wie Spar- und Kontokorrentkonten zu lernen. Oft ist das wichtigste Hindernis, aus Kundenverlusten zu lernen, ein relativ einfaches: Die Mitarbeiter können nicht einsehen, was das mit ihrem eigenen Erfolg zu tun haben soll.

Der erste Schritt zur Durchsetzung der Konsequenzen der Mißerfolgsanalyse ist also, geeignete Änderungen von Kennzahlen, Incentives und Karrierewegen vorzunehmen. Nur Spitzenmanager können das tun – sie können das Verfahren nicht an eine niedrigere Unternehmensebene delegieren. Bank A stellte fest, daß sie funktionsübergreifende Teams zur »Verlustkorrektur« bewerten konnte, indem sie die verbleibende Häufigkeit maß, mit der die Ursachen noch weiterhin vorkamen. Es überrascht nicht, daß Wandel ziemlich rasch vor sich geht, sobald die Erfolge von einzelnen oder Teams gemessen werden und ihnen ein Anreiz zum Lernen geboten wird – selbst wenn die zu lernenden Lektionen schwer sind. Um die notwendigen Ressourcen zur Lösung der Probleme zu finden, mußten die Teammitglieder bei Bank A genug über die wirtschaftlichen Vorteile der Kundenbindung lernen, um das richtige Kosten-Nutzen-Verhältnis zu erzielen. Genau das taten sie.

Selbst in Unternehmen, denen genug an Kundenbindung liegt, ist es um effektive Anreize auszuarbeiten, manchmal notwendig, die Mitarbeiter daran zu erinnern, wie wichtig die kontinuierliche *Verbesserung* der Kundenbindungsraten ist. Obwohl State Farms Vertreterentgelte stärker an der Kundenbindung orientiert waren als die der meisten Konkurrenten, entdeckte die Hauptverwaltung, daß einige ihrer Vertreter selbstgefällig geworden waren. Um sie ein wenig aufzurütteln, rechnete das Unternehmen vor, was Jahr für Jahr mit dem Einkommen eines Vertreters 20 Jahre lang geschehen würde, wenn er eine Verbesserung seiner Kundenbindung um einen Prozentpunkt erreichen würde. Die Antwort war genau die süße Verlockung, auf die die Hauptverwaltung gehofft hatte: Es stellte sich heraus, daß die Vertreter damit ihre durchschnittlichen Jahreseinkommen um 20 Prozent steigern konnten!

Lexus ist ein weiteres Unternehmen, das sich von Anfang an leidenschaftlich um Kundenloyalität bemühte. Der neue Autohersteller wählte Händler aus, die unter Beweis gestellt hatten, daß sie auf Kundendienst und Kundenzufriedenheit eingeschworen waren. Und wie State Farm hielt Lexus es für äußerst wichtig, den Händlern mitzuteilen, wieviel Extra-Dollars ihnen verbesserte Kundenbindung einbringt. Das Unternehmen hat ein Modell konstruiert, mit dem berechnet werden kann, wieviel mehr jeder Händler zu verdienen vermag, wenn er Wiederkauf- und Serviceloyalität der Kunden steigert. Diese Cash-flow-Berechnungen sind wichtige Gedächtnisstützen – selbst für jene, die bereits an die Wichtigkeit der Kundenbindung glauben.

Der Grad der Präzision

Wenn Manager erkennen, daß sich ihre Chefs wirklich Sorgen um Kundenverluste machen (und diese tatsächlich messen), stellen sie oft fest, daß ihre Ursachenanalysen präziser werden müssen. Bei der computerunterstützten Untersuchung von Bank A zum Beispiel war die Krediteintreibung einer der Punkte, der häufig genug vorkam, um einen der oberen Plätze auf der Liste der Ursachen zu erreichen. Aber das sagte noch nichts darüber aus, was beim Inkasso nicht in Ordnung war oder wie das Problem zu lösen sei. Wurden Kunden ärgerlich, wenn sie von der Inkassoabteilung angerufen wurden statt vom Filialleiter, den sie privat kannten? Waren die Inkassomitarbeiter zu forsch? Stimmten die Informationen der Bank? Wenn ein Kunde zwar mit seiner Kreditrückzahlung im Rückstand war, aber daneben ein Festgeldguthaben von, sagen wir, 200 000 Dollar hatte – war das dem Inkassomitarbeiter immer bekannt? Oder lag das Problem darin, daß die Kunden nie zweimal mit demselben Bankangestellten sprachen, so daß sie die ganze Geschichte ihres Kontos wieder und wieder abspulen mußten? Jede dieser Erklärungen würde eine andere Lösung erfordern. Das Verfahren zur Untersuchung der Ursachen mußte präzise genug sein, um die Manager verstehen zu lassen, welche Maßnahmen erforderlich waren. Bei einer Bank könnte dies über 350 Punkte erfordern statt der üblichen 25 bis 35 in einer typischen telefonischen Untersuchung. Es ist klar, daß dies ohne Computerunterstützung nicht geht, besonders wenn man es mit sehr vielen »Abwanderern« zu tun hat.

Die Bankmanager lernten auch, daß sie sich nicht nur auf Interviews verlassen konnten. Selbst das ausgeklügeltste und präziseste Untersuchungsverfahren wird nicht jede Ursache aufdecken, weil manche Kunden einfach nicht wissen, warum sie die Bank wechselten. Zum Beispiel wußten die Filialleiter von Bank A, daß die Mitarbeiterfluktuation eine Wirkung auf die Kundenfluktuation ausübte, aber nur wenige »Abwanderer« erwähnten in den Interviews die Mitarbeiterfluktuation. Eine statistische Analyse der Beziehung zwischen diesen beiden Faktoren zeigte, daß die Mitarbeiterfluktuation fast die Hälfte der Unterschiede der Kundenverlustraten zwischen den einzelnen Filialen erklären konnte. Den Kunden fiel es schwer, diesen Faktor zu identifizieren, doch sie nahmen deutlich wahr, daß Mitarbeiter, die mit ihren Aufgaben und ihren Kunden weniger vertraut waren, auch geringeren Wert lieferten. (Um andere Verbesserungsziele herauszukristallisieren, führte die Bank später Interviewstudien bei Filialen mit ähnlicher Personalfluktuation durch.)

Mißerfolgsanalytiker müssen auch auf Kundenkategorien mit charakteristischem Loyalitäts- oder Illoyalitätsniveau achten. Bei Bank A führte diese Suchmethode zu etlichen wichtigen Entdeckungen. Die erste war, daß Kunden, die als erstes ein bestimmtes Sparkonto anlegten, weit überdurchschnittliche Loyalität bewiesen. Die Bank änderte ihre Werbung für neue Konten, um dieses Produkt stärker herauszustellen. Eine weitere Entdeckung war, daß neue Kunden, die drei oder mehr Kontenarten gleichzeitig anlegten, die höchste Bindungsrate unter allen Kundenkategorien aufwiesen. Daher schuf die Marketingabteilung ein neues Produkt, das ein Sparkonto, eine Kreditkarte und ein Girokonto mit Überziehungskredit unter einer Kontonummer kombinierte.

Umgekehrt fand die Bank heraus, daß bestimmte Werbeaktionen – für Festgelder mit Sonderkonditionen zum Beispiel – Kunden mit unterdurchschnittlichen Loyalitätskoeffizienten anlockten, so daß diese Werbekampagnen reduziert wurden. Die Bank stellte auch fest, daß Wohngebiete mit einer hohen Fluktuation der Einwohner durchgehend niedrigere Bindungsraten aufwiesen; also eröffnete die Bank keine neuen Filialen in solchen Gebieten. Eine weitere Entdeckung war, daß gewisse Fusionen und Übernahmen Kunden mit besonders hohen Verlustraten hereinbrachten. Also änderte das Spitzenmanagement seine Übernahmepolitik entsprechend.

Dies könnte man als das Warren-Buffett-Rezept in Aktion bezeichnen: Mißerfolge identifizieren – in diesem Fall Verluste von wertvollen Kunden und Beibehaltung von unprofitablen Kunden – und die Ursachen beseitigen. Die Kombination von Ursachenanalyse und systematischer statistischer Analyse von Kundensegmenten mit hohen und niedrigen Verlustraten kann Systemfehler aufzeigen, die dann beseitigt werden können.

Der Kundenkorridor

Die meisten Unternehmen haben keine Erfahrung mit der Messung des Werts, den sie ihren Kunden liefern, so daß es ihnen schwerfällt zu wissen, wo sie anfangen sollten. Einige Unternehmen, mit denen wir gearbeitet haben, fanden es hilfreich, den ganzen Lebenszyklus der Interaktionen eines Kunden mit dem Unternehmen und dessen Produkten aufzuzeichnen. Sie können sich diesen Lebenszyklus als einen Korridor wie in Abb. 7.1 vorstellen, die den Kundenkorridor für eine Geschäftsbank zeigt. Die Kunden treten am einen Ende ein, und jeder Pfeil oberhalb des Kanals steht für einen Besuch bei der Bank oder eine Interaktion mit ihr, angefangen mit dem Kontoeröffnungsantrag.

Ein solcher Kundenkanal ist ein gutes Modell für eine Untersuchung des Kundenverhaltens, denn was den Wert bestimmt, ist die Summe von relativen Nutzengewinnen und Beeinträchtigungen, Vor- und Nachteilen, die Kunden bei jedem Zugang entlang des Korridors erfahren. Das Modell kann auch die Häufigkeit dieser Interaktionen aufzeigen. Der Häufigkeitsindex kombiniert mit Interviewmaterial kann einem Unternehmen verraten, welche 20 Prozent der Interaktionen, die 80 Prozent der Unterschiede bei Loyalität und Wert ergeben.

In vielen Branchen, darunter Bank- und Versicherungswesen und andere Dienstleistungen, hat der Kundenkorridor eine zweite Reihe von Zugängen, die aus den Hauptveränderungen im Leben eines Kunden bestehen. Sie sind in Abb. 7.1 zusammen mit den Bemühungen von Konkurrenten, den Kunden abzuwerben, durch Pfeile unterhalb des Korridors dargestellt. Karrierestufen, Umzüge, Veränderungen des Lebensstils und fast jedes einschneidende familiäre Ereignis – Hochzeit, Geburt, Scheidung, Todesfall – können Gelegenheiten sein, zusätzlichen Wert an

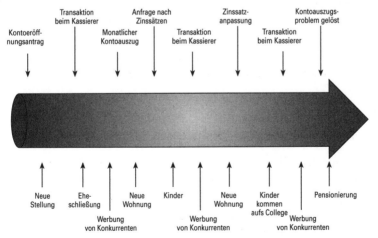

Abbildung 7.1: Der Kundenkorridor am Beispiel einer Geschäftsbank

den Kunden zu liefern. Tatsächlich werden familiäre Ereignisse fast mit Sicherheit zu Kundenverlusten führen, wenn eine Bank ihre Produkte und Dienstleistungen *nicht* auf solche Ereignisse abstellt. Banken, welche die Verlustfrequenz analysiert haben, stellen fest, daß Veränderungen dieser Art die Verlustwahrscheinlichkeit um 100 bis 300 Prozent erhöhen. Aus offensichtlichen Gründen gehören Umzüge zu den Hauptursachen, doch Interviewern, die nur auf die oberen Pfeile schauen, würde diese Ursache entgehen. Sie können keinen Kunden behalten, der nach Australien auswandert. Aber eine Bank kann leicht ein Programm ausarbeiten, das Kunden, die innerhalb des Einzugsbereichs der Bank umziehen, den Wechsel zu einer anderen Filiale erleichtert. In den USA gibt es schon Dienstleister, die Listen von Haushalten anbieten, die in den nächsten 30 bis 60 Tagen umziehen. Kluge Banken kaufen diese Listen und nehmen Kontakt zu den Kunden auf, bevor diese auch nur an einen Wechsel der Bank denken können.

USAA verwendet diese Art von Korridoranalyse zur Ausarbeitung des Produkt- und Serviceangebots des Unternehmens. Da es die Kontostände der Kunden und die Bindungsraten getrennt nach Lebenszyklussegmenten untersucht, kann es Probleme und Chancen früh entdecken und Lösungen entwickeln. USAA erkennt an, daß jedes Ereignis im Kundenkorridor, das eine Erhöhung der Verlustfrequenz mit sich bringt, ein Schlaglicht auf eine Dimension der Wertschöpfung für den Kunden wirft, die verbessert werden muß.

Als Ergänzung zu den regelmäßigen Untersuchungen über Kundenverluste hat das Unternehmen ein Online-System namens Echo aufgebaut, das den Telefonverkäufern und Servicerepräsentanten erlaubt, Kundenanregungen und -beschwerden sofort einzugeben. Die Manager analysieren die Daten regelmäßig, um mögliche Muster zu erkennen, und besprechen die Probleme und möglichen Lösungen monatlich mit dem Vorstand.

Die Qualität von Gewinn und Verlust

Verluste sind nicht die einzige Kennziffer, die zur Fehleraufdeckung und -analyse systematisch verfolgt werden sollte. Es ist auch wichtig zu messen, in welchem Umfang ein Unternehmen gute neue Kunden gewinnt, um ein gesundes Maß an Wachstum aufrechtzuerhalten. Ein wertvolles statistisches Maß dafür ist die Zugewinnrate, die Anzahl der neuen Kunden, die im Verlauf eines Jahres hinzukommen, als Prozentsatz der Kunden am Jahresanfang. Wegen der Vorabkosten für die Kundengewinnung und Anfangskosten belasten hohe Zugewinnraten gewöhnlich die Gewinne des laufenden Jahres. Wenn aber die Qualität der neuen Kunden hoch ist und die Bindung langjähriger Kunden hoch bleibt, steht die Zukunft des Unternehmens auf festem Boden. Wie es im Jahresbericht von MBNA heißt: »Erfolg ist, die richtigen Kunden zu bekommen und zu behalten.«

Umgekehrt sind niedrigere Zugewinnraten ein Frühwarnzeichen für sich anbahnende Schwierigkeiten eines Unternehmens und müssen so intensiv beobachtet werden, wie jede andere Fehlermeldung. Natürlich ist es unvermeidlich, daß die Zugewinnraten zurückgehen, wenn das Unternehmen mehr und mehr von den Kundensegmenten gewinnt, denen es hervorragenden Wert liefern kann. USAA zum Beispiel hat sein Kundenwachstumspotential bei aktiven und pensionierten Offizieren der Streitkräfte längst ausgeschöpft und rekrutiert jetzt vorwiegend deren Söhne und Töchter als assoziierte (nicht stimmberechtigte) Mitglieder. Daneben hat USAA seine Produktpalette ausgeweitet, um seine gegenwärtige Kundenbasis besser auszuschöpfen.

State Farm steht vor einer ähnlichen Herausforderung. Da das Unternehmen jetzt 20 bis 25 Prozent aller US-Haushalte bedient, wird Wachstum hauptsächlich aus dem Verkauf zusätzlicher Produkte an die bereits bestehenden Kunden resultieren. Doch sogar ein Unternehmen wie State Farm braucht etwas realen Zugewinn, um einen Ausgleich für Todesfälle und sonstige Kundenverluste zu schaffen und das Unternehmen lebensfähig zu halten.

Natürlich ist Zugewinn für sich allein genommen nicht genug – es muß sich um die richtige Art von Zugewinn handeln. Unternehmen, die ihre Ansprüche an Neukunden herabsetzen, um eine sinkende Zugewinnrate wieder zu erhöhen, machen einen schweren Fehler. Als zum Beispiel der Kreditkartenmarkt reifte, sahen sich die Kartenanbieter, die weitere Haushalte als Kunden gewinnen mußten, zur Senkung der Loyalitätswie auch der Kreditwürdigkeitsanforderungen gezwungen, und das trieb sie in eine Abwärtsspirale bei den Gewinnen. Jedes Unternehmen möchte mehr Kunden, und wenn das Vertriebspersonal für die Gewinnung von Neukunden bezahlt wird, werden diese Kunden gewöhnlich auch auftauchen. Wenn aber die Qualitätsansprüche sinken, dann entsteht eine Negativspirale: Schlechtere Kunden kosten mehr und bringen weniger ein; daher muß das Unternehmen die Preise erhöhen und zur Kostenersparnis den Service vermindern – der Wert, der den guten Kunden geliefert wird, fängt an zu schrumpfen, die Kundenverluste nehmen zu, und die Gewinne sinken in den Keller.

Die Kennzahlen, die man im Auge behalten muß, sind erstens die frühen Verlustraten eines neuen Kundenjahrgangs und zweitens die Einnahme- und Gewinnkurven für jeden neuen Jahrgang im Vergleich zu den entsprechenden Kurven für ältere Kundengruppen. Wenn diese Messungen Verschlechterungen anzeigen, ist es an der Zeit, sie ins Zentrum der Fehleranalyse zu rücken. So wesentlich aber auch die Beobachtung der Qualität von Neuankömmlingen ist, so ist es doch ebenso wesentlich, die Qualität der verlorenen Kunden im Auge zu behalten, denn wenn deren Qualität steigt, werden die Gewinne zwangsläufig sinken. Die besten Unternehmen vergleichen die Qualität der verlorenen mit der Qualität der verbleibenden Kunden, und Verluste von erstklassigen Kunden lösen Alarm aus. Wenn sich am anderen Ende der Skala zeigt, daß die verlorenen Kunden es nicht wirklich wert sind, gehalten zu werden, ist nicht die Investition guten Geldes in die Untersuchung und Beseitigung der Gründe für ihren Weggang angezeigt, sondern vielmehr die Korrektur des Verfahrens zur Kundengewinnung, das sie überhaupt erst zum Unternehmen gebracht hat. Jedes Unternehmen hat einige Kunden, ohne die es in einer besseren Lage wäre. Sie sind unprofitabel, sie passen nicht mehr zum Angebot des Unternehmens (oder haben nie dazu gepaßt), und ihren Abschied zu managen – vor allem, wenn sie gehen wollen – ist für niemanden ein Verlust. Eine Gefahr liegt natürlich darin, daß das Unternehmen potentiell wertvolle Kunden auf der Grundlage falscher Informationen irrtümlich als marginal oder verzichtbar einstuft. Leider können solche Fehler leicht unterlaufen, weil manche erstklassigen Ex-Kunden eine Art Verkleidung der Drittklassigkeit tragen. Sie waren einmal hervorragende Kunden und könnten es wieder sein, hatten aber bis zu dem Zeitpunkt, zu dem sie bereit sind, dem Unternehmen den Rücken zu kehren, bereits einen beträchtlichen Teil ihres Geschäfts auf einen Konkurrenten verlagert. Deshalb sehen sie wie die Art unprofitabler, unwillkommener Kunden aus, die man gern loswerden möchte. Sich von der Verkleidung täuschen zu lassen, führt nicht nur zu inakzeptablen Kundenverlusten, sondern kann das Unternehmen auch dazu verleiten, zu wenig in Kundenbindung zu investieren.

Diese Situationen erfordern so etwas wie eine Verlustarchäologie – die Ausgrabung und Analyse verschiedener Schichten von Daten auch aus lange zurückliegenden Zeiten und aus der Gegenwart. Ein führendes Kreditkartenunternehmen hat ein System aufgebaut, mit dem seine Telefonverkäufer die Qualität eines Kunden, der anruft, um sein Konto zu kündigen, sofort bewerten können. Da die Technologie auf dem gesamten Kontobestand des Kunden aufgebaut ist, statt nur auf dem gegenwärtigen Saldo, kann eine Verlagerung der Ausgaben des Kunden auf einen Konkurrenten das System nicht täuschen. Der Telefonverkäufer kann den besten Kunden geeignete Anreize anbieten, und das Unternehmen kann verfolgen, ob die Angebote den Kunden genug Wert bieten, um sie bei der Stange zu halten. Wegen der unvermeidlichen Tendenz, alle »Abwanderer« als unerwünscht zu betrachten, erweist es sich als entscheidend für die Aktivierung von Systemen zur Aufspürung von Ursachen, die wahre, manchmal verborgene Qualität eines Ex-Kunden zu kennen.

State Farm lehrte sich diese Lektion selbst. Das Unternehmen hatte durch konsequente Betonung von Kundendienst und -wert eine Verlustrate von weniger als 5 Prozent erreicht. Doch die Geschäftsführung war zu der Auffassung gekommen, daß es nicht möglich war, eine noch niedrigere Verlustrate zu erreichen, ohne auch Kunden zu behalten, die dem Unternehmen eher schadeten. State Farm war überzeugt, daß die Kunden, die dem Unternehmen den Rücken kehrten, viel minderwertiger waren als solche, die loyal blieben. Doch dann beschloß die Geschäftsführung, diese Auffassung auf die Probe zu stellen, indem Unfallhäufigkeit und Profitabilität der verlorenen mit denen der verbliebenen Kunden verglichen wurden. Das Management war von dem Ergebnis überrascht: Die »Abwanderer« entpuppten sich als sehr attraktive Kunden. Auch State Farms Glaube, illoyale Kunden seien einfach eingefleischte Niedrigprämienjäger, hielt den Tatsachen nicht stand, waren doch mehr als die Hälfte der verlorenen Kunden über fünf Jahre bei State Farm versichert gewesen.

Selbst ein großartiges Unternehmen wie State Farm kann noch neue Tricks lernen. Das Unternehmen hat ein machtvolles Werkzeug entwickelt, das »A look at your book« genannt wird und Vertreter in die Lage versetzt, die Mißerfolgsanalyse auf ihre eigenen Kundenbestände anzuwenden. »Ein Blick in Ihr Buch« überprüft nicht nur Kundenverluste, sowie deren Ursachen und Auswirkungen auf die Einkünfte des Vertreters, sondern identifiziert auch gegenwärtige Kunden, die verlustverdächtig sind. Durch Investitionen in Lernwerkzeuge wie dieses erhält State Farm seine Leistung als Branchenführer aufrecht und verbessert sie noch.

Ein letzter Grund für die sorgfältige Beobachtung der Qualität verbleibender gegenüber verlorener Kunden ist der, sicherzustellen, daß übereifrige Abteilungen oder Teams zur Kundenrückgewinnung kein Geld dafür ausgeben, Kunden zu retten, die unprofitabel sind oder das Unternehmen sogar Geld kosten. Eine Reihe von Unternehmen hat wahllos Programme zur Verlustreduzierung gestartet, die »Negativkunden« nicht nur Rabatte bieten (was die Verluste noch erhöht), sondern die den erstklassigen und den drittklassigen Kunden auch das gleiche Gewicht bei der Zuteilung von Mitteln zur Bekämpfung von Verlusten geben.

Mitarbeiterabwanderungen

Kundenverluste sind eine praktische Fehlerart, weil sie Mängel im Wertstrom zu den Kunden offenbaren und auf notwendige Korrekturen hinweisen können. Mitarbeiterverluste sind aus sehr ähnlichen Gründen eine nützliche Fehlerart. Wenn ein wertvoller Mitarbeiter das Unternehmen verläßt, ist das ein Anzeichen dafür, daß etwas im System änderungsbedürftig sein könnte. Natürlich bringt nicht jeder Mitarbeiterverlust etwas an den Tag, das geändert werden muß – manche sind statistische Außenseiter –, doch es ist stets nützlich, ausscheidende Mitarbeiter zu befragen, um einen Eindruck von ihrem Denken zu gewinnen, zumal der bevorstehende Abschied ihre Zunge lösen könnte, so daß sie Dinge sagen, die sie vorher nicht gesagt hätten.

Weil aber die Entscheidung, die Firma zu wechseln, so persönlich und komplex ist, ergibt sich aus Interviews und Analysen oft eine verwirrende Vielfalt von scheinbar unzusammenhängenden Ursachen. Deshalb erweist sich die Ursachenanalyse oft als ein weniger brauchbares Instrument als die statistische Analyse, um nützliche, das heißt korrigierbare Gründe für Mitarbeiterverluste festzustellen. Wie ein Fußballtrainer oder ein japanischer Fabrikarbeiter müssen Manager statistische Häufigkeiten im Auge behalten und sich auf schwere und wiederkehrende Mängel konzentrieren.

Zu hohe Personalfluktuation

Betrachten wir den Fall einer großen Brokerfirma, in welcher die Maklerfluktuation so hoch war, daß sie eine enorme Belastung für die Gewinne darstellte. Die Firma hatte mehrere Jahre lang Abschlußinterviews mit ausscheidenden Maklern geführt, doch nur wenige Fälle schienen irgendetwas miteinander gemeinsam zu haben. Einige der Makler, die das Unternehmen verließen, wurden mittels gewaltiger Vorabbonuszahlungen von Konkurrenten angelockt, einige wenige waren unglücklich über das Abschneiden der Investmentfonds der Firma. Etliche beschwerten sich über Management und Führungsfähigkeiten verschiedener Filialleiter. Ein oder zwei Makler erwähnten die höheren Auszahlungsraten bei anderen Firmen, während andere auf die breitere Produktpalette eines der Konkurrenten hinwiesen.

Der Leiter der Maklerfirma war überzeugt, daß Abschlußinterviews Zeitverschwendung seien. Er glaubte, daß die Maklerfluktuation in Filialen mit einem schwachen Leiter hoch sei, und daß die Lösung darin bestünde, die Filialleiter höher zu qualifizieren, damit sie Untergebene besser führen würden. Doch einer der Mitarbeiter des Leiters hatte im Verlauf der Jahre mit etlichen konkurrierenden Firmen gearbeitet und wies darauf hin, daß selbst Maklerfirmen mit viel niedrigeren Fluktuationsraten eine ähnliche Spannweite zwischen starken und schwachen Filialleitern aufwiesen. Andere Faktoren mußten dahinterstecken.

Schließlich beschloß die Geschäftsführung, ein neues Verfahren auszuprobieren. Unter anderem untersuchte sie die Verlustraten von Maklern getrennt nach dem Anlaß, aus dem sie eingestellt worden waren. Es stellte sich heraus, daß die Quoten je nach Zugangsart enorm voneinander abwichen, wie in Abb. 7.2 gezeigt. Wenn das Unternehmen Makler von Konkurrenten übernommen hatte, schien der entscheidende Punkt zu sein, wie lange die Makler in ihren früheren Stellungen geblieben waren. Wer weniger als vier Jahre geblieben war, gehörte zur Gruppe mit den höchsten Verlustraten im ersten Jahr. Wer dagegen länger als vier Jahre in der früheren Stellung gewesen war, blieb gewöhnlich auch länger beim neuen Arbeitgeber. Der Blick auf die Makler mit anderen Zugangsarten zeigt, daß die Makler, die sich auf Zeitungsanzeigen hin beworben hatten, mit großer Wahrscheinlichkeit nicht lange genug blieben, um die Kosten ihrer Einstellung und Ausbildung zu amortisieren. Kandidaten, die frisch vom College gekommen waren, bewiesen höhere Loyalität. Am loyalsten aber waren Makler, die von gegenwärtigen oder früheren Mitarbeitern empfohlen worden waren.

Zu lange Arbeitstage

Ursachenanalyse lohnt sich trotz der damit verbundenen Schwierigkeiten. Zum Beispiel half sie, ein hartnäckiges Problem bei einer Handelsgesellschaft zu entwirren. Die Fluktuation des Verkaufspersonals war extrem hoch – über 40 Prozent jährlich –, und keines der Verbesserungsprogramme des Unternehmens hatte geholfen. Dann begann man, ausschei-

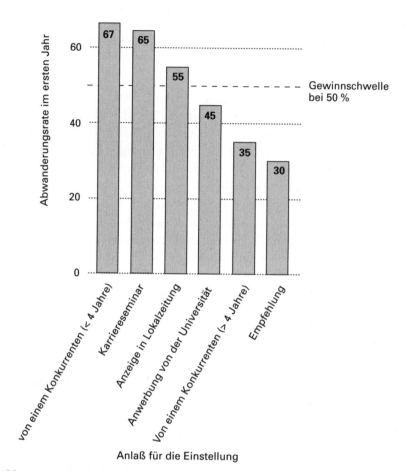

Abbildung 7.2: Mitarbeiterabwanderungen im ersten Jahr in der Effektenmaklerbranche nach dem Anlaß der Einstellung

dende Mitarbeiter gründlich zu befragen, um die Ursachen ihres Weggangs herauszufinden. Die meisten »Abwanderer« beschwerten sich, daß die Arbeitszeit zu lang war, so daß sie ihre Familien kaum zu sehen bekamen. Anfänglich maßen die Manager dem kein Gewicht zu, weil sie sich nicht vorstellen konnten, daß talentierte und ehrgeizige Verkäufer – von der Art, wie sie sie zu behalten wünschten – weggingen, weil ihnen die Arbeitszeit zu lang war.

Zu einer rigorosen Mißerfolgsanalyse gehört es aber, daß die Ergebnisse die Überprüfung einer Hypothese erlauben. In diesem Fall half ein Unternehmensberaterteam der Firma, die befragten verlorenen Mitarbeiter in zwei Gruppen einzuteilen: die mit überdurchschnittlicher Produktivität und die mit durchschnittlicher und unterdurchschnittlicher Produktivität. Analytiker sahen sich dann die Häufigkeitsverteilung der Ursachen in den beiden Gruppen an. Es stellte sich heraus, daß die Hypothese des Managements völlig falsch war: Gerade die besten Verkäufer verließen das Unternehmen wegen der langen Arbeitszeit. Zudem zeigten die Interviews, daß die Ex-Mitarbeiter Stellungen angenommen hatten, in denen 20 Prozent weniger Arbeitszeit verlangt wurde. Also hatten sie in ihren Interviews die Wahrheit gesagt.

Diese Entdeckung versetzte das Unternehmen in eine Art Zwangslage. Die Wirtschaftlichkeit des Unternehmens hing davon ab, daß die Einrichtungen voll ausgenutzt blieben, was lange Arbeitszeiten unvermeidlich machte. Ein paar Einzelgänger unter den Managern hatten versucht, den Mitarbeitern entgegenzukommen, indem sie einigen von ihnen erlaubten, ihre Wochenstunden an vier statt an fünf Tagen abzuarbeiten. Das Management der reduzierten Arbeitszeiten bereitete Kopfzerbrechen, doch eine Menge Verkäufer zogen die Viertagewoche bei weitem vor. Da das Unternehmen eine Datenbasis für Fehleranalysen aufgebaut hatte, konnten die Manager die Verlustraten der Mitarbeiter in den Sonderstellungen mit denen der nach dem alten Zeitplan arbeitenden Kollegen vergleichen. Sie stellten fest, daß das neue Arrangement die Verlustraten um 15 Prozentpunkte verringerte. Da ein unternehmensweiter Rückgang der Personalfluktuation in dieser Höhe die Gewinne um 40 Prozent steigern würde, stellte sich die Geschäftsführung mit Nachdruck hinter den Modellversuch.

Leider war nicht jeder Unternehmensbereich für den Sonderarbeitszeitplan geeignet. Daher unternahm die Geschäftsführung eine systematische Analyse der Verlustraten nach Mitarbeitersegmenten, um festzustellen, ob mehr Leute angeheuert werden könnten, die nichts gegen die längere Wochenarbeitszeit haben oder sie zumindest aushalten würden. Die Datenbasis wurde nach Merkmalen von neu eingestellten Mitarbeitern, die überdurchschnittliche Loyalität und Produktivität bei der alten Arbeitszeit aufwiesen, durchforstet. Mehrere Entdeckungen kamen zutage. Die erste war, daß Handlungen mehr sagen als Worte. Alle Kandidaten behaupteten, daß sie willens und bereit seien, elf oder zwölf Stunden pro Tag zu arbeiten, wie es der Job erforderte. Viele hatten aber vorher nie eine so lange tägliche Arbeitszeit gehabt und verstanden nicht, welche Belastung ihres Privatlebens das mit sich bringen konnte. Die Datenbasis zeigte, daß der Faktor, der die Bindungsrate am meisten erhöhte, das Einstellen von Leuten war, die tatsächlich schon in ihren früheren Stellungen lange Arbeitszeiten gehabt und diese Stellungen mehrere Jahre innegehabt hatten.

Ein zweiter entscheidender Faktor, den die Manager entdeckten, hatte etwas mit dem Interviewverfahren bei der Einstellung zu tun. Kandidaten, die von mehreren Mitarbeitern interviewt und akzeptiert worden waren, blieben mit größerer Wahrscheinlichkeit länger beim Unternehmen, wenn sie eingestellt wurden. Die Erfolgsrate stieg noch, wenn Kandidaten zusammen mit ihren Ehepartnern interviewt wurden – wahrscheinlich, weil das half, die Paare auszusieben, die mit der beruflichen Auswirkung auf das Familienleben nicht fertig werden konnten. Mehrere weitere Faktoren halfen ebenfalls, die Bindungsraten zu erklären, und die Geschäftsführung sorgte dafür, daß die örtlichen Manager großen Anreiz hatten, die Lektionen zu lernen, die die Datenbasis lehrte. Durch Kombination von Interviews mit systematischer statistischer Analyse nach Mitarbeitergruppen konnte das Unternehmen seine Bemühungen schließlich auf die 20 Prozent von Ursachen konzentrieren, die für 80 Prozent der Mitarbeiterverluste verantwortlich waren. Wenn Unternehmen die Auswirkung von niedrigerer Personalfluktuation auf die Gewinne mit Hilfe von Fehleranalyse verstünden, würden sie dem Aufbau der dazu erforderlichen Datenbasis und der Entwicklung der notwendigen analytischen Instrumente hohe Priorität beimessen.

Kreative Fehleranalyse

Wie wir schon sahen, hat die Luftfahrtindustrie eine Ausgefeiltheit und Genauigkeit in der Analyse von Flugzeugunfällen erreicht, die nirgends sonst in der Wirtschaft zu finden sind. Aber nicht einmal die Fluggesellschaften wenden die Exaktheit eines Flugschreibers auf ihre Analyse von geschäftlichem Versagen wie Kunden- und Mitarbeiterverluste an. Warum nicht? Die schnelle Antwort ist, daß der Tod soviel wichtiger ist als mangelhafte wirtschaftliche Leistung. Aber diese Erklärung ist unzureichend. Die Anwendung der gleichen exakten Technik auf andere Gebiete nimmt nichts von der Untersuchung von Flugzeugabstürzen weg. Und wenn man einmal die Technologie der Fehleranalyse kennt, warum sollte man sie dann nicht anwenden?

Die wahrscheinlichere Erklärung ist, daß die Fluggesellschaften auf die gleichen Hindernisse gestoßen sind, die viele andere Branchen gestoppt haben. Einzelhändler, Fast-food-Ketten, Hotels, Mietwagenunternehmen, Fluggesellschaften – sie alle sind nicht in der Lage gewesen, ein meßbares Versagen zu analysieren. Wie definiert man Kundenverlust in diesen Branchen? Was gibt es da zu messen? Und wie gewinnt man die notwendigen Informationen? Leider gibt es keine Instrumente, die Kundenverluste mit der Genauigkeit eines Flugschreibers aufzeichnen könnten, und keine staatliche Aufsichtsbehörde wie etwa für die Luftfahrt, welche die Benutzung solcher Meßinstrumente vorschreibt.

Der richtige Maßstab für die Fluggesellschaften ist vermutlich ihr Anteil an den Flügen einer Person zwischen zwei spezifischen Städten – sagen wir zwischen Boston und Chicago. Bei weitem der wichtigste Wertmaßstab für Geschäftsreisende ist die Bequemlichkeit bei der Abreise. Ein gutes Maß für Loyalität könnte also die Anzahl von Minuten sein, die ein typischer Geschäftsreisender in seinem Reiseterminplan umschichtet, um dann mit einer bestimmten Fluglinie zu fliegen. Wenn aber zum Beispiel die Unterlagen über Vielflieger von American Airlines zeigen, daß ein Kunde oder eine Kundin nicht mehr mit American Airlines von seinem oder ihrem Wohnort Boston nach Chicago fliegt, weiß das Unternehmen nicht, ob der Kunde zur Konkurrenz übergegangen ist oder einfach aufgehört hat, nach Chicago zu fliegen. Wenn American jeden Passagier anrufen würde, der auf einer bestimmten Route gar nicht mehr oder weniger häufig fliegt, würde die Fluggesellschaft eine Menge Geld für die Analyse irrelevanter Daten ausgeben – Daten über Leute, die wie »Überläufer« zur Konkurrenz aussehen, es aber nicht sind. Dennoch könnte es eine Gelegenheit für American geben, eine Datei verlorener Kunden anzulegen, indem eine Absprache mit einer Gruppe von Reisebüros oder mit einem oder mehreren Kreditkartenunternehmen getroffen wird, über die Geschäftsreisende die meisten Flugtickets abrechnen. American könnte dann Paretos 80-zu-20-Regel anwenden, anfangen, nach den fünf Warums zu fragen und Schritte zur Steigerung von Wert und damit Loyalität unternehmen.

In vielen Branchen, nicht nur bei Fluggesellschaften und Fast-food-Ketten, gehört eine Menge Kreativität dazu, Kundenverluste zu verfolgen und gelieferten Wert zu messen. In manchen Fällen scheint es nahezu unmöglich, doch mit genügend Ausdauer präsentieren sich schließlich Lösungen irgendwo entlang des Spektrums zwischen statistischer Analyse und individuellen Ursacheninterviews.

Unser eigener Fall bei Bain & Company ist ein gutes Beispiel. Uns schien, daß die Dauerhaftigkeit unserer Beziehungen zu den Klienten der einzige langfristige Maßstab für den Wert war, den wir geliefert hatten. Doch das Bild, das wir so erhielten, war zweideutig. Unternehmensberatungen haben langanhaltende Beziehungen mit vielen großen Unternehmen. Jedes dieser Unternehmen besitzt gewöhnlich ein komplexes Netz von Geschäftsbereichen und einen ständigen Strom von strategischen Fragen, die einen relativ konstanten Strom von Beratungsstudien erfordern. Da das Ziel jeder individuellen Studie die Lösung eines individuellen Problems ist, fällt es aber oft schwer, spezifische Projekte in der richtigen Dimension zu sehen und ihren Beitrag zum Ganzen zu bewerten. Andere Unternehmen haben keinen kontinuierlichen Bedarf an Unternehmensberatungsdiensten; also kann der Wert der für sie durchgeführten Projekte nicht daran gemessen werden, wie lange wir sie als Klienten behalten. Sie haben ein Problem; wir helfen ihnen, es zu lösen; und das ist das Ende der Geschäftsbeziehung.

Natürlich versetzt uns die Arbeit mit einem Klienten – selbst bei einem einmaligen Projekt – in die Lage, zusätzliche Probleme zu entdecken, die wir lösen könnten; also gibt es eine gewisse Beziehung zwischen der Länge der Zeit, die ein Klient bei uns bleibt, und dem Erfolg, den wir bei der Identifizierung von Gelegenheiten zur Wertschöpfung haben. Doch hier taucht eine andere Schwierigkeit auf, denn wir wissen, daß großes Verkaufstalent eines beratenden Partners leicht mit wahrer Wertschöpfung verwechselt wird, besonders wenn der Klient ein großes bürokratisches Unternehmen ist, für das Manager Unternehmensberater einkaufen, um einem der Chefs zu gefallen.

Wir brauchten einen besseren Maßstab als die Dauer der Geschäftsbeziehung. Wir brauchten einen Maßstab für die echte Wertschöpfung, der auch als Basis für eine Fehleranalyse dienen konnte. Nachdem wir mit einer Reihe von Überprüfungsmethoden und Kundenuntersuchungen anderer führender Unternehmensberatungen experimentiert hatten, fanden wir unsere Antwort. Wenn wir wirklich Wert lieferten, so argumentierten wir, so sollte sich das in der langfristigen Entwicklung von Gewinnen und Aktienkursen jedes unserer Klienten niederschlagen.

Wir beschlossen, die Entwicklung des Aktienkurses jedes Klientenunternehmens vom Beginn bis zum Ende unserer Zusammenarbeit zu messen und diese Information jedem Mitarbeiter unseres Unternehmens zugänglich zu machen. Keine große Unternehmensberatung hatte das bisher getan – wahrscheinlich, weil es Mißerfolge so eindeutig zeigt und es so schwer macht, sie als irrelevant abzutun. Wir lassen unsere Methodik von Price Waterhouse periodisch prüfen und haben die Aktienindizes unserer Klienten seit 1979 verfolgt und zusammengefaßt. Die Resultate sind in Abb. 7.3 wiedergegeben. Zwar ist unser Beitrag zum Erfolg jedes der Unternehmen offensichtlich klein im Vergleich zu den unaufhörlichen Bemühungen von dessen Managern und Mitarbeitern, wir glauben aber, daß mit der Zeit und bei Hunderten von Klienten dieser Index weiterhin den Index der 500 von Standard & Poor's übertreffen muß; andernfalls würden wir bei unserer Mission, Wert zu liefern, versagen.

Zwar erfaßt kein einzelner Maßstab perfekt alle wichtigen Dimensionen der Wertschöpfung, doch dieser hat uns geholfen, unser Unternehmen darauf zu konzentrieren, was Wert schafft und was nicht. Er hat uns eine gemeinsame Sprache und einen konzeptionellen Rahmen zur Erörterung von Wertschöpfung gegeben. Gleichzeitig haben seine Unzulänglichkeiten unsere Bemühungen angespornt, ihn zu verfeinern.

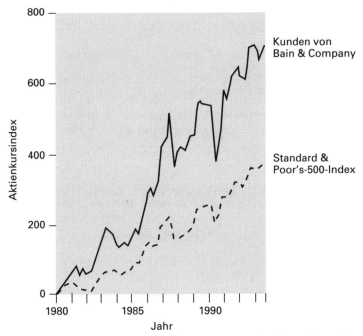

Abbildung 7.3: Entwicklung der Aktienkurse von Kunden als Indikator für Wertschöpfung
Anmerkung: Methodik und Daten bis Dezember 1993 von Price Waterhouse beglaubigt

Fehleranalyse im Eilverfahren

Nur sehr wenige Unternehmen haben die richtigen Meßsysteme entwickelt – ein Thema, das wir in Kapitel 8 behandeln werden – oder ihre Mitarbeiter in Techniken der Fehleranalyse ausgebildet. Doch wenn eine Krise eingetreten ist, müssen sie schnell herausfinden, welche Teile ihres Systems schlecht oder vielleicht gar nicht funktionieren. Zum Glück gibt es eine Abkürzung, ein Verfahren, das schnell zu einigen der entscheidenden Vorteile der Fehleranalyse verhilft, so daß Sie korrigierende Maßnahmen ergreifen können, ehe es zu spät ist.

Fehleranalyse erfordert ein gründliches Verständnis des Geschäftssystems und seiner betriebswirtschaftlichen Funktionsweise und einen sicheren Sinn dafür, welche Maßstäbe und Fehlerarten genau zu untersuchen sind. Der typische Baum möglicher Fehler in Abb. 7.4 illustriert die Schwierigkeiten.

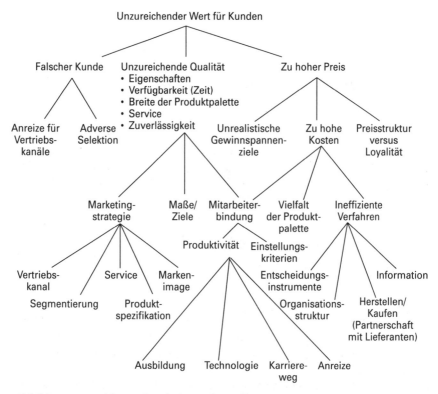

Abbildung 7.4: Fehleranalyse bei Kundenverlusten

In jedem komplexen System erfordert die Identifizierung von Ursachen Ausbildung, Erfahrung und Urteilsfähigkeit. Diese Identifizierung schnell und mit unvollständigen Daten zu erreichen erfordert mehr als harte Arbeit – es erfordert Topmanager. Sie können das nicht auf Marktforschungsspezialisten abschieben, weil diese einfach nicht genug über Ihr Unternehmen, seine Wettbewerbssituation, Markt- und Preisstrategien, Kostenposition und Fähigkeiten wissen können. Fehleranalyse bedarf immer der Lenkung durch das Spitzenmanagement, aber Fehleranalyse auf die Schnelle muß von den Spitzenmanagern *selbst* durchgeführt werden. Das Verfahren besteht aus vier Schritten.

Nehmen wir den Fall eines Unternehmens, das Marktanteile verliert und diesen Trend umkehren muß, um zu überleben. Der erste Schritt ist, die Gruppe von fünf bis zehn Spitzenmanagern plus eine Auswahl angesehener Mitarbeiter von der Kundenfront – zum Beispiel Zweigstellenleiter oder führende Vertriebsangestellte – zu versammeln. Sie alle werden eine Schnellausbildung in den Grundlagen der Fehleranalyse brauchen – die fünf Warums, Ursachenanalyse und so weiter. Sie alle sind auch davon zu überzeugen, daß diesem diagnostischen Schnellverfahren höchste Priorität zukommt und daß sie auf keinen Fall ohne persönliche Anrufe bei verlorenen Kunden davonkommen. Bei manchen werden Sie auf starke Abneigung stoßen. Die meisten Menschen haben eine Abneigung dagegen, Fremde anzurufen, ganz zu schweigen von Fremden, die unzufrieden mit dem Wert waren, den sie erhalten haben, und Sie müssen diese Abneigung durch Führungsstärke, Kollegendruck und, wenn nötig, mit ernst gemeinten Drohungen überwinden. Es gibt einfach keinen Ersatz dafür, daß Spitzenmanager direkt von verlorenen Kunden lernen, warum das Wertangebot des Unternehmens unzureichend ist.

Der zweite Schritt ist, zu entscheiden, welche verlorenen Kunden wirklich entscheidend sind. Natürlich wollen Sie sich nur mit »Abtrünnigen« unterhalten, die auch wirklich die Zielgruppen Ihres künftigen Geschäfts repräsentieren. Verschwenden Sie keine Zeit damit, unprofitable Kunden anzusprechen oder solche, die »Überläufer« zu sein scheinen, aber tatsächlich loyale Kunden sind, die nur umgezogen sind. Wenn Ihr gegenwärtiges Informationssystem nicht in der Lage ist, Schlüsselverluste zu identifizieren, können Sie professionelle Telefoninterviewer beauftragen, um eine große Auswahl von Kunden anzurufen, die Sie anscheinend verloren haben, und dann die Spreu vom Weizen trennen. Das ist oft eine gute Investition, denn die Interviewer werden nicht nur grundlegende demographische Daten und Informationen über die tatsächliche Einkaufsgeschichte jedes Kunden sammeln, sie können auch Termine für ausführliche Ursacheninterviews mit Unternehmensleitern vereinbaren. Die meisten Ex-Kunden werden sich so sehr darauf freuen, daß ein Spitzenmanager ihren Problembeschreibungen und Beschwerden zuhören wird, daß sie die Gelegenheit beim Schopf ergreifen werden. Manchmal werden Sie ihnen allerdings einen Anreiz bieten müssen. Tun Sie das, und geben Sie aus, was nötig ist, um mit einem wirklich repräsentativen Querschnitt von verlorenen Kunden aus Ihrer Zielgruppe zu sprechen.

Der dritte Schritt ist das Ursacheninterview selbst. Nach einer angemessenen Übungssitzung sollten jedem Manager 10 bis 25 verlorene Kunden zugeteilt werden. Das Erfolgsgeheimnis für diese Interviews ist, sich bis zu dem Punkt vorzuarbeiten, der den Kunden zu seinem Verhalten bewogen hat, bis Sie die Ursachen jedes Kundenverlustes verstehen und dann verschiedene Maßnahmen auszuprobieren, um festzustellen, welche Maßnahme – wenn überhaupt eine – die Geschäftsbeziehung gerettet hätte. Nachdem sie ein Viertel bis ein Drittel der anvisierten verlorenen Kunden interviewt haben, sollten sich die Manager wieder zusammensetzen und über das diskutieren, was sie in den Gesprächen gehört haben, etwaige Probleme mit dem Interviewverfahren lösen, die besten Praktiken untereinander austauschen und vor allem eine Liste von Hypothesen über die Maßnahmen entwickeln, die das Unternehmen auf der Grundlage dieser ersten Interviews ergreifen sollte. Die restlichen Interviews können sich dann auf die wichtigsten Fragen und das Überprüfen der verschiedenen Hypothesen konzentrieren.

Der vierte Schritt ist die gemeinsame Entwicklung eines Aktionsplans, natürlich auf der Grundlage der Interviews mit den verlorenen Kunden. Die Managergruppe wird vermutlich auf einige Maßnahmen gekommen sein, die keine bedeutenden Investitionen erfordern und daher sofort getestet werden können. Andere Heilmittel verlangen wegen der notwendigen Investitionen weitere Forschung oder Analyse. Die Einbeziehung einiger Manager von der Kundenfront in das Verfahren hilft sicherzustellen, daß Ihre Interpretationen von Kundenverhaltensweisen vernünftig sind und daß Ihre vorgeschlagenen Verbesserungen verwirklicht werden können.

Als Abkürzung hat sich dieses Verfahren als großer Erfolg erwiesen. Die meisten Unternehmen können es in acht bis zwölf Wochen durchführen. Es hat wiederholt zu praktischen und effektiven Lösungen geführt. Dennoch ist es nur eine Abkürzung. Wenn Sie mit seiner Anwendung schon einmal die Grundlagen zur Fehleranalyse gelegt haben, sollten Sie ein fortlaufendes Verfahren in Gang setzen, das die Spitzenmanager permanent über Kundenreaktionen auf dem laufenden hält. Lexus beispielsweise läßt jeden leitenden Angestellten in seiner Hauptverwaltung jeden Monat vier Kunden interviewen. MBNA bittet jeden Manager, regelmäßig bei Telefongesprächen mit Kunden im Kundendienstbereich oder in den Abteilungen für Kundenzurückgewinnung zuzuhören. Einige dieser Manager führen die Gespräche selbst. Jedes Unternehmen gewinnt, wenn Manager Lektionen direkt von Kunden und verlorenen Kunden lernen. Die Alternative wäre ja, von Interpretationen statistischer Forschung abzuhängen, sei es auch von Ihrer eigenen Interpretation, wobei die Forschung vielleicht von Außenstehenden durchgeführt wird, die Ihr Geschäft, die Konkurrenz oder die Kunden nie wirklich verstehen, und die nie innerlich engagiert sein werden.

Mißerfolg und der loyalitätsbasierte Wachstumszyklus

Der loyalitätsbasierte Wachstumszyklus bietet eine Schablone, um Mißerfolge herauszufinden, sie nach Prioritäten einzustufen und anzugehen – Mißerfolge verschiedener Art, Größe und Abstufung quer durch das gesamte Unternehmen. Jedes Element in Abb. 1.3 kann als Brennpunkt zur sorgfältigen Untersuchung und Analyse von Mißerfolgen dienen. Die Beispiele in diesem Kapitel haben sich auf die Kunden- und Mitarbeiterbereiche im Zyklus konzentriert, die gleiche Lektion gilt aber auch für Investoren.

Wie wir gesehen haben, gibt es verschiedene Schlüssel zum Lernen im Unternehmen. Der erste ist zu verstehen, daß die wahre Mission jedes Unternehmens die Wertschöpfung ist. Die Tatsache, daß die meisten Unternehmen Gewinne statt Wertschöpfung als ihr Hauptziel ansehen, hat ihre Lernfähigkeit in sehr ähnlicher Weise behindert, wie die Auffassung, die Erde sei das Zentrum des Universums, den Fortschritt in der Astronomie verhindert hat. (Leider hat die Managementwissenschaft im wesentlichen den gleichen Fehler gemacht. Wirtschaftsakademiker suchen Unternehmen heraus, die überragend aussehen, gewöhnlich auf der Basis der jüngsten Gewinnentwicklung – ohne Rücksicht darauf, ob diese Gewinne »tugendhaft« oder zerstörerisch sind –, und verwenden diese Fallstudien dann für Verallgemeinerungen darüber, welche Managementpraktiken zu überragenden Gewinnen führen. Wie wir gesehen haben, ergab dieses scheinbar vernünftige Vorgehen mehr Science-fiction als wissenschaftliche Erkenntnisse.)

Der zweite Schlüssel zum Lernen im Unternehmen ist, den Wert von Mißerfolgen zu begreifen. Nur durch Messung ihrer Mißerfolge können Unternehmen die Türen zum wirklichen Lernen aufschließen. Wenn es um Wertschöpfung geht, ist die Suche nach der Wahrheit eine Sache des Nach-innen-Sehens, nicht des Kopierens dessen, was bei anderen nach herausragender Leistung aussieht.

Der dritte Schlüssel zum effektiven Lernen ist folgender: Stellen Sie sicher, daß die richtigen Leute in Ihrem Unternehmen lernen, diejenigen Fehler zu identifizieren und zu korrigieren, deren Häufigkeit und Schwere die Fähigkeit Ihres Unternehmens einschränken, höhere Stufen der Wertschöpfung zu erklimmen.

Und schließlich ist der beste Beginn einer andauernden Beobachtung von Mißerfolgen die Beobachtung der Verlustraten bei den Zielgruppen unter den Kunden, Mitarbeitern und Investoren. Diese Praxis wird zur Identifizierung der Elemente in Ihrem Wertschöpfungssystem führen, die am dringendsten Aufmerksamkeit erfordern. Mit der Zeit werden Sie Ihr Überwachungssystem natürlich auf weitere Aspekte Ihres Wertschöpfungssystems ausdehnen müssen, einschließlich der Quantität und Qualität neuer Kunden, Mitarbeiter und Investoren. Um den Lernprozeß zu systematisieren, müssen die meisten Unternehmen neue Meßsysteme entwickeln, die sich auf alle bekannten Antriebskräfte der Wertschöpfung konzentrieren. Sonst könnten sie Mißerfolge erst analysieren, wenn diese zu Verlusten geführt haben – und dann könnte es bereits zu spät sein. Kapitel 8 wird den Rahmen für die Art von Meßsystem abstecken, die Unternehmen in die Lage versetzt, bedeutende Fehler so frühzeitig zu entdecken, daß noch genügend Zeit zur Verfügung steht, deren Ursachen zu identifizieren und zu beheben.

8 Die richtigen Meßgrößen

Vordenker in einem Unternehmen konzentrieren sich selten auf Meßsysteme. Vor Jahren wurden sie mit dergleichen im Buchführungsgrundkursus gelangweilt. Jetzt haben sie Spitzenpositionen in ihren Unternehmen inne, und Zahlen langweilen sie immer noch. Wirtschaftsführer, so meinen sie, sollten sich auf wichtige, aufregende Dinge wie Vision und Strategie konzentrieren und den Buchhaltern die Sorge um das Meßsystem überlassen.

Das Problem bei dieser Einstellung ist, daß Messung den Kern sowohl von Vision als auch von Strategie ausmacht. Die Wichtigkeit von Messungen für das künftige Unternehmensgeschick kann wohl kaum überschätzt werden. Es sind Messungen und Kennzahlen, die es Managern ermöglichen, Visionen mit den irdischen Realitäten täglicher Geschäftspraxis in Einklang zu bringen. Kennzahlen verwandeln Visionen in Strategien und Strategien in Tatsachen.

So wie die Sprache Gedanken und Kommunikation formt, formen Kennzahlen Einstellungen und Verhalten von Unternehmen. Die Auswahl dessen, was ein Unternehmen mißt, kommuniziert Werte, kanalisiert das Denken der Mitarbeiter und setzt Prioritäten des Managements. Durch ihre Einbeziehung in die Feedback-Schleife, auf der alles Lernen im Unternehmen beruht, definieren Kennzahlen zudem, was aus einem Unternehmen werden wird. Die Entscheidungen, was zu messen ist und wie Kennzahlen mit Anreizen verknüpft werden, gehören zu den wichtigsten Entscheidungen, die ein Spitzenmanager treffen kann. Dennoch arbeiten die meisten Manager heute mit überholten Kennzahlensystemen, die ihre Strategien verzerren. Diese Systeme, Überreste veralteter Buchführungstraditionen und obsoleter Regulierungserfordernisse, sind praktisch nutzlos für die Verfolgung des Wertstroms zu und von den Kunden, Mitarbeitern und Investoren eines Unternehmens. Die überwältigende Mehrheit der überprüfbaren Messungen, die zur Führung eines modernen Unternehmens verwendet werden, ist in der Gewinn-und-Verlust-

Rechnung enthalten, die nur eine Dimension des Geschäfts zeigt – die Gewinne dieses Jahres. Und die Bilanz, die versucht, den langfristigen Wert des Unternehmens zusammenzufassen, wird zunehmend wertlos, vor allem in Dienstleistungsunternehmen, weil sie die wichtigsten Aktiva des Unternehmens ignoriert: die menschlichen Ressourcen. Das Resultat ist, daß Manager wie Flugzeugpiloten erscheinen, die nichts weiter als einen Tachometer haben, um zu sehen, wie sie navigieren. Das heißt, die meisten Unternehmen sind heute wie Flugzeuge ohne Kompaß, Kraftstoff- und Höhenanzeiger – und viele von ihnen stürzen ab. Das totale Vertrauen auf eine einzige Messung – die Gewinne der laufenden Periode – ist eine Form des Blindflugs. Aber Manager lieben die Faszination der Pilotentätigkeit; also nehmen sich nur wenige die Zeit und Mühe, sich der viel wichtigeren Aufgabe der Konstruktion des Flugzeugs und seiner Ausstattung mit Instrumenten anzunehmen. Sie glauben, wenn sie einfach eine zwingende Vision schaffen und kommunizieren, wird das Unternehmen auf Kurs bleiben. Zahlen sind aber viel zu wichtig, um delegiert zu werden, am wenigsten an Buchhalter und Experten für Managementinformationssysteme. In einem großen, komplexen und weitreichenden Unternehmen sind Kennzahlen das einzige systematische Mittel, mit dem ein Manager Ideen in Handlungen umwandeln kann.

Unser Versäumnis, neue Meßsysteme zu entwickeln, hat den gesamten Fortschritt der Managementwissenschaft verlangsamt, denn neue Meßtechniken sind den meisten wissenschaftlichen Fortschritten vorangegangen. Die Ärzte konnten die Wichtigkeit des Blutdrucks nicht verstehen, bevor nicht ein Gerät zu dessen Messung erfunden worden war. Die Fähigkeit zur Messung führte dann zu Entdeckungen über Ursachen und Wirkungen anormalen Blutdrucks, was die Ärzte in die Lage versetzte, Behandlungsmethoden dafür zu entwickeln. Es ist sehr schwer, eine Hypothese zu überprüfen, wenn man die Beziehungen zwischen Ursache und Wirkung nicht messen kann.

Im Bereich der Unternehmensführung haben wir nur wenige Fortschritte auf dem Gebiet des Messens gesehen; sie wurden vor allem in der Prozeß- und Qualitätskontrolle erreicht. Sobald Unternehmen zum Beispiel begannen, die Wichtigkeit von Fehlerraten zu begreifen, entwickelten sie zunehmend ausgeklügeltere statistische Verfahren zu ihrer Verfolgung. Als eine Fehlerreduzierung von 3 auf 1 Prozent das Ziel war, konnten sich die Hersteller noch relativ saloppe Maßnahmen leisten. Doch die Fehler von einem Prozent in Richtung auf sechs Sigma (0,0000003 Prozent) zu verringern erforderte ein ganz neues Präzisionsniveau. Der

Schlüssel, der das Tor zur Qualitätsrevolution in der Industrie aufschloß, war die Entwicklung von neuen, präzisesten Messungen und von Konzepten, die diese Messungen klar mit der Wirtschaftlichkeit des Unternehmens verbanden.

Das Tor zur Loyalitätsrevolution ist die Entwicklung der richtigen Art von Meßsystem. Im Idealfall sollte dieses neue System mit den vertrauten gewinnbasierten Messungen vereinbar sein, welche die meisten Firmen heute verwenden. Es muß aber auch die entscheidenden Dimensionen des Wertschöpfungsprozesses aufnehmen, die im Schatten der Gewinn-und-Verlust-Buchführung verborgen sind.

In den vorangegangenen Kapiteln haben wir eine Reihe von lebenswichtigen Ursache-und-Wirkung-Beziehungen zwischen Loyalität und Wertschöpfung beschrieben. Das Verständnis dieser Beziehungen ist wesentlich für das erfolgreiche Management des Wachstumszyklus in Abb. 1.3. Wenn Sie zu dieser Abbildung zurückblicken, werden Sie sehen, daß der Wachstumszyklus aus drei Sektoren besteht: Kunden, Mitarbeitern und Investoren. Unser neues Meßverfahren wird zwei grundlegende Rechnungsabschlüsse für jeden der drei Sektoren verwenden. Sie sind analog zur Bilanz und zur Gewinn-und-Verlust-Rechnung der Finanzbuchhaltung, aber unsere Bilanz wird das menschliche Kapital statt der finanziellen Aktiva abdecken und an Stelle der Gewinn-und-Verlust-Rechnung werden wir eine Wertflußrechnung entwickeln, um zu zeigen, wovon die Humankapitalbilanz angetrieben wird. Die Wertflußrechnung wird nicht nur den Wertstrom zu den Investoren messen (die ausgewiesenen Gewinne in der Gewinn-und-Verlust-Rechnung), sondern auch die anderen fünf Wertströme, welche die menschliche Kapitalbilanz antreiben – die Wertströme vom Unternehmen zu Kunden und Mitarbeitern und die Wertströme von Kunden, Mitarbeitern und Investoren zum Unternehmen. Dieses neue integrierte System von Messungen wird jeden Sektor mit den beiden anderen verbinden und so das Unternehmen in die Lage versetzen, die gesamte Wertschöpfungsspirale systematisch zu managen.

Unser Ziel ist nicht einfach, eine ausgewogenere Anzeigentafel zu schaffen und die Lücken in der traditionellen Gewinn-und-Verlust-Rechnung auszufüllen, sondern den Rahmen für eine integrierte Anzeigentafel aufzubauen, auf der die verschiedenen Komponenten des Unternehmens in Beziehungen verbunden werden, die in Cash-flows quantifiziert werden können. Das wird wiederum die Mitarbeiter in die Lage versetzen, Ziele aufzustellen, Fehler zu entdecken, Standardfinanzanalysetechniken zu verwenden, Nutzen und Kosten abzuwägen – und aus den Resultaten zu lernen.

Wir müssen aber von Anfang an betonen, daß auf diesem Gebiet noch sehr viel Arbeit zu tun bleibt. Im Gegensatz zur traditionellen Buchführung, die Jahrhunderte Zeit hatte, eine lange Liste komplexer Probleme wie Lagerbestandsbewertung und Abschreibungen von Anlagegütern zu lösen, sind Loyalitätsmeßsysteme noch relativ neu und unerprobt. Einige wenige Pionierunternehmen wie USAA haben eingesehen, wie wichtig das Management von Wert statt von Gewinnen ist, doch die meisten müssen ihre Loyalitätsmeßsysteme noch schaffen und unter Verwendung der folgenden Richtlinien bei Null anfangen.

Messen, was wichtig ist

Der Ruf nach besseren Meßsystemen ist nicht neu. Die Lücken in unseren Informationssystemen klaffen zu weit und schreien zu sehr zum Himmel, als daß sie unbemerkt bleiben konnten. Viele Experten haben versucht, neue Wege zur Messung von Qualität, Teamarbeit, Produktivität, Zykluszeiten, Kreativität der Belegschaft, Kunden- und Mitarbeiterzufriedenheit zu ersinnen. Dennoch meinen die meisten Mitarbeiter, daß sie bereits mehr Informationen haben, als sie verwenden können, und daß die billig gewordene Computernutzung einfach nur die Flut unverdaulicher Daten anschwellen läßt.

Tatsächlich hat es *immer* mehr Informationen gegeben, als der menschliche Geist verarbeiten kann. Unsere fünf Sinne versorgen das Gehirn mit weit mehr Information, als das Gehirn aufzunehmen vermag. Die Antwort ist nicht, ein Dutzend neue Meßtechniken hinzuzufügen, sondern den Menschen zu helfen, irrelevante Informationen auszusieben, so daß sie sich auf die wenigen Dimensionen konzentrieren können, die wirklich von Bedeutung sind.

Erstens brauchen wir auf Ausnahmen basierende Meßsysteme, die die Aufmerksamkeit auf das lenken, was sowohl wichtig als auch dringend ist. Mit anderen Worten: Wir müssen einen sinnvollen Zielbereich für jede Variable festlegen, so daß wir unsere Aufmerksamkeit woandershin lenken können, es sei denn, die Variable beginnt sich zu verschieben. Zweitens brauchen wir nicht nur mehr Meßsysteme, sondern ein vereinfachendes Paradigma, mit dessen Hilfe Manager verfügbare alte und neue Daten organisieren, kategorisieren und nach Prioritäten einstufen können. Wir brauchen eine Hierarchie von Maßeinheiten, die in einem logischen Rahmen zusammenpassen, damit die Mitarbeiter nur so tief wie nötig graben müssen, um eine spezifische Entscheidung zu treffen – ohne einen Berg von begrabenen Einzelheiten aufzudecken.

Ein Flugzeugpilot muß nicht alle Zeiger gleichzeitig beobachten, denn viele Instrumente leuchten rot auf, wenn ihre Ablesewerte den Normbereich verlassen. Aber der Pilot muß nicht nur verstehen, was die Instrumente messen, sondern auch, wie die gemessenen Kräfte zusammenwirken, um das Flugzeug in der Luft und auf Kurs zu halten. Mit anderen Worten: Die Beziehungen zwischen den Variablen sind mindestens ebenso wichtig wie die Variablen selbst. Ein Verständnis der physikalischen Kräfte, welche die Bewegungen des Flugzeugs bestimmen, ist der richtige Ausgangspunkt zur Ausstattung des Cockpits mit den richtigen Meßinstrumenten.

In gleicher Weise ist der richtige Ausgangspunkt für ein effektives loyalitätsbasiertes Meßsystem die Reihe von Kräften, welche die Wertströme kontrollieren, die zu und von einem Unternehmen fließen. Wir haben gesehen, daß es drei Zwillingsströme von Wert gibt – Wertströme, die zu und von Kunden, Mitarbeitern und Investoren fließen. Die heutigen Buchführungssysteme messen einige dieser Ströme ganz effektiv, andere zum Teil oder fast überhaupt nicht. Das bedauerliche Ergebnis ist, daß Unternehmen zuviel Zeit dafür aufwenden, die leicht meßbaren Wertströme zu verbessern, und zuwenig Zeit für Versuche, sämtliche Wertströme zugunsten langfristigen Wachstums und Wohlstands in ein ausgeglichenes Verhältnis zu bringen.

Zum Beispiel sind wir wahrscheinlich am besten in der Lage, den Wert zu messen, den wir den Investoren liefern, denn das steht schließlich im Zentrum der Gewinn-und-Verlust-Rechnung. Diese Klarheit der Messung ist weitgehend verantwortlich dafür, daß so viele Unternehmen so hart daran arbeiten, den Shareholder Value zu maximieren. Natürlich besagt die konventionelle Weisheit, daß wir den Shareholder Value messen, weil er wichtig ist – nicht einfach, weil wir wissen, wie es gemacht wird. Und die Tatsache, daß alle Unternehmen ihr Bestes tun, um den Shareholder Value zu maximieren, ist ein starkes Argument für seine fundamentale Wichtigkeit. Es ist aber ebenso wahr, daß alle Unternehmen hart dafür arbeiten, das Gegenteil zu tun – die Kapitalkosten zu *minimieren*. Wir sind nur nicht ebenso große Experten für die Messung des Werts, den wir von den Investoren *bekommen*; deshalb widmen wir dem nicht die gleiche Sorgfalt wie dem spiegelbildlichen Zwilling. Das Ergebnis ist, daß viele

Unternehmen ihre Eigentums- und Kapitalstrukturen töricht anlegen – wie wir in Kapitel 6 gesehen haben –, was letztlich negative Auswirkungen auf alle sechs Wertströme hat.

Nehmen wir ein anderes Beispiel. Es klingt vernünftig, die Arbeitskosten zu minimieren. Wir haben aber gesehen, daß ein Unternehmen zur Maximierung des Potentials für Wertschöpfung Wege finden muß, seinen besten Mitarbeitern *mehr* zu zahlen als die Konkurrenz. Das Problem ist wiederum, daß wir die Arbeitskosten sehr effektiv messen, aber nur eine nebulöse Vorstellung davon haben, wie guten *Wert* wir an die Mitarbeiter liefern.

Sogar bei den Kunden ist die Situation verwirrend. Der gesunde Menschenverstand rät uns, den Wert zu maximieren, den wir von den Kunden bekommen – die Preise zu erhöhen, bis die Kunden zusammenzucken. Es ist aber ebenso offensichtlich, daß Kunden nicht zu weiteren Käufen bereit sind, wenn wir ihnen keinen guten Wert geben – tatsächlich *besten* Wert in mindestens einer Wettbewerbsdimension. Also ist es wesentlich, dem Wert, der vom Unternehmen zum Kunden fließt, ebensoviel Aufmerksamkeit zu widmen wie dem Wert, den das Unternehmen vom Kunden erhält.

Die Frage ist die nach dem Gleichgewicht: Welche Gewichtungen und Prioritäten sind all diesen scheinbar im Konflikt miteinander stehenden Imperativen beizumessen, so daß sie sich in einem blühenden Geschäftssystem die Waage halten, in welchem der Wert spiralförmig steigt und alle Mitspieler einen großzügigen Anteil erhalten. Merkwürdig genug ist die Lösung, besondere Aufmerksamkeit einer Meßzahl zu geben, dem Kapitalwert der Kundenbasis, und ihn an die Spitze der Datenhierarchie zu setzen. Dies mag der Intuition widersprechen, denn es scheint einen Wertstrom – den von den Kunden erhaltenen Wert – über die anderen zu erheben. Erinnern Sie sich aber daran, daß wir Kunden als Erste unter Gleichen ansehen *müssen*, denn ihre Brieftaschen sind die Quelle allen lebenspendenden Cash-flows. Erinnern Sie sich auch daran, daß der einzige Weg zur Maximierung des Kapitalwerts einer Kundenbasis ist, die Loyalität der profitabelsten Kunden zu verdienen, was bedeutet, ihnen überragenden Wert zu liefern. Denken Sie schließlich noch daran, daß Sie nur durch Orientierung der Entscheidungen und Investitionen an hervorragendem Wert für die Kunden sicherstellen können, daß reichlich Wert für Mitarbeiter und Investoren übrigbleibt.

In der Praxis sind die beiden Ströme von Kundenwert – zu und von dem Unternehmen – nicht unabhängig voneinander. Sie sind einfach Inhalte von zwei Schläuchen, die mit demselben Hydranten verbunden sind. Beide werden aus der gleichen Wertquelle gespeist, und die Preisgebung ist das Ventil, das sie unterteilt. Wert für den Kunden ist der Gesamtwert der Produkte oder Dienstleistungen minus deren Preis. Wert für das Unternehmen ist der Preis minus der Kosten. Auf den ersten Blick ist das eine sehr einfache, fast zu stark vereinfachende Gleichung, etwa so schwer wie zwei plus zwei gleich vier. Eine Preiserhöhung steigert den Wertanteil des Unternehmens und senkt den des Kunden, und eine Preissenkung bewirkt genau das Gegenteil. Wenn wir aber von einer kurz- zu einer langfristigen Betrachtung überwechseln, geschieht etwas Wunderbares: Im Laufe des Kundenlebenszyklus – tatsächlich *wegen* des Kundenlebenszyklus – beginnen zwei plus zwei fünf oder sechs zu werden.

Abb. 8.1 illustriert diese kontinuierliche Beziehung. Die oberste Linie mit der Bezeichnung *voller Wert* ist der Preis, über den die Kunden dem Unternehmen verlorengehen, weil sie sonst weniger Wert erhielten, als sie

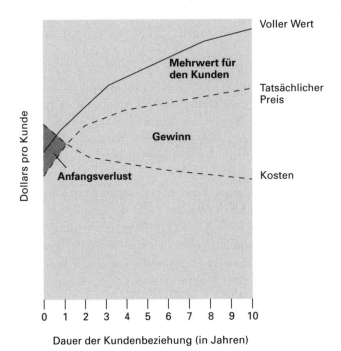

Abbildung 8.1: Die dynamische Beziehung zwischen Kosten, Preisen und Wert für den Kunden
Anmerkung: Der volle Wert ist der Preis, den der Kunde im Höchstfall zu zahlen bereit ist

bezahlen. Der Unterschied zwischen vollem Wert und tatsächlichem Preis ist der in Kapitel 5 beschriebene Verbraucherüberschuß. Und natürlich ist der Unterschied zwischen tatsächlichem Preis und Kosten der Unternehmensgewinn.

Das bemerkenswerteste Detail in Abb. 8.1 ist die Art, in der sich die Linien mit der Zeit auseinanderbewegen und die Zwischenräume zwischen ihnen größer werden. Als Ergebnis von Lernen, Vertrautheit und den anderen Faktoren, die wir in dem Modell in Kapitel 2 (Abb. 2.3) skizziert haben, sinken die Kosten der Bedienung des Kunden nach und nach. Gleichzeitig steigt der volle Wert, den die Kunden erhalten, weil sie ihren Lieferanten und sein Angebot besser kennenlernen und effektivere Verbraucher werden. Mit anderen Worten: Mit der Zeit sinken die Kosten und der Wert erhöht sich, so daß sowohl der Gewinn als auch der Verbraucherüberschuß wachsen. Das bedeutet gewöhnlich, daß der tatsächliche Preis auch steigen kann. Alle diese Effekte verbinden sich bei Festigung der Kundenbeziehung zur Schaffung von höheren Gewinn- und Verbraucherüberschußspannen.

Oder vielleicht sollten wir sagen: Sie *können* sich zur Erzeugung höherer Spannen verbinden, denn der Effekt tritt zwar bis zu einem gewissen Grade ein, ob er nun angestrebt wird oder nicht, ein Unternehmen kann aber eine Menge tun, um ihn zu fördern. Im allgemeinen können Sie drei Dinge tun, um den Kapitalwert Ihrer Kundenbasis zu maximieren. Erstens können Sie nach Wegen zur Kostensenkung ohne Wertminderung für den Kunden suchen. Zweitens können Sie nach Wegen suchen, den Wert für Ihre Kunden mit Kostensteigerungen zu erhöhen, sofern die Wertsteigerungen die Kostenzunahme übertreffen. Schließlich können Sie mit oder ohne entsprechende Wertsteigerung die Preise zur Maximierung der Gewinne erhöhen. Sie dürfen nur nicht vergessen, daß der Kunde abtrünnig wird, wenn der Preis den vollen Wert für ihn übersteigt und so ein Strom künftiger Gewinne ausgelöscht wird. Wenn der Preis nahe an den vollen Wert heranrückt, steigt übrigens die Gefahr, Kunden bei vorübergehendem Nachlassen der Qualität oder der Serviceleistung zu verlieren, und zudem könnte auch ein Konkurrent mit niedrigeren Preisen in die breiter werdende Lücke zwischen Kosten und Preisen vorstoßen.

Unternehmen, die ständig eine Menge Mehrwert auf dem Tisch lassen, belasten vielleicht die Gewinne im laufenden Jahr, aber sie bauen ein Ausmaß von Vertrauen und Loyalität auf, das sie zumindest teilweise vor Attacken der Konkurrenz schützt. Sie betrachten das als eine Investition in Kundeneigenkapital. State Farm zum Beispiel hat sich dazu entschlossen, einen bedeutenden Teil des Werts, den sein System schafft, den Kunden zuzuteilen. Statt den Preis im Laufe des Lebenszyklus eines Versicherten wie in Abb. 8.1 aufwärts gleiten zu lassen, hat sich State Farm dafür entschieden, das Gegenteil zu bewirken. Das Unternehmen gewährt seinen loyalsten und durchgehend profitablen Kunden progressive Prämienermäßigungen. (Wir werden uns die Formel dafür in Kapitel 10 ansehen.) Solche Rabatte sind kein Weg zur Maximierung der laufenden Gewinne. Dafür trägt die Politik der Belohnung von Loyalität kräftig zur Kundenbindung bei, die einen so großen Teil des Wettbewerbsvorteils von State Farm ausmacht.

Die Hierarchie der Kennzahlen

Jede Branche und jedes Unternehmen werden ihre eigenen spezifischen Umstände bei der Abwägung laufender Gewinne gegenüber der erhöhten Sicherheit künftiger Gewinne zu berücksichtigen haben. Zum Beispiel wird ein High-Tech-Unternehmen in einem von technologischen Durchbrüchen angetriebenen fluktuierenden Markt nicht soviel in einen Mehrwert für die Kunden investieren wollen wie eine stabilere Versicherungsgesellschaft. Aber ohne Meßinstrumente, mit denen Sie die Effekte verschiedener Preisgebungs- und Investitionsalternativen abschätzen können, ist es schwierig, Strategien zur Erhöhung des Cash-flows in diesem Jahr (zum Beispiel Preissteigerungen), die das Risiko verringerter Beziehungsdauer zu den Kunden mit sich bringen, gegenüber solchen Strategien abzuwägen, welche die diesjährigen Gewinne verringern, um die Dauer der Kundenbeziehungen zu verlängern (zum Beispiel verbesserter Service).

Bei der Festlegung der Hierarchie der Kennzahlen in Abb. 8.2 müssen wir daher den Kunden-Kapitalwert an die Spitze setzen. Auf der Ebene darunter kommen die drei Zahlen, aus denen sich der Kunden-Kapitalwert zusammensetzt. Davon beziehen sich Bindungsdauer und Lebenszyklusgewinne (wie lange Ihre Kunden bei Ihnen bleiben und der Wert, den sie während dieser Zeit beisteuern) auf den Kapitalwert des *gegenwärtigen* Kundenbestandes, während das dritte Maß die Rate *künftiger* Kundengewinnung festhält, denn der Kunden-Kapitalwert muß auch den Wertstrom von anvisierten neuen Kunden einschließen. (Sie müssen die Qualität dieser neuen Kunden überwachen, um zu sehen, ob sie die Loyalität und den Lebenszyklus-Cash-flow des gegenwärtigen Kundenbestands mindern oder steigern. Das heißt, daß Sie Bindung und Cash-flows bei diesen neuen Kunden sehr sorgfältig beobachten müssen. Da es noch keine Loyalitäts- und Cash-flow-Daten für diese Kunden gibt, ist es wichtig, zusätzliche Frühindikatoren der Qualität zu verwenden, wo immer das möglich ist.)

Sobald Ihr Unternehmen ein System zur Messung aller drei Faktoren – Kundenbindungsdauer, Lebenszyklusgewinne und Gewinnrate bei Neukunden – geschaffen hat, können Sie anfangen, sie zusammenzufügen und den Kapitalwert Ihrer Kundenbasis ausrechnen. (Das Verfahren ist in den Kapiteln 2 und 3 beschrieben worden.) Sie können auch beginnen, Entscheidungen zu treffen, wie dieser Kapitalwert gesteigert werden kann.

Loyalitätsbilanz und Werteschaffung aus Kundensicht

Um den Kapitalwert seiner Kundenbasis in der eben beschriebenen Weise zu untersuchen und zu managen, braucht ein Unternehmen Managementberichte von genau der Art, wie wir sie bereits erwähnten – eine Kundenbilanz und eine Kundenwertstromrechnung. Abb. 8.3 zeigt ein

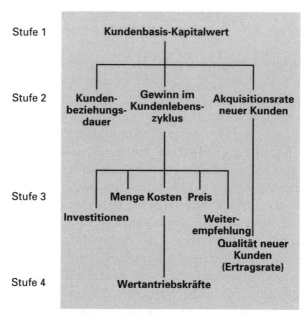

Abbildung 8.2: Die Hierarchie der Kennzahlen

Schema für beides mit den grundlegenden Informationen, die jede Firma braucht, um die richtigen Entscheidungen zu treffen.

In der Bilanz wird die Kundenbasis in neue Kunden, mehr oder aber weniger als in den Vorjahren kaufende Kunden und verlorene Kunden eingeteilt. Sobald Sie Ihre Kunden in diese Kategorien gegliedert haben, können Sie ihnen das Umsatz- und Gewinnwachstum in gleicher Weise zuschreiben. Durch Kombination dieser Informationen mit einer Schätzung künftiger Zugänge an Neukunden können Sie unter Verwendung der in Kapitel 2 und 3 beschriebenen Techniken den Kapitalwert Ihrer Kundenbasis schätzen. Die Beobachtung dieser Bilanzposten wird Ihnen im Laufe der Zeit Ihre größten Chancen für Verbesserungen zeigen. Zum Beispiel wird eine einfache Varianzanalyse der jährlichen Verände-

Kundenbilanz

Kundenkategorie	Anzahl	Prozentanteil des Ertrags	Kapitalwert
Anfangsbilanz	–	–	–
+ Neue Kunden	–	–	–
+ Mehr Kaufende	–	–	–
– weniger Kaufende	–	–	–
– Abwanderer	–	–	–
= Schlußbilanz	–	–	–

Kundenwertflußrechnung

Wertangebot
- Zielkunden
- Wertdimensionen
- Maßeinheiten
- Vorteilsquelle

Kunden gelieferter Wert

	Eigenes Unternehmen	Konkurrent A	B	C
Preis	–	–	–	–
Qualitätsmerkmale	–	–	–	–
Kundenbindung	–	–	–	–
Höhe des Kundenkontos	–	–	–	–
Neukundenrate	–	–	–	–
Akquisitionsrate	–	–	–	–

Von Kunden erhaltener Wert

	Eigenes Unternehmen	Konkurrent A	B	C
Kapitalwert der Neukunden	–	–	–	–
Kapitalwert der derzeitigen Kunden	–	–	–	–
Kapitalwert der abgewanderten Kunden	–	–	–	–
Durchschnittlicher Gewinn je Kunde	–	–	–	–
Durchschnittlicher Umsatz je Kunde	–	–	–	–

Abbildung 8.3: Kundenbilanz und Kundenwertflußrechnung

rungen des Kunden-Kapitalwerts Licht darauf werfen, wie groß Ihr Kundenverlustproblem im Vergleich zu einem Rückgang der Kundenneuzugänge und der mehr kaufenden Kunden ist. Wenn der Rückgang von Kundenzugängen und mehr kaufenden Kunden ein 10-Millionen-Dollar-Problem und die Zunahme der Kundenverluste ein 20-Millionen-Dollar-Problem ist, dann hat die Kundenbilanz ihren Wert bewiesen, indem sie Ihre Probleme und Investitionsprioritäten richtig geordnet hat.

Die Bilanz allein wird Ihnen aber noch nicht genug Informationen zum Management des Wertschöpfungsprozesses geben. Sie brauchen eine Zusammenstellung der Wertströme zu und von den Kunden, was uns zur Kundenwertflußrechnung bringt. Der Wertstrom, der zu den Kunden fließt, ist wahrscheinlich das wichtigste Einzelelement in jedem Unternehmen. Wie wir wiederholt betont haben, stehen die Schaffung von Wert für den Kunden und die Lieferung dieses Werts an ihn im Zentrum des Wertschöpfungszyklus und sind somit Basis allen geschäftlichen Erfolgs. Dennoch kann es eine beträchtliche Herausforderung sein, Kundenwert zu messen.

Es ist fast unmöglich, Kundenwert zu messen, wenn eine Firma nicht sehr deutlich festlegt, welchen Kunden sie nachgehen will und wie sie beabsichtigt, so viel Wert für sie zu schaffen, daß ein Überschuß davon für Mitarbeiter und Investoren bleibt. Deshalb muß die Kundenwertflußrechnung mit einer kurzen Darstellung des Wertangebots der Firma beginnen. Diese Darstellung sollte die Zielkunden des Unternehmens identifizieren, die Dimensionen von Qualität und Service artikulieren, die für den Kunden Wert schöpfen werden (relativ zur Preisgebung und zu konkurrierenden Angeboten), die Maßeinheiten spezifizieren, mit denen der Erfolg des Wertangebots zu messen ist, und schließlich erklären, wie die Firma das Wertangebot in einer wirtschaftlich vorteilhaften Weise liefern wird, die so viel Wertüberschuß schafft, daß Mitarbeitern und Investoren hervorragende Vergütungen geboten werden.

Unter dem Wertangebot sollten die entscheidenden Meßtechniken aufgelistet werden, die zur Beobachtung des relativen Werts des Unternehmensangebots verwendet werden. Natürlich sollte die Preisgebung in Bezug zu der von Konkurrenten verfolgt werden. Eine weitere Gruppe von Meßdaten sind Statistiken über das Ausmaß, in dem die Zielnormen für entscheidende Qualitätsdimensionen erreicht werden. In manchen Unternehmen ist Pünktlichkeit entscheidend, in anderen Zuverlässigkeit. Wieder andere stellen fest, daß Mode und bestimmte Eigenschaften Antriebskräfte des Wertes sind. Manchmal sind die Maßstäbe einfach und direkt – die Anzahl der Klingelzeichen, bevor ein Telefonanruf beantwortet wird, oder die Anzahl der Tage zur Regulierung eines Anspruchs. Andere Fälle erfordern mehr Einfallsreichtum. USAA, einer der fortgeschrittensten Maßnehmer von Wert, fand heraus, daß die Kunden des Unternehmens großen Wert darauf legen, mit einem einzigen Anruf ihre Fragen beantwortet und ihre Probleme gelöst zu bekommen. Deshalb hat sich USAA das Ziel gesetzt, 87 Prozent aller Kundenbitten beim ersten Anruf zu erfüllen und die Techniken entwickelt, die erforderlich sind, um festzustellen, ob die 87 Prozent erreicht oder überschritten werden.

Nur wenige Unternehmen können kontinuierlich alle Faktoren messen, die den Kundenwert beeinflussen. Es gibt zu viele Kunden und zu viele komplexe Variablen für eine ständige Beobachtung. Dennoch haben die Mitarbeiter Tag für Tag Entscheidungen zu treffen. Was wir also brauchen, ist ein zusammenfassender Maßstab – ein rotes Licht auf der Instrumententafel, das blinkt, sobald das Unternehmen vom Kurs abkommt oder ihm der Treibstoff auszugehen droht. Die besten derartigen Maßstäbe sind die Kundenbindungsrate und der Anteil der Gesamtausgaben, der beim eigenen Unternehmen landet. Zwar liegt eine Versuchung darin, Kundenzufriedenheitsgrade zu verwenden, doch diese Belege sind nicht annähernd so zuverlässig wie reales Kaufverhalten und sollten mit beträchtlicher Vorsicht angewendet werden (ein Thema, auf das wir noch zurückkommen werden).

Kundenbindung und der Anteil an den Gesamtausgaben sind hervorragende zusammenfassende statistische Daten nicht nur, weil sie zuverlässig anzeigen, ob der Wert für die Kunden ausreichend ist, sondern auch, weil sie Schlüsselelemente zur Berechnung des Kunden-Kapitalwerts sind. Es kann aber verzwickt sein, sie zu messen. Lesen Sie darüber im Anhang »Fallen bei der Messung« am Ende dieses Kapitels nach.

Neukunden- und Akquisitionsrate

Zwei weitere Statistiken erscheinen im zweiten Teil der Berechnung der Kundenwertströme: die Neukundenrate – der Anteil der neuen Kunden an der gegenwärtigen Kundenbasis – und die Akquisitionsrate – der Anteil der angesprochenen potentiellen Kunden, die tatsächlich Kunden wurden. Eine gesunde Neukundenrate ist Beweis für ein hervorragendes Wertangebot, vor allem wenn sie mit einer guten Kundenbindungsrate verbunden ist. Wie wir in Kapitel 5 betonten, ist ein Wachstum des Kundenvolumens zur Verbesserung der Produktivität einer Firma absolut unvermeidbar. Damit loyalitätsbasiertes Management funktioniert, müssen nicht nur die gegenwärtigen Kunden bei der Stange gehalten werden – die Akquisition der richtigen neuen Kunden ist ebenso wichtig. Neukunden- und Akquisitionsraten sind ausgezeichnete Maßstäbe für den Erfolg dieser Bemühungen.

Akquisitionsraten sind auch sehr nützlich beim Übergang zum dritten Teil unserer Berechnung, dem Wertstrom vom Kunden zum Unternehmen. Die entscheidende Meßzahl ist natürlich der Kapitalwert in der Kundenbilanz. Es ist aber nicht praktikabel, jedes Element in der Kennzahlenhierarchie für jeden Kunden zu verfolgen; wir brauchen zusammenfassende Statistiken, die uns sagen, wann wir genauer nachforschen sollten. Eine hohe Akquisitionsrate ist ein sensibler Indikator dafür, daß die Firma wenigstens die Art von Kunden anlockt, die sie gewinnen möchte.

Durchschnittliche Gewinne und Umsatz je Kunde sind ebenfalls praktische Maßstäbe für die Verfolgung des Wertstroms zum Unternehmen. Unternehmen, deren Zuflüsse an Neukunden im Verlauf der Zeit geschwankt haben, müssen allerdings vorsichtig sein und diese Daten für jeden Kundenjahrgang einzeln analysieren. Wenn wir zum Beispiel die durchschnittlichen Gewinne und den Umsatz von jetzt im dritten Jahr beim Unternehmen kaufenden Kunden untersuchen, dann filtern wir alle anderen Kundenbindungswellen heraus, die eine Kundenbasis beeinflussen und die Gesamtdurchschnittszahlen verzerren können.

Aufschlußreich kann schließlich noch der Vergleich zwischen den Kapitalwerten neuer und verlorener Kunden sein. Im Idealfall ist der Kapitalwert der verlorenen Kunden niedrig und der der Neukunden hoch, doch das ist selten der Fall. Viele Unternehmen stellen genau das Gegenteil fest – daß die Qualität der verlorenen Kunden die der Neukunden übertrifft.

Kundenmeßsysteme zum Funktionieren bringen

Die eben beschriebenen Maße sind kein Dogma, sie sind nur als Vorschläge gemeint. Der Gedanke dabei ist, den besten Ansatz für jede Situation zu entwickeln. Die folgenden Beispiele sollen zeigen, wie es in der Praxis gemacht wird.

Ein Discount-Broker ist die Herausforderung der Messung seiner Neukundenrate weitgehend so angegangen, wie ein Industrieproduzent seine Profitrate errechnen würde – vom Wert der Arbeit und Rohstoffe, die in seine Produkte eingehen, zieht der Produzent den durch Ausschuß, Umarbeitungen und zurückgegebene Waren verlorenen Wert ab. Die meisten Unternehmen könnten diesen Ansatz leicht ihren eigenen Verhältnissen anpassen.

Der erste Schritt des Unternehmens ist die Berechnung seiner Investitionen in jeden neuen Kunden. Es teilt seine Werbungs- und Marketingkosten auf alle neugewonnenen Kundengruppen auf und addiert die Kosten der Bearbeitung und der Kontoeröffnungen hinzu. Genaue Beachtung der Produktmargen und des Umfangs der Aktivitäten gestattet dem Unternehmen dann, die Akquisitionsraten zu berechnen, die notwendig sind, um mit jedem neuen Kundenjahrgang Profitabilität zu erreichen.

Nach der Berechnung der Investitionen je Kunde und der erforderlichen Akquisitionsrate stellt das Unternehmen fest, welchen Prozentsatz die Anfragen von der Anzahl der gegenwärtigen Kunden ausmachen. Es beobachtet, welcher Prozentsatz der Anfragen zu tatsächlichen Konten führt, das heißt zu Konten mit bezahlten Umsätzen, und bei welchem Prozentsatz davon wiederum genügend Umsätze getätigt werden, um zu den Gewinnen beizutragen. Schließlich kann die Firma unter Verwendung von Lebenszyklusgewinn-und-Verlust-Mustern ähnlicher, langjähriger Kunden recht genau voraussagen, welcher Prozentsatz eines neuen Jahrgangs schließlich einen Gewinn und einen positiven Kapitalwert für das Unternehmen erzeugen wird.

Diese Messungen versetzten die Maklerfirma in die Lage auszurechnen, welche Anzeigenkampagne zu den meisten Anfragen führte und welche zur größten Anzahl profitabler Kunden. (Das waren nicht dieselben Kampagnen.) Außerdem konnte das Maklerhaus die Ursachen feststellen, wenn die Kundenbindungsraten zurückgingen. Manchmal war es mangelnde Qualität der neuen Kunden, manchmal unzureichender Service- oder Produktwert. Jedes Unternehmen sollte ein ähnliches Verfahren des Managements von Investitionen in Kundengewinnung haben. Wenn Banken über ein derartiges Instrument verfügten, würden sie vermutlich aufhören, ihre Kundenbasis über die Zinssätze für Termineinlagen aufzubauen. Das System würde verdeutlichen, daß die anfängliche Anzahl neuer Kunden zwar gut aussieht, daß die Neukunden aber selten lange genug bei der Bank bleiben, um die Kosten der Akquisition und Kontoeinrichtung wieder einzubringen.

Ein anderes Unternehmen, das loyalitätsbasierte Messungen für Management und Verbesserung seines Wertangebots verwendet hat, ist MBNA. Der Kreditkartenanbieter studierte systematisch jenes Kundenverhalten, das die Lebenszyklusgewinne in seinem Geschäft steigert. Eine der Hauptantriebskräfte für die Gewinne im Kreditkartengeschäft ist zum Beispiel das Wachstum des Durchschnittssaldos pro Kunde. Da das Mittel zur Steigerung dieses Saldos die Gewinnung eines wachsenden Anteils an den Gesamtausgaben jedes Kunden ist, untersuchte MBNA Kunden, bei denen diese Anteile verschieden waren und entdeckte, welche Wertdimensionen ihre Kaufentscheidungen beeinflußten. Angeführt wurde die Liste von der Höhe des Kreditlimits. Wenn ein Unternehmen ein Kreditlimit bot, das hoch genug lag, um 100 Prozent des Haushaltsbedarfs abzudecken, war es natürlich leichter, den Kunden dazu zu bewegen, nur noch die Kreditkarte dieses Unternehmens zu benutzen. So verfeinerte MBNA sein Verfahren zur Kreditwürdigkeitsprüfung immer mehr, um sicherzustellen, daß jeder Kunde ein Kreditlimit bekam, das so hoch ausfiel, wie dies sinnvoll war. Ebenfalls hoch oben auf der Liste stand die Schnelligkeit, mit der das Unternehmen Bitten um Erhöhung des Kreditlimits erfüllen konnte.

MBNA legte Maßstäbe für jede kritische Variable fest, die eine Antriebskraft für Kundenwert ist. Dann ließ das Unternehmen seine Mitarbeiter überragende Leistung für jedes wichtige Gebiet definieren und setzte entsprechende Ziele. An jedem Tag, an dem diese Ziele zu mindestens 98 Prozent erreicht werden, zahlt das Unternehmen Geld in einen Bonuspool für Mitarbeiter außerhalb des Managements ein. Die Ergebnisse werden täglich auf einem Mitteilungsbrett vor der Cafeteria bekanntgegeben. Da jeder im Unternehmen sehr bemüht ist, die Ziele zu erreichen, arbeiten die Mitarbeiter zusammen, um Probleme zu lösen. Als zum Beispiel die Abteilung für neue Kunden vorübergehend in Neuanträgen erstickte, sprangen Mitarbeiter anderer Abteilungen freiwillig zur Aushilfe ein.

Andere Unternehmen haben versucht, ähnliche betriebliche Meßsysteme zu installieren, die meisten von ihnen weniger erfolgreich. Einige scheitern, weil die Anreize nur an Messungen unter unmittelbarer Kontrolle jeder einzelnen Abteilung gebunden sind – mit dem Ergebnis, daß jede Abteilung zu sehr mit sich selbst beschäftigt ist und sich zu wenig für das übrige Unternehmen interessiert. Oft gibt es aber ein anderes Problem: Es werden Leistungsdimensionen gemessen, die keine entscheidenden Antriebskräfte zur Wertschöpfung für den Kunden sind. Unternehmen gewinnen im Verlauf ihrer Geschäftsabläufe Einsichten in die entscheidenden Momente für die Kunden und etablieren Maßstäbe und Ziele für jeden. Doch sie tun den letzten und wichtigsten Schritt nicht: Sie verbinden die erzielten Leistungen in diesen Momenten nie mit dem tatsächlichen Kundenverhalten, das Cash-flow bewirkt und als Lackmustest für den Kundenwert dient.

Sie nehmen zum Beispiel an, daß ein entscheidender Moment der Empfang der Rechnung durch den Kunden ist und daß die Anzahl der Irrtümer bei der Rechnungsstellung eine Schlüsselvariable ist. Da sie aber erzielte Leistung nicht in Beziehung zu den Käufen des Kunden während der gesamten Dauer der Geschäftsverbindung, zum Anteil an den Gesamtausgaben und zu den Kundenverlustraten setzen, haben die Unternehmen keine Ahnung, wie wichtig eine genaue Rechnungsstellung wirklich ist oder was Verbesserungen bei der Rechnungsstellung wert sein könnten. Tatsache ist, daß sich die Antriebskräfte für relativen Kundenwert mit der Zeit verändern, wenn sich die Fähigkeiten von Konkurrenten und die Kundenerwartungen ändern. Der einzige Weg, mit Sicherheit festzustellen, ob Ihre Mitarbeiter auf kritische Variablen achten, ist der, das untere Ende der Hierarchie der Kennzahlen wieder mit der Spitze zu verbinden – das heißt, praktische betriebliche Messungen durch tatsächliche Unterschiede in Kundenloyalität und Lebenszyklus-Einkaufsverhaltensmustern mit dem Kunden-Kapitalwert zu verbinden. Wenn Irrtümer bei den Rechnungsstellungen einen bedeutenden Teil der Kundenverluste erklären können, wissen die Mitarbeiter genau, wie wichtig diese Fehler sind. Wenn sie auch die Konsequenzen einer Änderung der Verlustraten für den Cash-flow kennen, können sie sich ausrechnen, was für Investitionen sich lohnen, um das Problem der Rechnungsstellung zu lösen.

Die Messung der Kundenloyalität bei Lexus

Einer der besten Indikatoren für Kundenloyalität ist der Kauf von Serviceverträgen, Ersatzteilen sowie Ergänzungs- und Verbesserungsausstattungen. In vielen Branchen sind das die Quellen der höchsten Gewinnspannen, sie sind also nicht nur wesentlich als Indikatoren künftiger Käufe, sondern als Gewinnfaktoren per se. Hersteller von langlebigen Ausrüstungsgütern wie Telefonanlagen oder Kopiergeräten verdienen am Anfangsverkauf sehr wenig – sie verlassen sich auf Serviceverträge, um den Kundenlebenszyklus profitabel zu machen.

Vom organisatorischen Standpunkt aus mag es zwar notwendig sein, Verkäufe vom Service getrennt zu halten, doch es ist ungeheuer wichtig, die Systeme zu verbinden, mit denen beide beobachtet und gemessen werden. Das ist selten der Fall. Erforderlich ist, daß die Informationen, die Servicemitarbeiter beim Umgang mit den Benutzern gewinnen, in die Messungen aufgenommen werden, die Produktentwicklung und Vertrieb beeinflussen. Auch sollten die Incentivesysteme das Verkaufspersonal dazu motivieren, sich auf solche Kunden besonders zu konzentrieren, die loyale Servicekunden geblieben sind.

In der Automobilbranche gibt es alle diese Probleme in besonders krasser Form. Die meisten Autohersteller haben keine Ahnung, welche Kunden bei ihren Händlern treue Servicekunden sind und damit dem Gesamtsystem überragende Gewinnspannen bescheren. Im Durchschnitt erhalten die Händler nur 30 bis 40 Prozent der Servicedollars, die nach Garantieablauf für die verkauften Autos ausgegeben werden. Mehr noch: Wenige Händler verfolgen den Serviceverlauf systematisch.

Lexus, ein Unternehmen, das Serviceloyalität für eine der Hauptantriebskräfte für Händlergewinne und Wiederkaufsraten hält, hat ein Computersystem entwickelt, das schätzt, wieviel Servicearbeit die von einem Händler verkauften Autos verursachen sollten. Der Computer vergleicht die Servicerechnungen mit seinen Schätzungen, er stellt auch fest, welche Kunden nicht zu den ersten beiden – kostenlosen – Inspektionen gekommen sind. Das beste am System ist aber, daß es ausrechnet, wieviel zusätzlichen Gewinn ein Händler verdient hätte, wenn die ihm erwiesene Loyalität im oberen Viertel gelegen hätte. Um den Vertragshändlern zu helfen, ihre Geschäfte effektiver zu managen und besseren Kundenwert zu liefern, vergleicht der Computer auch die Produktivitätshöhen.

Das Lexus-System war nicht billig zu installieren. Jeder Händler hat in einen AS400-Computer und eine Satellitenschüssel investiert, um Verkaufs- und Serviceinformationen an das US-Hauptquartier des Unternehmens in Torrance, Kalifornien, zu übermitteln. Mit diesem einzigartigen Netz kann Lexus Wiederkaufsloyalität mit einer Genauigkeit verfolgen, welche die Branche niemals zuvor erlebt hat. Dick Chitty, Vizepräsident für Autoteile, Service und Kundenzufriedenheit, kann Informationen zusammen mit den Händlern überprüfen und die von ihnen erreichten Grade an Serviceloyalität vergleichen.

Einige Autoserviceunternehmen versuchen, die Gewinne durch höhere Preise und aggressives Cross-Selling zu steigern. Aber die Bindung individueller Mitarbeiteranreize an die falschen Kennzahlen kann zu Kundenverlusten führen – und zu noch Schlimmerem. Sears Auto Centers gerieten in ernste Schwierigkeiten, als ihre kalifornischen Betriebe vom Stundenlohn auf Provisionen nach Umsatzvolumen überwechselten. Da die Zahl der Kunden nicht zunahm, war der einzige Weg zur Provisionssteigerung die Erhöhung der Abrechnungssumme je Kunde. Die Mitarbeiter begannen, immer mehr Probleme bei jedem Auto zu finden, das in die Werkstatt kam – mit dem Ergebnis einer PR-Katastrophe für Sears. Die Kunden wandten sich an staatliche Stellen, die Untersuchungen in New Jersey, Kalifornien und Florida durchführten. Das Debakel ist ein gutes Beispiel dafür, was passieren kann, wenn Gewinndruck ein Unternehmen dazu verleitet, sich auf die falschen Leistungsmaßstäbe zu konzentrieren. Sears diagnostizierte das Problem als Mangel an Verkaufsanstrengungen, während das wirkliche Problem war, daß den Kunden nicht genug Wert geliefert wurde.

Wenn Sears Wiederholungsgeschäft statt Umsatzvolumen gemessen hätte, würde das Unternehmen das Problem viel früher erkannt haben. Der Eckstein des Meßsystems von Lexus ist die Wiederkaufsloyalität – der bestmögliche Indikator dafür, wieviel Wert die Kunden empfangen zu haben meinen. Das Lernen der Mitarbeiter dreht sich darum, die Wiederkaufsloyalität zu steigern. Lexus drängt seine Händler, ihre Servicepraktiken zu überprüfen, wenn die Preise hoch zu sein scheinen. Und die Händler hören zu, denn Lexus kann ihnen zeigen, was Nichtzuhören sie an langfristigen Gewinnen kosten wird. Dick Chitty kann mehr, als sich mit den Händlern über allgemeine Kundenzufriedenheitsstatistiken auszutauschen – er kann ihnen die Namen von verlorenen Kunden zeigen und genau ausrechnen, wieviel Gewinn jedem Händler durch Kundenverluste entgeht. Das Resultat für Lexus sind Rekordergebnisse bei Service- und Wiederkaufsloyalität.

Die Kunden-Gewinnungs-und-Verlust-Matrix

Es gibt noch ein letztes Meßinstrument, das beim Management des Stroms von Kundenwert sehr nützlich sein kann, vor allem wenn es in Verbindung mit der in Kapitel 7 beschriebenen Art der Mißerfolgsanalyse verwendet wird. Es wird Gewinnungs-und-Verlust-Matrix genannt, und Lexus bietet ein gutes Beispiel dafür, wie es benutzt werden kann. Zuerst verfolgt das Unternehmen die Verlustraten und identifiziert die Automarke, die frühere Lexus-Besitzer kaufen. Soweit wie möglich tut es das gleiche für die Konkurrenten. Die Ergebnisse werden dann in einer Matrix wie in Abb. 8.4 aufgelistet, welche die Informationen zusammenfaßt, die Schwächen im Wertangebot des Unternehmens aufzeigt und jene Konkurrenzwertangebote ins Rampenlicht rückt, welche die Kunden attraktiver finden. Vertikal sind die Automarken aufgeführt, welche die Neuwagenkäufer bisher besaßen, horizontal die prozentuale Verteilung ihrer Neukäufe – so zeigt die erste Reihe, daß von allen bisherigen Lexus-Besitzern 68 Prozent wieder einen Lexus kauften, 3 Prozent einen Mercedes, 4 Prozent einen BMW und so weiter; von den bisherigen Mercedes-Besitzern kauften 14 Prozent einen Lexus, 42 Prozent wieder einen Mercedes. Die horizontalen Reihen summieren sich nicht zu 100 Prozent, weil viele Automarken nicht aufgeführt sind. Durch Hinzufügung einer Reihe für Neukunden, die früher kein Oberklassenmodell besaßen, kann Lexus alle Kundenbewegungen auf dem Oberklassenautomarkt analysieren. Das Verfahren vermeidet die Falle, das eigene Abschneiden isoliert vom Umfeld zu verfolgen.

Die meisten Unternehmen könnten (und sollten) diese Art von Matrix für ihre eigene Branche ausarbeiten. Eine weitere Verfeinerung ist, nicht

Bisher gefahrene Marke	Lexus	Mercedes	BMW	Lincoln	Cadillac	Acura	Infiniti	Audi	Saab	Volvo	Jaguar	Jeep
Lexus	68	3	4	2	3	2	4	–	1	–	1	2
Mercedes	14	42	4	2	5	1	7	1	–	1	1	1
BMW	13	5	43	–	–	2	4	1	–	3	1	8
Lincoln	4	1	1	64	7	1	2	–	–	–	1	–
Cadillac	3	1	1	8	54	1	1	–	–	–	1	1
Acura	7	1	1	2	–	35	4	1	1	1	–	2
Infiniti	9	–	–	2	2	53	–	–	–	–	–	21
Audi	5	2	3	–	2	2	1	16	–	–	–	2
Saab	5	–	3	–	4	1	4	1	28	5	–	9
Volvo	2	1	2	–	–	2	1	–	–	29	–	2
Jaguar	18	9	6	7	9	–	10	2	2	1	28	2

Prozentsatz der Neufahrzeuge

Abbildung 8.4: Eine Gewinnungs-und-Verlust-Matrix

nur die Kundenanzahl zu verfolgen, sondern die Gewinne, die sie einbringen, oder besser noch ihren Kapitalwert. In vielen Branchen, zum Beispiel im Bankwesen, ist die Anzahl der Neukunden und der Kundenverluste nicht annähernd so wichtig wie die Veränderungen bei den hochwertigen Kunden. In diesen Branchen ist eine Ursachenanalyse angebracht, wenn eine Zelle in der Matrix eine große Bewegung von Kundenwert (nicht nur eine Bewegung einer großen Zahl von Kunden) anzeigt.

Die Zufriedenheitsfalle

Eines der bedeutenden Merkmale der Hierarchie der Kennzahlen und der verschiedenen einzelnen Maßstäbe, die wir uns angesehen haben, ist, daß alle auf unparteiischen Fakten aufbauen. Kundenbindung, Lebenszyklusgewinne, Neukundenraten, Akquisitionsraten – diese Statistiken mögen schwer zu beschaffen sein, sie vermitteln aber wirkliche Einsichten, weil sie objektiv und zuverlässig sind. Wichtiger noch: Sie sind direkt mit Cash-flows und Kunden-Kapitalwert verbunden, wie wir in Kapitel 2 gesehen haben.

Nicht alle heute verwendeten Meßsysteme sind so zuverlässig. Eine der am wenigsten zuverlässigen und am meisten benutzten ist Kundenzufriedenheit. Nicht daß sie keine Rolle spielen würde – sie ist sehr wesentlich. Es sind Art, Zusammenhang und Prioritäten der Zufriedenheitsmessung, die zu einem Problem geworden sind. Und das Problem ist, daß Zufriedenheitsmeßdaten zu leicht zum Selbstzweck werden können, wenn wir sie nicht in Beziehung zu Kundenloyalität und Gewinnen setzen. In manchen Firmen werden sie als ein noch höheres Ziel als die Gewinne eingestuft. Doch Manager, welche die Stärke von Zufriedenheitsuntersuchungen wirklich verstehen, sind auch dazu gelangt, ihre Grenzen zu erkennen. Bei Lexus, immer wieder Preisträger von Kundenzufriedenheits-Auszeichnungen im Autosektor, werden solche Untersuchungen nicht als der beste Maßstab für Zufriedenheit angesehen. Mit den Worten von Dave Illingworth, erster Generaldirektor von Lexus und jetzt Gruppenvizepräsident von Toyota: »Das einzige sinnvolle Maß für Zufriedenheit in dieser Branche ist Wiederkaufsloyalität.«[1]

Illingworth weiß, daß der Unterschied zwischen Ergebnissen von Zufriedenheitsuntersuchungen und der Wiederkaufsloyalität enorm sein kann. In der Autoindustrie, die Pionier bei der Verwendung der Zufriedenheitsforschung war und wahrscheinlich mehr Geld für Zufriedenheitsprogramme und -forschung ausgibt als jede andere Branche, sind die Gefahren der Zufriedenheitsfalle besonders offensichtlich. General Motors war unter den ersten, welche die Zufriedenheitstechnologie anwendeten. Das Unternehmen legte sich darauf fest, von der ausländischen Konkurrenz eroberte Marktanteile wieder zurückzugewinnen, indem es sich auf diese Kunden konzentrierte, und sein Hauptwerkzeug dafür waren Zufriedenheitsuntersuchungen. Bonuszahlungen für die Manager wurden teilweise an die Verbesserung von Zufriedenheitsmeßwerten geknüpft. In den 80er Jahren erhöhte sich diesen Messungen zufolge die Kundenzufriedenheit – wie die meisten Messungen, die in die Berechnung der Bonuszahlungen an die Manager eingingen –, aber die Marktanteile und die Gewinne sanken.

Jedes Unternehmen, das vergißt, daß es keine zwangsläufige Verbindung zwischen Kundenzufriedenheit und Cash-flow gibt, kann in eine Zufriedenheitsfalle tappen. Frühe Erfolge mit Zufriedenheitsprogrammen sind oft vergleichbar mit dem Pflücken niedrig hängender Früchte. Die Untersuchungen von General Motors brachten einige offensichtliche Quellen von Unzufriedenheit ans Licht, die ohne großen Aufwand an Zeit oder Geld zu beheben waren, wie Kfz-Mechaniker in schmutzigen Overalls oder die Nichteinhaltung von zugesagten Auslieferungsterminen neuer Fahrzeuge. Doch sowie ein Unternehmen die auf der Hand liegenden Verbesserungen bewirkt hat, wird es mit hoher Wahrscheinlichkeit feststellen, daß die nächsten Verbesserungen wirkliche Investitionen erfordern. Ist es zehn Millionen Dollar wert, alle Servicemanager neu zu schulen? Ist es zehn Millionen Dollar wert, die durchschnittliche Zufriedenheit von 85 auf 90 Prozent zu erhöhen? Ist es 100 Millionen Dollar wert? Diese Fragen sind grundlegend für die Lieferung hervorragenden Wertes, aber Zufriedenheitsuntersuchungen können sie nicht beantworten. Die Mitarbeiter werden natürlich die leichtesten Wege zur Verbesserung der Zufriedenheitsdaten suchen, nicht aber die profitabelsten.

Immer wenn Bonuszahlungen von Zufriedenheitsmessungen ohne Verbindung mit Wiederkaufsloyalität und Gewinnen abhängen, ist das Ergebnis unproduktives Verhalten. Viele Autohersteller verfolgen ihre Zufriedenheitsdaten mit statistischer Rigorosität und schließen sie in ihre Incentive- und Anerkennungsprogramme ein. Das Ergebnis ist eine rasante Steigerung der Zufriedenheitsmeßwerte in den letzten zehn Jahren, so daß heute mehr als 90 Prozent aller Kunden berichten, sie seien zufrieden oder sehr zufrieden. Gleichzeitig bleiben die Wiederkaufsraten für die Branche überwiegend bei 30 bis 40 Prozent stecken. Wie kommt das zustande?

Die Beweise häufen sich, daß die Autohändler auf die Zufriedenheitsbesessenheit in einer Weise reagieren, die nicht unbedingt den Wert für die Kunden erhöht – oder die Händlergewinne. Ein Toyota-Händler bot jedem Kunden, der auf einem Fragebogen überall »Sehr zufrieden« ankreuzte, eine kostenlose gründliche Generalreinigung. Der Händler stellte sogar einen vorgedruckten Fragebogen zur Verfügung, der dem Kunden zeigte, wie er richtig auszufüllen war. Bei einer anderen Niederlassung flehte ein kürzlich angeheuerter Händler die Kunden an, den Fragebogen mit günstigen Antworten auszufüllen: »Sowohl meine Frau als auch ich haben gerade unsere Stellung bei einem örtlichen Computerunternehmen verloren, meine junge Familie ist also auf mich angewiesen – und ich verliere meine Stellung hier, wenn ich keine hohen Zufriedenheitswerte bekomme.« Diese Bemühungen mögen die Werte verbessern, sie werden aber wahrscheinlich nicht die Loyalität erhöhen.

Selbst wenn Händler aus den richtigen Gründen versuchen, Zufriedenheitsuntersuchungen durchzuführen, stoßen sie auf einige inhärente Grenzen dieser Technik. Zum Beispiel stellen die Händler fest, daß eine zunehmende Anzahl von Kunden der Befragungen müde werden. Ein Cadillac-Händler hat die folgende Geschichte erzählt:

Einer meiner Kunden stellte mich kürzlich bei einer Zusammenkunft des Wohltätigkeitsausschusses zur Rede und sagte mir: »Nachdem ich mein Auto abgeholt hatte, erhielt ich einen Anruf, ob ich mit dem Verkaufserlebnis zufrieden war. Dann erhielt ich einen Anruf, nachdem das Auto zum Service in der Werkstatt war, und wurde gefragt, ob ich mit dem Serviceerlebnis zufrieden war. Wochen später rief mich ein weiterer Befrager an, um zu prüfen, ob ich mit dem Eigentumserlebnis zufrieden bin. Wann bekomme ich also einen Anruf, um festzustellen, ob ich mit dem Erlebnis der Zufriedenheitsuntersuchungen zufrieden bin?«[2]

Ein führender Autohersteller gibt zu, daß Kunden bis zu sechs Fragebögen oder Telefonanrufe pro Jahr bekommen können. Stellen Sie sich vor, wieviel dies das Unternehmen kostet – ganz zu schweigen von der verschwendeten Zeit der Kunden.

Kfz-Unternehmen, die es ernst mit der Messung des Werts meinen, den sie den Kunden liefern, werden ihre Meßsysteme nicht auf Zufriedenheitsuntersuchungen aufbauen. Sie werden anerkennen, daß die Messung von Zufriedenheit – ein naturgemäß instabiler und vorübergehender Geisteszustand – eine heikle Angelegenheit ist und daß die Einstellung der Kunden sich in den Jahren zwischen den einzelnen Autoanschaffungen viele Male ändert. Statt dessen werden sie sorgfältig die Wiederkaufsloyalität untersuchen, um den wahren Wert ihrer Produkte und Dienstleistungen im Vergleich zur Konkurrenz festzustellen. Wenn Kunden nicht zum Service zu ihrem Händler zurückkehren, wenn sie eine andere Automarke kaufen, so sind das unanfechtbare Zeichen für Unzufriedenheit.

Zufriedenheitsuntersuchungen sind ein weitaus weniger genauer Test für Zufriedenheit als Kundenverhalten. In einem Unternehmen nach dem anderen haben unsere Forschungen ans Licht gebracht, daß 60 bis 80 Prozent der verlorenen Kunden kurz vor dem Wechsel zu einer anderen Firma bei einer Befragung geantwortet hatten, daß sie zufrieden oder sehr zufrieden seien. Einige Unternehmen haben darauf reagiert, indem sie versuchten, ihre Zufriedenheitsmaßstäbe differenzierter und ausgeklügelter zu gestalten. Die meisten Autohersteller haben dieses Verfahren gewählt und sehr viel in ihre Untersuchungstechnologie investiert. Das Resultat? Noch immer behaupten 90 Prozent ihrer Kunden, zufrieden zu sein, aber nur 40 Prozent kommen zu einem weiteren Kauf zurück. Dennoch stecken die meisten Autounternehmen immer noch mehr Geld in die Verfeinerung ihrer Zufriedenheitsuntersuchungen als in die Entwicklung zuverlässiger Loyalitätsmaßstäbe.

Die Ausnahme ist Lexus. Fahren Sie bei einem Lexus-Händler vorbei, und Sie werden die schon erwähnte Satellitenschüssel sehen. Sie hält den Händler in ständiger Verbindung mit der Hauptverwaltung von Lexus und erhält einen ständigen Informationsfluß über Kundenverhalten bei Autokäufen und Inanspruchnahme von Serviceleistungen in beide Richtungen aufrecht. Lexus kann verfolgen, welche Kunden zurückkommen, um mehr zu beziehen, und welche nicht. Das Unternehmen kann die Unterschiede zwischen Händlern, die hohe Loyalität erzielen, und solchen, die dies nicht erreichen, analysieren. Danach kann es Zufriedenheitsuntersuchungen produktiv nutzen, um die Kaufentscheidungen der Kunden besser zu verstehen.

Ein anderer Vorteil des Ansatzes zu beobachten, was die Kunden bezahlen, nicht nur, was sie sagen, ist der, daß es einem Unternehmen dadurch ermöglicht wird, die Käufe während der gesamten Dauer der Kundenbeziehung zu verfolgen. Das zwingt ein Unternehmen dazu, seine Investitionen in Kundenzufriedenheit auf die Kunden mit dem höchsten potentiellen Wert auszurichten. Zufriedenheitsforschung, die quer durch die gesamte Kundenbasis durchgeführt wird – die statistisch korrekte Methode –, wird zwangsläufig vom Einfluß der unprofitablen Kunden zeugen. Zum Beispiel könnte ein Bankfilialleiter viele Beschwerden über lange Schlangen an den Kassen hören, es ist aber durchaus möglich, daß die profitabelsten Kunden der Zweigstelle ihre meisten Geschäfte telefonisch, per Post und am Bankautomaten ausführen. In mehr Kassierer zu investieren könnte die Zufriedenheitsmeßwerte aufblasen, aber die Gewinne schrumpfen lassen, indem auf eine Weise der Service verbessert und die Kosten gesteigert werden, die den besten Kunden gleichgültig ist.

Eine andere Falle von Zufriedenheitsprogrammen, die nicht mit Loyalität und Gewinnen verknüpft sind, ist, daß sie gerade dann in Mißkredit fallen können, wenn die Verbesserung des Werts für Kunden ein besonders vorrangiges Ziel sein sollte. Eine Bank investierte sehr viel in die Entwicklung eines Systems zur Beobachtung der Kundenzufriedenheit, das sie zusammen mit anderen Maßstäben wie Kosteneffektivität und Wachstum verwendete, um die Leistungen der Filialen zu vergleichen und Filialleiter zu bewerten. Dann beschloß die Bank, auch die Kundenbindungsraten zu messen. Zu ihrer Überraschung stellte sie fest, daß die Zweigstellen mit den höchsten Zufriedenheitswerten nicht die besten Bindungsraten hatten. Daraufhin bestanden einige Manager darauf, die Zufriedenheitsmessungen ganz abzuschaffen und statt dessen die Bonuszahlungen für die Filialleiter stärker an der Kosteneffektivität zu orientieren. Mangels verläßlicher Kennzahlen, die auf Loyalität und Cash-flow basieren, greifen viele Unternehmen zu den falschen Mitteln: Kostensenkungsprogramme und Entlassungen.

Die Baby Bells, die regionalen Nachfolgeunternehmen der Bell Telephone Company, sind eine andere Gruppe von Unternehmen, die in einem zunehmend von Konkurrenz beherrschten Umfeld um die richtigen Managementinstrumente ringen. Die meisten von ihnen haben Zufriedenheitsuntersuchungen entwickelt, um die Konzentration auf den Kundenservice zu unterstützen. Doch nur wenige haben schon Systeme aufgebaut, um Bezüge und Gewinne von verschiedenen Kundentypen während der gesamten Dauer der Geschäftsbeziehungen mit ihnen zu analysieren. Wenn sie gelegentlich diese Art von Analyse durchführen, finden sie heraus, daß die besten 10 Prozent ihrer Kunden fünf- bis zehnmal soviel Lebenszyklusgewinne einbringen wie die untersten 10 Prozent. Wenn die Telefongesellschaften den Weg der Autohersteller wählen und zunehmend verfeinerte Kundenzufriedenheitsuntersuchungen durchführen, werden sie wahrscheinlich in die gleiche Zufriedenheitsfalle tappen. Während sie daran arbeiten, breitfundierte Zufriedenheitswerte zu verbessern, werden Konkurrenten ihre besten Kunden mit gezielten Marketingprogrammen ansprechen, die den profitabelsten Kundschaftssegmenten hervorragenden Wert bieten. Abnehmender Cash-flow wird es dann schwieriger machen, selbst Durchschnittskunden guten Wert zu liefern.

Indem sie sich zu stark auf breitfundierte Untersuchungen verlassen, lassen diese Unternehmen zu viele Kunden durch die Risse entkommen. Es gibt einen besseren und einfacheren Weg. Unternehmen, die höhere Kundenzufriedenheit wollen (die sie fälschlicherweise mit höheren Zufriedenheitsmeßwerten gleichsetzen), müssen wissen, wieviel sie für die Zufriedenheit spezifischer Kunden ausgeben können. Das heißt, sie müssen die Rendite ihrer Investitionen messen. Der einzige Weg dazu ist, die Kaufmuster im Kundenlebenszyklus zu untersuchen. Da sie dies tun müssen, um die Kundenprofitabilität festzustellen, warum sollten sie dann nicht einfach die Käufe im Lebenszyklus als Grundlage für Messung und Management der Zufriedenheit nehmen? Da Wiederkaufsloyalität das Ziel ist, warum sollte man sie nicht als Grundmaßstab des Erfolgs verwenden? Unternehmen können die Zufriedenheitsfalle vermeiden, wenn sie daran denken, daß nicht zählt, wie zufrieden sie ihre Kunden halten, sondern wie viele zufriedene und profitable Kunden sie behalten.

Das Beispiel Staples

Die Schaffung eines Informations- und Meßsystems der Art, wie wir es in diesem Kapitel beschrieben haben, mag manchen Lesern als eine unmögliche Herausforderung erscheinen, vor allem in Branchen wie Einzelhandel, wo es schwierig ist, individuelle Kundenkäufe zu verfolgen, ganz zu schweigen von Bindung und Anteil an den Gesamtausgaben. Doch die Autohersteller empfanden das vermutlich ähnlich, bis Lexus ihnen zeigte, wie es zu schaffen ist – und wie wertvoll die Information sein könnte.

Sehen wir uns ein anderes Beispiel an, einen Einzelhändler, der zu der Überzeugung kam, er müsse einen Weg zur Messung von Kundenwert finden – und es schaffte. Das Unternehmen ist Staples, die Fachmarktkette für Bürobedarf, die wir in Kapitel 3 kurz erwähnten. Gegründet 1986 von Tom Stemberg, einem Manager mit Supermarkterfahrung, und finanziert mit Risikokapital, kam das Unternehmen früh zu dem Schluß, es müsse einen Weg zur Verfolgung von Kundenkäufen finden. Seine Lösung war die Schaffung einer Mitgliedskarte, die zu Rabatten und zur Teilnahme an Sonderverkäufen berechtigte. Staples ermutigte alle Kunden zur Mitgliedschaft und ließ die Mitgliedsnummern bei jedem Kauf an der Registrierkasse eingeben. Wenn der Kunde vergessen hatte, seine Karte mit ins Geschäft zu bringen, konnte der Kassierer die Kontonummer einfach durch Eingabe seiner Telefonnummer finden.

Durch dieses System lernte Staples seine Kunden wesentlich besser kennen, als es dem typischen Einzelhändler möglich ist. Der Mitgliedsantrag selbst erfaßte grundlegende persönliche und demographische Daten, aus den Registrierkassendaten ergaben sich präzise Informationen über Präferenzen, Mengen und Häufigkeit der Einkäufe. Durch die Anträge und die Einkaufsdaten zusammen wurde das Management darüber informiert, welche Kunden und Kundschaftssegmente die größten Anteile an den Umsätzen jedes Geschäfts hatten. Das Unternehmen konnte dann seine Lagerhaltung und Vertriebssteuerung Filiale für Filiale dem Bedarf seiner besten Kunden anpassen. Staples brauchte keine teuren Massen-Mailings in ganzen Landesteilen und enthielt sich allgemeiner Gutscheine. Statt dessen steuerte es mit Gutscheinen, Mailings und Verkaufsförderungsaktionen spezifische Kundschaftssegmente an.

Um dieses System zu schaffen, mußte Staples eine bedeutende Investition zu einer Zeit tätigen, in der Risikokapitalgeber eine mindestens 35prozentige Rendite ihres Kapitals anstrebten. Stemberg glaubte aber, daß diese Art von Kundendaten dem Unternehmen einen maßgeblichen Wettbewerbsvorteil verschaffen würde. Er sah einfach die Welt anders als andere Einzelhändler, die den Wert von Kundeninformationssystemen unterschätzten oder einfach nie erkannten.

Es war eine mutige Investition in einer Zeit, in der die Kette noch ihr grundsätzliches Vermarktungskonzept testete, sie hat sich aber als eine bemerkenswert schlaue Maßnahme erwiesen. Der Konkurrenzkampf ist härter geworden, und andere Büromaterialfilialisten wie OfficeMax und Office Depot sind in Staples' Territorium eingedrungen, doch Staples hat sich mehr als behauptet. Ein Grund dafür ist, daß Staples, wenn ein konkurrierendes Geschäft kurz vor der Eröffnung steht, sich eine Liste seiner 100 besten Kunden im Einzugsbereich des künftigen Konkurrenten ausdrucken lassen und jeden von ihnen anrufen kann, um die Vorteile von Staples im Vergleich hervorzuheben und Verkaufsförderungsangebote maßschneidern kann, um die Attraktivität des neuen Geschäfts zu schwächen. Sowie das neue Geschäft eröffnet worden ist, kann der Staples-Filialleiter die Verkaufsverläufe beobachten, um zu sehen, welche Kunden viel weniger oder nicht mehr bei ihm kaufen, und dann einen Gegenangriff entwickeln, um zu versuchen, die »Abtrünnigen« zurückzugewinnen. Die Umsätze sind von Null 1986 auf über zwei Milliarden Dollar 1994 gestiegen, und der Aktienkurs von Staples hat sich seit der ersten Emission 1989 verdreifacht.

1995 kam das Staples-Management zu dem Schluß, daß es an der Zeit war, das Kundenbeobachtungssystem umzugestalten. Das ursprüngliche Programm schloß 90 Prozent der Kundschaft ein, und aufgrund des rapiden Wachstums von Staples hatte sich die Datenbasis zu enormen Dimensionen aufgebläht. Die Geschäftsführung nutzte das, was sie über die Einkaufsverläufe während der Kundenbindungsdauer gelernt hatte, und überprüfte, wie die Daten ihr bei der Entscheidungsfindung geholfen hatten. Sie kam zu dem Schluß, daß sie ihre wesentlichsten Einsichten sämtlich aus einem besseren Verständnis ihrer besten Kunden abgeleitet hatte. Die Einbeziehung der riesigen Anzahl kleiner Kunden hatte nicht nur die Datenbasis überladen, sondern das Programm selbst verwässert. Statt sich auf Bedarf und Verhalten der besten Kunden zu konzentrieren, hatte das Unternehmen jedermann die gleichen Belohnungen geboten.

Im Ergebnis wurde das ursprüngliche Programm zugunsten einer neuen Belohnungsstruktur für Kunden mit mehr als 1 000 Dollar Jahresumsatz fallengelassen. Das neue Programm unter dem Namen »Staples Dividends« bot gestaffelte Rabatte, die mit der Höhe der Umsätze stiegen, so daß Kunden einen zusätzlichen Anreiz erhielten, ihre Käufe nur bei Staples zu tätigen. Je mehr sie ausgaben, desto niedriger der effektive Preis für die Kunden und desto besser natürlich das Resultat für Staples. Der Wechsel schärfte die Fähigkeit von Staples, das Kaufverhalten seiner besten Kunden zu messen, daraus zu lernen und es zu managen. Kurz, das Ergebnis war besserer Wert rundum.

Loyalitätsbilanz und Werteschaffung aus Mitarbeitersicht

Dieses Kapitel hat sich bisher hauptsächlich auf Kundenmeßsysteme und deren Anwendung auf den Wertschöpfungsprozeß konzentriert. Doch die Notwendigkeit verbesserter Mitarbeitermeßsysteme ist ebenso dringend. Da die Mitarbeitermeßtechniken, die wir empfehlen, analog zu den beschriebenen Kundenmessungen erfolgen, können wir sie schneller abhandeln.

Den Kern eines vernünftigen Mitarbeitermeßsystems bilden die Mitarbeiterbilanz und die Wertflußrechnung, für die Beispiele in Abb. 8.5 gezeigt werden. Die Bilanz verfolgt Volumen und Zu- und Abflüsse der Gesamtbelegschaft, der neu eingestellten und der verlorenen Mitarbeiter. Die Wertflußrechnung muß wie jene für die Kunden mit einem Wertangebot beginnen. Sie können das für eine Identifikation der Zielmitarbeiter nutzen, entscheidende Wertdimensionen definieren, erklären, wie Mitarbeiter ein hervorragendes Entgelt verdienen können, und die wirtschaftliche Strategie zusammenfassend darstellen, die den Mitarbeitern helfen wird, einen Produktivitätsüberschuß zu schaffen und an ihm teilzuhaben. Was die tatsächlichen Maßstäbe anbelangt, sollten Sie beachten, daß Zufriedenheitsbewertungen für Mitarbeiter nicht zuverlässiger sind als für

Mitarbeiterbilanz

Mitarbeiter-bilanz	Anzahl	Prozent
Anfangsbilanz	–	–
+ Neueinstellungen	–	–
– Abwanderer	–	–
= Schlußbilanz	–	–

Mitarbeiterwertflußrechnung

Wertangebot
- Zielmitarbeiter
- Wertdimensionen
- Vorteilsquelle

Mitarbeitern gelieferter Wert

	Eigenes Unternehmen	Konkurrent A	B	C
Stundenlohn				
Im 1. Jahr	–	–	–	–
Im 5. Jahr	–	–	–	–
Ausbildung	–	–	–	–
Werkzeuge	–	–	–	–
Akquisitionsrate	–	–	–	–
Bindungsrate	–	–	–	–
Empfohlene (in % der Neueingestellten)	–	–	–	–

Von Kunden erhaltener Wert

	Eigenes Unternehmen	Konkurrent A	B	C
Umsatz je Mitarbeiter				
1. Jahr	–	–	–	–
5. Jahr	–	–	–	–
Abwanderer	–	–	–	–
Gewinne je Mitarbeiter	–	–	–	–
1. Jahr	–	–	–	–
5. Jahr	–	–	–	–
Abwanderer	–	–	–	–

Abbildung 8.5: Mitarbeiterbilanz und Mitarbeiterwertflußrechnung

Kunden. Wiederum ist der beste Weg zur Verfolgung von relativem Erfolg und Mißerfolg des Wertangebots, die Bindungs- und die Neugewinnungsraten zu beobachten und dann zusammenfassende Statistiken darüber zu entwickeln, wovon dieses Verhalten getrieben wird. Bei den meisten Unternehmen gehören zu den Antriebskräften die Vergütungshöhe, die Wachstumsraten der Vergütung, Investitionen in Ausbildung und Arbeitswerkzeuge sowie Ausgaben, die ein attraktives Arbeitsumfeld schaffen.

Ihre Wertflußrechnung sollte auch Bindungsmuster und Lebenszyklusproduktivitätskurven (Erfahrungskurven) für jede Gruppe von Neueingestellten verfolgen. Zusätzlich sollten Sie den Verlustraten für Mitarbeiter mit unterdurchschnittlicher und für Mitarbeiter mit überdurch-

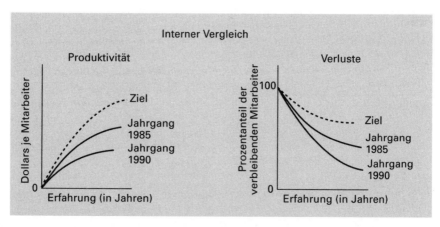

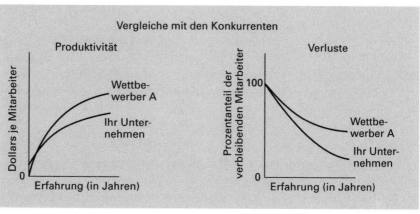

Abbildung 8.6: Mitarbeiterproduktivität und -verluste

schnittlicher Produktivität nachgehen, unter Berücksichtigung der Beschäftigungsdauer und der Erfahrung. (Eine Analyse eben solcher Daten veranlaßte den Börsenmakler aus Kapitel 7 dazu, bestimmte Kategorien von Neueinstellungen zu vermeiden.) Schließlich muß Ihr Unternehmen alle diese Meßdaten mit denen von Hauptkonkurrenten vergleichen, die Mitarbeiter aus dem gleichen oder einem ähnlichen Talentpool anheuern. Abb. 8.6 zeigt, wie diese Meßdaten grafisch dargestellt werden könnten.

Eine weitere Dimension, der Sie nachgehen müssen, ist der Anteil von Kandidaten von hohem Potential unter den Neueingestellten. Einstellungsraten als solche sind leicht zu messen, schwieriger ist die Feststellung der Qualität neuer Mitarbeiter. Mit der Zeit verraten Ihnen natürlich die tatsächlichen Produktivitätskurven alles, was Sie wissen müssen. Es ist aber gewöhnlich möglich (und natürlich sehr wünschenswert), die Qualität im voraus zu schätzen.

Bei Bain & Company verfolgen wir den Prozentsatz unserer Einstellungsangebote, die akzeptiert werden. Das nennen wir unsere Akquisitionsrate. Wenn die Akquisitionsraten hoch sind, sind wir zuversichtlich, die richtige Art von Charakteren und Talenten in unsere Firma zu bringen. Ein noch besseres Maß ist aber die Akquisitionsrate, die wir bei Kandidaten erzielen, die Stellenangebote von unseren Hauptkonkurrenten bekommen haben. Wir glauben, daß es wichtig ist, mehr als unseren arithmetischen Anteil an diesen Kandidaten zu gewinnen, wenn wir die Gesamtqualität unserer Mitarbeiterbasis aufrechterhalten oder verbessern wollen.

Das Harvard College sagt die Qualität seiner Studienanfängerklassen auf etwa die gleiche Weise voraus. 1993 nahmen 74 Prozent der von Harvard akzeptierten Bewerber ihren Platz an. Die nächsthöhere Akquisitionsrate – 20 Prozentpunkte niedriger – hatte Princeton mit 54 Prozent. Wenn die begabtesten Studenten durchschnittlich von drei Colleges angenommen werden, schneidet die Hochschule bei einer Akquisitionsrate von über 33 Prozent gut ab. Akquisitionsraten von 50 bis 75 Prozent verschaffen den Hochschulen, die sie erreichen, einen überwältigenden Vorteil, denn die Qualität der Studentenschaft ist entscheidend für die Studienerfahrung.

Akquisitionsraten in dieser Höhe sind auch für Unternehmen ein großer Vorteil, da die Qualität der Mitarbeiterbasis eine entscheidende Antriebskraft für Wettbewerbsvorteile ist. Dennoch beachten wenige Unternehmen diese Statistik, und kaum eines nimmt sie in seine Jahresberichte auf – ein weiterer Beweis dafür, daß die meisten Unternehmen die Wichtigkeit von Mitarbeiterqualität und -loyalität nicht verstehen.

Die Messung der Investorenloyalität

In Kapitel 6 haben wir gesehen, wie wichtig es ist, die richtigen Investoren zu finden (diejenigen, die sich wie Partner verhalten) und ihre Loyalität zu steigern. Mit Blick auf diese Ziele haben wir in Abb. 8.7 eine Investorenbilanz und eine Investorenwertflußrechnung zusammengestellt. Statt alle Investoren zusammenzufassen, haben wir sie in vier Kategorien eingeteilt – neue Investoren, Investoren, die ihre Anteile am Unternehmen

Investorenbilanz				Investorenwertflußrechnung			
Kategorie	**Anzahl**	**Prozent**	**Prozent in $**	**Wertangebot** • Zielinvestor • Hindernisrate für Reinvestitionen • Zeitrahmen (Zeitbindungszeit) • Schlüsselelemente der Partnerschaft			
Anfangsbilanz	–	–	–	**An Investoren gelieferter Wert**			
+ Neue	–	–	–		Eigenes Unternehmen	Konkurrent A B C	
+ Mehr Investierende	–	–	–	Erzeugte Gewinne/ Liquidität	–	– – –	
– Weniger Investierende	–	–	–	Reinvestitionsrendite erzeugter Liquidität	–	– – –	
– Abwanderer	–	–	–	Dividendenrate	–	– – –	
= Schlußbilanz	–	–	–	Aktienwertzuwachs	–	– – –	
				Von Investoren erhaltener Wert			
					Eigenes Unternehmen	Konkurrent A B C	
				Verlustrate Aktien Ihres Unternehmens Investoren-Gesamtportfolios	– –	– – – – – –	
				Durchschnittliche Behaltungsdauer	–	– – –	
				Halbwertzeit	–	– – –	
				Reinvestitionsrate	–	– – –	
				Zielinvestoren (in % von allen)	–	– – –	

Abbildung 8.7: Investorenbilanz und Investorenwertflußrechnung

erhöhten, solche, die ihre Anteile verminderten, und verlorene Investoren –, um Fortschritte in Richtung einer stabilen Investorengruppe mit niedrigen Verlustraten herauszustellen.

Wie in den anderen beiden Fällen auch sollte die Wertflußrechnung mit einer klaren Darstellung des Wertangebots für die Investoren beginnen, wozu eine Beschreibung der Investorenzielgruppe gehört; eben dessen, was das Management an ihnen schätzt, und wie es sie rekrutieren will. Das wird helfen zu klären, welche Investorenstatistiken Sie beachten müssen. Die meisten Unternehmen vergleichen Dividenden und Aktienkurssteigerungen mit denen von Investitionen in Aktien vergleichbarer Unternehmen. Sie müssen aber auch die langfristigen Antriebskräfte für den Aktienkurs beobachten, die nicht so geheimnisvoll sind, wie manche Leute es darstellen. Warren Buffett zitiert oft seinen Mentor Ben Graham: »Auf kurze Sicht ist der Markt eine Abstimmungsmaschine, auf lange Sicht eine Waage.«[3] Was der Markt wiegt, ist die Fähigkeit des Unternehmens, Liquidität zu schaffen und sie in Projekte zu reinvestieren, die auch weiterhin eine den Alternativen eines Investors überlegene Rendite erzeugen. Was ein Unternehmen messen muß, ist deshalb seine Liquiditätserzeugungsrate und die Rendite, die es verdient, wenn es diese Liquidität reinvestiert.

Der von den Investoren erhaltene Wert muß bei der Berechnung der Kapitalkosten die Investorenstabilität berücksichtigen. Messungen der Stabilität der Investoren könnten Halbwertzeit, Umschlagsrate oder die durchschnittliche Behaltzeit für ihre Aktie einschließen. Um die Qualität und wahrscheinliche künftige Loyalität Ihrer gegenwärtigen Investoren besser beurteilen zu können, sollten Sie auch die Häufigkeit beachten, mit der sie ihr gesamtes Portfolio umschlagen. Und da die Geschäftsführung wissen muß, welchen Anteil die Zielinvestoren am Unternehmen halten, ist ein letztes, etwas subjektives Maß der Prozentsatz, zu dem solche Investoren am Unternehmen beteiligt sind, die nach Meinung des Topmanagements seine Wertschöpfungsstrategie und seinen Zeitrahmen verstehen.

Die Metaphysik des Messens

Messen ist eine undankbare Aufgabe. Zu wenig und zu viel ist gleichermaßen falsch, aber die goldene Mitte ist schwer auszuloten. Es sollte mittlerweile klar sein, daß wir dagegen sind, zu viel zu messen – was einer der

Gründe dafür ist, daß wir zusammenfassende Maße statt der kunstvolleren und ausgeklügelteren eingeführt haben. Wie wir am Anfang dieses Kapitels festgestellt haben, kann Messung unter den schlimmsten Umständen eine Menge von Unternehmensressourcen aufbrauchen und dabei Informationen vermitteln, die zu ausgedehnt und detailliert sind, um irgendeinen praktischen Nutzen zu haben.

Nachdem wir dies erkannt haben, sollten wir betonen, daß einige Einzelheiten freilich unverzichtbar sind. Meßsysteme schaffen die Basis für effektives Management. Unternehmen, die die Vorteile loyalitätsbasierter Wertschöpfung erreichen wollen, bleibt nichts anderes übrig, als Geld in Meßsysteme zu investieren und – viel beschwerlicher für diejenigen, die Messungen langweilig und als unter der Würde eines Managers ansehen – die Zeit und Mühe aufzuwenden, die zur Entwicklung eines wohldurchdachten, effektiven und angemessenen Meßsystems notwendig sind.

Die meisten Unternehmen haben noch einen weiten Weg bei der Entwicklung eines vollständigen Systems integrierter Meßsysteme zur Verfolgung von Kunden- und Investorenwertschöpfung vor sich. Die Wahrheit ist, daß die heutigen Loyalitätsführer (mit der möglichen Ausnahme von USAA) nicht auf wissenschaftliche Messungen zur Erreichung ihres heutigen Wettbewerbsvorsprungs zurückgegriffen haben. Die meisten hatten das Glück, Führungspersönlichkeiten mit einem intuitiven Verständnis des Loyalitätswerts zu haben. Ihr Bestehen auf höchster Priorität auf der Wertschöpfung für die Kunden führte zu Jahrzehnten vernünftiger Geschäftsentscheidungen.

Heute stoßen viele dieser Unternehmen auf wachsende Herausforderungen in unbeständigen Märkten. Mehr noch: Ihre Führungsriegen stehen vor der Pensionierung, und eine neue Generation von Managern übernimmt das Steuer. Bei A. G. Edwards zum Beispiel erreichen sieben von neun Mitgliedern der Geschäftsführung in den nächsten zwei Jahren das Pensionsalter. Manchmal können Führungspersönlichkeiten ihre intuitive Weisheit an eine neue Managergeneration weitergeben, aber die Gefahr ist groß, daß in unserer heutigen finanzorientierten Welt weniger erfahrene Manager die falschen Entscheidungen treffen werden. Was wird geschehen, wenn die Aktionäre sich beschweren, weil der Aktienkurs zu langsam steigt? Wenn jüngere Manager zulassen, daß konventionelle Meßsysteme und der Druck, die kurzfristigen Gewinne zu steigern, Priorität vor der Tradition der Schaffung und Verteilung von Wert erhalten, werden sie desto schneller den Tag herbeiführen, an dem ihre Unternehmen in den Mainstream der Geschäftsaktivitäten zurückgleiten, wo Loyalität und Renditen ewig mittelmäßig sind.

Die richtigen Maße sind noch wichtiger in Unternehmen, in denen die Wichtigkeit von Loyalität und Wertschöpfung noch immer nicht richtig verstanden oder akzeptiert wird. Solche Unternehmen müssen die richtigen Loyalitätsgewohnheiten und -traditionen entwickeln, die ökonomischen Einsichten, zu denen diese führen, verinnerlichen und lernen, wie der Betrieb nach den neuen Prinzipien zu führen ist. Tausend aufmunternde Worte von Managern und Verlautbarungen der Unternehmensziele werden diesen Wandel der Strategie nicht so deutlich aufzeigen wie die Einführung einiger loyalitätsbasierter Meßsysteme und deren enge Verbindung mit Anreizen. Doch Maße zu verändern ist eine Aufgabe, die Jahre erfordert, um zum Erfolg zu führen. Über Ziele und Definitionen einig werden, exakte Meßsysteme zur Gewinnung von Daten für effektive Fehleranalyse und zum Lernen entwickeln, die Zahlen mit Anreizen verknüpfen, die hohen, für die Schaffung dieser Systeme erforderlichen Summen zuteilen und Mitarbeiter in der effektiven Nutzung der Meßsysteme ausbilden – die Bürde dieses gigantischen Wandels liegt auf den Schultern der Topmanager.

Fehler bei der Messung der Kundenbindung

Die Messung von Kundenloyalität scheint eine einfache Sache zu sein, zumindest im Prinzip, aber sie ist voller Tücken. Es folgen einige der verbreitesten Fallen.

Nachlässige Definitionen

Ein naheliegender Kandidat für den Führungsposten ist die durchschnittliche Kundenbindungsrate eines Unternehmens – aber stellen Sie sicher, daß Sie wissen, was Sie messen. Banken zum Beispiel setzen die Anzahl geschlossener Konten in Relation zur Anzahl aller Konten. Wenn sie aber genauer hinsehen, stellen sie fest, daß viele Konten von Kunden geschlossen werden, die sofort ein anderes eröffnen. Mit anderen Worten: Viele Kontenschließungen sind buchhalterische Eintragungen, nicht Kundenverluste. Am anderen Ende des Spektrums kann ein Kunde zwar ein Konto aufrechterhalten, aber den größten Teil des Guthabens auf eine konkurrierende Bank übertragen – ein bedeutender Kundenverlust, der überhaupt nicht registriert wird.

Versicherungsgesellschaften haben ein ähnliches Problem: Ihre Buchhaltungssysteme sind auf die Policen ausgerichtet, nicht auf die Versicherten. So verwenden viele Versicherer Policenverfallsraten als ihr zusammenfassendes Maß von Kundenloyalität, und manche entgelten sogar ihre Vertreter auf dieser Basis. Doch auch hier zeigt eine gründliche Überprüfung, daß ein Verfall in den meisten Fällen kein echter Kundenverlust ist. Viele Policen sind annulliert worden, weil die Prämien nicht rechtzeitig bezahlt worden sind. Zwei Monate später, wenn der Kunde zahlt, stellt die Versicherungsgesellschaft eine neue Police aus und wertet die ganze Transaktion als einen Verlust und einen Verkauf. Oder nehmen Sie die Familie, die eine Kfz-Versicherung auslaufen läßt, weil sie eines ihrer Autos verkauft. Das wird dann auch als Verlust gezählt. Vergleichen Sie das mit einer Familie, die ein zusätzliches Auto kauft und es bei einem Konkurrenten versichert. Obwohl ein echter Verlust vorliegt, taucht er im Computer nicht als solcher auf.

Eine andere kritische Dimension, die beim Aufbau eines Systems von Meßtechniken berücksichtigt werden muß, ist die Anzahl der Kundensegmente, denen getrennt nachzugehen ist. Für die Banken zum Beispiel schafft ein kleiner Prozentsatz von Kunden den meisten Wert. Banken, die nur die Verlustrate ihrer gesamten Kundschaft beachten, entgeht dieser Umstand, auch wenn sie eine gutdurchdachte Definition von Kundenverlusten verwenden. Um einige der offensichtlichsten Probleme zu umgehen, gruppierte eine große Geschäftsbank alle Kunden zu Haushalten und definierte dann zwei Ebenen von Kundenverlusten – Haushalte, die alle Konten schlossen, und Haushalte, die ihre Gesamtsalden um mindestens 50 Prozent verminderten. Es stellte sich heraus, daß selbst diese Verfeinerung unzureichend war, weil weniger als 20 Prozent der verlorenen Kunden für mehr als 100 Prozent des Kunden-Kapitalwert-Rückgangs verantwortlich waren. Die Bank hatte sich auf diese kleine Gruppe von einst hochprofitablen Kunden zu konzentrieren und zu vermeiden, daß eine riesige Anzahl unprofitabler abtrünniger Kunden die zusammenfassenden Statistiken vernebelte. Obwohl viele Banken heute versuchen, die Kundenloyalität zu erhöhen, läßt ihr breites, unsegmentiertes Meßsystem sie zuviel Zeit und Energie auf unrentable Kunden verschwenden. Diese Methode eignet sich jedoch ausgezeichnet zur *Minimierung* des Kundenkapitalwerts.

Gefährliche Durchschnittswerte

Die Messung von Loyalitätsdurchschnitten ist nicht nützlich, wenn Kundensegmente ungeheuer verschieden sind. Dasselbe gilt für Durchschnittswerte von Kunden mit unterschiedlicher Bindungsdauer zum Unternehmen, selbst innerhalb des gleichen Segments. Unternehmen müssen jeden neuen Kundenjahrgang separat verfolgen, zumindest während der ersten Jahre, in denen die Verlustraten am höchsten sind. Die Jahrgänge zusammenzumischen, um durchschnittliche Bindungsraten zu berechnen, kann die tatsächlichen Verhältnisse so verwischen, daß die wertvollsten Einsichten, die Loyalitätsmessungen zu bieten haben, nicht

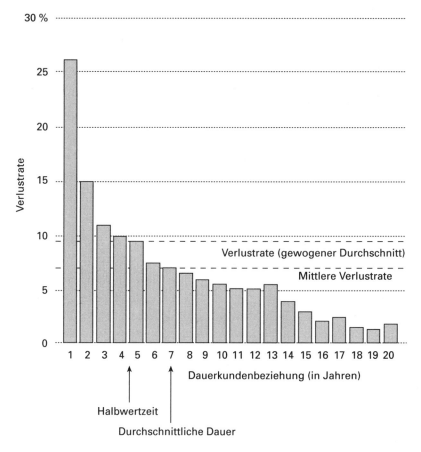

Abbildung 8.8: Verlaufsmuster der Kundenverluste für eine typische Versicherungspolice

gewonnen werden können. Abb. 8.8 zeigt ein typisches Kundenverlustmuster für ein Versicherungsprodukt.

Viele Versicherer untersuchen Policenverfallsraten getrennt nach Vertretern oder geographischen Regionen, um die besten Praktiken herauszufinden und andere im System darüber zu informieren. Wir haben gesehen, wie gefährlich es ist, sich auf Verfallsraten zu verlassen. Es gibt eine zweite Gefahr, selbst wenn die Kundenverlustraten korrekt verfolgt werden. Sie besteht darin, falsche Schlüsse aus einem Vergleich von Verlustraten für Kundengruppen mit unterschiedlicher Bindungsdauer zu ziehen, wie das folgende Beispiel zeigt.

Stellen Sie sich einen Vertreter und eine Vertreterin für dieselbe Gebäude- und Unfallversicherungsgesellschaft in einer Stadt vor. Der Vertreter ist seit 30 Jahren im Geschäft und hat fast nur Kunden, die ihm seit fünf oder mehr Jahren die Treue halten. (Beachten Sie, wie niedrig in Abb. 8.8 die Verlustraten nach dem fünften Jahr sind.) Tatsächlich wirbt der Vertreter nur selten um neue Kunden, er sorgt nur dafür, daß am Nachmittag viel Zeit fürs Golfspielen bleibt und verläßt sich darauf, daß seine Mitarbeiter die Kundenprobleme lösen. Die Vertreterin ist jung und energisch. Sie bietet den ganzen Tag lang erstklassigen Service, ist aber noch relativ neu in ihrer Stellung, so daß ihre Kunden verlustgefährdeter sind.

Stellen Sie sich nun die folgenden drei Fragen. Erstens: Wie schneiden Vertreterin und Vertreter bei einem Vergleich ihrer Bindungsraten ab? Zweitens: Sind die Raten wirklich vergleichbar? Drittens: Werden sie uns irgend etwas Nützliches über die relativen Verdienste der beiden bei der Lieferung von Wert und der Schaffung von Kundenloyalität lehren? Allein schon aufgrund der Dauer der Kundenbeziehung wird die durchschnittliche Bindungsrate des älteren Vertreters um mindestens 5 Prozentpunkte höher sein als die der jungen Vertreterin. Der einzig gute Weg zu einem Leistungsvergleich der beiden ist, über die Gesamtdurchschnitte hinauszugehen und die Verlustraten von Kundengruppen der Vertreterin und des Vertreters mit ähnlicher Beziehungsdauer zu vergleichen. So würde ein Vergleich der Bindungsraten beider Kundengruppen, die ihre Geschäftsverbindung im dritten Jahr unterhalten, fast mit Sicherheit ein ganz anderes, genaueres Bild ergeben. Ein weiteres Verfahren wäre die Errechnung der jeweiligen Anteile von Policen mit mindestens zweijähriger Bestandsdauer an allen Policen, die seit dem Beginn der Geschäftstätigkeit von der Vertreterin und ihrem Kollegen abgeschlossen wurden.

Durchschnittliche Bindungsraten können nicht nur zwischen Vertretern mit unterschiedlicher Beschäftigungsdauer bei derselben Versicherungsgesellschaft zu gefährlichen Vergleichen führen, sondern auch zwischen verschiedenen Unternehmen, die unterschiedliche Neukundengewinnungsraten aufweisen. Die Berechnung des Gesamtdurchschnitts ist auch eine gefährliche Methode, wenn dasselbe Unternehmen im Verlauf der Jahre neue Kunden mit unterschiedlichen jährlichen Akquisitionsraten gewonnen hat. Es ist schon ein wenig verrückt, Verbesserungen in der durchschnittlichen Kundenbindungsrate zu feiern, wenn sich die Neuakquisitionsrate verringert hat. Weniger neue Kunden führen unweigerlich zu einer Erhöhung der Bindungsrate, weil neue Kunden von Natur aus höhere Verlustraten aufweisen.

Eine ganze Reihe von zusammenfassenden Statistiken würde einen besseren Indikator ergeben als die durchschnittliche Bindungsrate. Eine Versicherungsgesellschaft hat zum Beispiel eine Norm von zehn Jahren angenommen, nachdem sie festgestellt hatte, daß eine Police mindestens zehn Jahre in Kraft sein muß, bevor der *Kunde* guten wirtschaftlichen Wert erhält. Sie verfolgt nun bei allen Vertretern die zehnjährige Bestandsdauer und hat begonnen, die Vertreterentgelte an diese Messung zu binden.

Da zehn Jahre eine lange Wartezeit sind, wollen andere Unternehmen ein zusammenfassendes statistisches Maß, das wesentliche Unterschiede in der Kundenloyalität in den kritischen ersten Jahren der Geschäftsbeziehung erfaßt. Die durchschnittliche Dauer der Kundenbeziehung erfaßt diese Unterschiede zum Teil, aber eine Handvoll schon seit 30 bis 40 Jahren versicherter Kunden kann die Durchschnittswerte bei einigen der älteren Vertreter unverhältnismäßig aufblähen. Eine Lösung ist die Berechnung der Kundenhalbwertzeit – der Zeit, in der die Hälfte eines Kundenjahrgangs verlorengeht. Die Physiker verwenden dieses Maß zur Beschreibung der Verfallsrate radioaktiver Substanzen, und es funktioniert genausogut zur Darstellung der Verfallsrate der Kundenbasis eines Unternehmens. Es funktioniert besser als jährliche Verlustraten, weil es Handlungsbedarf dringender anzeigt. State Farm verliert zum Beispiel jährlich nur 4 bis 5 Prozent seiner Kunden – eine bescheidene, nicht beunruhigende Rate –, aber die Halbwertzeit seiner Kundenbasis beläuft sich auf nur zwölf Jahre, was bei einem Unternehmen Alarm auslöst, das mit Kunden gern 35 bis 40 Jahre im Geschäft bleiben möchte. Für State Farm war die Errechnung der Halbwertzeit ein dramatischer Hinweis darauf, wieviel Raum für Verbesserungen es noch gibt.

Schließlich kommt noch hinzu, daß die Erhöhung der jährlichen Bindungsraten um ein paar Prozentpunkte nicht viel Eindruck zu machen scheint, obwohl sie das sollte. Vielleicht sollten wir alle unsere zusammenfassenden Statistiken mit 100 oder 1 000 multiplizieren, um die enormen Ungleichheiten, die sich in 4 Prozentpunkten Kundenbindung ausdrücken, zu akzentuieren.

Unregelmäßige Kaufzyklen

Zwar ist das allgemeine Verlustmuster in Abb. 8.1 für viele Branchen und Unternehmen typisch, der relevante Zyklus ist aber nicht immer ein Jahr. In manchen Branchen kommt es in sehr unterschiedlichen Intervallen zu Wiederkäufen oder Erneuerungen. In einem Lebensmittelgeschäft kaufen die Leute jede Woche Corn-flakes, doch wenn sich eine Familie einen neuen Ford zulegt, schafft sie sich wahrscheinlich erst in vier Jahren wieder ein neues Auto an. Wenn die Anhänger von Kellogg's-Corn-flakes sich wöchentlich um ein Prozent vermindern und Fords Wiederkaufsquote nach vier Jahren bei 45 Prozent liegt, wie vergleichen wir dann die beiden Bindungsraten? Der zweite Zyklus ist mehr als 200mal so lang wie der erste. Oder nehmen wir ein Produkt mit einem wirklich langen Wiederkaufszyklus: die Rasenmäher von John Deere. Das Unternehmen stellt ein herausragendes Produkt her – es ist so gut, daß die Kunden es durchschnittlich elf Jahre behalten. Wenn die Zeit zur Ersatzbeschaffung gekommen ist, kaufen 77 Prozent der Kunden wieder einen John-Deere-Rasenmäher. Und wie vergleichen wir jede dieser drei Bindungsraten mit der 90prozentigen Bindungsrate einer Lebensversicherungspolice, die jährlich zur Erneuerung ansteht?

Alle vier Raten werden vergleichbar gemacht, indem die drei nichtjährlichen Intervalle in jährliche umgerechnet werden. Eine wöchentliche Bindungsrate von 99 Prozent wird zu einer Jahresrate von knapp 60 Prozent. Eine Wiederkaufsrate von 45 Prozent nach vier Jahren entspricht 82 Prozent jährlich (4. Wurzel aus 0,45). Und während eine jährliche Bindungsrate von 82 Prozent nicht sehr eindrucksvoll ist, wird John Deeres Wiederkaufsrate von 77 Prozent nach elf Jahren zu einer jährlichen Bindungsquote von fast 98 Prozent – und das ist Weltklasse.

Gewinne über den Kundenlebenszyklus

Für manche Unternehmen ist weder die Bindungsrate noch die Beziehungsdauer noch die Halbwertzeit ein angemessener Indikator für die Kundenloyalität. Ein Industrieproduzent wird zum Beispiel eher seine

Bezüge von einem Lieferanten teilweise auf einen anderen verlagern, als einen Lieferanten ganz fallenzulassen. Ein Lieferant mag von einem Jahr zum nächsten alle seine Kunden behalten, wenn aber seine Anteile an den Ausgaben mancher Kunden sinken, ist das ein Problem – die Art von Problem, die ein Meßsystem frühzeitig erfassen muß.

Für solche Unternehmen ist es sinnvoll, gleich zum zweiten Bestandteil des Kunden-Kapitalwerts überzugehen, den Kundenlebenszyklusgewinnen. Abb. 2.3 zeigt die wirtschaftlichen Komponenten dieser Berechnung. Da es aber nicht praktikabel ist, alle diese Komponenten ständig für alle Kunden zu messen, brauchen wir wiederum eine zusammenfassende Statistik. Für die meisten Unternehmen ist der dominierende Faktor für den Kundenlebenszyklusgewinn der sogenannte Kaufvolumeneffekt – eine Konsequenz davon, daß ein Kunde einen steigenden Anteil seines Geschäfts bei einem Lieferanten zusammenlegt, vermutlich bei dem, der den besten Wert bietet. Die zusammenfassende Statistik, die diese Wirkungen erfaßt, ist der Anteil der Ausgaben, den die Firma von ihren Kunden gewinnt.

Als Loyalitätsmaßstab ist der Anteil, den man an den Gesamtausgaben eines Kunden hat, sowohl der jährlichen Bindungsrate als auch der Halbwertzeit überlegen. USAA ist ein Unternehmen, das diese Methode anwendet. Das Unternehmen hält 100 Prozent Anteil an den lebenslangen Ausgaben seiner Kunden in jenen Produktkategorien, in denen USAA überragenden Wert liefern kann, für das richtige Ziel, das man verfolgen sollte. USAA verfolgt die Bindungsraten für Kernmitglieder und assoziierte Mitglieder getrennt und beobachtet die Anteile an den Gesamtausgaben, die von jeder Gruppe verdient werden. USAA nimmt diese Messungen darüber hinaus für fünf verschiedene Lebensabschnitte innerhalb jedes Segments vor und weiß daher zum Beispiel, daß ein Prozent seiner assoziierten Mitglieder auf dem Höhepunkt ihrer Karriere (die Altersgruppe von 40 bis 54) innerhalb der letzten zwölf Monate eine Lebensversicherung bei Northwestern Mutual Life abgeschlossen haben. Spitzenunternehmen wie USAA müssen nicht nur ihrem eigenen Anteil an den Gesamtausgaben bei jedem Kunden nachgehen, sondern auch den Anteilen von Konkurrenten, die ihnen Geschäfte wegnehmen. Das Informationssystem von USAA bietet diese Information, so daß das Management die Anstrengungen des Unternehmens auf die richtigen Konkurrenten und auf die richtigen Kunden hin konzentrieren kann. Auch Lexus weiß, welche Autos seine »abtrünnigen« Kunden kaufen.

Den Namen eines erfolgreichen Konkurrenten zu kennen bringt aber noch nicht das verlorene Geschäft wieder zurück. Der nächste Schritt ist also, festzustellen, was den überragenden Wert ausmacht, der Kunden weglockt. Dazu müssen Sie die Leistungsdimensionen verstehen, die den Kundenwert antreiben, und lernen, Warnsignale, die auf kommende Wettbewerbsprobleme hindeuten, zu erkennen. (Wertantriebskräfte bilden die vierte Ebene der Maße in Abb. 8.2.)

Frühwarnsignale

Die besten Meßsysteme ermöglichen es, Kundenverluste vorauszusehen, wenn diese sich erst anbahnen. Im Kreditkartengeschäft zum Beispiel sind die Hauptantriebskräfte für Lebenszyklusgewinne die Beträge, die ein Kunde ausgibt, und die Größe des Saldos, für die ein Kunde Zinsen bezahlt. Im allgemeinen nehmen Salden und Kartennutzung einige Zeit lang ab, bevor ein Kunde verlorengeht. Mit anderen Worten: Bevor Kunden ihre Karten zerschneiden und die Konten schließen, haben die meisten schon einen großen Teil ihrer Ausgaben und ihrer Kreditinanspruchnahme auf andere Kartenanbieter verlagert. Haben die Kunden ihr Konto erst einmal geschlossen, ist es außerordentlich schwer, sie zurückzugewinnen.

Die fortgeschrittensten Kreditkartenunternehmen verfolgen die Saldenanteile, die sie von ihren Kunden bekommen, auf der Basis von Debitorenbuchhaltungsberichten. Wenn diese Messung, Abnahmen zu signalisieren, beginnt, suchen sie nach den Quellen ihrer Nachteile gegenüber den Konkurrenten, die Anteile gewinnen. Die Lösung kann ein Preisnachlaß sein, es kann auch sein, daß konkurrierende Kartenanbieter neue Vorteile auffahren, mit denen das Unternehmen dann einfach gleichziehen muß. Oder vielleicht müssen die Kreditlimite erhöht werden. Ohne eine glaubwürdige Messung der Anteile an den Gesamtausgaben ist es unmöglich, die Probleme rechtzeitig in den Griff zu bekommen, solange noch Zeit dazu ist.

9 Das Produkt- und Dienstleistungsangebot neu gestalten

Die meisten Bücher über Unternehmensleistung beginnen mit diesem Thema. Die Autoren besitzen ein Werkzeug zur Verbesserung der Ergebnisse – ein so mächtiges Werkzeug, daß es in praktisch jedem Unternehmen Wert schaffen kann. Also kommen sie gleich zur Sache, zur Werbung für das Instrument. Der Werkzeugkasten zur Unternehmensverbesserung ist jetzt bis zum Rand mit diesen Instrumenten gefüllt, die von den flachen Hierarchien über die Zykluszeitenverringerung bis zum Total Quality Management reichen.

Während Unternehmen, verzweifelt auf der Suche nach Resultaten, ein Allheilmittel nach dem anderen ausprobieren, hat jedes dieser Werkzeuge seine Zeit, in der es in Mode ist. Einige sind tatsächlich fast so mächtig wie angepriesen, andere sind an den Haaren herbeigezogen. Die meisten erfüllen wenigstens zeitweilig teilweise ihre Versprechungen, zumindest für einige Unternehmen. Doch fast alle übertreiben das in ihnen liegende Potential, weil sie fast alle die entscheidende Grundlage des Wertangebots ignorieren, die menschlichen Ressourcen. Die meisten dieser Werkzeuge bieten technische Lösungen für etwas an, was menschliche Probleme sind. Und dadurch, daß sie den menschlichen Zusammenhang ignorieren, versäumen sie, entscheidende Fragen zu stellen und zu beantworten: Warum hören Menschen auf, Kunden, Mitarbeiter oder Investoren eines Unternehmens zu sein? Warum liefert das gegenwärtige System keinen besseren Wert? Bringt das Unternehmen die richtigen Kunden, Mitarbeiter und Investoren herein? Hat die Geschäftsführung echte Partnerschaften zur Schaffung und Teilung des Nutzens von Wert aufgebaut? Bringen diese Partnerschaften individuelle Interessen und die Interessen des Unternehmens in Einklang?

Unternehmen verwenden oft die »Managementtechnik des Tages«, um Symptome anzugehen – zum Beispiel hohe Kosten oder geringe Umsätze – ohne zu verstehen, daß es nur Symptome sind, abgeleitete Effekte zweiter oder dritter Ordnung im Wertschöpfungssystem. Die meisten dieser Instrumente nehmen sich des Problems der Gewinne an statt des Wertproblems, das ihm zugrunde liegt. Kein Unternehmen kann dahin kommen, wo es hinwill, indem es marginale Verbesserungen an einem fehlerhaften Wertangebot vornimmt. Wer das Falsche gut macht, macht immer noch das Falsche.

Selbst Unternehmen, die erkennen, daß ihr Problem die geringe Kundenloyalität ist, versuchen oft, es mit spezifischen Programmen zur Verbesserung der Kundenbindung zu lösen. Loyalität als Programm zu behandeln ist aber ein sicheres Zeichen dafür, daß die Firma die Macht der Loyalität oder die Art und Weise, in der diese die Leistung steigern kann, nicht versteht. Können Vielfliegerprogramme wirklich die Kundenloyalität erhöhen, wenn fast alle Servicedimensionen bei den Fluggesellschaften sich kaum mehr unterscheiden? Kann ein Kreditkartenunternehmen, das noch immer 18,9 Prozent Sollzinsen berechnet, mit der Einrichtung einer Kundenrückgewinnungsabteilung dem Abfluß von Kunden Einhalt gebieten? Jede dieser Maßnahmen könnte in Verbindung mit einer systematischen Strategie zur Verbesserung des Werts für die Kunden gut funktionieren, aber als isolierte Bemühung hat keine davon eine große Chance, Kundenverlusten erfolgreich zu begegnen.

Die erste Frage, die sich ein Unternehmen stellen muß, ist die, ob sein gegenwärtiges Wertangebot grundsätzlich gesund ist (wenn ja, kann es sich auf marginale Verbesserungen konzentrieren) oder ob es so ernste Mängel aufweist, daß es umgestaltet werden muß. In Kapitel 1 wurde diese Frage in einer anderen Weise gestellt: Wenn Ihr Unternehmen seine Strategie gut ausführt, schafft es dann so viel Wert für so viele Kunden, daß eine Menge Wert für Mitarbeiter und Investoren übrigbleibt? Wenn die Antwort nein ist – und für eine große Anzahl von Unternehmen *ist* sie nein –, dann muß Ihr Wertangebot revitalisiert werden.

Andererseits können Sie ein Wertangebot nicht revitalisieren, bevor Sie ein Wertangebot *haben*. Deshalb haben wir uns in den ersten sieben Kapiteln auf die strategischen Grundlagen konzentriert, auf denen ein erfolgreiches Wertangebot beruhen muß. Ohne diese Grundlage werden Wert und Loyalität leicht zu Schlagworten und sinken ab in die Kategorie der »Managementtechnik des Tages«, auf einer Linie mit »Management by walking around«.

Die Automobilindustrie

Die amerikanische Automobilindustrie bietet ein ausgezeichnetes Beispiel für ein Wertangebot, das verzweifelt der Revitalisierung bedarf. Kundenwiederkaufsraten von 30 bis 40 Prozent zeigen eine deutliche Unzufriedenheit mit dem Wertangebot, das die meisten Modelle darstellen. Um die Kundenloyalität gegenüber den Händlern ist es noch schlechter bestellt: Nur 20 Prozent der Kunden kehren beim Kauf des nächsten Autos zum selben Händler zurück. Das Bild beim Service ist fast ebenso trist. Zwei Drittel der Serviceeinnahmen gehen an Werkstätten außerhalb des Autohändlersystems. Bei dieser traurigen Bilanz können kontinuierliche marginale Verbesserungen wohl kaum eine ausreichende Lösung sein.

Amerikanische Automobilproduzenten haben bei der Verbesserung der Qualität ihrer Erzeugnisse große Fortschritte gemacht, aber sie konzentrieren sich wie Produzenten von anderen langlebigen Gebrauchsgütern auf die Eroberung neuer Kunden statt auf Kundenbindung. Es stimmt, daß sie ausgedehnte Kundenzufriedenheitsprogramme entwickelt haben, und die »Großen Drei« haben mit einigen Teilen von Loyalitätsprogrammen experimentiert – Direktmarketing-Kampagnen unter Verwendung neuer Kundendatenbasen, Kreditkarten mit Rabatten für Neuwagenkäufer, ausgeweitete Leasingprogramme. (Leasing kann die Bindungsraten um 5 bis 10 Prozentpunkte gegenüber Käufen erhöhen, teilweise, weil das Unternehmen durch den monatlichen Rechnungsstellungsprozeß mit den Kunden in Verbindung bleibt und weiß, wann sie ein neues Auto brauchen.) Dennoch bleiben die Loyalitätsraten abgrundtief niedrig. Tatsächlich messen die Autohersteller ihre Bindungsraten nicht sehr sorgfältig, und wenige sehen darin ein kritisches Problem. Die durchschnittliche Rendite der »Großen Drei« lag im vergangenen Jahrzehnt bei negativen 2,8 Prozent, aber nur wenige Manager sehen die Verbindung zwischen niedriger Markenloyalität und niedrigen Gewinnen oder verstehen, daß die Branche fundamentale Mängel des Wertangebots beheben muß, bevor sie bedeutende Verbesserungen von Wert, Loyalität und Gewinn realisieren kann.

Carl Sewell, einer der führenden Cadillac-Händler (der auch Lexus und Oldsmobile verkauft), hat ein Buch unter dem Titel *Kunden fürs Leben* geschrieben, in dem er die Summe der Umsätze berechnet, die ein Händler von einem durchschnittlichen Käufer realisieren könnte, wenn er den Kunden lebenslang behält. Der Betrag beläuft sich auf 332 000 Dollar. Nachdem er so die Aufmerksamkeit des Lesers gewonnen hat, erklärt Sewell, wie Händler diese 100prozentige Loyalität des Kunden erreichen könnten – und seine Ratschläge sind ausgezeichnet. Das Problem ist nur – und Sewell legt dies dar –, daß die Händler nicht alles korrigieren können, was am Wertangebot der Autoindustrie falsch ist. Die Hersteller haben eine Reihe von antiproduktiven Systemen etabliert, die nur sie selbst korrigieren können.

Zum Beispiel kaufen die Kunden nur alle vier oder fünf Jahre ein Auto, also ist es ihnen ziemlich gleichgültig, ob der Ausstellungsraum bequem zu erreichen ist. Aber sie müssen das Auto etwa alle sechs Monate zur Inspektion bringen, und die Schwierigkeit, eine alternative Fahrmöglichkeit einmal zu organisieren, wenn das Auto in der Werkstatt bleiben muß, und ein zweites Mal, wenn es wieder abzuholen ist, legt nahe, daß ein ideales Servicenetz Standorte überall in der Stadt haben sollte. Dennoch verlangen die Hersteller von jedem Händler, Service und Verkauf am gleichen Standort anzubieten. Das ist geradezu die Garantie dafür, daß die Händler entweder zu wenige Werkstätten oder zu viele Ausstellungsräume haben, oder beides. Tatsächlich scheint dieses Arrangement den Herstellern gut zu passen. Ihre herkömmliche Strategie zur Gewinnung von Marktanteilen war stets, eine große Anzahl von Händlern unter Vertrag zu halten, viel mehr, als das System wirklich erfordert – nach der Theorie, daß reichliche Bestände bei zahlreichen Händlern die Preise niedrig und »das Metall in Bewegung halten« werden, so daß die resultierenden Absatzmengen den Herstellern jene Kostendegression durch optimale Betriebsvergrößerung einbringen, die (so glauben sie) der Schlüssel für langfristige Wettbewerbsvorteile ist.

Die Automobilproduzenten *könnten* ihre Händler als Partner ansehen, deren Erfolg wichtig für das Unternehmen, die Kunden und das gesamte Wertnetz ist. Statt dessen haben sie den Weg gewählt, den Markt zu übersättigen, den Händlern viel Glück zu wünschen und die besten von ihnen gewinnen zu lassen. Das Ergebnis ist ein schrecklich ineffizientes Vertriebssystem, das zu viele Bestände an zu vielen und Service an zu wenigen Straßenecken finanziert. Die überwältigende Mehrheit der Kunden fährt zum Service in die freie Werkstatt an der nächsten Straßenecke oder zu einer Filiale der großen Werkstattketten wie Midas, Goodyear, Firestone oder Sears. Die Händler enden bei niedrig gehaltenen Gewinnspannen und dem Glauben, daß sie es sich nicht leisten können, ihr Vertriebs- und Servicepersonal gut zu bezahlen.

Das ist der Grund dafür, daß nur sehr wenige talentierte Leute ihren Lebensunterhalt mit dem Verkaufen von Autos verdienen wollen. Die

Vergünstigungen sind gering, und die Jahresentgelte, die fast ausschließlich auf Provisionen beruhen, belaufen sich im Durchschnitt auf 20 000 bis 25 000 Dollar. Dazu kommen ein geringes Ansehen und lange Arbeitstage, so daß die durchaus üblichen Fluktuationsraten von 30 bis 50 Prozent nicht verwundern können. Bei diesen Verschleißraten ist die Chance winzig, daß ein Verkäufer jeden Kunden zweimal zu Gesicht bekommt. Nehmen Sie jetzt noch das Entgeltsystem hinzu, das sich ausschließlich an den Verkaufszahlen und nicht im mindesten an der Kundenbindung orientiert, dann landen Sie bei einem Verkaufspersonal, das fast alles tun wird, um die Unterschrift unter den Kaufvertrag herbeizuführen, selbst wenn der Kunde dabei so abgestoßen wird, daß er nie wieder zu dem Händler zurückkehrt. Weil dieses System gang und gäbe ist, besteht die Überraschung eigentlich darin, daß bis zu 20 Prozent der Kunden schließlich doch zum selben Händlerstandort zurückkehren, um ein neues Auto zu kaufen.

Da die Automechaniker nicht viel besser behandelt werden, ist die Personalfluktuation auch in den Werkstätten ein ernstes Problem. Und durch die kümmerliche Werkstattproduktivität werden die wirtschaftlichen Nachteile noch verschlimmert, welche die Händler durch die ineffiziente Größe und Ortslage erleiden. Für die Kunden sind Preise, die ihnen unangemessen hoch erscheinen, das Ergebnis. Also wechseln sie zur Werkstatt an der nächsten Ecke, wo sie nicht nur günstigere Preise, sondern auch bessere Servicequalität erhalten, da die Mechaniker an der Ecke bleiben, wo sie sind, und die Kunden und ihre Autos kennen. Und mit der gestiegenen Herstellungsqualität hat sich der Umfang der aufgrund der Garantieverpflichtung auszuführenden Arbeiten – tatsächlich sogar der Umfang aller Servicearbeiten – verringert, so daß die Händler auch mit einem schrumpfenden Markt fertig werden müssen. Ist es bei all den von den Herstellern geschaffenen Nachteilen des Systems ein Wunder, daß die Händler schlechten Service und schlechte Preise bieten? Das System liefert minderen Wert, minderer Wert erzeugt niedrige Kunden- und Mitarbeiterloyalität, und niedrige Loyalität schwächt die Grundlage des Systems.

Wie Lexus das Produkt- und Dienstleistungsangebot revolutioniert

Toyota weiß über Loyalität Bescheid. Toyotas Wiederkaufsraten im japanischen Inlandsmarkt übersteigen 70 Prozent gegenüber durchschnittlich

50 Prozent bei seinen Hauptkonkurrenten. Toyotas hervorragendem Händlersystem wird ein großer Teil des Verdienstes um diesen Wettbewerbsvorsprung zugeschrieben. Beim Aufbau seiner neuen Lexus-Sektion kam Toyota zu dem Schluß, daß es bei seinem Händlersystem in den USA fundamentale Veränderungen vorzunehmen hatte, um seine Marketingziele zu erreichen. Das Ziel der Sektion war nicht nur, Verkaufsvolumen und Gewinne zu maximieren, sondern auch Durchbrüche bei Kundenzufriedenheit und Loyalität zu erreichen. Lexus handelte nach der Philosophie von Sakichi Toyoda: »Erstens die Kunden, zweitens die Händler, drittens das Unternehmen« und ging noch einen Schritt weiter. Die neue Maxime lautet: »Wir werden jeden Kunden so behandeln, wie wir einen Gast in unserer eigenen Wohnung behandeln würden ... und wir werden dies tun, indem wir das hervorragendste Händlercorps der Branche haben werden.«[1]

Die Manager, welche die neue Sektion planten, sahen, daß sie am traditionellen Wertangebot der Automobilindustrie Veränderungen vornehmen mußten. Sie erkannten, daß Design, Qualität und Wert des Produkts selbst hervorragend sein mußten, daß aber ein großartiges Produkt allein nicht genug sein würde. Mit dem Ziel, die Wertgleichung ihrer Zielkunden besser zu verstehen als jeder andere, studierten sie jede Interaktion, die das Unternehmen und seine Händler mit den Kunden haben würden. Der leitende Ingenieur für den LS 400 verließ Japan, um drei Jahre in den Vereinigten Staaten zu verbringen. Dort schloß er sich dem übrigen Lexus-Management bei der gründlichen Untersuchung sämtlicher Erfahrungen an, die Kunden bei der Suche nach einem Luxusauto sowie beim anschließenden Kauf und Besitz machen, um jede Quelle von Kundenunzufriedenheit aufzudecken.

Bei der Forschung arbeiteten alle Abteilungen zusammen und gemeinsam entwickelten sie Systeme zur Optimierung des gelieferten Werts bei jedem Schritt im Kundenlebenszyklus. Sie stellten Leistungsziele auf, setzten Leistungsmaßstäbe fest und arbeiteten alle Verfahren detailliert aus. Die Unternehmensforschung fand heraus, welche Interaktionen die Hauptantriebskräfte von Wert im Lebenszyklus des Kunden sind. Dazu gehören der Verkauf selbst, die Auslieferung des Fahrzeugs, das Fahrerlebnis, Routine- und Notfallservice, die Kommunikation mit dem Unternehmen und der Restwert des Fahrzeugs, wenn der Kunde es für einen Neuwagen in Zahlung geben will. Das Unternehmen unternahm Zufriedenheitsuntersuchungen zur Überwachung von Verkäufen, Auslieferungen und Service. Es setzte Ziele für den Restwert fest (die besten der

Branche) und entwickelte Programme für Rückkauf und Wiederinstandsetzung gebrauchter Lexusautos mit Garantien für deren Käufer. Das Rückkaufsangebot erhöhte den Wert für die Kunden (deren Autos einen höheren Rückkaufwert behielten) und für die Händler (die sowohl von der Wiederinstandsetzung als auch vom Verkauf der Gebrauchtwagen profitieren).

Doch die wichtigste Statistik zur Messung des Erfolgs der Sektion bei der Lieferung überragenden Wertes ist die Wiederkaufsrate für Neuwagen und Service. Man denke an die Worte von Dave Illingworth: »Das einzige sinnvolle Maß für Zufriedenheit in dieser Branche ist Wiederkaufsloyalität.« Mit diesem Gedanken im Kopf – und dem starken Wunsch, den Rekord an Kundenloyalität zu brechen, den Cadillac in seiner einstigen Blütezeit aufgestellt hatte – setzte sich Lexus das scheinbar unmögliche Ziel einer Wiederkaufsloyalität von 75 Prozent.

Kundenauswahl

Als Lexus die Designarbeiten für sein erstes Modell, den LS 400, begann, stand es vor einer schwierigen Entscheidung: Welches Kundensegment sollte angepeilt werden? Die junge Truppe der Mode- und Karriereorientierten schien eine logische Wahl zu sein. Aufgrund ihrer Jugend würden diese Kunden naturgemäß weniger loyal gegenüber ihren Jaguar- oder BMW-Fahrzeugen sein, so daß Lexus eine gute Chance haben würde, sie mit einem überwältigenden Design zu sich herüberzuziehen. Zudem gäbe ihnen ihre Jugend mit der längeren Lebenserwartung mehr Gelegenheiten zu Wiederholungskäufen.

Mode- und Karriereorientierte neigen aber zu Unbeständigkeit. Die offensichtliche Gefahr war, daß sie eines Tages mit fliegenden Fahnen zum nächsten heißen Design überlaufen würden, so wie sie sich auf Lexus gestürzt hatten. Auf der anderen Seite hatten die gesetzteren und konservativeren Cadillac- und Mercedes-Käufer schon überragende Markenloyalität bewiesen – was es zwar schwieriger machen würde, das Geschäft mit ihnen zu gewinnen, was sie aber wahrscheinlich auch zu loyaleren Lexus-Kunden machen würde, sofern das Unternehmen sie gewinnen könnte.

Lexus beschloß, die Herausforderung anzunehmen, die schwerer, aber auch lohnender erschien. Es richtete das Design des LS 400 darauf aus, Cadillac- und Mercedes-Stammkunden an sich zu ziehen. Nissans Infiniti-Sektion, die fast jedes andere Element des Lexus-Systems kopierte, entschied sich für die Jagd auf das BMW- und Jaguar-Kundensegment. Jetzt, fünf Jahre später, können beide Sektionen auf verblüffende Erfolge ihrer ursprünglichen Produktangebote zurückblicken, doch Lexus brachte es auf Wiederkaufsraten, die um 21 Prozentpunkte über denen von Infiniti liegen (63 gegenüber 42 Prozent), weitgehend dank der anfänglichen Kundenauswahl.

Wo gehen die »abtrünnigen Kunden« von Infiniti hin? Die größte Gruppe scheint den letzten Schrei an Vorstadtcowboy-Vehikeln, den Geländewagen, zu kaufen. Infiniti plant die Einführung eines sportlich-zweckdienlichen Fahrzeugs, um diese »Abtrünnigen« zurückzugewinnen, doch wer weiß, wie lange es dauert, bis der nächste Modewind durch den Markt fegt? Durch Auswahl von Kunden mit bekannt hohen Loyalitätskoeffizienten hat Lexus einen enormen wirtschaftlichen Vorteil aufgebaut und kann es sich leisten, sich weniger Gedanken über Neuheiten zu machen.

Händlerauswahl

Es gehörte schon Mut und Selbstvertrauen dazu, eine neue Marke auf dem reifen und unter Überkapazitäten leidenden amerikanischen Automarkt einzuführen. Die Entscheidung, auch noch ein ganz neues Händlernetz zu schaffen, muß einigen Branchenexperten absurd vorgekommen sein. Toyota hatte doch schon eines der stärksten Händlernetze in den USA und hätte es leicht zum Vertrieb von Lexus verwenden können. Aber Dave Illingworth und sein Managerteam wollten ein von der amerikanischen Autobranche nie erlebtes Niveau von Beziehungsmarketing erreichen und meinten, daß die Zielsetzung ein völlig neues System erforderte. Sie waren überzeugt, daß der Schlüssel zu einer noch nie erreichten Qualität der Beziehungen mit den Kunden in einer noch nie erreichten Qualität der Partnerschaft mit den Händlern lag. Rückschauend betrachtet Illingworth diese Partnerschaft als das wichtigste Einzelelement in der Erfolgsgeschichte von Lexus.

Die Suche nach Händlern führte zu über 1 500 Bewerbungen, aus denen das Unternehmen 150 nach den folgenden drei Hauptgesichtspunkten auswählte: finanzielle Stärke und Stabilität (jeder Händler hatte drei bis fünf Millionen Dollar in die Niederlassung zu investieren), eine erwiesene Fähigkeit, Spitzenresultate in Kundenzufriedenheit zu erzielen, und eine in seinem bisherigen Werdegang ebenfalls nachweisbare Loyalität als Händler (die Hälfte der Gewinner waren Toyota-Händler). Lexus kümmerte sich intensiv um die Einrichtung der Händlerniederlassungen, angefangen bei der Landschaftsgestaltung bis hin zu den Wanddekorationen. Zum allerersten Mal verwendete ein Autohersteller denselben Designer für das Fahrzeugmodell und die Niederlassungen der Händler. Die Ausstattung der Gebäude basierte auf dem vorher ausgearbeiteten Verkaufsverfahren. In der Nähe der Tür zu jedem Ausstellungsraum befindet sich ein Empfangstisch aus Marmor. Die Kundenberater dürfen einen umherschauenden Kunden nicht ansprechen, außer wenn sie von der Rezeption darum gebeten werden. Die Verkaufspräsentationsfläche ist offen; statt eines Schreibtischs gibt es einen ovalen Tisch mit drei Stühlen, damit sich die Kunden wie Gäste fühlen.

Da Lexus eine Menge von seinen Händlern erwartete, erkannte das Unternehmen auch an, daß es seinerseits den Händlern eine Menge bieten mußte. Zunächst einmal war Lexus davon überzeugt, daß seine Partner einen gesunden Gewinn verdienen mußten. Statt also den Markt wie BMW und Mercedes mit 300 bis 500 Händlern zu übersättigen, hat Lexus nach sechs Betriebsjahren weniger als 200 Händler und erwartet nicht, daß diese Anzahl jemals größer wird. Bedenken Sie, was das für die Gewinne der Händler bedeutet. BMW und Mercedes haben fast doppelt so viele Händler, verkaufen aber insgesamt weniger Fahrzeuge als Lexus, so daß das Verkaufsvolumen des durchschnittlichen Händlers wesentlich geringer ist. Dank dieser Produktivitätsvorteile können die Lexus-Händler geringere Gewinnspannen in Rechnung stellen, Extravergünstigungen bieten und dennoch überragende Gewinne erzielen. Auch bei der Anlage der Einrichtungen werden die wirtschaftlichen Interessen der Händler berücksichtigt: Da die meisten Niederlassungen auf teuren Grundstücken gelegen sind, wird der Flächenumfang auf einem Minimum gehalten. Experten für Servicequalität erwähnen oft exquisite Beigaben wie Blumenarrangements in den Händlergebäuden und kostenlose Autowäsche, aber die Händler könnten sich diese kleinen Aufmerksamkeiten nicht leisten, wenn das Unternehmen nicht so wirtschaftlich arbeiten würde. Einer der Nachfolger von Illingworth erklärte das so: »Unsere besondere Kundenbehandlung wird von guter Profitabilität der Händler angetrieben – Sie können das eine nicht ohne das andere haben.«[2]

Profitabler Service

Service ist ein Hauptbestandteil des Gewinnrezepts für die meisten Autohändler, selbst bei den erbärmlichen Kundenbindungsraten, welche die meisten von ihnen nur erreichen. Hohe Gewinnspannen, aggressives Marketing (oft nachdem Ihr Auto auf der Hebebühne ist) und Garantieansprüche lassen allesamt die Servicedollars rollen.

Service ist ein bedeutender Gewinnfaktor auch für Lexus-Händler, aber deren Cash-flow-Gleichung sieht erheblich anders aus. Zunächst einmal erfordert ein Lexus sehr wenig Wartung, was eines der Verkaufsargumente für ihn ist. So hat Lexus ein Servicesystem entwickelt, das die Serviceloyalität weit über dem Branchendurchschnitt hält, sogar auf mehr als doppelter Höhe, und gleichzeitig die Kosten niedrig hält und die Produktivität steigert. Indem Lexus den Händlern zu einem weniger kostspieligen und viel größeren Teil eines kleineren Servicekuchens verhilft, gleicht das Unternehmen die Auswirkungen des gegenüber vielen anderen Autos geringeren Wartungsbedarfs mehr als aus.

Einer der Schlüssel zu dieser Gleichung ist das Satellitenkommunikationssystem, das alle Händler mit der Lexus-Hauptverwaltung in Kalifornien verbindet. Weitere Schlüssel sind Kundenzufriedenheit, Ausbildung und Expertenhilfe bei Problemen. Das Satellitensystem bringt den Lexus-Werkstätten etliche einzigartige Vorteile. Zum einen wird die Servicegeschichte jedes Autos online verfolgt, so daß jeder Händler jederzeit zu ihr Zugang hat – ein wertvolles Hilfsmittel zur Leistung eines hervorragenden Kundendienstes und zur Entdeckung von Fahrzeugen, die beim ersten Versuch nicht erfolgreich repariert wurden, sowie zur Feststellung der Gründe dafür. An das Kommunikationssystem ist auch ein ultramodernes Ersatzteillager angeschlossen, das den Händlern Geld spart und die Unbequemlichkeit langer Wartezeiten auf Ersatzteile ausschaltet.

In seinem Buch *Kunden fürs Leben* nennt Carl Sewell dieses System »das beste Lagermanagementsystem der Welt für Kfz-Ersatzteile. Es erlaubt uns, täglich nachzubestellen, was wir brauchen. Das bedeutet niedrigere Lagerkosten und höhere Verfügbarkeit für uns – und für sie.«[3] Für die teureren Teile managt Lexus den Lagerbestand eines Händlers zentral durch das Informationsnetzwerk. Das Unternehmen hat ein Just-in-time-System zum Versand von Teilen per Luftfracht am folgenden Tag entwickelt, was die Lagerbestände der Händler klein und wirtschaftlich hält. Der durchschnittliche Lexus-Händler hat Teile im Wert von 100 000 Dollar auf Lager – gegenüber einem Durchschnitt von über 200 000 Dollar in der Branche –, und der Lagerbestand eines Lexus-Händlers wird jährlich fast achtmal umgeschlagen – gegenüber nur viermal im Branchendurchschnitt.

Lexus strebt an, daß seine Händler 80 Prozent der Serviceeinnahmen nach dem Garantieablauf verdienen, während die Branche nur auf 30 bis 40 Prozent kommt. Deshalb bietet das Unternehmen nicht nur sein erstklassiges Informationssystem, sondern hat auch diagnostische Ausrüstungen auf dem jüngsten Stand der Technik entwickelt, um die Effizienz und Produktivität der Lexus-Werkstätten zu verbessern. Es hat auch ein Ablaufdiagramm für sämtliche Servicetätigkeiten entwickelt, um eine bessere Ausbildung und Zertifizierung des Händlerpersonals zu ermöglichen. John Lane, Servicemanager von South Bay Lexus in Kalifornien, berichtete in der Zeitschrift *Fortune*, daß er »in seinen ersten vier Monaten bei Lexus mehr Ausbildung erhalten hat als in den 18 Jahren seiner Karriere bei Cadillac«.[4]

Doch selbst wenn Servicequalität und -wert erstklassig sind, muß doch das Vorurteil der Kunden beseitigt werden, daß nur ein Dummkopf sein Auto bei einem Händler warten lassen würde. Deshalb erstattet Lexus seinen Händlern die Kosten für eine kostenlose Inspektion nach 1 000 Meilen und für eine zweite nach 7 500 Meilen. Das veranlaßt die Kunden, in die Händlerwerkstatt zu kommen und den überragenden Service zu erleben, der so entscheidend für die Gewinnung des Geschäfts nach Garantieablauf ist. Als einige Händler es nicht schafften, einen hohen Prozentsatz der Kunden zu überreden, zur kostenlosen Inspektion zu kommen, entwarf Lexus Erinnerungspostkarten, die über die Computer der Händler gestaltet, gedruckt und versandt werden konnten. Das Unternehmen instruierte die Servicemanager, wie sie den Postversand so terminieren konnten, daß der Strom der Kunden zu den Wartungsplätzen reibungslos ablief, was die Kundenzufriedenheit erhöht (keine langen Wartezeiten) und die Wirtschaftlichkeit der Werkstätten verbessert (gut ausgenutzte Wartungsplätze steigern die Gewinne kräftig).

Lexus schickt auch Teams von Serviceberatern zu Händlern, deren Serviceabteilungen unterdurchschnittliche Profitabilität aufweisen oder von den Kunden mit unterdurchschnittlicher Häufigkeit aufgesucht werden. Die Berater verhelfen diesen Händlern zu maßgeschneiderten Verbesserungsprogrammen. Ein solches Team entdeckte, daß die Mechaniker bestimmte Tätigkeiten nicht aufschrieben, so daß den Kunden zu niedrige Rechnungen ausgestellt wurden. In einem anderen Fall wurden die Kunden nicht auf alle vorbeugenden Wartungsmaßnahmen hingewiesen, die Autos erfordern. In beiden Fällen war die Ursache, daß die Servicefachkräfte fürchteten, die Kunden würden die höheren Rechnungen übelnehmen und ihnen in Zufriedenheitsbefragungen niedrigere Bewertungen geben. Natürlich dürfen diese Händler sich künftig nicht mehr so stark auf die Zufriedenheitsbefragungen verlassen.

Um die Unbequemlichkeit der durch eine kleinere Zahl von Standorten gegebenen größeren Entfernungen für die Kunden zu mildern, hilft Lexus den Händlern bei den Kosten für freie Abholung und Zustellung und bei den Überbrückungsautos, die den Kunden kostenlos zur Verfügung gestellt werden. Natürlich kosten diese Dienstleistungen Geld, aber nicht so viel wie die Übersättigung des Marktes mit Servicestandorten, an denen zu wenig zu tun wäre. Und die Kosten werden mehr als ausgeglichen durch Kundenbindungsraten, die wahre Durchbrüche darstellen – beim Service außerhalb der Garantieleistungen haben sie fast 84 Prozent erreicht – sowie durch eine Verdoppelung der Lebenszykluseinnahmen pro Auto.

Dick Chitty, Vizepräsident von Lexus für Service, Ersatzteile und Kundenzufriedenheit, ist der Auffassung, daß das Serviceerlebnis als entscheidender Faktor für Wiederkaufsloyalität sogar noch wichtiger ist als das Verkaufserlebnis. »Ein Kunde kauft nur alle vier Jahre ein Auto«, sagt er, »aber er wird es sechs- bis zwölfmal warten lassen, bevor er wieder kauft.«[5] Das erklärt, warum Lexus so viel Energie für die Umgestaltung des Serviceteils seines Wertangebots aufgewendet hat. Chittys Unternehmen will sicherstellen, daß die Serviceabteilungen der Händler hochprofitabel sind und dabei hervorragenden Service zu einem fairen Preis bieten. Dazu hat das Unternehmen Ausbildung, Umgestaltung von Serviceverfahren, Computerdiagnostik, Teilelagerbestandskontrolle und Zufriedenheitsuntersuchungen eingesetzt. Die meisten dieser Verfahren hat die Konkurrenz inzwischen kopiert oder wird dies bald tun. Lexus verfügt aber darüber hinaus über eine Waffe, mit der noch niemand in der Branche versucht hat gleichzuziehen.

Loyalität messen

Lexus ist das einzige Unternehmen in der Welt, das die Servicebindungsraten bei jedem seiner Händler verfolgen kann – jeden Tag des Jahres, online. Wie in Kapitel 6 erwähnt, wird ein Teil der Anfangsinvestitionen des Händlers für einen AS 400-Computer und eine Satellitenschüssel aufgewendet, die den Händler mit der Lexus-Hauptverwaltung in Kalifornien verbinden. Lexus schuf ein System, das nicht nur jede Serviceleistung speichert, die für jedes Fahrzeug irgendwo im Händlernetz erfolgt, es verfolgt auch den Prozentsatz der Kunden jedes Händlers, die zur 1 000-

Meilen-Wartung, zur 7 500-Meilen-Wartung und zu allen folgenden Serviceleistungen kommen.

Lexus-Händler können sehen, wie gut ihre eigene Leistung im Vergleich zu anderen Händlern am Ort, in der Region oder im ganzen Land ist. Jeder Händler erhält einen Monatsbericht, der seine Servicebindungsraten nach Modelljahren zusammenfaßt, sowohl für die kostenlosen Wartungen als auch für den späteren Service, den die Kunden bezahlen. Der Bericht enthält alle wichtigen Vergleiche mit anderen Händlern und bietet Diagnosen, um Händlern und ihren Mitarbeitern zu helfen, Fehleranalyse zu betreiben und verlorene Kunden zurückzulocken.

Da jeder Händler über Verkäufe wie auch über Serviceeinnahmen und -kosten berichtet, können Chitty und sein Stab jedem Händler zeigen, wieviel Gewinn ihm entgangen ist, weil er nicht so gute Leistungen erbringt wie die besten seiner Kollegen. Zum Beispiel können sie einem Händler nachweisen, daß seine niedrigeren Kundenbindungsraten für Service, den die Kunden bezahlen, ihn um die zusätzlichen 500 000 Dollar bringen, die Händler mit ähnlichen Zufriedenheitsbewertungen und Fahrzeugverkäufen, aber höherer Serviceloyalität einnehmen. Wenn weniger produktive Händler im Zweifel sind, was genau verbessert werden müßte, kommen Serviceberater von Lexus mit einer Reihe von Instrumenten zu Diagnostik und Fehleranalyse. In einem Fall entdeckten die Berater, daß sich die Vertriebsangestellten nicht die Zeit nahmen, neue Kunden dem Servicemanager vorzustellen – vor allem an Samstagen mit viel Betrieb. Also führte der Händler eine Extraprovision ein, die nur bezahlt wurde, wenn die Kunden tatsächlich zur kostenlosen Wartung kamen. Sofort begannen die Verkäufer kreative Wege zu entdecken, um sicherzustellen, daß die Kunden den Servicemanager trafen und zur kostenlosen Wartung kamen – sie riefen die Kunden sogar an, wenn sie nicht kamen. Der AS 400-Computer ermöglicht den Händlern, wöchentliche Listen solcher überfälliger Kunden auszudrucken, damit die Verkäufer sie anrufen können, wenn im Ausstellungsraum gerade wenig Betrieb ist.

Wirksames Lernen erfordert nicht nur Instrumente, sondern auch Motivation. Lexus motiviert auf zwei Weisen. Erstens appelliert die Geschäftsführung an den Stolz der Händler, indem es ihre Leistungen mit den Unternehmenszielen und den Resultaten der Händler vergleicht, die Spitzenleistungen erzielen. Zweitens appelliert sie an das Portemonnaie, indem sie die Wirtschaftlichkeit der Loyalität vorrechnet und die Händler ihre eigenen Anreize für die Mitarbeiter entwickeln läßt. Das Informationssystem des Unternehmens bietet alle notwendigen Werkzeuge und

Meßsysteme. Einige Schwächen im System müssen noch bearbeitet werden, zum Beispiel müssen einige Händler in Phoenix sich darauf verständigen, wie sie nur scheinbare Verluste solcher Kunden bewerten wollen, die nur im Winter dort leben –, doch Lexus verfeinert und verbessert seine Meßsysteme kontinuierlich, um sie noch präziser zu machen. Zum Beispiel verwendet das Unternehmen derzeit Befragungen, um die Wiederkaufsraten zu berechnen, ist aber dabei, ein exakteres System zu entwickeln, um die Raten für jeden Händler zu verfolgen. Lexus entwickelt auch Programme, um Händler und deren Mitarbeiter zu instruieren, wie Fehleranalysen durchzuführen sind. Dazu gehört ein einfaches Ablaufdiagramm, das sie Schritt für Schritt durch das Verfahren führt.

Um einen Vergleich seiner Erfahrungen bei Lexus und Cadillac gebeten, sagte Carl Sewell: »Lexus hat viele Dinge sehr gut gemacht – was aber vielleicht am wichtigsten ist, sie überzeugten uns, viel höhere Normen für unsere Leistung festzusetzen, als wir sie jemals für erreichbar hielten – und wir schafften es.«[6]

Künftige Herausforderungen

Lexus errichtete hohe Hürden für seine ersten Sprünge, und die Resultate sind verblüffend. Das Unternehmen hat beispiellose Höhen hervorragender Leistung erreicht und die branchenweiten Zufriedenheitswettbewerbe dominiert. Mit ihrer Profitabilität lagen seine Händler seit Einführung des LS 400 an oder dicht hinter der Spitze der Branche. Fast 84 Prozent seiner Kunden – die höchste Quote in der Branche – besuchen alle sechs Monate eine Händlerwerkstatt, um bezahlte Serviceleistungen in Anspruch zu nehmen, und die Wiederkaufsraten schwanken um die 60 Prozent. Toyota ist zufrieden mit dem Ergebnis. Einige Branchenexperten schätzen, daß Lexus mit seinem Anteil von nur 3 Prozent an den verkauften Toyota-Fahrzeugen etwa 30 Prozent zu den Gewinnen des Gesamtunternehmens beigetragen hat.

Aber das Spiel hat erst begonnen, und einige ernste Herausforderungen stehen bevor. Zum Beispiel lag der Preis bei der Einführung des Flaggschiffs LS 400 im Jahre 1989 bei 35 000 Dollar. Nach den Aufwertungen des Yen gegenüber dem Dollar wird der neue LS 400 etwa 50 000 Dollar kosten. Der Preisschock könnte eine Menge potentiell loyaler Kunden dazu veranlassen, ihre Kaufentscheidung noch einmal zu überdenken. Da das Preisproblem bereits begonnen hat, die Fahrzeugverkäufe und die

Handelsspannen herabzudrücken, könnte der Fall eintreten, daß Lexus darum kämpfen muß, die Händler davon zu überzeugen, auch bei den gesunkenen Gewinnen weiterhin kostenlos Leihwagen zur Verfügung zu stellen und Autos umsonst zu waschen. Als der Cash-flow bei einem Händler in Südkalifornien nach dem Erdbeben von 1993 knapper floß, versuchte der Finanzkontrolleur die Blumen und die kostenlosen Berliner abzuschaffen. Aber die Kunden bemerkten das sofort.

Es gibt aber noch weitere Herausforderungen. Konkurrenten haben viele Elemente des Lexus-Systems kopiert. Und Lexus ist nicht weit genug bei den Bemühungen gegangen, eine der größten und am weitesten verbreiteten Schwächen im System auszumerzen: die hohe Personalfluktuation in den Händlerniederlassungen, besonders beim Verkaufspersonal. Zwar ist die Personalfluktuation bei den Lexus-Händlern niedriger als im Branchendurchschnitt, aber weit liegt sie nicht darunter. Wenn das Unternehmen die Stürme etwa eines weniger erfolgreichen Designs oder einer weiteren starken Yen-Aufwertung meistern will, muß es einen Weg finden, die Art der Partnerschaft zwischen Händlern und ihren Mitarbeitern zu verändern.

Vielleicht ging das Unternehmen noch nicht weit genug, als es sein neues Händlersystem etablierte. Es hat die Zahl der Händler niedrig gehalten, hat aber dennoch in vielen Märkten mehrere Händler unter Vertrag genommen und damit Preiskriege und andere verwirrende Marketingtaktiken verursacht. In weichen Konjunkturphasen haben Verkaufsberater sogar auf die boshafte Taktik zurückgegriffen, Abmachungen mit Kunden zu treffen – ein Rückfall in die alten Taktiken, die der Branche Wiederkaufsraten von nur 40 Prozent beschert haben. Die Saturn-Abteilung von General Motors tat den nächsten logischen Schritt und nahm nur jeweils einen Händler pro Marktregion unter Vertrag. Saturn-Händler können mehr wie echte Partner operieren – sie eröffnen auf eigene Initiative die richtige Zahl von Verkaufs- und Servicestellen. Während Saturn mit seiner Vertriebsstrategie gut abgeschnitten hat, bot es aber keine ausreichend breite Produktpalette an, um sich die Loyalität der Kunden bei zunehmendem Alter und Wohlstand zu erhalten. Einige GM-Manager erwarten, daß zufriedene Saturn-Kunden mit zunehmendem Wohlstand auf Pontiacs, Oldsmobiles, Buicks und schließlich auf Cadillacs umsteigen werden, aber das ist vermutlich Wunschdenken. Die Händler für diese Modelle haben nichts gemeinsam.

Alles in allem hat Lexus die Umgestaltung des Wertangebots für Luxusautos eindrucksvoll gemeistert. Das Unternehmen konzipierte ein gänzlich neues System, orientiert an Durchbrüchen zu überragenden Ausmaßen von Kundenwert und -loyalität, und demonstrierte dann, daß die wirtschaftlichen Vorteile von Loyalität den Wert für Kunden, Händler und das Unternehmen revolutionieren können. Und es handelt sich dabei um eine Strategie, die schwer zu kopieren ist. Ein Spitzenmanager von Lexus drückt das so aus: »Es gibt nicht eine einzige Antwort auf Besitzerloyalität. Wenn Sie sich ansehen, was wir tun, dann sehen Sie hundert kleine Dinge. Das zu kopieren ist schwer, denn der Unterschied besteht darin, wie alles zusammenpaßt.«[7] Die Methode, mit der Lexus nach seiner Antwort suchte, ist aber kein Geheimnis. Dick Chitty, der von Anfang an dabei war, beschreibt das Verfahren: »Wir sahen uns die Methoden an, mit denen Autos verkauft und gewartet wurden, wir bekamen alle Probleme und Fehler auf den Tisch, und dann bauten wir ein System auf, um sie alle zu eliminieren.«[8] Das klingt sehr ähnlich wie Warren Buffett.

Dennoch ist es leichter, einen Durchbruch im Wertangebot aus dem Nichts zu schaffen, als sich ein riesiges, etabliertes System vorzunehmen und es umzugestalten. Was Toyota tat, war nicht die Umgestaltung eines alten Systems, sondern der Aufbau eines neuen. Und eine der großen verbleibenden Herausforderungen für Lexus könnte die sein, sein Technologie- und Geschäftssystem auf die Muttergesellschaft zu übertragen, denn selbst erfolgreiche Wertangebote müssen revitalisiert werden, wenn Unternehmen weiter wachsen und gedeihen sollen. Kann die Mutter vom Kind lernen? Manchmal ist es der praktischste Weg zur Veränderung eines etablierten Unternehmens, ein völlig neues Geschäftssystem für ein bestimmtes Kundschaftssegment zu schaffen und dann die Erfahrungen auf das Kerngeschäft zurückzuübertragen, sobald sich das neue System bewährt hat. Dave Illingworth ist vom Generaldirektor von Lexus in den USA zur gleichen Position bei Toyota befördert worden – er befindet sich also in der idealen Lage, um zu beurteilen, wie viele der Lektionen, die er bei Lexus gelernt hat, für die Aufgabe der Verbesserung des Wertangebotes von Toyota von Bedeutung sind. Gefragt, ob Loyalität in Toyotas System mit seinen mehr als 1 200 Händlern, die Kunden mit mittleren Einkommen anpeilen, weniger entscheidend sei, antwortete Illingworth: »Es gibt keinen Unterschied. Menschen sind Menschen. Ob sie nun 200 000 Dollar oder 10 000 Dollar im Jahr verdienen – sie wollen mit Respekt behandelt werden.«[9]

Die Lebensversicherungsbranche

Wenn ein Wertangebot im Ganzen fehlerhaft ist, wird die Korrektur von Fehlern an spezifischen Teilen des Systems eine Firma nicht vor ihrem unvermeidlichen Schicksal bewahren. Es ist wie wenn man auf einem sinkenden Schiff noch Drinks bestellt. Sie mögen Ihnen noch zu etwas Wohlbefinden verhelfen, aber sie werden das Schiff nicht über Wasser halten.

Nehmen Sie den Fall einer führenden Lebensversicherungsgesellschaft – nennen wir sie Eastern Insurance – mit einer Reihe von erkennbaren Problemen und einem praktischen, pragmatischen Verbesserungsprogramm für jedes davon. Eastern führte ein Reengineering-Programm ein, um aus der aufgeblähten Kostenstruktur Luft abzulassen. Jedem der Geschäftsbereiche wurde Kapital im Einklang mit ausgeklügelten Quoten zugeteilt, die Geld dahin leiten, wo es den größten Nutzen für das Unternehmen bringt.

Eastern lernte sogar genug über Fehleranalyse, um eine systematische Studie über Kunden- und Vertreterverluste durchzuführen und verschiedene Gebiete aufzudecken, in denen die Leistung verbessert werden konnte. Das Unternehmen lernte, daß viele seiner Vertreter den falschen, das heißt, den am wenigsten loyalen Kunden nachgingen. Es entdeckte, daß Vertreter neue Geschäfte mit einem Produkt in Gang zu bringen versuchten, das auf illoyale Kunden den stärksten Reiz ausübte. Es identifizierte die Vertreter, die Policen mit niedriger Bestandsdauer verkauften, und erkannte, daß bestimmte Techniken zur Gewinnung neuer Kunden (Anzeigen in den Gelben Seiten und saisonabhängige Bonuszahlungen an Vertreter) die durchschnittlichen Bestandsraten für das gesamte Unternehmen senkten.

Eastern nutzte diese Einsichten zur Entwicklung praktischer Programme, die zu erheblichen Verbesserungen der Kunden- und Vertreterbindung führen können. Das Unternehmen führte ein Verbesserungsprogramm ein, das Vertreter für die Erreichung im voraus festgelegter Kundenbindungsraten belohnte. Es führte Ausbildungsprogramme durch, um die Vertreter zu instruieren, wie nach den richtigen Kunden zu suchen ist, und veränderte die Preise für das von Vertretern als Lockvogelangebot benutzte Produkt so, daß es nicht mehr die falschen Kunden anlocken würde. Schließlich änderte Eastern seine Vertreterrekrutierung, indem der Schwerpunkt auf solche Kandidatengruppen verlagert wurde, die im Verlauf der Zeit die höchste Loyalität gezeigt hatten, und indem die potentiellen Kundengruppen mit den höchsten Verlustraten gar nicht erst angesprochen wurden.

Doch selbst mit all diesen Verbesserungen wird Eastern Insurance wahrscheinlich nicht die angestrebten Leistungssteigerungen erzielen. Um zu verstehen warum, müssen wir ein wenig zurückschreiten. Wir müssen aufhören, nach Schönheitsfehlern an den Fassaden zu suchen, und beginnen, nach Rissen in den Fundamenten Ausschau zu halten – das heißt, im Wertangebot des Unternehmens. Scheibchenweise Veränderungen reichen nicht.

Einige der schlimmsten Risse, die in einem Wertangebot entstehen, sind die Verlustraten bei den Hauptkunden und den wichtigsten Mitarbeitern. Bei Eastern tun sich hier Risse auf wie bei den meisten anderen Versicherungsgesellschaften auch. Einer der besten Maßstäbe für Kundenloyalität bei Lebensversicherungen ist der Anteil an den Versicherungsabschlüssen im Lauf eines Kundenlebens, den das Unternehmen nach dem Verkauf der ersten Police gewinnt. Mehr als zwei Drittel dieser lebenslangen Versicherungsabschlüsse der Kunden von Eastern werden bei Konkurrenten abgeschlossen. Diese Art von abgrundtief schlechter Leistung ist in der Versicherungsbranche nicht ungewöhnlich, obwohl einige Spitzenunternehmen wie Northwestern Mutual und State Farm mehr als das Doppelte dieses Ausmaßes an Loyalität gewinnen.

Die Vertreterverlustraten zeigen an, daß Eastern auch seinen Vertretern keinen guten Wert liefert. Von 100 neuen Kandidaten, die eingestellt werden, sind nach vier Jahren nur noch 20 bei Eastern. Die meisten der 80 Prozent, die aufgeben, tun dies, weil sie mit der Zeit und der Energie, die sie für ihre Arbeit aufzuwenden gewillt sind, woanders besser ihren Lebensunterhalt verdienen können. Viele geben aber auch auf, weil sie sehen, daß der Wert, den das Unternehmen seinen Kunden bietet, nichts ist, worauf man stolz sein kann. Sie wissen, daß die Standardpolice, deren Verkauf sie nach dem Willen des Unternehmens am meisten anstreben sollen, mindestens acht Jahre in Kraft bleiben muß, um den Kunden eine gute Rendite zu bringen – das heißt, eine höhere Rendite, als wenn sie einfach eine billige Versicherung kaufen und das ersparte Geld in einen simplen Investmentfonds investieren würden. Für Kunden, die ihre Policen vorher ablaufen lassen, sind diese wertzerstörerisch. Leider lassen mehr als 80 Prozent der Kunden die Police beträchtlich vor Ablauf von acht Jahren erlöschen, was bedeutet, daß 80 Prozent für ihre Prämien schlechten Wert bekommen. Erinnern Sie sich auch daran, daß etwa 80 Prozent der Vertreter ihre Tätigkeit für Eastern schon in den ersten vier Jahren aufgeben. Könnten diese beiden Statistiken etwas mit dem schwachen Abschneiden und den sich verschlechternden Kapitalverhältnissen zu tun haben, die Eastern – und die gesamte Versicherungsbranche – jetzt erleidet?

Die meisten Versicherungsgesellschaften leugnen die Schwere dieses Problems. Sie weisen auf andere Branchen mit hoher Personalfluktuation hin. Wirtschaftsprüfungsfirmen zum Beispiel verlieren in den USA 80 Prozent ihrer Beschäftigten in den ersten fünf Jahren. Ein wichtiger Unterschied ist aber, daß viele Uniabsolventen erst einmal in diesen Beruf gehen, weil die Ausbildung so wertvoll und vielseitig anwendbar ist. Anfänger in der Lebensversicherungsbranche haben nicht soviel Glück. Ungewollt lernen sie, wie sie ein Produkt zu verkaufen haben, das für 80 Prozent der Kunden Wert zerstört.

Wenn die Fluktuationsraten bei Kunden und Verkaufspersonal so hoch sind, ist das fast sicher ein Zeichen dafür, daß das Wertangebot neu aufgebaut werden muß. Die Lebensversicherungsbranche ist ein führender Anwender vieler der neuen Managementtechniken – man nenne auch nur eine Versicherungsgesellschaft, die sich nicht dem Reengineering verschrieben hat –, doch eine Menge dieser Techniken sind wie die Drinks an der Bar eines sinkenden Schiffes: Sie retten es nicht. Nur ein fundamental neues Denken kann die Rettung bewirken.

Das neue und das alte Angebot

Einige wenige Versicherungsgesellschaften haben das traditionelle Wertangebot bereits neu durchdacht und erreichen eine hohe Kunden- und Vertreterbindung. State Farm hat sein Lebensversicherungsangebot in eine Familie von Haushalts- und Unfallversicherungsprodukten integriert, so daß die Vertreter den Kunden über die gesamte Lebenszeit hinweg hervorragenden Wert bieten können. Northwestern Mutual ist etwas anders vorgegangen. Das Unternehmen hat Kundensegmente von naturgemäß höherer Wirtschaftlichkeit angepeilt: Kunden von hoher Loyalität, die Verträge über hohe Versicherungssummen abschließen. Der so entstehende Extrawert wird mit Kunden und Vertretern geteilt.

Wenn andere Versicherer den Cash-flow-Überschuß anzapfen wollen, den höhere Kunden- und Mitarbeiterloyalität erzeugen, müssen sie die gleiche Art überragenden Wertes bieten. Als die meisten der Wertangebote für Lebensversicherungen vor 50 oder 100 Jahren geschaffen wurden, gab es wenige Alternativen, die Spar- oder Investitionskapitalbildung mit steueraufschiebender Wirkung boten, und eine Risikolebensversicherung ausschließlich für den Fall vorzeitigen Ablebens gab es überhaupt nicht. Um heute einer Person eine Lebensversicherungspolice verantwortungsbewußt und in einer Weise zu verkaufen, die Wert schaffen und Kundenloyalität *verdienen* würde, ist es unerläßlich, daß die Police zu den Spar-, Investment-, Pensions- und Vermögensplänen sowie zur steuerlichen Situation und zu den Risikopräferenzen der Kundin oder des Kunden paßt.

Diese integrierte Verfahrensweise ist aber unvereinbar mit den Fähigkeiten der meisten heutigen Versicherungsvertreter. Die finanziellen Verhältnisse eines Kunden zu analysieren ist eine Menge Arbeit, und die Provision für eine einzelne Police ist einfach zu gering, um die Anstrengung wert zu sein. Ein Vertreter kann eine so große Investition an Zeit und Energie nur wieder einbringen, wenn er dem Kunden über einen Zeitraum von vielen Jahren hinweg eine Vielfalt von Produkten verkauft. Diese Lösung erfordert aber ein karriereorientiertes Verkaufspersonal mit geringer Fluktuation und einen Bestand an Versicherungs-, Spar- und Investmentprodukten, der vielfältig genug ist, um wechselnden Erfordernissen im Laufe eines Lebens zu genügen. Tatsächlich wird noch mehr gefordert, weil den Kunden eine Vielzahl von Vertriebskanälen offensteht und der Wettbewerb um das Geschäft mit ihnen intensiv ist. Wer nicht viel Beratung braucht, wird feststellen, daß er die niedrigsten Preise beim Kauf von Finanzprodukten per Telefon oder durch die Post erzielen kann. Kunden, die persönliche Beratung brauchen, neigen dazu, den Ratgeber auszuwählen, der ihre Erfordernisse am besten versteht und die geringsten Preise in Rechnung stellt. Dieser erfolgreiche Kanal wird überragende Produktivität durch eine Kombination der breitestmöglichen Produktpalette und der tiefstmöglichen Kenntnis von Kundensegmenten erzielen.

Für die Versicherungsgesellschaften ist diese Frage des Vertriebskanals von großer strategischer Bedeutung, weil die integrierende Aktivität im Vertriebskanal und nicht innerhalb des Unternehmens stattfindet – außer natürlich in jenen Ausnahmefällen, in denen ein sehr großer und vielseitiger Versicherer den Vertrieb selbst durchführt. Mit anderen Worten: Die einzelne Versicherungsgesellschaft muß ihrem bevorzugten Vertriebskanal nicht eine vollständige Palette von Finanzprodukten bieten, aber die Palette, die sie anbietet, muß in den Bestand passen, den der Vertreter (oder ein anderer Vertriebskanal) anbietet und versteht und mit dem er zu arbeiten bereit ist.

Das Problem ist: Nur wenige Versicherungsgesellschaften *haben* einen bevorzugten Vertriebskanal. Die meisten haben die Unzulänglichkeiten ihrer alten Kanäle erkannt, doch ihre Lösung war, über viele neue Kanäle zu verkaufen, statt den einen dominierenden Kanal in Ordnung zu bringen, mit dem ihr Erfolg am wahrscheinlichsten steht oder fällt. Diese Streumethode scheint logisch zu sein, denn die zusätzlichen Verkäufe erhalten das Volumen aufrecht. Die Methode verteilt auch das Risiko. Doch der Mangel an Engagement für irgendeinen Kanal wird fast mit Sicherheit die Loyalität aller Kanäle vermindern, besonders – und das wiegt am schwersten – die Loyalität der traditionellen Vertriebsmannschaft. Wenn der Kunde das gleiche Markenprodukt bei einem Vertreter, einer Bank, einem Börsenmakler, dem Arbeitgeber oder über die Post bekommen kann, dann wird dieses Produkt nicht mehr mit den Gewinnmargen zu verkaufen sein, die zur Finanzierung des Direktvertriebspersonals nötig sind. Die Vertriebsmannschaft wird schwächer werden, ihre Qualität wird abnehmen, ihre Loyalität schwinden, und die Wirtschaftlichkeit wird sich für alle beteiligten Parteien verschlechtern. Um ihren Lebensunterhalt zu verdienen, werden manche Verkäufer vielleicht sogar zu verzweifelten, irreführenden (oder sogar illegalen) Verkaufstaktiken greifen, und das wird schließlich den Markennamen ruinieren.

Die Geschichte dieses Dilemmas ist lang, verworren und unselig. Einen Teil der Schuld daran trägt die zunehmende Vielfalt und Komplexität der Versicherungsprodukte, einen anderen Teil die alte Herstellermentalität, die dem Marktanteil die höchste strategische Priorität beimißt. Große alte Firmen wie Metropolitan, Prudential und Equitable wuchsen im Verlauf eines Jahrhunderts zu ihrer gegenwärtigen Größe heran, indem sie Policeninhabern und Vertretern ausgezeichneten Wert lieferten. Doch dann begann der relative Wert traditioneller Lebensversicherungspolicen zu sinken. Zuerst wurde die Lebensversicherung aufgetrennt – das heißt, Kapital- und Risikolebensversicherungen wurden getrennt. Dann vermehrten sich die alternativen Anlageprodukte wie die Pilze: Kommunalobligationsfonds, viele festverzinsliche Sparformen, Investmentfonds und vielfältige Altersvorsorgeanlagen mit steueraufschiebender Wirkung. Schließlich setzten Vertriebskanäle zu niedrigen Kosten – Betriebsrentenabteilungen der Arbeitgeber, Telefonmarketingorganisationen, Banken – die Margen und Volumen zusätzlich unter Druck.

Als die Einkommen der Vertreter zunehmend in Mitleidenschaft gezogen wurden, drängten sie die Versicherungsgesellschaften dazu, wettbewerbsfähigere Produkte anzubieten. Die Unternehmen kamen dem mit einem Übermaß an neuen und komplexen Policen, wie zum Beispiel solchen mit variabler Laufzeit oder einmaliger Einzahlung zur späteren Auszahlung einer »hinausgeschobenen Rente« nach. Einige dieser Produkte schufen wirklich zusätzlichen Wert, andere erlaubten den Vertretern einfach, neuen Kunden günstigere Preise zu bieten, ohne das Preisniveau der alten Produktgruppen zu zerstören.

Die Unternehmen setzten auch die Vertreter unter Druck. Sie wollten fortgesetztes Wachstum, damit sie sich weiter mit hohen Rängen in den Branchen-Rankings brüsten konnten. Die Unternehmen setzten ihre Verkaufsförderungsprogramme unter Dampf, was die Vertreter dazu trieb, mehr an Randkunden zu verkaufen und mehr marginale Verkaufstaktiken anzuwenden – womit das Fundament für gesteigerte Kundenfluktuation in den künftigen Jahren gelegt wurde. Da die Prämien für die neuen Policen aggressiv niedrig sein mußten, ließen einige Versicherungsgesellschaften die Erträge alter, etablierter Policen für die Kunden ein wenig abrutschen. Keiner hatte geglaubt, die loyalen alten Kunden würden merken, daß ihre Erträge weniger wettbewerbsfähig wurden, doch die Verlustraten für ältere Policen stiegen. Da die Vertreter die Anreize für den Verkauf von Produkten nutzten, die mit hohen Abschlußprovisionen belastet waren, verdeckte die Ersetzung alter Policen durch neue viel von der Erosion, aber tatsächlich trat in aller Stille mehr und mehr Schaden ein.

Mit der Zeit wurde die Verkaufstätigkeit immer schwieriger. Schließlich verminderte sich der zugrundeliegende Wert der Produkte relativ zu den Alternativen, so daß nur die begabtesten Verkäufer (solche, die auch in der Arktis noch Eismaschinen verkaufen können) noch gut verdienten. Die Vertreterfluktuation stieg, was zwangsläufig zu weiteren Steigerungen beim Kundenverschleiß führte. (Zu jedermanns Überraschung hatten Kunden schließlich die Nase voll, als sie wiederholt mit Fragen zu ihren neuen Policen im Büro des Vertreters angerufen hatten und der neue Vertreter, der den alten ersetzt hatte – das heißt den, der die Versicherungen abgeschlossen und die Provisionen dafür kassiert hatte –, nie Zeit zur Erfüllung ihrer Bitte um einen Rückruf fand.)

Obendrein verschlechterten sich die Kostenverhältnisse – ein unvermeidliches Ergebnis der steigenden Kosten für Rekrutierung und Ausbildung eines nicht abreißenden Stroms neuer Vertreter sowie für den Verkauf, die Konteneinrichtung und die Verwaltung für eine wachsende Palette zunehmend komplexer Kundenprodukte. Da die allgemein akzeptierten Regeln der Buchführung viel von den Schäden verdecken, die von zurückgehenden Vertreter- und Kundenbindungsraten angerichtet werden, merken viele Versicherungsgesellschaften nicht, in wie große Schwierigkeiten ihr Wertangebot geraten ist. Eine genaue Cash-flow-Analyse würde offenbaren, daß die Abschlüsse der letzten Jahre insgesamt einen negativen Kapitalwert haben und tatsächlich die Kapitalbasis der Unternehmen zerstören.

Untergang oder Transformation

Die zusammenfassenden Statistiken sind niederschmetternd. Diese großartigen alten Unternehmen zerstören Wert für 80 Prozent ihrer neuen Kunden und 80 Prozent ihrer neuen Vertreter, und natürlich werden auch ihre Investoren leiden, sobald die Märkte anfangen, die Cash-flow-Konsequenzen verminderter Bindungsraten widerzuspiegeln. Um aus dieser Abwärtsspirale auszubrechen, müssen diese Unternehmen ihre Wertangebote neu gestalten, und der richtige Ansatz dazu ist der, den Lexus gewählt hat. Kunden sorgfältig auswählen; mehr als jedes andere Unternehmen lernen, was diese Kernkunden durch den ganzen Zyklus des Vergleichens, Kaufens, Besitzens und Wiederkaufens am meisten schätzen; dann Partnerschaften mit Vertriebskanälen neu gestalten, Verkaufs- und Serviceverfahren, Kommunikation, Produktpalette und Logistik umgestalten und hervorragenden Wert liefern. Das neue Wertangebot muß besser sein als irgend etwas, das die Konkurrenz anbieten kann. Wenn aus irgendeinem Grund der Kapitalwert eines Kunden für einen Konkurrenten größer ist als für Sie, wird Ihr Wertangebot am Ende scheitern, denn Ihr Konkurrent wird dann mehr Cash-flow in die kontinuierliche Verbesserung seines Wertangebots reinvestieren können als Sie in die Verbesserung Ihres Wertangebots.

Das Wertangebot umzugestalten ist nie leicht, aber es ist der einzige Ausweg aus der Abwärtsspirale der Versicherungsgesellschaften. Die Schaffung eines neuen Wertangebots ist komplex und mühsam, sie erfordert viel strategische Erfahrung und die Integration ausgedehnter Kenntnisse über Kunden, Konkurrenten und die Wirtschaftlichkeit von Systemen, aber es ist ganz leicht festzustellen, ob die Neugestaltung funktioniert. Sie funktioniert, wenn der Anteil an den Gesamtausgaben des Kunden beim Unternehmen auf über 30 Prozent steigt und auf 60 Prozent zugeht und wenn die Bindungsraten so weit steigen, daß der Kapitalwert neuer Kunden wieder positiv ist.

Rückkehr auf den Erfolgskurs: American Express

Keine einzige der bedeutenden Versicherungsgesellschaften, die wir untersucht haben, hat bisher ihre Abwärtsspirale umgekehrt, weil keine ihr Wertangebot erfolgreich neu gestaltet hat. American Express, ein anderes großes Finanzdienstleistungsunternehmen, bietet sich zu einem interessanten Vergleich an. Amex stand vor einer ähnlichen Herausforderung und hat den Turnaround eingeleitet.

Gegründet 1850 als Unternehmen zum Transportieren von Fracht, Paketen und Geld, führte American Express 1891 Reiseschecks ein und genoß zwischen den 70ern und Mitte der 80er Jahre außerordentliche Erfolge. Die Gewinne erhöhten sich von 100 Millionen Dollar 1970 auf 1,25 Milliarden 1985. Bis zur Mitte der 80er Jahre hatte American Express aber die meisten seiner Zielkundengruppen – höhere Manager und Menschen, die häufig verreisen – erreicht, und seine Konkurrenten auf dem Kreditkartensektor, neidisch auf solche Erfolge, machten in noch nie dagewesener Intensität Jagd auf diese begehrten Kunden, um sich deren Ausgaben zu sichern. Die Konkurrenten von Amex führten goldene Karten, Karten ohne Jahresgebühr und besonders günstige Karten für häufig reisende Kunden ein und wurden Cosponsoren von Karten wie der von General Motors, die Sondervergünstigungen boten. Als die Anbieter von Bankkarten ihre Zielkundengruppe nach oben ausdehnten, begannen sich die Unterschiede zwischen ihnen und der Amex-Karte zu verwischen. Einige Stammkunden von Amex wurden weniger loyal – sie verlagerten einen Teil ihrer Ausgaben auf die Bankkarten –, und manche wurden ganz abtrünnig.

Die Bankkarten unterminierten auch die Loyalität der Einzelhandelsgeschäfte. Da die Bankkartenanbieter durch Zinseinnahmen von den Konsumenten gegenüber Amex im Vorteil waren, konnten sie einigen Händlern niedrigere Preise für die Verarbeitung der Kundentransaktionen bieten. Die Händler akzeptieren die Amex-Karte selbst zu ihrem höheren Preis, weil die Inhaber der Karte mehr Geld für profitablere Waren ausgeben und im allgemeinen sehr attraktive Kunden sind. Doch jetzt gab es das Risiko, daß sich Eindrücke und Verhalten der Händler ändern würden. Mit wachsendem Prozentsatz der Amex-Karteninhaber, die auch Visa- und MasterCard-Karten hatten, bestand die Gefahr, daß die Bereitschaft einiger Händler sich verringern würde, die höheren Amex-Gebühren in Kauf zu nehmen, und daß diese Händler beginnen würden, ihre Kunden zur Verwendung einer Bankkarte zu ermutigen. Das Wertangebot, das American Express den Händlern bieten konnte, wurde von Visa öffentlich in Frage gestellt und brauchte eine stärkende Spritze.

Als Harvey Golub CEO von Amex wurde, erkannten er und seine Vorstandskollegen, daß kurzfristige, marginale Maßnahmen nicht ausreichen würden, um die Führungsposition des Unternehmens zu schützen und auszubauen. Sie überprüften die Wirtschaftlichkeit ihres Geschäfts und dachten intensiv darüber nach, wie sie das Wertangebot sowohl für ihre Kernkunden als auch für die Händler revitalisieren könnten. Golub und sein Team wollten wissen, welche Kundensegmente in der Lage waren, ein deutlich überlegenes Wertangebot mit einem beträchtlich größeren Anteil an den Gesamtausgaben zurückzuzahlen. Also verschafften sie sich ein detailliertes Bild von den Plastikgeld-Ausgaben im Kundenlebenszyklus und von der lebenslangen Profitabilität verschiedener Kundensegmente.

American Express hatte stets starke und hochangesehene Marketingfähigkeiten unter Beweis gestellt, doch die traditionellen diagnostischen Instrumente des Unternehmens waren nicht ausreichend für die Aufgabe, die letztliche Ursache steigender Kundenverluste herauszufinden. Amex erkannte, daß die verfügbaren Daten aggressiver durchforstet werden mußten, und begann daher eine zweistufige Analyse des eigenen Kartengeschäfts.

Zuerst segmentierte das Unternehmen seinen Markt auf der Basis des Kapitalwerts – für sich selbst und für seine Konkurrenten – der gegenwärtigen und der potentiellen Kunden. Zum Beispiel waren Kunden mit ständig hohen Kreditsalden wertvoller für Bankkarten-Konkurrenten, während viel Geld ausgebende Kunden, die es vorzogen, jeden Monat ihr Konto voll auszugleichen, für Amex wertvoller waren. Diese Segmentierung vermittelte dem Unternehmen ein Bild davon, wie empfänglich einige seiner gegenwärtigen Kunden für die Wertangebote der Konkurrenz waren.

Die zweite Stufe war eine in die Tiefe gehende Ursachenanalyse des Kundenverhaltens, die American Express befähigte zu verstehen, was die wichtigsten Kundenentscheidungen antrieb – Anteil an den Gesamtausgaben, Nutzungshäufigkeit und »Abwanderung«. In Verbindung mit einem klaren Verständnis der Fähigkeiten, Grenzen und Absichten der Konkurrenten versetzte diese Analyse das Unternehmen in die Lage, Wertangebote von höchstem Nutzen für die Kundengruppen zu entwerfen, die es behalten und anlocken wollte. Es testete diese Wertangebote, revidierte sie auf der Grundlage von Kundenreaktionen und begann, sie rund um die Welt zu vermarkten.

Das Topmanagement mobilisierte das Unternehmen für ein visionäres Ziel – 100 Prozent der Plastikgeld-Ausgaben seiner Zielkunden. Es mag Jahre dauern, dieses ehrgeizige Ziel zu erreichen oder ihm auch nur nahe zu kommen, aber die Vision selbst verpflichtet das Unternehmen dazu, die stärkste und stabilste Loyalität in der Branche zu erreichen, und sie hat dem Unternehmen geholfen, von produktbasierten Systemen zu beziehungsbasierten Systemen überzugehen. Wenn ein Kunde zum Beispiel eine Goldene Karte, eine Unternehmenskarte und eine Optimakarte braucht, um 100 Prozent seiner Ausgaben abzudecken, kommuniziert das Unternehmen jetzt mit ihm als individuellem Kunden mit drei Produkten und nicht wie mit drei Kunden dreier verschiedener Produktangebote.

Das Unternehmen entwickelt auch mehr wertschöpfende Dienstleistungen für die Händler rund um die Welt, einschließlich eines Programms, das ihnen ermöglicht, »Loyalitätspartner« zu werden, womit ihre Kunden Rabattpunkte für ihre Einkäufe mit der Karte verdienen können – Punkte, die sie für eine weite Auswahl von Anreizen wie Vielfliegerkilometer oder bestimmte Waren einlösen können. American Express bietet jetzt auch ein vereinfachtes Abrechnungssystem, das den Händlern eine effizientere Kommunikation mit ihren Kunden ermöglicht.

Das Unternehmen hat schon bedeutende Fortschritte in Richtung auf das 100-Prozent-Ziel gemacht. Es hat eine Reihe von innovativen neuen Kreditkarten geschaffen. Es gewinnt weltweit alle zwei Minuten einen neuen Händler, der die Verwendung der Amex-Karten gestattet. Es hat viel darüber gelernt, was sein Name in den Köpfen seiner Kernkunden bedeutet, und eine viel klarere Strategie zum Aufbau seiner Zukunft entwickelt. Zusammengenommen haben diese Bemühungen zu einem bedeutenden Anstieg der Gewinne im Kartengeschäft geführt.

Auf Eroberungszüge der Konkurrenten unter seinen Kunden hat das Unternehmen mit einer ehrgeizigen Reihe von Veränderungen reagiert und verfolgt jetzt seine Fortschritte durch exakte Messungen der Kundenloyalität aller seiner Zielkundensegmente. Es hat erkannt, daß Loyalität mehr als Produkte und Programme umfaßt – sie ist das Herz einer Wettbewerbsstrategie.

Kundenloyalität zu verdienen erfordert in jedem Geschäft intensive Konzentration, sorgfältige Analyse, konsequente Aktionen und Investitionen und ein leidenschaftliches Interesse für die Kunden – aber die Vorteile des Erfolgs können das geschäftliche Schicksal und das Gesamtpotential des Unternehmens verändern. Unternehmen, welche die Kundenloyalität ignorieren, um ihre kurzfristigen Gewinnspannen anzuheben, entscheiden sich für eine viel riskantere und letztlich anstrengendere Zukunft. Die Behebung der Symptome, die sie anstreben, verschlimmert oft nur die Krankheit, weil die Managementinstrumente, mit denen die Gewinne gesichert werden sollen, nicht dafür gemacht wurden, die potentiell viel ernsteren Mängel des Wertangebots eines jeden Unternehmens zu prüfen, zu korrigieren oder auch nur aufzudecken. Im Gegenteil: Die Konzentration auf sofortige Gewinnverbesserungen birgt die Gefahr, den Wert zu unterminieren, den das Unternehmen Kunden und Mitarbeitern noch bieten kann.

Unternehmen können nicht erfolgreich sein oder wachsen, wenn sie ihren Kunden nicht mit einem besseren Wertangebot dienen können als die Konkurrenz. Die Kunden- und Mitarbeiterloyalität zu messen kann die Schwächen im Wertangebot eines Unternehmens exakt feststellen und helfen, die richtigen Heilmittel zu verordnen.

10 Partnerschaften für den Veränderungsprozeß

Im Geschäftsleben hat der Wandel überhandgenommen. In den letzten 20 Jahren haben wir Revolutionen auf Dutzenden von Gebieten gesehen, von der Globalisierung über Informationstechnologie und Service zum Empowerment. Alle Vorstandsmitglieder von Unternehmen insgesamt haben womöglich ein Jahrhundert Schlaf verloren in dem Bemühen, in allem einen Sinn zu entdecken, ihre Unternehmen auf Kurs zu halten und dem Chaos ein oder zwei Schritte vorauszubleiben. Tatsächlich ist das Management von Veränderungsprozessen eine eigene Disziplin geworden, das Thema eines endlosen Stroms von Expertenratschlägen – eine Fähigkeit mehr, die man meistern und dann ständig neuen Bedingungen anpassen muß. Aber das Change Management ist definitionsgemäß ein flüchtiges Ziel. Change Management ist auch eine Untertreibung – *Chaos*management käme der Wahrheit näher.

Was Sie und die anderen Manager jetzt also tun, ist, eine neue Methode nach der anderen auszuprobieren (ohne jemals das versprochene Ergebnis ganz zu erreichen), und zwar in dem Bemühen, die lange Liste der fundamentalen Verlagerungen und Veränderungen anzugehen, die Ihr Unternehmen vornehmen *muß*, wenn es überleben und gedeihen soll. Das Letzte, was Sie gerade jetzt gebrauchen können, sind drei *neue* Veränderungsprogramme für Kunden, Mitarbeiter und Investoren. Was Sie hingegen wirklich brauchen, ist ein Rahmen zur Vereinfachung, Koordinierung und Prioritätenzuweisung für all die unabdingbaren Veränderungen, die Sie schon überall in Ihrem Unternehmen in Gang gesetzt haben.

Genau diesen Rahmen bietet loyalitätsbasiertes Management. Und wieder sind es die Loyalitätsführer, die Ihnen zeigen können, wie es gemacht wird. Es ist leicht, Loyalitätsführer als Vorbilder abzulehnen, schließlich haben sie jahrzehntelang an Wertschöpfung und Loyalität gearbeitet – und während sie also ein klares Bild vom endgültigen Ziel bieten, ist dieses Ziel noch weit, weit von den Herausforderungen entfernt, denen Sie sich heute gegenübersehen. Was Sie wissen müssen, ist, was Sie nächste

Woche und nächsten Monat tun müssen, um anzufangen, Kunden- und Mitarbeiterverluste zu reduzieren. Aber wenn Sie sich die Loyalitätsführer ansehen, sehen Sie Ziele, nicht Anfänge – jedenfalls scheint es so. Tatsächlich sind Loyalitätsführer perfekte Vorbilder für das Management von Veränderungsprozessen. Sie waren in der Lage, erfolgreiche Managementsysteme aufzubauen, indem sie alle Komponenten der Loyalität auf eine Linie brachten und sie durch zwanzig oder dreißig Jahre rapiden, verwirrenden Wandels auf dieser Linie hielten. Die Wurzel ihrer Fähigkeit, mit andauerndem Wandel fertigzuwerden, ist nicht etwas, was sie vor Jahren taten, es ist das, was sie jetzt tun und immer getan haben – Dinge, die alle Unternehmen tun müssen, die auf festem Kurs bleiben und nicht kentern wollen.

Loyalitätsführer befolgen zwei Grundrezepte. Das erste ist die Pflege eines klaren Bewußtseins, daß die Unternehmensmission auf Wert und nicht auf Gewinnen beruht. Das zweite ist die Verwendung der Macht von Partnerschaft, um die Mitglieder des Geschäftssystems auf eine Linie zu bringen, zu motivieren und zu managen. Zusammen ergeben diese zwei Prinzipien ein Navigationsinstrument, das so zuverlässig wie jeder Kompaß ist.

Der Polarstern

Der erste entscheidende Vorteil, den Loyalitätsführer genießen – in einem Umfeld, das etwa so ruhig und vorhersehbar ist wie der Nordatlantik mitten im Winter –, ist ein fester und sich nicht ändernder Bezugspunkt für die Navigation. Wie schlecht das Wetter auch sein mag – ein Unternehmen, das den Polarstern im Auge behält, braucht nie in Verwirrung darüber zu geraten, wo es sich befindet und wo es hinwill. Natürlich erreicht ein Unternehmen nie einen sicheren Hafen. Im Geschäftsleben gibt es so etwas nicht – hier ist die Reise alles. Aber der Unterschied zwischen Navigieren und Getriebenwerden ist genau dieser starke Sinn für die Grundrichtung, der die täglichen Entscheidungen und die langfristige strategische Planung regiert. Für Loyalitätsführer kann der Richtungssinn vielfältige Formen annehmen, doch alle laufen auf das gleiche zugrundeliegende Prinzip hinaus: die Schaffung maximalen Werts für Kunden. Sehen wir uns eine Reihe von Beispielen an.

Northwestern Mutual

Während des vergangenen Jahrzehnts hat die amerikanische Lebensversicherungsbranche chaotische und durchdringende Veränderungen erlebt – neue Produkte, neue Regulierungen, neue Konkurrenten, unbeständige Zinssätze und Investitionsmärkte –, und doch prosperieren einige Versicherer auch weiterhin. Eines der besten Beispiele ist Northwestern Mutual. Laut CEO Jim Ericson ist das Unternehmen stolz darauf, »das Unternehmen der Policeninhaber« zu sein, und glaubt, daß der beste Maßstab für die Erreichung des Unternehmenserfolgs die Bindungsrate der Policeninhaber ist. Dieser Messung zufolge steigt der Wert weiter, den Northwestern Mutual seinen Kunden liefert, weil die Kundenverlustrate weiter sinkt. Heute lassen nur 4,2 Prozent der Kunden ihre Policen im ersten Jahr auslaufen, und bei Erneuerungskunden liegt die Verlustrate bei 3,4 Prozent. Das ist weniger als ein Drittel des Branchendurchschnitts.

Das Geheimnis dieses Erfolgs ist eine unerschütterliche Orientierung am Polarstern. Jim Ericson drückt es so aus: »Wir müssen uns mit allen Arten des Wandels beschäftigen, aber das eine, das wir nie verändern werden, sind unsere Werte. Dieser Betrieb basiert wirklich auf der Loyalität der Mitarbeiter gegenüber dem Gedanken, daß wir hier sind, um den Policeninhabern Wert zu liefern.«[1] Das ist natürlich leicht zu sagen. Es gibt wahrscheinlich Tausende von Managern, die Ihnen sagen werden, was Ericson mir gesagt hat. Der Unterschied liegt darin, daß Ericson und Northwestern Mutual ständig daran arbeiten, das Gesagte Wahrheit werden zu lassen, und daß sie Verlustraten zur Messung ihres Fortschritts verwenden. In Vorstandssitzungen bei Northwestern taucht das Prinzip der Wertschöpfung für den Kunden wiederholt in schwierigen Diskussionen auf, bei denen es tatsächlich Entscheidungen gestaltet. Wenn zum Beispiel die Investmentgruppe ein komplexes Derivatprodukt bewertet und ein Diskussionsteilnehmer plötzlich die Erörterung mit der Frage unterbricht, die alle einige Augenblicke vergessen hatten: »Aber wie wird das Wert für die Policeninhaber schaffen?«, konzentriert sich die Diskussion sofort wieder auf diese vertraute Frage. Wenn die Antwort unbefriedigend ausfällt, läßt die Gruppe die Idee fallen.

Diese Frage und die Antwort darauf scheinen der entscheidende Bezugspunkt für die gesamte strategische Planung des Unternehmens wie auch für die täglichen Entscheidungsfindungen zu sein. Vor vielen Jahren stellte sich das Unternehmen diese Frage bei der Erörterung des Produktvertriebs. Es kam zu dem Schluß, daß der beste Weg zur Lieferung von durchweg hervorragendem Wert an Kunden der Verkauf über das eigene Netz von exklusiven Generalvertretern sein würde, die auf die Strategien und Ideale des Unternehmens eingeschworen sind. Damals entfielen 40 Prozent der Umsätze des Unternehmens auf unabhängige Makler. Es ist nicht schwer, sich die Art von Kompromiß mit den Prinzipien vorzustellen, welche die meisten Unternehmen in einer solchen Situation eingehen würden. Aber Northwestern wählte den mutigeren Weg der Kompromißlosigkeit und ließ die Geschäfte über die Makler auslaufen, womit das Unternehmen sehr viel kurzfristigen Cash-flow zugunsten langfristigen Werts für die Policeninhaber opferte.

Oder nehmen wir ein Beispiel aus jüngerer Zeit. In den 80er Jahren bescherten emporschnellende Zinssätze den meisten Lebensversicherungsgesellschaften bei den steigenden Erträgen ihrer Geldanlagen unerwartete Gewinne. Einige Versicherer benutzten sie zur Gewinnung von neuen Kunden. Andere gingen auf Einkaufsbummel und kauften Banken, Brokerfirmen, Finanzierungsgesellschaften und Kreditkartenunternehmen auf. Viele gewährten ihren Managern hohe Bonusvergütungen. Aber Northwestern leitete die Zufallsgewinne direkt weiter an seine bestehende Kundschaft. Die Zeitschrift *Forbes* kommentierte damals: »Es kommt wirklich selten vor, ein Unternehmen zu finden, das so viel Mühe auf ein Programm verwendet, dessen Hauptzweck es ist, eher die Position der existierenden Policeninhaber zu verbessern als neue Policeninhaber anzulocken.«[2] Northwestern erklärte seine Entscheidung mit dem Hinweis auf das Credo, das von seinem Managementkomitee 1888 angenommen wurde: »Der Ehrgeiz von Northwestern war weniger, groß zu sein, als sicher zu sein; sein Ziel ist, an erster Stelle nach Nutzwerten für die Policeninhaber zu rangieren statt nach Größe.«[3] Trotz des fehlenden Expansionsehrgeizes sind heute Lebensversicherungen des Unternehmens über mehr als 300 Milliarden Dollar in Kraft.

Northwestern Mutual ist über 100 Jahre demselben Stern gefolgt. Gegründet 1857, sah sich das Unternehmen schon zwei Jahre später der ersten Krise gegenüber, als ein Personenzug beim Zusammenstoß mit einer Kuh bei Johnson's Creek, Wisconsin, entgleiste. Vierzehn Menschen starben, darunter zwei Policeninhaber von Northwestern Mutual. Die Ansprüche beliefen sich auf 3 500 Dollar, die gesamten Aktiva des zwei Jahre alten Unternehmens nur auf 2 000 Dollar. Die Policen sahen eine Frist von zwei Monaten vor, nach der das Unternehmen erst zur Auszahlung der Versicherungssummen verpflichtet war, aber Northwesterns Präsident lieh sich die zusätzlichen 1 500 Dollar gegen einen persönlichen Schuldschein, damit er den Begünstigten das Geld sofort auszahlen konnte.

A. G. Edwards

Während Northwesterns Vermächtnis, den Policeninhaber an die erste Stelle zu setzen, bis 1859 zurückreicht, haben die meisten Loyalitätsführer viel jüngere Traditionen. Lexus und MBNA sind Neuankömmlinge. A. G. Edwards und USAA waren schon jahrzehntelang tätig, bevor sie zu einer loyalitätsbasierten Orientierung überwechselten. Bei jedem dieser Unternehmen war es aber das Engagement für den Begriff der Wertschöpfung, das den Eckstein des Geschäftssystems bildete.

Ben Edwards III, der derzeitige Chef von A. G. Edwards und Urenkel des Unternehmensgründers, beschrieb, wie sein Managementteam dazu kam, sich lange nach der Gründung der Firma auf Loyalität zu konzentrieren. Mitte der 60er Jahre, als das Unternehmen 400 Mitarbeiter hatte (jetzt hat es 10 000), wurde Edwards' Vater herzkrank, zog nach Florida um und überließ dem jungen Ben Edwards die Führung eines Unternehmens, das in den Worten von Edwards »führungslos und verwundbar« war. Der Vorstand zog sich zu einer Reihe von Beratungen außerhalb des Firmensitzes zurück, um die Kernpartnerschaft und die Strategie und Betriebsprinzipien des Unternehmens neu zu durchdenken. Nach einer Serie von emotionalen Sitzungen, in denen die Mitglieder des Teams ihre eigenen Managementstile, Beziehungen und persönlichen Ziele angingen, vereinbarten die zehn Vorstandsmitglieder, sich jeden Monat für zwei Tage in einem Hotel außerhalb von St. Louis zu treffen, um Strategie, Richtung, Marktposition und fundamentale Ziele zu erörtern. Daraus entwickelte sich in den nächsten zwei Jahren erstens ein Konsens über die Mission des Unternehmens – den Kunden Finanzdienstleistungen von überragendem Wert zu liefern – und zweitens die wachsende Überzeugung, daß die Firma die Rolle des Maklers grundsätzlich neu definieren mußte, damit er als bestmöglicher Agent für seine Kunden handeln konnte.

Bis dahin war das primäre Unternehmensziel die Maximierung der Gewinne gewesen. Bei den Zusammenkünften in St. Louis wurde aber klar, daß dieses Ziel unvereinbar mit der neuen Mission war. Bei einem typischen Börsenmakler ist der Handel ein wichtiges Profit-Center, und die Manager in der Hauptverwaltung erhalten Tantiemen von den dabei verdienten Gewinnen. Der Handel versucht, an jeder Transaktion mit einem

Kunden soviel wie möglich zu verdienen, statt dem Kunden, dessen Interesse die Firma zu fördern verpflichtet ist, den absolut niedrigsten Preis zu berechnen. Der Interessenkonflikt ist offensichtlich. Mit steigendem Gewinn für den Handel vermindert sich der Wert für den Kunden. Wie wir in Kapitel 4 dargelegt haben, führen eigene Investmentfonds des Unternehmens einen weiteren Interessenkonflikt herbei, indem sie die Makler dazu verleiten, sich für den Verkauf von Anteilen an diesen Fonds auch dann einzusetzen, wenn bessere Alternativen zu haben und auch angemessen sind.

Nachdem das Unternehmen sich dazu verpflichtet hatte, als wahrer Agent der Kunden zu handeln, unternahm es den radikalen Schritt, die genannten Praktiken sämtlich abzuschaffen. Die Hauptverwaltung hörte auf, ein Profit-Center zu sein. Finanzielle Anreize, die sich gegen die Interessen der Kunden auswirken konnten, wurden abgeschafft, und das Unternehmen hörte auf, eigene Produkte zu entwickeln und anzubieten. Ben Edwards: »Wir beschlossen, Gewinne als Notwendigkeit, nicht als Ziel anzusehen. Indem wir uns unseren Kunden verpflichteten, wurden wir in die Lage versetzt, Spaß daran zu haben, das Unternehmen so gut wie irgend möglich zu führen. Unsere Topmanager fingen an, sich gegenseitig mehr zu mögen und zu respektieren, und wir alle fühlten uns mit Energie aufgeladen. Oft arbeiteten wir 14 Stunden täglich. Wir beschlossen auch, alle Liquidität, die wir erzeugten, zurück ins Geschäft zu stecken. Zu unserer Überraschung stiegen die Gewinne, als wir Gewinne als Ziel abschafften.«[4]

Diese neue Auffassung von seiner Mission veranlaßte das Unternehmen, neu zu definieren, was es unter Loyalität verstand. »Die meisten Maklerfirmen«, erklärt Ben Edwards, »meinen, wenn sie über Maklerloyalität sprechen, daß ihre Makler gegenüber der Hauptverwaltung loyal sind, wenn sie sich tüchtig für die profitableren firmeneigenen Investmentfonds ins Zeug legen. Aber für uns ist das *illloyales* Verhalten, weil es bedeutet, daß der Makler nicht im besten Interesse des Kunden handelt.«[5] Loyalitätsführer wie A.G. Edwards neigen dazu, Loyalität nicht als Loyalität gegenüber dem Unternehmen zu betrachten, sondern als Loyalität gegenüber einer Reihe von Prinzipien, die dem Gewinn vorgehen. Diese übergeordnete Loyalität ist es, welche die Mitarbeiter mit Energie auflädt, die Kundenbindung aufbaut und dennoch Cash-flow und Gewinne schafft.

Das Grundprinzip der Firma: Sie will den Kunden Gewinne liefern, und ihre Hingabe an dieses Prinzip erzeugt die Art von Verhalten, die

Konkurrenten garantiert verwirrt und deprimiert. A.G. Edwards ist noch immer das einzige Brokerhaus, das sich weigert, Eigenprodukte anzubieten. In Kapitel 1 sahen wir, daß State Farm mehr zahlte als nach den Policen erforderlich, um vom Wirbelsturm zerstörte Dächer wieder vorschriftsmäßig instand zu setzen, denn, so Chief Executive Officer Ed Rust Jr.: »Unser Ziel ist, für unsere Policeninhaber zu sorgen. Das ist es, was uns antreibt.«[6] Dave Illingworth von Toyota/Lexus formuliert es so: »Je mehr Sie sich auf das Ergebnis unter dem Strich konzentrieren, desto schwieriger wird es, ins Schwarze zu treffen.«[7]

USAA

Ein anderes Unternehmen, das sich einen Platz in der ersten Reihe der Loyalitätsführer verdient hat, indem es sich an das Prinzip hielt, Kundenwert – dicht gefolgt von Mitarbeiterwert – an die erste Stelle zu setzen, ist USAA. 1922 gegründet, um Autos von Offizieren der Streitkräfte zu versichern, schnitt USAA jahrzehntelang schwach ab. Die Stärken des Unternehmens lagen bei Anspruchsabwicklung und Preisen; der Kundendienst jedoch war schauerlich schlecht. Als der pensionierte General Robert McDermott 1968 das Steuer übernahm, waren Papierberge und Engagement beim Service in einer solchen Unordnung, daß er fast einen Rückzieher gemacht hätte. Die Chancen, eine bestimmte Akte zu finden, standen während dieser Phase nur bei 50:50, so daß USAA über einen längeren Zeitraum jede Nacht 20 bis 30 Studenten damit beschäftigte, unter den Papierbergen auf jedem Schreibtisch nach Akten zu suchen. Die Moral der Belegschaft war zudem im tiefsten Keller. Durchschnittlich blieb ein Mitarbeiter nur elf Monate beim Unternehmen, und viele taten nicht viel mehr, als ihre Karten beim Kommen und beim Gehen in die Stechuhr zu stecken.

McDermott bewirkte radikale Veränderungen. Die erste war, dem Kundendienst die eindeutig höchste Priorität einzuräumen. Er führte eine Reihe von Programmen zur Automatisierung von Policen- und Anspruchsbearbeitungen durch, weitete die Angebotspalette bei Finanzdienstleistungen sehr stark aus und teilte die Verwaltung in fünf Gruppen auf, die miteinander um Servicequalität und Produktivität zu konkurrieren hatten. McDermott gab 130 Millionen Dollar für Technologien aus, die das Unternehmen zu einem fast papierlosen Unternehmen machten, in dem jeder Servicebedienstete sofortigen Zugang zu allen Kundenunterlagen hatte – einschließlich Computerbildern handgezeichneter Skizzen von Unfallhergängen. Vor allem anderen aber bestand er darauf, dem Kunden Wert, Service und Loyalität zu liefern.

So hat fast jede Lebensversicherungspolice in der Welt eine sogenannte Kriegsklausel, die Ansprüche bei Todesfällen in kriegerischen Auseinandersetzungen ausschließt. USAA-Policen haben keine solche Klausel. Das mag bei einer Lebensversicherung für Offiziere selbstverständlich erscheinen, doch USAA führt die Logik der Loyalität dabei einen Schritt weiter. Zur »Operation Wüstensturm« im Golfkrieg erlaubte das Unternehmen eine *Erhöhung* der Versicherungssummen und verkaufte tatsächlich noch neue Policen an Militärangehörige auf dem Weg ins Kriegsgebiet. (Alle 55 gefallenen amerikanischen Offiziere in diesem Krieg waren USAA-Mitglieder.) Gleichzeitig regte das Unternehmen die Mitglieder an, ihre Kfz-Versicherungen zu unterbrechen, da Autos, die monatelang in der Garage bleiben, keine Haftpflichtversicherung brauchen. USAA richtete eine Hotline für Mitglieder mit besonderem Bedarf aufgrund der Kriegssituation ein und versicherte ihnen nachdrücklich, daß ihre Policen nicht verfielen, wenn sie die Prämien wegen kriegsbedingter Abwesenheit zu spät bezahlten. Als die Autoschäden der Kriegsteilnehmer sogar noch geringer als erwartet ausfielen, gewährte das Unternehmen allen Teilnehmern an der »Operation Wüstensturm« einen rückwirkenden Rabatt von 25 Prozent für alle Kfz-Policen.

Als zweites investierte McDermott stark in die Mitarbeiter. USAA gibt jetzt 19 Millionen Dollar, 2,7 Prozent seines Jahresbudgets (doppelt soviel wie im Branchendurchschnitt), für Aus- und Fortbildung aus. Die 75 Unterrichtsräume des Unternehmens sind jeden Abend gefüllt, da etwa 30 Prozent der Belegschaft pro Jahr an Kursen teilnehmen. Außerdem hat die Ausbildung ein bestimmtes Ziel: Neu erworbene Kenntnisse und Kompetenzen führen jedes Jahr für fast die Hälfte der Beschäftigten zu Beförderungen. USAA ist auch Pionier bei der Einführung von fortschrittlichen Arbeitszeitregelungen wie der Viertagewoche für praktisch alle Mitarbeiter. Zur fast 1,2 Quadratkilometer großen Hauptverwaltung gehören Tennisplätze, Softballfelder, Joggingpfade, eine Golf-Übungsfläche und drei künstliche Seen. USAA ist vermutlich der begehrteste Arbeitgeber in San Antonio geworden.

McDermott wurde 1993 pensioniert, aber der neue CEO des Unternehmens, Robert Herres, ebenfalls Ex-General, ist dem Polarstern-Konzept von USAA gleichermaßen verpflichtet. McDermott bereicherte die Arbeitsstellen durch Aus- und Fortbildung, Karrierechancen, Empowerment, größeren Aufgabengehalt, Dezentralisierung und eine ganze Serie von Maßnahmen zum Wohl der Mitarbeiter. Aber die Wurzel seiner Arbeitsauffassung – und der des Unternehmens – ist die Überzeugung, daß das, was Menschen an jedem Arbeitsplatz glücklich macht, das Bewußtsein ist, gute Arbeit zu leisten – den Kunden mehr Wert zu geben, um damit die Bindung mit ihnen zu stärken. Kurz, was USAA antreibt, ist Wert, nicht Gewinn. In einem Interview mit der *Harvard Business Review* sagte McDermott 1991: »Die Mission und die Unternehmenskultur dieser Firma sind, in einem Wort, Service. Als Unternehmensziel kommt Service sowohl vor Gewinnen als auch vor Wachstum.«[8]

Im allgemeinen meinen Loyalitätsführer, daß ihre Verpflichtung gegenüber einer ethischen Mission – den Nutzen für die Kunden über ihren eigenen kurzfristigen Gewinn zu stellen – ihnen einen Vorteil bei der Bewältigung des Wandels gibt. Während Akademiker die geschäftliche Ethik zu einem Feld komplizierter Debatten machen, ist sie für Loyalitätsführer sehr einfach. Sie stehen zu ihrem Wort, sie erfüllen ihre eingegangenen Verpflichtungen und gehen darüber hinaus. Was das wichtigste ist: Sie versuchen stets, im besten Interesse ihrer Kunden zu handeln. Dieses Verhalten tankt das Unternehmen mit Energie auf, und es gibt jedem Mitarbeiter in Zeiten von Verwirrung und Verschärfung des Wettbewerbs eine leicht lesbare Richtungskarte. Zu wissen wer Sie sind und wohin Sie gehen, ist keine ethische Schaufensterdekoration, sondern ein Wettbewerbsvorteil.

Der CEO von Northwestern Mutual, Jim Ericson, nahm kürzlich an einem Roundtable über Ethik an der Harvard Business School teil. Als er sagte, er sähe Ethik als einen strategischen Vorteil für sein Unternehmen an, waren die meisten anderen Teilnehmer skeptisch. Geschäfte ethisch zu führen sei wünschenswert, da stimmten alle zu, aber es sei nicht zu leugnen, daß es oft die Gewinne beschneidet.

Ericson bestreitet das aber, und die Erfahrung von Northwestern gibt ihm recht. Tatsächlich verleiht ein überlegener ethischer Unterbau allen Loyalitätsführern einen Vorteil bei Mitarbeitern und Kunden, der zu höheren Gewinnen führt und die Gewinne nicht etwa beschneidet. Ericson erinnert sich, daß er bei der Gewinnung von jungen Rechtsanwälten für die Rechtsabteilung von Northwestern als einen der besonderen Vorteile Integrität betonte. »Unsere Moral im Unternehmen hält uns lange, bevor es das Gesetz tut, zurück«, pflegte er den Bewerbern zu sagen. »Sie werden hier keine schlaflosen Nächte haben, denn das Unternehmen tut, was richtig ist.«[9] Er sprach damit nicht nur die Einhaltung von gesetzlichen Bestimmungen an. Was er meinte, war folgendes: Die Mitarbeiter konnten sich darauf verlassen, daß sich das Unternehmen einer höheren Mission als Gewinn verschrieben hatte – der Mission, Wert für Kunden zu schaffen. Diese Mission ist ein großer Teil dessen, was Kunden kaufen, wenn sie mit dem Unternehmen Geschäfte abschließen, und einer der Hauptgründe dafür, daß sie *auf Dauer* zu Northwestern Mutual kommen.

Die Partner des Veränderungsprozesses

Der zweite große Vorteil, den Loyalitätsführer bei der Bewältigung von Veränderungsprozessen genießen, ist ihre Fähigkeit, die Ziele der verschiedenen Anspruchsgruppen am Geschäftssystem auf eine Linie zu bringen. Eine feste Ausrichtung auf den Polarstern läßt sie das Schiff richtig steuern, aber dieser zweite Vorteil hilft ihnen, effektiv voranzukommen.

Das Geheimnis des In-Einklang-Bringens der Interessen ist Partnerschaft, und das Geheimnis der Partnerschaft ist, jeden Partner mit einem lohnenden Anteil an dem Wert zu entgelten, den sie oder er zu schaffen hilft.

Die Vorteile der Partnerschaften, die untereinander Werte teilen, sind enorm. Zunächst einmal sind alle Partner motiviert, soviel Wert zu schaffen wie möglich. Außerdem fördert das System Selbstmotivierung, Selbstverantwortung und Selbstkorrektur. Sie müssen den Partnern nicht sagen, was oder wann sie etwas zu tun haben. Partner behandeln Wandel als notwendig, um das Wachstum der Menge von Werten aufrechtzuerhalten, an der sie alle teilhaben. Loyalitätsführer haben festgestellt, daß sie alle drei Gruppen, die das Unternehmen konstituieren – Kunden, Mitarbeiter und Investoren –, am besten durch Partnerschaft managen können.

Kunden

Einige der instruktivsten und verbreitetsten Geschichten über Partnerschaftserfolge kreisen um sogenannte Lieferantenpartnerschaften. Vom Standpunkt des Lieferanten aus gesehen sind das natürlich *Kunden*partnerschaften – ein Punkt, den wir in Kapitel 1 hervorgehoben haben. Jedenfalls sind es oft loyalitätsbewußte Lieferanten, die die Initiative zur Schaffung solcher Partnerschaften ergreifen müssen. Die japanische Auto-Industrie wies den Weg, doch jetzt haben viele US-Unternehmen die Herausforderung angenommen, distanzierte, widerspruchsvolle Beziehungen in langfristige Partnerschaften zu verwandeln und dabei enormen Wert für Lieferanten wie auch für Kunden zu schaffen. Gemeinsame Informationsnutzung macht es einem Lieferanten und seinen Kunden möglich, Chancen für Systemverbesserungen zu identifizieren. Sich den Nutzen der Verbesserungen zu teilen motiviert beide Partner und hilft ihnen dabei, ihre Beziehung zu zementieren und stetig zu verbessern. Wenig davon war im alten System möglich, in dem jede Seite versuchte, bei jeder Transaktion den Wert für sich selbst zu maximieren – in verbissenen Verhandlungen, durch Sammeln und Geheimhalten produktiver Informationen, beim Spiel des Preis- und Gewinnspiels um maximalen kurzfristigen, einmaligen Gewinn bis zum Äußersten. Kein Lieferant konnte es sich daher leisten, seine Produkte und Dienstleistungen zur Schaffung besseren langfristigen Werts für seine Kunden maßzuschneidern, da der Kunde ja plötzlich zu einem anderen Lieferanten übergehen könnte, und kein Kunde konnte es sich leisten, einem Lieferanten tiefen Einblick in Stärken und Schwächen seiner Produktionskapazitäten zu gewähren, weil er fürchtete, daß diese Informationen seinen Konkurrenten zu Ohren kommen könnten.

Das Aufbrechen der alten Mentalität ermöglichte es Kunden und Lieferanten, zusammenzuarbeiten und bedeutende Gelegenheiten zur Wertschöpfung zu entdecken. Interne Funktionsweisen, die schwer zu managen sind, können oft durch Verlagerung auf Außenbezüge stark verbessert werden. Das bringt diese Funktionen aus dem bürokratischen Käfig heraus an die frische Luft klarer Messungen und der Verantwortung zur Rechenschaftslegung. Dieser Trend hat viele Unternehmen revolutioniert. Führende Krankenhäuser haben ihre Zulieferer- und Logistikfunktionen im wesentlichen auf die Unternehmen verlagert, die sie mit medizinischen Produkten beliefern. Autohersteller erlauben jetzt Lieferanten von Scheibenwischern nicht nur Design und Herstellung der Wischer, sondern auch die gesamte Montage. Unternehmen wie Accuride kooperieren mit engagierten langfristigen Kunden, um wechselseitige Wirtschaftlichkeit bei Herstellungsplanung und Maschinenlaufzeiten zu entwickeln.

Leo Burnett ist ein ausgezeichnetes Beispiel für einen Lieferanten, der hart am Aufbau von Kundenpartnerschaften arbeitet. Während die meisten Werbeagenturen nur danach streben, ihren Klienten effektive Werbung zu bieten, geht Leo Burnett viel weiter. Als Burnett sich anschickte, den ersten Vertrag seiner Firma mit dem ersten Kunden des Unternehmens, Green Giant – heute, nach 60 Jahren, immer noch Kunde – zu unterzeichnen, fügte er noch einen zusätzlichen Paragraphen hinzu, der die Standardvereinbarung über Anfertigung und Buchen von Anzeigen und Wahrung der Vertraulichkeit erweiterte. Der Paragraph lautete: »Wir werden Ihre Werbung und Verkaufsbemühungen mit Ihnen erörtern, neue Wege zur Ideengewinnung suchen, um Ihre Werbung zu verbessern und produktiver zu machen, und in jeder in unserer Macht stehenden Weise mit Ihnen arbeiten, um Ihr Geschäft voranzubringen.«[11]

Bis heute wählt Burnett Kunden, bei denen das Unternehmen das Recht erwerben kann, als Partner zu handeln. Von 54 Unternehmen, die 1994 die Agentur zu Gesprächen über eine Geschäftsverbindung einluden, akzeptierte Burnett nur fünf Firmen. Von seinen gegenwärtigen 33 Kunden sind 12 mindestens 20 Jahre lang Kunde, 10 mehr als 30 Jahre. Der gegenwärtige Chefmanager Bill Lynch sagt: »Wir versuchen, die Loyalität unserer Kunden zu verdienen, indem wir die Ressourcen und Leute einsetzen, die erforderlich sind, um das gesamte Geschäft vollständig zu verstehen. Wir versuchen, uns beim gesamten Marketing ihrer Produkte zu engagieren, und wir versuchen, ihnen zu helfen, ihr Geschäft wachsen zu lassen.«[12] Der weitaus größte Teil neuer Rechnungsstellungen kommt von etablierten Kunden, deren Geschäftswachstum zusätzliche Nachfrage nach Werbung erzeugt.

Lynch bewahrt sich auch dann die langfristige Perspektive, wenn eine Kundenfirma in eine Flaute gerät. Wenn ein loyaler Kunde ein schlechtes Jahr hat und seine Werbung verringern muß – sagen wir, um 50 Prozent –, vermindert die Agentur ihre Dienste nicht automatisch um 50 Prozent und zieht die Hälfte seiner Mitarbeiter von dem betroffenen Etat ab. Das Unternehmen ist bereit, kurzfristig auf einem Etat Geld zu verlieren. »Wir versuchen, ein Partner zu sein, und bringen uns selbst in das Geschäft ein«,[13] sagt Lynch. Einer der Gründe dafür, daß Burnett dieser langfristigen Perspektive folgen kann, ist, daß die Agentur eine Personengesellschaft bleibt. Die 250 Anteilseigner sind sämtlich aktive Manager des Unternehmens, und alle glauben, daß der Wert ihrer Beteiligung als Ergebnis von Aufbau und Aufrechterhaltung hervorragender Beziehungen zu den Kunden wachsen wird.

Ein weiterer Loyalitätsführer, der Partnerschaft mit seinen Kunden als fundamentales Unternehmensprinzip ansieht, ist State Farm. Entscheidungen, wie die oben erwähnte normgerechte Instandsetzung von Häusern nach dem Wirbelsturm »Andrew«, über die Ansprüche aus den Policen hinaus sind ein gutes Beispiel für die langfristige Perspektive des Unternehmens. Selbst die Prämienfestsetzung von State Farm ist auf Partnerschaft ausgerichtet. Nach drei unfallfreien Jahren erhalten Kunden einen Rabatt von 3 Prozent, nach drei weiteren Jahren ohne Unfall noch einen zusätzlichen Rabatt von 5 Prozent. Nach weiteren vier Jahren guten Autofahrens wird dem Versicherungsnehmer die lebenslange Versicherungsfähigkeit garantiert. Dieser geradlinige Mechanismus teilt Wert mit den Kunden, die ihn zu schaffen halfen.

Mitarbeiter

Partnerschaft mit den Mitarbeitern bringt eine lange, imponierende Reihe von Vorteilen beim Management des Wandels hervor. Wir wollen uns insbesondere drei dieser Vorteile ansehen: Harmonisierung der Interessen, Flexibilität und Talent.

Zunächst die Harmonisierung der Interessen. State Farm nennt seine Vertreter Marketingpartner, und das ist mehr als nur eine hübsche Formulierung. Weder Vertreter noch Unternehmen können ohne einander überleben. Damit sie jeder für sich prosperieren, müssen beide Seiten ihren getrennten Verantwortlichkeiten mit Energie und Geschick gerecht werden. Das Unternehmen muß wettbewerbsfähige Produkte, eine effiziente Hauptverwaltung und prompte, rasche Erledigung von Ansprüchen der Versicherten bieten. Die Vertreter müssen die bestmöglichen Kunden finden und gewinnen und anschließend so guten Service bieten, daß die Kunden bei der Stange bleiben. State Farm könnte niemals die Turbulenzen im Versicherungsgeschäft überstehen, wenn das Unternehmen versuchen würde, seine 18 000 Vertreter als einzelne Arbeitnehmer zu managen. Durch die Strukturierung seiner Partnerschaften mittels des richtigen Anreizes, der aus der Teilung des geschaffenen Wertes mit seinen Vertretern entsteht, ist das Unternehmen mehr als 70 Jahre lang prächtig gediehen und hat dabei das größte Netz unabhängiger Geschäftsstandorte in Nordamerika geschaffen – 50 Prozent mehr Standorte als McDonald's.

Gut strukturierte Partnerschaften sind auch der Schlüssel zu einem weiteren Vorteil der Harmonisierung: hervorragende Ausmaße von Produktivität. Schließlich sind die meisten Produktivitätsfortschritte dem Lernen an der Kundenfront zu verdanken, nicht der Hauptverwaltung. In Kapitel 5 haben wir gesehen, wie State Farm mit Entgelt- und Karrierenmanagement seinen Partnern an der »Front« einen Anreiz gab, den Loyalitätsüberschuß zu maximieren. Und State Farms Provisionsstruktur läßt Vertreter ihre Spesendollars so behandeln, als wären sie ihre eigenen.

Northwestern Mutual hat ein ähnliches Partnerschaftsarrangement mit seinen 107 Generalvertretern geschlossen. Um erfolgreich zu sein, sind beide vollständig aufeinander angewiesen. Northwestern bezahlt die Generalvertreter nur für das Geschäft, das sie schaffen. Das heißt, daß alle Verkaufs- und Vertriebskosten variable Kosten sind, gemanagt von den Partnern auf regionaler Ebene, die am Nutzen effektiven Managements beteiligt sind. Da sie auch an den Gewinnen beteiligt sind, investieren die Generalvertreter sorgsam in die Erzeugung von Umsatzwachstum und in die Gewinnung und Ausbildung von Vertretern hohen Standards, mit denen die Generalvertreter ihrerseits eine Form der Partnerschaft bilden. Das Ergebnis ist ein sich selbst managendes Netz aufmerksamer und reger Partner und Generalpartner, die sich rasch Änderungen der Wettbewerbsbedingungen anpassen.

Der zweite Vorteil des Wertteilens beim Management des Wandels ist Flexibilität. Netze von Partnern sind viel gewandter als Bürokratien. Nehmen Sie Chick-fil-A, dessen Restaurantmanager die Gewinne 50 zu 50 mit dem Unternehmen teilen. Angenommen, die Hauptverwaltung kommt auf die Idee, Lunch-Filialen in belebten Fußgängerzonen in der Nähe der Ladenstraßen einzurichten, in denen die Restaurants liegen. Alles, was das Unternehmen tun muß, ist, den Restaurantleitern die Chancen zu beschreiben. Die Restaurantchefs werden den Gedanken dann selbst verwirklichen, wenn sie meinen, damit ihre Gewinne steigern zu können. Diese Betriebsleiter kennen ihr Umfeld, teilen selbst ihre Zeit ein, bekommen 50 Prozent der Gewinne und tragen daher auch die Kosten ihrer Betriebe mit. Also wendet jeder Restaurantchef und jede Restaurantchefin das eigene Urteil und Wissen an, um die bestmöglichen Entscheidungen über Wertschöpfung und Management des Wandels zu treffen.

Vergleichen Sie dieses Szenario mit dem, was sich in einer Restaurantkette wie Pizza Hut abgespielt hätte, bei der die Restaurantleiter nicht Partner, sondern Angestellte sind. Zunächst einmal würde die Personalabteilung in der Hauptverwaltung mitten im Jahr keine Veränderung der Bonusformel dulden; also müßte jedwede Veränderung auf das nächste Jahr verschoben werden, in dem sie in einen neuen Entgeltplan eingebettet würde. Und da die meisten Restaurantmanager erwarten, nur ein oder zwei Jahre an ihren Standorten zu sein, würden nicht viele sich recken und strecken, um die neuen Filialen zu einem Erfolg werden zu lassen. Bedeutende Veränderungen jeder Art würden viel Vorbereitung erfordern, die sich allenfalls in einigen Jahren auszahlen würde. Aller Wahrscheinlichkeit nach werden nur solche Partner, die wissen, daß sie dann noch an ihren Standorten tätig sein werden, genug Zeit und Energie aufwenden, um die Innovation funktionieren zu lassen. Im Pizza-Hut-System, das die amerikanische Norm repräsentiert, muß das Topmanagement entscheiden, welche Veränderungen vorzunehmen sind, wer sie durchzuführen hat, wie die ausführenden Manager vor Ort zu motivieren und zu entgelten sind und wie sicherzustellen ist, daß sie die Veränderungen effektiv durchführen.

Der dritte große Vorteil von Partnerschaften beim Management von Veränderungsprozessen ist, daß die Gelegenheit, sich in eine Partnerschaft einzubringen, bessere Leute anlockt. Tatsache ist, daß kluge, kreative Leute Veränderungen besser verstehen und besser damit umgehen können. Gute Leute wollen nach Leistung beurteilt und belohnt werden; also machen sie einen großen Bogen um Bürokratien und Organisationspyramiden. Sehen Sie sich die Stellungen an, die von den besten geschäftlichen Nachwuchstalenten in den letzten 25 Jahren angenommen wurden. Die Mehrheit der Absolventen der führenden Business Schools – vor allem Spitzenabgänger jedes Jahrgangs – nutzten nicht die Gelegenheit, sich einem Unternehmen auf der *Fortune*-500-Liste anzuschließen. Statt dessen entschieden sie sich für Unternehmensberatungen, Investmentbanken, Immobilienmakler oder für mit Risikokapital finanzierte Unternehmen – Organisationen, bei denen sie eine angemessene Aussicht sahen, Geld und Verantwortung auf der Basis von Leistung und harter Arbeit zu verdienen.

Einige Universitätsdekane und Professoren sind über diese Abwanderung weg vom historischen Rückgrat des unternehmerischen Amerika besorgt. Es führt aber kein Weg an der natürlichen Tendenz vorbei, die attraktivsten Karrieren anzustreben. Die Strömung in Richtung partnerschaftlicher Strukturen setzt sich fort, nicht nur weil diese leistungsbasiert und daher motivierender, sondern auch weil sie erweiterungsfähig sind. Eine Partnerschaft kann hervorragende Partner in beliebiger Zahl aufnehmen, nicht nur ein paar leitende Manager. Außerdem hat in einer Aktiengesellschaft jeder leitende Manager einen Vorgesetzten – ausgenommen natürlich der CEO. Und die CEOs werden gewöhnlich von einer Gruppe außenstehender Direktoren gewählt, die in den meisten Fällen in sicherer Position in der schlechtestmöglichen Zelle der Friedman-Matrix sitzen. Sie sind keine an der Wertschöpfung beteiligten Partner, dennoch wählen sie die Chefs der leitenden Managementteams aus. In einer Partnerschaft wählen die Partner entweder ihren *eigenen* geschäftsführenden Partner, oder sie werden zumindest bei der Entscheidung intensiv konsultiert. In einer Partnerschaft wäre das Delegieren einer so entscheidenden Verantwortlichkeit an einen Außenstehenden undenkbar. Die Partnerschaftsstruktur bietet nicht nur ein überlegenes Ausmaß an Unabhängigkeit und Kontrolle über das eigene Geschick, sondern überragende Gelegenheiten, ein hervorragendes Entgelt zu erzielen. In einer gut strukturierten Partnerschaft wird das Entgelt nur von der Fähigkeit der Partner begrenzt, Wert für die Kunden zu schaffen.

(Ein auf der Hand liegender Schlüssel zu einer effektiven Partnerschaft ist, die Anreize so zu strukturieren, daß die Partner ihre Energien darauf konzentrieren, den größtmöglichen Kuchen für die gesamte Gruppe von Partnern zu backen, und nicht darauf, ihre persönlichen Kuchenstücke zu vergrößern. Ebenso wichtig ist, daß sich die Partner im voraus auf die Grundlage der Messung und Verteilung des geschaffenen Wertes verständigen sollten. Bei A. G. Edwards wird die Verteilung des Bonus-Kuchens am Jahresanfang festgesetzt, so daß die Manager während des Jahres kooperieren, um die Größe des Kuchens zu maximieren. Bei Price Waterhouse wird die Bonusverteilung alle zwei Jahre festgelegt. Bei Bain Capital vereinbaren die Partner zum Zeitpunkt der Aufnahme von Investitionskapital, wie dessen Verzinsung – 20 Prozent des Gewinns aus der Investition – aufgeteilt wird, so daß sie während der zehnjährigen Laufzeit ihren Eigenertrag nur steigern können, indem sie zur Steigerung des Gesamtertrags für die Partnerschaft beitragen.)

Der Vorteil der Gewinnung von Talenten kann in jeder Firma einer jeden Branche funktionieren. Er funktioniert auch für State Farm. Das Unternehmen wirkt anziehend für talentierte Vertreterkandidaten, die unabhängige Geschäftspartner statt Mitglieder einer Verkaufsmannschaft werden wollen. Er funktioniert bei Chick-fil-A, dessen 50-zu-50-Gewinnverteilung erfolgversprechendere Bewerber für die Stelle eines Restaurantleiters anzieht als die bürokratischen Hierarchien, die so viele Schnellimbißketten managen. Und er funktioniert für Leo Burnett, ein gutes Beispiel für eine Kapitalgesellschaft, die sich wie eine Partnergesellschaft verhält. Mitarbeiter, die sich in den ersten acht bis zehn Jahren ihrer Tätigkeit bewähren und kontinuierliche Beiträge zum Erfolg der Kunden und des Unternehmens vorweisen können, werden aufgefordert, Anteile am Unternehmen zu kaufen. Bis jetzt hat jede Generation sichergestellt, daß ihre Investitionen langfristig Profit einbrachten – und hat der Versuchung kurzfristiger Gewinnmitnahmen widerstanden. Jedes Managerteam seit Leo Burnett selbst hätte die Gelegenheit gehabt, das Unternehmen an der Börse einzuführen und dabei enorme Summen zur Verteilung an die gegenwärtigen Eigentümer aufzubringen, aber alle haben sich dafür entschieden, dies nicht zu tun. Statt dessen verkaufen die Manager weiterhin bei ihrer Pensionierung ihre Anteile an das Unternehmen zurück, und das zum Buchwert – einem sehr konservativen Preis.

Warum? Bill Lynch, der siebte CEO in der Geschichte von Leo Burnett, glaubt, daß an der Börse gestreutes Eigentum die langfristige Perspektive erschweren würde, in Mitarbeiter und Kunden zu investieren. Er glaubt auch, daß er als CEO eines börsennotierten Unternehmens eine Menge Zeit mit Analysten und Pensionsfondsmanagern verbringen müßte statt mit Kunden. »Ich glaube, daß der Gang an die Börse ein kurzfristiger Schritt des gegenwärtigen Managements ist, um eine Menge Geld zu verdienen«, sagt er, »aber ich denke nicht, daß er im besten langfristigen Interesse des Unternehmens ist.«[14] Diese Geschäftsphilosophie hat eine Partnerschaft über Generationen hinweg aufgebaut, die der Firma hilft, ihren Wettbewerbsvorsprung bei der Rekrutierung junger Manager und ihrer Bindung an das Unternehmen aufrechtzuerhalten – solcher junger Manager, die erkennen, daß sich die überlegene Wirtschaftlichkeit des Unternehmens mit großer Wahrscheinlichkeit in der Zukunft fortsetzen wird. Sie verstärkt auch die Loyalität und das Engagement der leitenden Manager, da ein großer Teil ihres letzten Entgelts – der Rückkaufwert ihrer Anteile bei ihrer Pensionierung – vom fortgesetzten Erfolg des Unternehmens abhängt. Sie machen sich weniger Gedanken über ihre jährliche Verdiensthöhe als über die künftige Gesundheit der Firma.

Truett Cathy, Chef von Chick-fil-A, hat sein Unternehmen einen ähnlichen Weg entlanggeführt. Cathy könnte die Firma heute vermutlich für mehr als eine Milliarde Dollar verkaufen. Statt dessen hält er das Unternehmen in privatem Besitz und fördert die Menschen, die es in die Zukunft führen werden. Er zieht seine beiden Söhne dazu heran, die Tradition, die er geschaffen hat, fortzusetzen. All das macht Chick-fil-A natürlich viel attraktiver für gegenwärtige und potentielle Restaurantleiter. Das verbessert die Auswahl von Talenten, die dem Unternehmen zur Verfügung stehen, und vergrößert die Wahrscheinlichkeit, daß Chick-fil-A weiterhin den Herausforderungen der Zukunft gerecht werden und das Beste aus den Chancen von morgen machen wird.

Investoren

In Kapitel 6 haben wir untersucht, wie Investoren Wert schaffen oder zerstören können. Wir empfahlen Ihnen dringend, Investoren zu suchen, die einen deutlichen Beitrag zu dem Wert leisten, an dem sie teilhaben werden. Sie müssen sich aber eine noch grundsätzlichere Frage stellen: Brauchen Sie überhaupt außenstehende Investoren? State Farm, Chick-fil-A, Leo Burnett und andere sind ohne Eigenkapital von außen sehr groß geworden. Gut strukturierte Partnerschaften können überraschende Mengen von Cash-flow erzeugen, die sie zum Wachstum des Unternehmens oder zur Überführung in persönliches Eigentum verwenden können.

Dennoch hat eine Handvoll Unternehmen demonstriert, daß loyalitätsbasiertes Management sogar bei börsennotierten Unternehmen möglich ist. Einige von ihnen – unter anderen MBNA und A. G. Edwards – haben wir in Kapitel 6 beschrieben. Ein weiteres Beispiel eines börsennotierten Unternehmens, das es fertigbrachte, Kunden und Mitarbeiter über kurzfristige Gewinne und Aktionäre zu stellen, ist Johnson & Johnson. Das berühmte Credo von J&J, an der Hauptverwaltung des Unternehmens in New Jersey in Stein gemeißelt, erklärt, daß die Aktionäre nur dann eine faire Rendite erhalten, nachdem das Unternehmen seinen Kunden, Mitarbeitern, Lieferanten, Distributoren und den Gemeinden der Betriebsstandorte von J&J hervorragenden Wert geliefert hat.

Es ist also zu schaffen, zumindest wenn Ihr Unternehmen so alt und so groß und so erfolgreich ist wie Johnson & Johnson. Wenn nicht, setzt der Druck auf Sie in der Minute ein, in der die kurzfristigen Gewinne einknicken, oder in dem Moment, in dem Ihre Branche in eine Zeit großer Umbrüche eintritt. Druck auf die Quartalsgewinne wird Ihnen garantiert die am wenigsten erwünschten Investoren an der Börse bringen und deren Desinteresse an der langfristigen Zukunft des Unternehmens unterstreichen, und ihr Verlangen nach Steigerung der kurzfristigen Gewinne wird die Gefahr erhöhen, daß Kunden und Mitarbeiter benachteiligt werden und eine Spirale hinab zur Mittelmäßigkeit beginnt.

Manager, die erfolgreiche Unternehmen rund um ihre eigene Vision aufbauen, gewinnen ein seltenes Privileg – die Gelegenheit, ihre Ziele und Ideale in einer Institution zu verewigen. Der Ausverkauf an den höchsten Bieter bedeutet oft den Ausverkauf dieser Gelegenheit. Nicht einmal großartige Unternehmen können Manager überleben, die nicht willens sind, ihren Wunsch nach maximalem Entgelt der langfristigen Gesundheit und Lebensfähigkeit des Unternehmens unterzuordnen. Den Investoren an der Börse zu verkaufen ist oft der schnellste Weg, reich zu werden, doch der Reichtum wird oft auf Kosten von Kunden, Mitarbeitern und Managern auf Generationen hinaus erkauft.

Natürlich haben manche Firmen keine echte Wahl. Sie brauchen den Zugang zur Börse, weil ihr Bedarf zur Finanzierung raschen Wachstums oder globaler Expansion – oder die Unmöglichkeit, zusätzliche Verschuldung zu verkraften – ihnen den Luxus der persönlichen Eigentumsform verbietet. Für diese Unternehmen, die versuchen, über die Börse Investoren zu gewinnen, die mehr Wert bringen als ihr Geld, ist es wichtig, daß diese Investoren wie langfristige Partner handeln und der Auffassung sind, daß ihren Interessen am effektivsten gedient wird, wenn den Interessen der Kunden und Mitarbeiter am besten gedient wird. Es ist nicht allzu schwer herauszufinden, ob Investoren einer Partnerschaft zuneigen. Überprüfen Sie die durchschnittliche Umschlagsrate ihrer Portfolios. Hören Sie sich ihre Ansichten über die Wertaufteilung zwischen Kunden, Mitarbeitern und Investoren an. (Sind sie zum Beispiel für eine Beteiligung der Manager und Mitarbeiter an den langfristigen Gewinnen, die über eine Grundverzinsung des Kapitals hinausgeht?) Sehen Sie sich die Arten von Anreizen an, die sie bevorzugen. Wenn sie langfristige Partnerschaftsstrukturen – wie die von Warren Buffett bevorzugten – befürworten, dann sind sie wahrscheinlich die richtigen Investoren für Sie. In schwierigen Zeiten sind das die Investoren, die Probleme zu lösen helfen, statt zum Notausgang zu rennen.

Wie Partnerschaften den Wandel beschleunigen

Es mag scheinen, daß der Aufbau von Partnerschaften mit Kunden, Mitarbeitern und Investoren zu zeitraubend ist, um drängende Erfordernisse eines Unternehmens wie des Ihrigen zu erfüllen. Aber Partnerschaftsstrukturen können sehr schnell bessere Leistungen erzeugen. Der Fall Accuride ist ein gutes Beispiel dafür, wie rasch ein Wandel erfolgen kann, wenn ein Unternehmen zu Partnerschaftsstrukturen und der Verpflichtung übergeht, Wert für Kunden zu schaffen. Sehen wir uns zwei weitere Beispiele an: den Fall von Carl Sewell und Curley Crawford und den von Andrew Banks und Royce Yudkoff.

Carl Sewells Cadillac-Handelsniederlassung hatte eine Serviceabteilung, die Verluste machte. Sewell glaubte, den Mann gefunden zu haben, der das Problem lösen könnte, einen vielversprechenden jungen Getriebespezialisten namens Curley Crawford. Bevor er ihn beförderte, konzipierte Sewell aber die Entlohnung für diese Aufgabe neu, um eine Partnerschaft zur Teilung des zu schaffenden Wertes zu begründen. Er bot Crawford ein Grundgehalt von 27 500 Dollar jährlich, zuzüglich 10 Prozent der Gewinne, die er erwirtschaften würde. Und er gab Crawford die

Befugnis, alle Änderungen vorzunehmen, die er für erforderlich hielt, um einen Betrieb von hoher Qualität zu schaffen.

Crawford ergriff die Gelegenheit mit beiden Händen. Er heuerte erstklassige Techniker an, verlangte hervorragende Arbeitsleistung und verbesserte nachhaltig die Zuverlässigkeit seines Teams bei der Aufgabe, Fahrzeuge pünktlich an die Kunden auszuliefern. Bis zum Ende des zweiten Jahres hatte er die Werkstatt völlig verwandelt und verdiente über sein Grundgehalt von 27 500 Dollar hinaus einen Bonus von 47 500 Dollar. Das war viel mehr, als Crawford zu hoffen gewagt und als Sewell zahlen zu müssen erwartet hatte. Statt aber die Berechnungsformel zu ändern, bestätigte Sewell sie. Warum auch nicht? Sewell strich die restlichen 90 Prozent des Gewinns ein. Es gab also keinen Grund, sich zu beschweren.

Nach zwei weiteren Jahren verdiente Crawford insgesamt 150 000 Dollar – ein unglaublich hohes Gehalt für einen Werkstattleiter. Aber Crawford setzte die Umwandlung des Betriebes fort, um noch mehr Wert zu schaffen. Zur Zeit seiner Pensionierung verdiente Crawford mehr als eine Viertelmillion Dollar und Sewell natürlich das Neunfache, also über zwei Millionen Dollar – und das mit einer Serviceabteilung, die einmal Verluste eingefahren hatte.

Sewell schätzte, daß vergleichbare Händler mit ihren Serviceabteilungen etwa eine halbe Million jährlich verdienten. Er schreibt seinen Erfolg zwei Faktoren zu: den richtigen Mann für die Aufgabe gewählt zu haben und bei seiner partnerschaftlichen Entgeltformel geblieben zu sein. Sewell verdiente sehr viel Geld, und Crawford blieb dem Händler bis zu seiner Pensionierung treu. Hinzu kam noch, daß Sewell durch den Partner, der seinen Bereich eigentlich managte, frei war, seine Zeit für andere Teile des Geschäfts zu verwenden. Die Erfahrung mit Crawford bestärkte Sewell in seiner Überzeugung, daß jeder Mitarbeiter wie ein Partner bezahlt werden sollte und daß feste Gehälter von Übel sind.

Die einzigen Leute, die ich für ein Gehalt beschäftige, sind Stabsleute und Controller. Es macht am Anfang etwas Arbeit, einen partnerschaftlichen Entgeltplan aufzustellen. Um sicherzustellen, daß er fair und effektiv ist, müssen Sie einen logischen Weg finden, die Arbeitsmenge zu quantifizieren, die eine Person verrichtet. Aber Ärzte werden so bezahlt, Rechtsanwälte auch. Also verflixt noch mal, wenn die das können, kann es jeder.[15]

Die ABRY-Geschichte

Ein anderes Beispiel für das ungeheure Potential von loyalitätsbasierten Strategien ist das Unternehmen ABRY Communications. Andrew Banks und Royce Yudkoff (das AB und das RY von ABRY) waren Partner in der Niederlassung von Bain & Company in Boston, bis sie beschlossen, sich selbständig zu machen. Wenige der Mitarbeiter von Bain wollen ihr ganzes Berufsleben lang Unternehmensberater sein, daher ist es nichts Ungewöhnliches für das Unternehmen, Mitarbeiter zu unterstützen, wenn sie neue Unternehmen gründen. Im Fall von Banks und Yudkoff trugen Bain Capital und etwa 20 Berater-Partner zur Finanzierung bei. Der Plan war, genug Kapital aufzubringen, um etliche Fernsehsender im ganzen Land aufzukaufen, ihren Wert durch Verbesserungen des Sendebetriebs zu erhöhen, die Sender nach fünf bis zehn Jahren wieder zu verkaufen und das Geld an die Investoren zurückzuzahlen.

Sowie das Kapital beisammen war, kauften die beiden Partner fünf Sender in Baltimore, Birmingham, Cincinnati, Kansas City und Milwaukee, die nicht mit einem der großen nationalen Sendenetze verbunden waren, und begannen, die Managementpraktiken zu restrukturieren. In einigen Fällen mußten sie Manager auswechseln, doch in jedem Fall ordneten sie die Entgeltsysteme neu. Beim Sender in Baltimore zum Beispiel war der Geschäftsführer stets wie ein Angestellter bezahlt worden mit einem Jahresgehalt von 125 000 Dollar plus bis zu 25 000 Dollar Bonus für die Einhaltung der jährlichen Budgetvorgaben. ABRY ersetzte diese Standardvereinbarung durch eine langjährige Regelung. Es blieb beim Grundgehalt von 125 000 Dollar, doch statt der jährlichen Bonuszahlung würde er einen Teil des Wertes erhalten, den er zu schaffen half – einen Teil des künftigen Verkaufspreises des Senders, nachdem die Investoren ihr Kapital mit einer vernünftigen Verzinsung zurückerhalten hatten. Während einer Zeit von fünf Jahren investierte der Manager seine ganze Kraft in das Arrangement und wurde ein wirklicher Partner.

In vielen Fällen änderten die Geschäftsführer ihr Verhalten erheblich, als sie Partner statt konventionelle leitende Angestellte wurden. Royce Yudkoff drückte es so aus: »In fast jedem Fall sahen wir, wie diese Menschen effektiver mit Lieferanten, Kunden und Bankern zu verhandeln begannen. Die Leute scheinen immer klüger zu verhandeln, wenn es um ihr eigenes Geld geht.«[16] ABRY bemerkte auch, daß sie aufhörten, Fehler zu verbergen. Zum Beispiel legten sie Budgetverknappungen früh genug offen, um Cash-flow-Voraussagen und Kreditaufnahmen zu korrigieren.

Und, so Yudkoff, »wenn einer von ihnen einen Fehler bei einer Neueinstellung macht (was uns allen von Zeit zu Zeit passiert), versuchen die Manager nicht mehr, das zu vertuschen, sondern sie teilen ihre Sorgen offen mit, damit wir ihnen helfen können, die beste Lösung für alle Beteiligten zu finden.«[17] Schließlich stellten Yudkoff und Banks fest, daß die Mitarbeiter mehr Verantwortung dafür empfanden, sich über Abteilungsgrenzen hinweg gegenseitig zu helfen, da ihr eigener Erfolg eine Funktion des Abschneidens des Unternehmens als Ganzes war.

Eines der interessanten Merkmale von Fernsehsendern ist, daß der einzige Weg zur Wertsteigerung des Unternehmens die Steigerung der Werbepreise für Kunden ist. Die Betriebskosten sind relativ niedrig und mehr oder weniger fixe Kosten. Es gibt immer einige Gelegenheiten zu Kostensenkungen, doch sie werden von den Gelegenheiten zu Umsatzsteigerungen weit übertroffen. Eine unveränderliche Zahl ist aber die Anzahl der Werbeminuten, die der Sender verkaufen kann. Daher bedeutet Einnahmensteigerung die Erhöhung des Preises pro Minute – und um den Preis pro Minute zu erhöhen, muß man einen Weg finden, den Wert einer Werbeminute für den Kunden zu steigern. Während viele Unternehmen versuchen, die Wertschöpfung durch Kapazitätserhöhung und Gewinnung neuer Kunden – oder vielleicht durch Kostensenkungen – zu verbessern, ist dies für die Fernsehsender kein gangbarer Weg. Sie wissen, daß ihre Wertschöpfung nur über die Nutzensteigerung der Werbeminuten für die bestehenden Kunden und die Realisierung eines Anteils an dieser Erhöhung des Produktwertes verbessert werden kann.

Die Steigerung der Zuschauerloyalität stand im Zentrum der Strategie von ABRY. In den Augen von Banks und Yudkoff waren die Zuschauer, die sie bedienen wollten, die kleine Gruppe von Leuten, welche das Programmangebot des Senders intensiv verfolgten. Durch Konzentration auf diese Kerngruppe würden sie in der Lage sein, ihre Programmgestaltung genau maßzuschneidern. Wenn ein Sender konsequent Programme sendet, die seinen Zielzuschauern gefallen, reduziert das die Neigung dieser Zuschauer, auf andere Sender auszuweichen. Und dieselbe Gruppe von Zuschauern dazu zu bewegen, den Sender eingeschaltet zu lassen, schafft enorme wirtschaftliche Vorteile für die übrigen Teilnehmer am Geschäftssystem. Einer der gewichtigsten Kostenfaktoren für den Betrieb eines Senders ist zum Beispiel das Eigenwerbungsbudget, die Kosten der Werbung für den Sender und seine Programme zur Anlockung neuer Zuschauer. Beim Sender in Baltimore vertilgte die Eigenwerbung im ersten Besitzjahr von ABRY 20 Prozent der Werbeeinnahmen. Im fünften Jahr war dieser Prozentsatz auf 4 Prozent gesunken. Eine intensive Konzentration auf das Kernsegment der Zuschauer hatte diese Verbesserung ermöglicht.

ABRY wählte für jeden Sender verschiedene Zielzuschauer. Die Auswahl beruhte zum Teil auf der bisherigen Zuschauerbasis jedes Senders und zum Teil auf Analysen lokaler Marktsegmente. In Milwaukee wählte ABRY junge männliche Sportfans aus. In Cincinnati stellten Banks und Yudkoff fest, daß die Videotheken unverhältnismäßig hohe Umsätze machten. Sie beschlossen daher, Filmliebhaber anzupeilen. In Baltimore entschieden sie sich für die Afroamerikaner, die von den nationalen Netzen unterversorgt wurden. (Landesweit machen die Afroamerikaner 15 Prozent der Fernsehzuschauer aus, in Baltimore aber 40 Prozent.) ABRY lernte soviel wie möglich über die Zuschauerpräferenzen. Mit Hilfe von Fokusgruppen stellte ABRY zum Beispiel fest, daß die schwarzen Zuschauer den Sender als zweitklassig ansahen. Daher verbesserte das Unternehmen die Grafik, verbesserte die Senderanzeigen auf dem Bildschirm und brachte die Eigenwerbung auf nationales Niveau.

Am meisten wurde aber aus Fehleranalysen gelernt. Da für jedes Hauptsendegebiet die Nielsen-Bewertungen verfügbar sind, braucht die Fernsehbranche sich nicht auf Zufriedenheitsuntersuchungen zu verlassen. Die Manager können tatsächliche Zuschauergewohnheiten getrennt nach demographischen Segmenten und Sendezeiten verfolgen. ABRY untersuchte die Daten, um festzustellen, welche Programme bei den schwarzen Zuschauern am beliebtesten waren, und füllte das Programm des Senders in Baltimore mit diesen Sendungen. Darüber hinaus wurden spezifische Verhaltensweisen der Zuschauer des Senders in Baltimore beobachtet, um Änderungen in der Bewertung von einer Sendung zur nächsten festzustellen. Wenn nach dem Ende einer Sendung viele Zuschauer abschalteten, wurde das Programm angepaßt, um so viele Zuschauer wie möglich bei der Stange zu halten. Durch den Aufbau eines Stamms von loyalen Zuschauern bei jedem Sender machte ABRY seine Sender zu wertvolleren Werbemedien für Werbekunden, die diese Zielgruppen mit ihren Spots erreichen wollten. Kluge Werbungtreibende verlassen sich nicht einfach auf Nielsen-Punkte, sie beurteilen Resultate. ABRYs voraussagbares Publikum ermöglichte lokalen Werbungseinschaltern eine Feinabstimmung ihrer Werbung, um die bestmöglichen Verkaufsergebnisse zu erzielen.

ABRY entwickelte auch Programme zur Entwicklung von Loyalität bei werbenden Kunden. Ein wirksames Mittel war die Einladung zu einer

Reise an Werbekunden, die dem Sender treu blieben und bereit waren, im nächsten Jahr einen gesteigerten Teil ihres Werbebudgets für Einschaltungen beim Sender aufzuwenden. Die Reisen waren eindrucksvoll; ABRY als Veranstalter konnte Ereignisse bieten, die Individualreisende schwerlich zu kopieren vermochten. Am Ende einer Schiffsreise auf der Donau besichtigte die Gruppe den Kaiserpalast in Wien, wobei die Wiener Sängerknaben »America the Beautiful« für sie sangen. Ein Kunde, erfolgreicher Autohändler, sagte Yudkoff und Banks, daß er sich ohne weiteres Luxusreisen leisten könnte, aber die Senderreisen zu schätzen gelernt hätte, weil sie ihm Gelegenheit gäben, die Sendermanager auf einer Ebene kennenzulernen, die sonst unmöglich wäre. Er sagte, daß es ihm in der Vergangenheit nicht schwergefallen sei, das Jahr durchzuarbeiten und den Urlaub ganz auszulassen. Jetzt notiere er sich die Reise des Senders schon fast ein Jahr im voraus im Terminkalender, und alle Planung werde ihm abgenommen.

Die jährliche Reise erfüllte mehr als ein Bedürfnis. Sie war ein Weg, sich bei den loyalsten Kunden des Senders für deren wertvolle Partnerschaft zu bedanken. Sie gab den Managern des Senders auch Gelegenheit, Zeit mit Werbekunden zu verbringen, ein besseres Verständnis für deren Bedürfnisse und Unzufriedenheiten zu erreichen und eine effektivere Programmplanung für das nächste Jahr zu entwickeln. Auch begann die Periode zur Qualifizierung für die nächste Reise kurz nach der Heimkehr der Gruppe, als die Reiseerfahrung noch frisch im Gedächtnis war. Als isolierte PR-Veranstaltung wären die Reisen nicht viel mehr als Marketing-Gags gewesen, aber als Teil einer Gesamtstrategie, die auf der Entwicklung und kontinuierlichen Verfeinerung eines überragenden Wertangebots beruhte, waren sie außerordentlich effektiv.

Das Resultat von ABRYs Partnerschaftsstrategie waren bedeutende Leistungsverbesserungen der Sender während eines Zeitraums von fünf Jahren. Der Zuschaueranteil stieg um 52 Prozent, die Gewinnspannen erhöhten sich um 200 Prozent, und der Cash-flow versiebzehnfachte sich! ABRY verkaufte die Sender etwas früher als erwartet, als ein Käufer anbot, alle fünf zu erwerben – zu einem Preis, der den Investoren eine jährliche Rendite von 64 Prozent bescherte. ABRY hatte 30 Millionen Dollar bei den Investoren aufgenommen und beim Verkauf 210 Millionen Dollar realisiert. Für jeweils 50 000 investierte Dollar erhielten die Investoren 350 000 Dollar.

Alle Partner profitierten von dem Erfolg. Zum Beispiel verdiente der Geschäftsführer in Baltimore vor seiner Verbindung mit ABRY 150 000

Dollar jährlich. Während der fünf Jahre bei ABRY erhielt er 125 000 Dollar jährlich, und sein Anteil am Verkaufserlös betrug 2,5 Millionen Dollar.

Yudkoff und Banks, beide noch keine vierzig, verdienten mehr als genug, um sich pensionieren zu lassen. Statt dessen haben sie gerade einen neuen Fonds gegründet, um noch mehr Sender aufzukaufen, neue loyalitätsbasierte Partnerschaften aufzubauen und mehr Wert zu schaffen und mit ihren Partnern zu teilen. Bei der Aufbringung der neuen, etwas größeren Summe haben Banks und Yudkoff aber nicht die Investoren vergessen, die sie ursprünglich unterstützt haben. Angesichts des Erfolgs mit dem ersten Fonds wollten mehrere große institutionelle Investoren den ganzen zweiten Fonds aufkaufen. Obwohl es einfacher und kostengünstiger für ABRY gewesen wäre, es nur mit ein oder zwei großen Institutionen zu tun zu haben, stellten Banks und Yudkoff sicher, daß ihre ursprünglichen Partner die Gelegenheit zur Reinvestition bekamen.

Die ABRY-Geschichte zeigt, daß die Vorteile der Loyalität gleichermaßen für Kunden, Mitarbeiter und Investoren gelten. Mit der Bildung der richtig ausbalancierten Partnerschaften zur Wertverteilung mit diesen drei Gruppen kann ein Unternehmen relativ rasch eindrucksvollen Wert schaffen. Bei ABRY erforderte dieser Prozeß genau fünf Jahre.

11 Der Startschuß zu »0-Defections«

Loyalitätsbasiertes Management ist harte Arbeit. Niemand kann über Nacht Kennzahlen, Anreize, Kundenlebenszyklen, Mitarbeiterlaufbahnen und Kapitalstrukturen umwandeln. Dennoch ist es für Sie möglich, in der kurzen Zeit, die notwendig ist, um einige gut ausgerichetete Partnerschaften aufzubauen, eindrucksvolle loyalitätsbasierte Fortschritte zu erzielen. Wir haben in Kapitel 6 gesehen, daß Corporate Software in den ersten 16 Monaten nach dem Übergang in den Besitz von Bain Capital seine Umsätze und Gewinne fast verdoppelte. In der Cadillac-Serviceabteilung von Sewell wurde die Wende schon in der Gewinn-und-Verlust-Rechnung im ersten Jahr sichtbar, und im zweiten Jahr wurde ein gesunder Gewinn erzielt. Bei ABRY zeigten sich bei jedem einzelnen Fernsehsender im zweiten oder dritten Jahr bedeutende Fortschritte, und der ganze Prozeß von der Aufbringung des Geldes bis zum Verkauf der fünf Sender mit einem Gewinn von 700 Prozent dauerte nur fünf Jahre. Bei Accuride stiegen die Gewinne im ersten Jahr nach der Übernahme um 20 Prozent. Die Leistung kann rapide verbessert werden, wenn Unternehmen sich darauf konzentrieren, durch ein Netzwerk von wertteilenden Partnerschaften Wert für die Kunden zu schaffen.

Ebenso wahr ist aber, daß loyalitätsbasiertes Management ein langsamer, stetiger und nie endender Prozeß ist. Unternehmen wie State Farm, Leo Burnett und Northwestern Mutual Life haben das Endziel von null Verlusten von Kunden, Mitarbeitern und Investoren jahrzehntelang verfolgt und dabei kontinuierlich ihre Unternehmen, ihre Gewinne und den Nutzen verbessert, den sie ihren drei Partnergruppen bieten. Was diese ehrwürdigen Unternehmen demonstrieren, ist, daß loyalitätsbasiertes Management keine Modeerscheinung ist – es ist eher bemerkenswert altmodisch. Und dennoch bringt es auch weiterhin bemerkenswerte Ergebnisse hervor, selbst in einem Zeitalter, in dem Loyalität totgesagt wird.

Diese bemerkenswerten Ergebnisse lassen die Versuchung aufkommen, einige Werkzeuge und Techniken von den Loyalitätsführern zu borgen, ohne sich mit den Fragen von Grundwerten und Philosophie abzugeben. Leider ist das nichts anderes als der Versuch, sich den Motor von einem Lexus zu borgen und ihn in einen Chevrolet einzubauen. Wenn nicht alle Systeme so gestaltet und aufeinander abgestimmt sind, daß sie harmonisch zusammenwirken, werden Sie keinen großen Nutzen davon haben. Der Schlüssel zum dauerhaften Erfolg ist die Art und Weise, in der die Teile des Systems zusammenwirken. Deshalb muß sich jedes praktische Verbesserungsprogramm auf spezifische Komponenten konzentrieren. In diesem Kapitel werden wir die Hauptbotschaften der vorangegangenen zehn Kapitel rekapitulieren. Auf der Grundlage dieser Gesamtschau können wir Ihnen eine »Straßenkarte« entwerfen, um Sie auf Ihren Weg zu null Partnerverlusten zu führen.

Gesamtüberblick

Wir begannen dieses Buch mit der Argumentation, daß Loyalität nicht als Taktik, sondern als Strategie angesehen werden muß. Kunden-, Mitarbeiter- und Investorenloyalität sind so untrennbar miteinander verflochten, daß Sie, um eine zu verstehen und zu managen, alle drei verstehen und managen müssen. Während aber Loyalität wirklich strategisch ist, gehen ihre Folgerungen über eine Strategie hinaus und weisen auf eine Geschäftsphilosophie hin, die Menschen über Prozesse stellt. Der zentrale Lehrsatz dieser Philosophie lautet, daß der Zweck eines Unternehmens die Erzeugung von Wert ist, nicht einfach die Erzeugung von Gewinnen. Das wertzentrierte Geschäftsmodell, das wir in Kapitel 1 eingeführt haben (Abb. 1.3), zeigt, wie die wirtschaftlichen Kräfte der Loyalität Wachstum und Gewinne erklären. Loyalität ist nicht nur Philosophie und Strategie, sie spricht auch die geschäftliche und betriebliche Praxis an, weil sie eine Serie von Maßnahmen zur Verwirklichung der Strategie bietet. Durch Beobachtung des Verhaltens von Kunden, Mitarbeitern und Investoren (Kommen sie oder kommen sie nicht zurück, um mehr zu bekommen?) können Sie sehr direkt erkennen, wo Wert geliefert wird und wo nicht und ob ein Unternehmen bei seiner Mission, bleibenden Wert zu schaffen, Erfolg hat oder scheitert. So ist Loyalität ein Maßstab zur Messung der Unternehmensleistung und ein Rahmenwerk, in das sich alle Maßnahmen zur Verbesserung der Unternehmensleistung einzufügen haben.

Loyalitätsführer – die Unternehmen, die den höchsten Leistungsstandard in ihren Branchen erreicht haben – bieten wichtige Einblicke, wie Unternehmen betrieben werden müssen, um hervorragende Loyalität zu verdienen. Zwar ist die Strategie jedes Loyalitätsführers einzigartig, doch alle bauen auf den folgenden acht Elementen auf:

- *Ein überragendes Wertangebot für die Kunden schaffen.* Jedes dieser Unternehmen konzentriert seine Strategie auf die Entwicklung eines Wertangebotes, das den wichtigen Kundensegmenten wirklich überragenden Wert gegenüber konkurrierenden Angeboten bietet.
- *Die richtigen Kunden finden.* Loyalitätsführer wissen, wer ihre Zielkunden sind, und entwickeln Systeme, um sie gezielt anzusprechen und zu gewinnen. Die richtigen Kunden zu gewinnen hängt oft mehr von der magnetischen Anziehungskraft des Wertangebotes und den Weiterempfehlungen ab, die das Angebot erzeugt, als von brillantem Verkaufsgeschick. Tatsächlich sind Loyalitätsführer oft mehr auf die Filterung des Zuflusses an Neukunden aus als auf die Steigerung seines Volumens, weil schlechte Kunden den Wert beträchtlich verringern können, der den Kernkunden geboten wird.
- *Kundenloyalität verdienen.* Loyalitätsführer behandeln Kunden als Kapital und tun alles in ihrer Kraft Stehende, um dieses Kapital zu behalten und seinen Lebenszeitwert zu erhöhen. Preisgebung, Produktpalette, Mitarbeiteranreize und Serviceniveau sind alle darauf zugeschnitten, die Kundenloyalität zu erhöhen.
- *Die richtigen Mitarbeiter finden.* Erfolgreiche loyalitätsbasierte Unternehmen neigen dazu, bei der Auswahl ihrer Mitarbeiter so wählerisch zu sein wie bei der Auswahl ihrer Kunden. Sie suchen nach Leuten mit Charakter, welche die Wertvorstellungen des Unternehmens teilen, nach Neulingen mit dem Talent und dem Geschick, das Produktivitätsniveau zu erreichen, das zu befriedigenden, langfristigen Karrieren führt.
- *Mitarbeiterloyalität verdienen.* Loyalitätsführer investieren stark in die Ausbildung und Entwicklung ihrer Mitarbeiter und bauen Karrierewege und organisatorische Strukturen auf, die es den Mitarbeitern ermöglichen, das Bestmögliche aus ihrer Ausbildung und ihren Fähigkeiten zu machen. Wenn sie beim Unternehmen bleiben, bewältigen sie ihre Aufgaben immer besser und werden immer besser mit den Kunden vertraut; so verstärken sich Mitarbeiterloyalität und Kundenloyalität gegenseitig, machen die Aufgabenerfüllung immer befriedigender und steigern das Potential für überragenden Kundenwert noch weiter.

Loyalitätsführer teilen den resultierenden Produktivitätsüberschuß mit den Mitarbeitern in Form höherer Vergütungen, was die Loyalitätsspirale weiter nach oben führt.

- *Kostenvorteile durch überragende Produktivität gewinnen.* Der Produktivitätsüberschuß, der aus besserer Kunden- und Mitarbeiterloyalität erwächst, erzeugt einen Kostenvorteil. Die Mitarbeiter erhalten höhere Vergütungen – oft 10 bis 50 Prozent höher als bei den Konkurrenten –, aber im Verhältnis zum Umsatz liegen die Kosten ihrer höheren Vergütungen tatsächlich niedriger. Mehr noch: Loyalitätsführer strukturieren ihre Anreize so, daß die Mitarbeiter das Geld des Unternehmens, das sie ausgeben, so behandeln, als ob sie ihr eigenes Geld ausgäben.

- *Die richtigen Investoren finden.* Um ihre Unternehmen zu stabilisieren und sich in die Lage zu versetzen, auf Bedrohungen durch Konkurrenten und Branchenturbulenzen zu reagieren, müssen Loyalitätsführer die richtige Art von Investoren finden. Das spricht häufig für ungewohnte Kapitalstrukturen, wie sie bei Personengesellschaften oder Genossenschaften anzutreffen sind. Für börsennotierte Unternehmen sind die richtigen Investoren die, die eine Vorliebe für langfristige Beziehungen haben, Investitionen sorgfältig auswählen und an ihnen festhalten und die der Überzeugung sind, daß sie selbst nur gedeihen, wenn für die Kunden und Mitarbeiter des Unternehmens das gleiche gilt. Die Wachstumsziele der Loyalitätsfürer basieren nicht auf den Erwartungen der Wall Street, sondern auf der Schaffung von hinreichenden Gelegenheiten für die Teilnehmer am Geschäftssystem.

- *Investorenloyalität verdienen.* Loyalitätsführer werden von Partnern gemanagt, die nur erfolgreich sein können, wenn die anderen Teilnehmer am Geschäftssystem ebenfalls Erfolg haben. Mit anderen Worten: Die Investoren müssen eine faire Rendite für ihr Geld erhalten, bevor dem Management ein Bonus gezahlt wird. Das gibt Managern einen starken Anreiz, Gewinne nur in Projekte mit einem beträchtlichen Potential zur Wertschöpfung zu reinvestieren. Das Geld der Investoren so zu behandeln wie ihr eigenes ist der beste Weg für Manager, die Loyalität der Investoren zu verdienen – weil sie einen enormen Wettbewerbsvorteil in einer Geschäftswelt darstellt, die zunehmend von den Turbulenzen des Investorenverschleißes bedroht wird.

Der Beginn des Weges

Jeder Loyalitätsführer, den wir untersucht haben, hat seinen eigenen Weg gefunden, alle acht Elemente dieser loyalitätsorientierten Unternehmensstrategie anzuwenden. Durch Harmonisierung der Interessen aller Mitspieler haben diese Unternehmen die Chancen gewaltig erhöht, daß die Mitspieler ihre Energien dafür einsetzen, die Größe des Wertkuchens zu steigern und nicht nur ihren eigenen Anteil am Kuchen. (Eine wirksame Methode zur Stärkung des Anreizes, für das gemeinsame Wohl zu arbeiten, ist der Aufschub der Auszahlung eines Teils der Anteile, die jedem zustehen. Leo Burnetts System, die Kapitalanteile eines Managers am Unternehmen erst bei seiner Pensionierung auszuzahlen, ist ein gutes Beispiel für diese Methode.)

Für sich allein genommen, kann natürlich kein Anreizsystem Loyalität aus dem Nichts erschaffen. Loyalität ist ein Charakterzug – sie kann nicht erschaffen, nur verstärkt werden. Deshalb liegt den Loyalitätsführern außerordentlich viel an den Menschen, die ihre Partner werden. Sie wollen Leute mit Charakter und Integrität, Leute, die nicht zum Ausgang rennen, wenn etwas nicht klappt. Sinnvolle Fehleranalyse erfordert einen hohen Grad an Vertrauen und die aktive Teilnahme von Personen, die gern das Richtige aus den richtigen Gründen tun. Ohne beides lohnt es sich kaum, in die Art von wissenschaftlichen Meß- und Fehleranalyseinstrumenten zu investieren, die ein Unternehmen in die Lage versetzen, seinen Wertschöpfungsprozeß zu verfeinern und Ziele so hoch zu setzen, daß null Partnerverluste ein absehbares Ziel werden.

Zwar hat die Reise zu diesem hohen Ziel wenig Aussicht darauf, jemals zu enden, aber sie muß begonnen werden. Für die meisten Unternehmen ist das Anfangen die größte Herausforderung von allen, weil es den fundamentalen Orientierungswandel vom Gewinn zum Wert erfordert. Viele praktisch orientierte Manager wollen eine Liste von Dingen, die sie gleich am Montag morgen tun können, um den Wandel in Gang zu setzen. Das läuft gewöhnlich auf eine Reihe von Marschbefehlen für die Untergebenen hinaus. Doch der wesentliche erste Schritt auf dieser Reise vollzieht sich nicht mit den Händen und Füßen Ihrer Untergebenen, sondern in Ihrem Kopf und in Ihrem Herzen. Sie müssen sehr sorgfältig prüfen, ob das Streben nach Wert und Loyalität wirklich mit Ihren eigenen Vorstellungen übereinstimmt. Für die meisten Unternehmen ist das kein Vorhaben für eine Person, sondern für das gesamte Team, von dem das Unternehmen geleitet wird. Bevor Sie beginnen, die eben beschriebene Achtpunktestrategie anzuwenden, müssen Sie sich und Ihren Managerkollegen sieben entscheidende Fragen stellen und beantworten.

Frage eins: Einigung über das Ziel

Der erste Schritt ist, daß sich die wirklichen Führungspersönlichkeiten in Ihrem Unternehmen zusammensetzen und die Doppelfrage beantworten: Wollen Sie eine langfristige Partnerschaft miteinander eingehen, und können Sie sich der Wertschöpfung für Kunden als Hauptmission verschreiben? Bei A. G. Edwards brauchten die verbleibenden Partner zwei Jahre gemeinsamer Selbsterforschung, um zu dem Entschluß zu kommen, ihr Leben einem höheren Ziel als dem Unternehmensgewinn zu widmen. Dieses höhere Ziel war, ihren Kunden zu dienen.

Verläßliche Antworten auf diese Fragen erfordern eine sorgfältige Erwägung der Hindernisse, die Sie zu überwinden haben. Ihre Unternehmenslenker müssen wenigstens in Umrissen eine Vorstellung von den Veränderungen entwickeln, die diese Mission erfordern wird, einschließlich möglicher Veränderungen von Strategie, Investitionen, Messungen, Unternehmenskultur, Entscheidungsfindung, Organisationsstruktur, Bonuszyklen und Eigentumsverhältnissen. Von außen kommende Perspektiven sind hierbei wertvoll, ebenso die Meinungen von wichtigen Mitarbeitern und Kunden darüber, welche Teile Ihres gegenwärtigen Systems nicht auf der Linie des loyalitätsbasierten Modells liegen, das wir besprochen haben.

Frage zwei: Quantifizierung der wirtschaftlichen Effekte

Sobald Ihr Management einen Konsens über die notwendigen Arten von Veränderungen erreicht hat, muß die zweite Frage darauf ausgerichtet sein, ob die Veränderungen in Ihrer Branche wirtschaftlich sinnvoll sind. Missionsbewußtsein und Vision können Ihr Team eine Zeitlang mit Energie erfüllen, aber eine lebensfähige Mission muß wirtschaftlich rational sein. Loyalitätsbasiertes Management wird nicht jedes Unternehmen in jeder Branche transformieren. Ihr Unternehmen könnte vor viel dringenderen Problemen stehen, vor allem wenn in Ihrer Branche die Investitionen in die Kundengewinnung sehr gering sind oder in der Branche ausgedehnte Arbeitszeiten wenig Gelegenheit zum Lernen und zu gesteigerter Produktivität bieten. Rohstofflieferanten wie Erdölgesellschaften und bestimmte High-Tech-Unternehmen, bei denen technologische Durchbrüche viel wertvoller als Kundenbeziehungen sein können, sind Beispiele für Unternehmen, für welche die Ökonomie der Loyalität von Bedeutung sein kann – aber wahrscheinlich nicht von ausschlaggebender Bedeutung.

Um Loyalität wirtschaftlich rational begründen zu können, müssen Sie für Ihr Unternehmen das in diesem Buch – vor allem in den Kapiteln 2, 4 und 8 – durchgehend beschriebene wirtschaftliche Grundmodell erstellen. Erst wenn Sie wissen, welche spezifischen Elemente von Kunden- und Mitarbeiterloyalität voraussichtlich die Wirtschaftlichkeit Ihres Unternehmens verbessern – und um wieviel –, können Sie berechnen, welche Investitionen in Loyalität wirtschaftlich sinnvoll sind und welche die höchste Priorität erhalten sollten.

Frage drei: Eigentümerorientierte Strategie

Als Nächstes müssen Sie sich fragen, ob die von Ihnen erwogenen Veränderungen bei der gegenwärtigen Eigentümerstruktur wirklich durchführbar sind. Die Investoren müssen Ihre Strategie und den dafür vorgesehenen Zeitrahmen verstehen und billigen. Viele Unternehmen (vielleicht *die meisten* börsennotierten Unternehmen in den USA) werden zu der Auffassung gelangen, daß sie ihre Investorenstrategie ändern müssen, wenn sie sich auf die langfristige Perspektive konzentrieren wollen. Kapitel 6 bietet eine Reihe von Optionen, einige konservativ und in kleinen Schritten vorgehend, andere kühner und riskanter. Aber es wäre Zeitverschwendung (und Selbstmord im Hinblick auf die Karriere), eine Serie von fundamentalen Veränderungen anzufangen, ohne sicherzustellen, daß die Unternehmenseigner mit Ihren Plänen einverstanden sind. Mit anderen Worten: Es ist Zeitverschwendung, Ihr Team auf die Schaffung von bleibendem Wert einzuschwören, wenn den Eigentümern das Hemd (will heißen: die Maximierung der nächsten Quartalsgewinne) näher ist als der Rock (die Wertschöpfung).

Frage vier: Partnerschaft über Anreize

Bevor Sie Ihre Analyse notwendiger Veränderungen fortsetzen, müssen Sie sich fragen, ob Sie ein angemessenes System von Partnerschaftsanreizen haben, nicht nur für Ihre leitenden Manager, sondern für so viele Komponenten des Geschäftssystems, wie es sinnvoll ist (Mitarbeiter, Lieferanten, Großhändler). Wenn Sie meinen, daß Ihr gegenwärtiges Anreizsystem angemessen ist, lesen Sie bitte noch einmal Kapitel 10 und studieren seine entscheidenden Ratschläge dazu, wie wertteilende Arrangements zu strukturieren sind – einzelne können nur gedeihen, wenn die Gruppe das gleiche tut, und die Gruppe kann nur gedeihen, wenn das Unternehmen den langfristigen Interessen von Kunden, Mitarbeitern und Investoren dient. Bei vielen Unternehmen, in denen die Bonusvergütungen der Manager Aktienoptionen enthalten, kann ein plötzlicher und vorübergehender Anstieg der Aktienkurse das Topmanagement bereichern; ob nun der Wert für Kunden und Mitarbeiter ebenso gestiegen ist oder nicht – und in bestimmten unerhörten Fällen eben *weil* Kunden- oder Mitarbeiterwert *geschädigt* wurden.

Sie müssen anfangen zu verstehen, welche die Antriebskräfte für die Ökonomie der Loyalität in Ihrem Unternehmen sind, und dann Ihre wertteilenden Partnerschaften auf diese Punkte, denen Hebelwirkung zukommt, konzentrieren. Sehr wenige börsennotierte Unternehmen haben heute so effektive wertteilende Partnerschaften wie Chick-fil-A, Corporate Software, Leo Burnett, ABRY oder Accuride – Unternehmen, die sicherstellen, daß nur die Schaffung bleibenden Wertes belohnt wird.

Frage fünf: Die Tatsachen feststellen

Sobald Sie die wirtschaftliche Funktionsweise der Loyalität in Ihrem Unternehmen entschlüsselt und Ihre Partnerschaften entsprechend angeordnet haben, sind Sie in der Lage, eine systematische Untersuchung der Veränderungen zu beginnen, die notwendig sind, um die Wertschöpfung in Ihrem Geschäftssystem zu verbessern. Die weiter oben in diesem Kapitel aufgelisteten acht Komponenten von Loyalitätssystemen sind gute Meilensteine auf dem Weg für dieses Verfahren. Ausgehend von dem Wertangebot für Kunden und den ganzen, in Abb. 1.3 schematisch dargestellten Zyklus durchlaufend, können Sie die derzeitige Gesundheit Ihres Unternehmens beurteilen. Doch diese Diagnose erfordert Tatsachen – die Tatsachen, die in den Bilanzen und Wertflußrechnungen in Kapitel 8 enthalten sind.

Viele Firmen werden feststellen, daß sie riesige Lücken in ihren Informationen über Kunden und Mitarbeiter ausfüllen müssen – darüber, warum diese zum Unternehmen stoßen und warum sie sich von ihm abwenden. Um festzustellen, welche Kunden- und Mitarbeiterströme die wichtigsten Wertquellen und Wertlecks im System repräsentieren, müssen diese Lücken ausgefüllt werden. Bei vielen Unternehmen wird dies folgenreiche Versehen oder Widersprüchlichkeiten in der Strategie an den Tag bringen.

Einige Firmen könnten zum Beispiel feststellen, daß es keine Übereinstimmung darüber gibt, wer die Zielkunden sind, ganz zu schweigen davon, wie gut der Wert ist, der ihnen geliefert und von ihnen empfangen wird. Ihre eigene Leistung in solchen Dimensionen mit der Leistung der Konkurrenz zu vergleichen wird Ihnen bei der Klärung helfen, ob Sie sich auf kleine, schrittweise Verbesserungen verlassen können oder eine vollständige Umwandlung Ihres Wertangebots ins Auge fassen müssen.

Frage sechs: Systemfehler

Sobald Sie die Tatsachen gesammelt haben, können Sie beginnen, Fragen über Art und Ausmaß der Fehler in Ihrem Unternehmen zu stellen. Mit solider Kenntnis der Verlust-, Gewinn- und Akquisitionsraten sowie der bedeutenden Wertströme zu und von Kunden und Mitarbeitern können Sie nun zu Kapitel 7 zurückgehen und die Instrumente der Mißerfolgs- und Fehleranalyse anwenden.

Da Sie wollen, daß diese Analyse zu Maßnahmen führt, müssen Sie sicherstellen, daß jeder Teil Ihres Unternehmens alle Ursachen ausgräbt, die er kontrolliert oder zumindest beeinflussen kann. Wenn Ihr Unternehmen über eine bedeutende Umwandlung seines Wertangebots nachdenken muß, ist es sinnvoll, diese Analyse auf höchster Managementebene durchzuführen. Sie müssen strategische Lösungen ins Auge fassen, nicht einfach schrittweise Verbesserungen der gegenwärtigen Strategie. Die wirklich folgenschweren Fehler im Unternehmen aufzuspüren ist eine der wichtigsten Aufgaben des Topmanagements.

Frage sieben: Meßsysteme, Instrumente und Zielgrößen

Zum Schluß eine Frage, die so wichtig ist, daß sie nicht überbetont werden kann: Wie werden Sie Ihre Fortschritte messen? Wenn Sie Lösungen verwirklichen, müssen Sie ihre Effektivität unter Verwendung genauer Wertstrom- und Fluktuationsraten exakt verfolgen. Großartige geschäftliche Ideen und Visionen werden nicht real, weil sie großartig sind – Geschäftsleute *machen* sie mit Hilfe von Zahlen real.

Es ist tausendmal gesagt worden, daß man nicht managen kann, was man nicht messen kann. Wenn Sie Ihr Unternehmen managen wollen, um die Loyalität von wichtigen Kunden, Mitarbeitern und Investoren zu gewinnen, dann müssen Sie so viel Wert für die erste Gruppe schaffen, daß reichlich für die beiden anderen übrigbleibt. Der einzig praktikable Weg zur Anwendung dieser wertorientierten Unternehmensphilosophie ist, sorgfältig die Verlustraten zu definieren und zu beobachten und dann sicherzustellen, daß Ihr Unternehmen die Techniken hat und die Ausbildung bereitstellt, die es zur Fehleranalyse und ständigen Wertverbesserung braucht. Es gibt keinen anderen Weg, wenn null Partnerverluste das Ziel sind.

Abschließende Gedanken zur Loyalität

Die Botschaften in diesem Buch sind überwiegend Botschaften, die Sie schon früher gehört haben: Ein Unternehmen muß seinen Kunden dienen. Menschen sind Ihr wertvollstes Kapital. Wählen Sie Ihre Gesellschafter sorgfältig aus, und stellen Sie sicher, daß sie Ihre wichtigsten Wertvorstellungen teilen. Lernen Sie aus Ihren Fehlern. Sie können nicht managen, was Sie nicht messen können. Behandeln Sie andere so, wie Sie selbst gern behandelt werden möchten. Gewinn ist nicht alles.

Das sind sicher keine neuen Ideen. Manche sind uralt, manche selbstverständlich. Alle sind heutzutage Klischees. So offensichtlich sie aber erscheinen mögen, werden die meisten von ihnen dennoch von der Geschäftswelt mit zunehmender Häufigkeit ignoriert. Die Tendenz, kurzfristige Gewinne als das primäre Unternehmensziel anzusehen, ist sowohl an den Universitäten als auch an den Spitzen von Unternehmen immer deutlicher geworden. Karriere als »Job-hopping«, Investitionen zur schnellen Gewinnmitnahme, disponible Mitarbeiter und Betonung des Wachstums durch glänzendes Marketing und massenhafte Kundengewinnung sind einige der Normen moderner Unternehmenspraxis. Und warum bei der Auswahl der Mitarbeiter übertrieben sorgfältig vorgehen? Die Chancen, daß sie in ein paar Jahren noch Kollegen sein werden, sind doch sehr gering.

Aber wenn auch die Ideen nicht neu sind – die Prinzipien, auf denen die Loyalitätsführer ihre ungeheuer erfolgreichen Unternehmen aufbauen, machen mehr als gesunden Menschenverstand und moralische Wahrheit aus. Sie machen Geld – auf lange Sicht mehr Geld als die zynischen und opportunistischen Strategien, die wir rund um uns herum sehen. Indem sie die wirtschaftlichen Verbindungen zwischen Wertschöpfung, Loyalität und Gewinn managen, haben die in diesem Buch beschriebenen Unternehmen jahrzehntelang ständig überragenden Cash-flow erzeugt.

Bei allen Unternehmen, die wir Loyalitätsführer nennen, begann der

Weg zu null Partnerverlusten im Zentrum. Ihre CEOs haben niemals ein Loyalitätsprojekt der Marketing- oder der Finanzabteilung übertragen. Sie haben Loyalität nie als ein Projekt angesehen, noch viel weniger als eines, das sie delegieren konnten. Für sie war Loyalität eine Sache der Ehre und Integrität. Sie verpflichteten sich und ihre Unternehmen zu einer höheren Mission als der Erzielung von Gewinnen – der Schaffung von so viel Wert für Kunden, daß reichlich übrigblieb, womit Mitarbeiter und Investoren belohnt werden konnten. Sie erkannten, daß Loyalität nicht nur ein wichtiges Mittel zur Erfüllung ihrer Mission, sondern auch der beste Maßstab für ihren Fortschritt war. Sie verstanden, daß es ein schlechtes Geschäft wäre, die Hälfte ihrer Kunden in fünf Jahren zu verlieren – und als Test für die Wertschöpfung ein Ungenügend als Note verdienen würde.

Die Loyalitätsführer strebten danach, Unternehmen aufzubauen, die wachsen und überdauern würden. Durch Konzentration auf Wertschöpfung und Partnerschaft halfen sie ihren Unternehmen, die fundamentalen Funktionsweisen loyalitätsbasierten Managements zu lernen: Partnerschaft schafft Anreize, Anreize schaffen Wert, Wert schafft Loyalität, und Loyalität schafft noch mehr Wert. Auf dieser Grundlage haben die Mitarbeiter, Kunden und Investoren loyalitätsbasierter Unternehmen aufsteigende Spiralen von Gewinnen, Wachstum und bleibendem Wert erzeugt.

Danksagungen

Natürlich haben die Lektionen, die ich von den Klienten des Unternehmens und von meinen Kollegen gelernt habe, mein Denken über das Geschäftsleben geprägt. Dennoch möchte ich klarstellen, daß ich – und nicht Bain & Company – dieses Buch geschrieben habe. Es ist ein Produkt meiner eigenen Erfahrung, ferner der Lektionen, die ich von Familie, Freunden und Lehrern gelernt habe, und es orientiert sich an den inneren Dimensionen von Persönlichkeit und Geist, die mich dazu bewegten, die Wahrheit auf meine eigene besondere Weise zu suchen. Meine Partner haben mir viel Spielraum eingeräumt, und dafür bin ich ihnen zutiefst dankbar. Ich hoffe, das endgültige Produkt ist ihres Vertrauens würdig.

Außerdem danke ich den Managern der in diesem Buch (und in vorangegangenen Veröffentlichungen) genannten Unternehmen, die großzügig ihre Zeit und ihre Erfahrungen beisteuerten. Dazu gehören Mitt Romney, Josh Beckenstein, Bob White und Mark Nunnelly von Bain Capital; Bill Lynch von der Werbeagentur Leo Burnett und Phil Scaff, früher ebenfalls bei Leo Burnett; Dick Chitty, Fred Arnow, Don Esmond, George Borst und Dave Illingworth von Toyota/Lexus; Charlie Cawley, David Nelms und Craig Schroeder von MBNA; Steve Robinson und Dan Cathy von Chickfil-A; Ed Rust, Jr., Vince Trosino, Chuck Wright, Kurt Moser und Sandy Colee von State Farm; Ben Edwards von A. G. Edwards; John Wilson und Tod Krasnow von Staples; General Robert Herres, Herb Emanuel, Staser Holcomb und Paul Ringenbach von USAA; Jim Ericson, Bob Carlson und Dick Hall von Northwestern Mutual Life; Carl Sewell von Sewell Village Cadillac und Royce Yudkoff von ABRY Communications.

Besonders danken möchte ich Tom Tierney, Bains geschäftsführendem Direktor, für seine Ermutigung und Unterstützung in den letzten Jahren. Eine Reihe von Bain-Partnern haben freundlicherweise Teile des Manuskripts in verschiedenen Phasen seiner Entstehung gelesen, und ihre Vorschläge und Kritik haben es stark verbessert. Dazu gehören Bob Bechek, John Donahoe, Dave Johnson, Charlie Jones, Louise O'Brien und Chris Zook. Wichtige externe Perspektiven wurden von Bob Charpie, Royce

Yudkoff und Ralph Willard beigesteuert. Und schließlich war die Kritik von Tom Jones und Christopher Lovelock außerordentlich hilfreich.

Daß sich sehr wenig von dieser Kritik gegen die schriftliche Darstellung selbst richtet, verdanke ich zu einem großen Teil der ausgezeichneten Arbeit meines Lektors Tom Teal. Früher ein leitender Redakteur bei der *Harvard Business Review*, identifizierte Tom Teal unklare Aussagen in etlichen meiner frühen Entwürfe, und seine Formulierungskünste haben dazu beigetragen, das Buch weitaus lesbarer zu machen, als ich es jemals selbst gekonnt hätte.

John Nichols, Geistlicher der Unitarian-Universalist Society of Wellesley Hills, half mir, die nicht wirtschaftlichen Dimensionen von Loyalität zu durchdenken. Sein Netzwerk von unitarischen Geistlichen bot mir eine geistige Quelle in Form einer Reihe von Predigten über Loyalität. Ich bin auch Earl Sasser, einem Freund und früheren Lehrer an der Harvard Business School, dankbar dafür, daß er mich dazu ermutigte, über meine Arbeit zu schreiben, und mir den Start meiner Autorenlaufbahn dadurch ermöglichte, daß ich 1989 Coautor eines Artikels für die *Harvard Business Review* wurde.

Eine größere Anzahl von Bain-Kollegen rund um die Welt – mehr, als ich hier aufführen könnte – hat im Verlauf der Jahre zur Loyalitätspraxis beigetragen. Dieses Buch hätte ohne ihre herausragende Arbeit nie geschrieben werden können, und ich bin ihnen zutiefst dankbar. Viele der Lücken in der Forschung wurden von Jessica Colvin ausgefüllt, die auch die Arbeit verschiedener Bain-Teams zu dem in Kapitel 2 beschriebenen Modell der Ökonomie der Loyalität rationalisierte, organisierte und auf den jüngsten Stand brachte. Riesigen Dank schulde ich meiner Assistentin Linda Polmear, die nicht nur ein sagenhaftes Aufgabenpensum bewältigte, das mit der Entstehung dieses Buches verbunden war, sondern es auch fertigbrachte, die verschiedenen Dimensionen meiner Arbeit (mit Klienten, Praxisverwaltung, Vortragsverpflichtungen und so weiter) so zu koordinieren, daß ich weiter als Berater fungieren konnte und dennoch eine wesentliche Anstrengung auf das Denken und Schreiben in meinem Zweigbüro in South Natick verwenden konnte.

Schließlich – und dies ist am wichtigsten – möchte ich meiner Frau Karen für ihre Liebe, Geduld und Ermutigung und für ihr Verständnis danken. Sie war eine ständige Diskussionspartnerin für meine Ideen, die ihren Weg oftmals von Gesprächen beim Abendessen über Artikel und Vorträge bis hin zu diesem Buch nahmen. Eine wundervollere und loyalere Gefährtin hätte ich mir nie erhoffen können.

Anmerkungen

Kapitel 1

1 Carol J. Loomis, »State Farm Is Off the Charts«, *Fortune*, 8. 4. 1991, S. 76.
2 Greg Steinmetz, »State Farm Will Increase Payouts to Aid Policyholders Hit by Hurricane Andrew«, *Wall Street Journal*, 11. 9. 1992, Sec. A, S. 3.
3 David Illingworth in seinem Vortrag vor der Konferenz »Elite of Lexus«, Carefree, Arizona, 16. 3. 1992.
4 Henry Ford in Zusammenarbeit mit Samuel Crowther, *Today and Tomorrow*, Doubleday, Page & Company, New York 1926, Nachdruck: Productivity Press, Cambridge, Mass., S. 29 des Nachdrucks. [Dt. Ausg.: Henry Ford unter Mitwirkung von Samuel Crowther, *Das große Heute - das größere Morgen*. Einzig autorisierte deutsche Ausgabe von Curt und Marguerite Thesing, Leipzig: Paul List o. J. [1926], S. 33.]
5 Hal Lancaster, »A New Social Contract to Benefit Employer and Employee«, *Wall Street Journal*, 29. 11. 1994, »Managing Your Career« column, Section B, S. 1.
6 Thomas Teal, »Service Comes First: An Interview with USAA's Robert F. McDermott«, *Harvard Business Review*, September/Oktober 1991, S. 127.

Kapitel 2

1 John Case, »Customer Service: The Last Word«, *Inc.*, April 1991, S. 89.
2 Scott Cook, »Life Cycle Product Line Extension«, Vortrag vor der Konferenz »Loyalty-Based Management«, gemeinsam veranstaltet von The Conference Board und Bain & Co., Inc., New York, 1. Juni 1994.

Kapitel 4

1 Peter F. Drucker, »The New Society of Organizations«, *Harvard Business Review*, September/Oktober 1992, S. 100.
2 Bruce D. Butterfield, »Broken Promises: Work in the 90s«, *Boston Globe*, 10. 10. 1993, S. 23.
3 John Holusha, »A Profitable Xerox Plans to Cut Staff by 10 000«, *New York Times*, 9. 12. 1993, Section D, S. 1.
4 Hubert B. Herring, »Xerox Takes Itself to the Gym«, *New York Times*, 12.12.1993, Section 3, S. 2.
5 John Case, »The Question We All Wonder About: ›For Whom Do You Work?‹«; *Boston Globe*, 29. 12. 1993, Business Section, S. 44.
6 Ben Edwards III, Telefonat mit dem Autor am 1. September 1994.
7 Ebd.

8   Ebd.
9   Michael Siconolfi, »Rating the Brokers«, *Smart Money: Personal Finance Magazine of the Wall Street Journal*, Dezember 1993, S. 100.
10 Ben Edwards, *1993 Annual Report*, A. G. Edwards, Inc., S. 5.
11 Dan Truett im Interview mit dem Autor, Atlanta, 13. 1. 1994.
12 Carol J. Loomis, »State Farm Is Off the Charts«, *Fortune*, 8. 4. 1991, S. 80.
13 Chuck Wright, »State Farm's Success Based on Loyalty«, *Bloomington Pantagraph*, 12. 4. 1993, Section D, S. 1.
14 Karl Schriftgiesser, *The Farmer from Merna. A Biography of George J. Mecherle and a History of the State Farm Insurance Companies of Bloomington, Indiana*, Random House, New York 1955, S. 234.
15 Ebd., S. 217.
16 Loomis, »State Farm Is Off the Charts«, S. 78.
17 Phil Schaff im Interview mit dem Autor, Jupiter, Florida, 25. 2. 1994.

Kapitel 5

1   Henry Ford in Zusammenarbeit mit Samuel Crowther, *Today and Tomorrow*, Doubleday, Page & Company, New York 1926, Nachdruck: Productivity Press, Cambridge, Mass., 1988, S. 44 des Nachdrucks. [dt. Ausg.: Henry Ford unter Mitwirkung von Samuel Crowther, *Das große Heute – das größere Morgen*. Einzig autorisierte deutsche Ausgabe von Curt und Marguerite Thesing, Leipzig: Paul List o. J. [1926], S. 119.]
2   Albert Karr und Susan Pulliam, »Streamlining Wave is Sweeping Insurance Companies«, *Wall Street Journal*, 19.2.1992, Industry Focus Section.
3   Ebd.
4   Peter Kerr, »Northwestern Mutual: Frugal, Stodgy and Admired«, *New York Times*, 30.8.1992.
5   *1993 Annual Message*, Chick-fil-A, Inc., S. 11.
6   Marshall Loeb, »How to Grow a New Product Every Day«, *Fortune*, 14.11.1974, S. 270.

Kapitel 6

1   Peter F. Drucker, »Reckoning with the Pension Fund Revolution«, *Harvard Business Review*, März/April 1991, S. 108.
2   Kurt Moser, Telefonat mit dem Autor am 3.1.1995.
3   Warren Buffett, »Track Record Is Everything«, *Across the Board*, Oktober 1991, S. 59.
4   *1989 Annual Report*, Berkshire-Hathaway, Inc., S. 14.
5   *1992 Annual Report*, Berkshire Hathaway, Inc., S. 20.
6   David Illingworth, Telefonat mit dem Autor am 21.9.1994.
7   Zitiert von Peter F. Drucker in »Reckoning with the Pension Fund Revolution«, *Harvard Business Review*, März/April 1991, S. 108.
8   Mitt Romney im Interview mit dem Autor, Boston, 15.12.1994.
9   Alex Pham, »Corporate Software's Metamorphosis«, *Boston Globe*, 20.3.1994, Business Section.

10 Ebd.
11 Dyan Machan, »Monkey Business«, *Forbes*, 25.10.1993, S. 184.

Kapitel 7

1 Warren Buffett, »Track Record is Everything«, *Across the Board*, Oktober 1991, S. 59.

Kapitel 8

1 David Illingworth in seinem Vortrag vor der Konferenz »Elite of Lexus«, Carefree, Arizona, 16.3.1992.
2 Private Unterhaltung mit dem Autor.
3 *1993 Annual Report*, Berkshire-Hathaway, Inc., S. 6.

Kapitel 9

1 Dick Chitty im Interview mit dem Autor in Torrance, Kalifornien, 17.6.1993.
2 George Borst im Interview mit dem Autor in Torrance, Kalifornien, 17.6.1993.
3 Carl Sewell im Interview mit dem Autor, Dallas, 9.2.1994.
4 Ronald Henkoff, »Service Is Everybody's Business«, *Fortune*, 27.6.1994, S. 52.
5 Chitty, Interview.
6 Sewell, Interview.
7 Borst, Interview.
8 Chitty, Interview.
9 David Illingworth, Telefonat mit dem Autor am 21.9.1994.

Kapitel 10

1 James Ericson, Telefonat mit dem Autor am 29.12.1994.
2 Laura R. Walbert, »Shopping for Life«, *Forbes*, 22.2.1988.
3 *Performance*, Northwestern Mutual Life, Milwaukee, undatierte Broschüre.
4 Ben Edwards III, Telefonat mit dem Autor am 1.9.1994.
5 Ebd.
6 Carol J. Loomis, »State Farm Is Off the Charts«, *Fortune*, 8. 4. 1991, S. 77.
7 David Illingworth, Telefonat mit dem Autor am 21.9.1994.
8 Thomas Teal, »Service Comes First: An Interview with USAA's Robert F. McDermott«, *Harvard Business Review*, September/Oktober 1994, S. 118.
9 James Ericson Telefonat mit dem Autor am 29.12.1994.
10 *1989 Annual Report*, Berkshire-Hathaway, Inc., S. 2.
11 William Lynch im Interview mit dem Autor, 23.12.1994.
12 Ebd.
13 Ebd.
14 Ebd.
15 Carl Sewell, *Customers for Life*, Doubleday, New York 1990, S. 102. [dt. Ausg.: Carl Sewell/Paul B. Brown: *Kunden fürs Leben. Die Erfolgsrezepte des besten Automobilhändlers in Amerika*, Ottobrunn: Autohaus, 1996 (1993)]
16 Royce Yudkoff im Interview mit dem Autor in Wellesley, Mass., 20.3.1995.
17 Ebd.